高等学校法学系列教材
Gaodeng Xuexiao Faxue Xilie Jiaocai

华东政法大学
课程和教材建设委员会

主　任　叶　青
副主任　曹文泽　顾功耘　刘晓红　林燕萍　唐　波
委　员　刘宪权　吴　弘　刘宁元　程金华　杨正鸣
　　　　余素青　范玉吉　张明军　何　敏　易益典
　　　　杨忠孝　丁绍宽　王　戎　孙黎明　何益忠
　　　　金其荣　贺小勇　徐永康
秘书长　唐　波（兼）

Criminal Psychology

犯罪心理学

陈和华 / 主编

图书在版编目(CIP)数据

犯罪心理学/陈和华主编. —北京:北京大学出版社,2016.8
(高等学校法学系列教材)
ISBN 978-7-301-27317-3

Ⅰ.①犯… Ⅱ.①陈… Ⅲ.①刑事侦察学—司法心理学—高等学校—教材 Ⅳ.①D918

中国版本图书馆 CIP 数据核字(2016)第 181069 号

书　　名	犯罪心理学 FANZUI XINLIXUE
著作责任者	陈和华　主编
责任编辑	朱梅全　刘秀芹
标准书号	ISBN 978-7-301-27317-3
出版发行	北京大学出版社
地　　址	北京市海淀区成府路 205 号　100871
网　　址	http://www.pup.cn
电子信箱	sdyy_2005@126.com
新浪微博	@北京大学出版社
电　　话	邮购部 62752015　发行部 62750672　编辑部 021-62071998
印　刷　者	三河市北燕印装有限公司
经　销　者	新华书店
	730 毫米×980 毫米　16 开本　19.5 印张　361 千字 2016 年 8 月第 1 版　2021 年 1 月第 4 次印刷
定　　价	42.00 元

未经许可,不得以任何方式复制或抄袭本书之部分或全部内容。
版权所有,侵权必究
举报电话:010-62752024　电子信箱:fd@pup.pku.edu.cn
图书如有印装质量问题,请与出版部联系,电话:010-62756370

前　　言

犯罪心理学是一门研究犯罪人(个体和团伙)与实施犯罪行为有关的心理情况及其规律和预防、惩治犯罪的心理对策的学科,它包含了整个法律心理学领域中与刑事司法工作有密切关系的理论和知识体系。具体来说,它既包括有关犯罪心理的基础理论,又涉及指导刑事司法工作的应用性理论和技术,重点在于研究和探讨犯罪人实施犯罪行为的心理根源和心理机制、犯罪人的一般心理特征、各类犯罪人的犯罪行为特征和人格特征以及预防和惩治犯罪的心理对策(策略和计谋)等内容。因此,犯罪心理学对于法律类高校学生将来从事刑事司法工作和社会治安综合治理工作具有重要指导作用。

在本书的编写过程中,我们结合国内外关于犯罪心理研究的最新成果,既注重理论研究的深度,又注重加强对应用性策略和方法的研究,力图使本书能真正起到指导刑事司法实践的作用。

本书的撰写分工如下:陈和华(第一、二、三、四、五、六章)、冯琦媛(第七、八章)、潘恒(第九、十一章)、叶利芳(第十章)。全书由陈和华拟定大纲和指导思想,并负责统稿定稿。

陈和华

2016 年 5 月

目 录 Contents

第一章　犯罪心理学概论 /1
 第一节　犯罪心理学的研究对象、作用和任务　/1
 第二节　犯罪心理学的学科地位　/3
 第三节　犯罪心理学的历史　/4
 第四节　犯罪心理学的研究课题与研究方法　/10

第二章　犯罪心理概述 /15
 第一节　犯罪心理的概念　/15
 第二节　影响犯罪心理形成的因素　/30
 第三节　犯罪心理形成的相关理论　/41

第三章　犯罪行为发生的心理机制 /55
 第一节　犯罪动机的形成和转化　/55
 第二节　犯罪行为的发生　/67
 第三节　犯罪人在不同阶段中的心理状态　/76

第四章　犯罪人的一般个性特征 /81
 第一节　犯罪人的个性倾向性　/81
 第二节　犯罪人的气质和性格特征　/85

第五章　不同类型犯罪人的心理特征 /107
 第一节　不同犯罪动机犯罪人的心理特征　/107
 第二节　不同犯罪方式犯罪人的心理特征　/121
 第三节　不同年龄、性别犯罪人的心理特征　/128
 第四节　不同犯罪经历犯罪人的心理特征　/139
 第五节　共同犯罪心理　/144

第六章 变态心理与犯罪 /152
  第一节 变态心理概述 /152
  第二节 变态人格与犯罪 /154
  第三节 精神病与犯罪 /161

第七章 侦查心理对策 /165
  第一节 犯罪人的反侦查行为及心理 /165
  第二节 犯罪现场勘查、分析 /173
  第三节 缉捕心理 /182
  第四节 犯罪人特征描述 /188

第八章 审讯心理对策 /196
  第一节 犯罪人在审讯中的心理和行为 /196
  第二节 犯罪人供述真伪的判断 /202
  第三节 审讯的一般心理对策 /208
  第四节 审讯的特殊心理对策 /212
  第五节 心理学的审讯方法 /220

第九章 审判心理对策 /227
  第一节 被告人在审判过程中的心理 /227
  第二节 公诉人在审判过程中的策略 /230
  第三节 刑事审判心理与策略 /233
  第四节 刑罚心理效应 /238

第十章 证人心理及其对策 /241
  第一节 证人的积极作证心理 /242
  第二节 证人的消极作证心理 /255
  第三节 证人证言的可靠性 /261
  第四节 询问证人的心理策略 /270

第十一章 罪犯心理矫治 /279
  第一节 罪犯服刑期间的心理特点 /279
  第二节 罪犯的心理诊断 /286
  第三节 罪犯的心理矫治 /291
  第四节 社区矫正中的罪犯心理矫治 /303

参考书目 /307

第一章 犯罪心理学概论

犯罪心理学是一门研究犯罪心理原因和犯罪心理对策的学科。了解犯罪心理学的特点、历史发展、研究方法等是学习、研究犯罪心理学的基础。特别是犯罪心理学的发展趋势和面临的研究课题，对于全面了解犯罪心理学的学科体系和研究方向，具有重要意义。

第一节 犯罪心理学的研究对象、作用和任务

一、犯罪心理学的研究对象

犯罪心理学是研究犯罪人（个体和团伙）与其实施犯罪行为有关的心理情况及其规律和预防、惩治犯罪的心理对策的学科。具体来说，犯罪心理学研究犯罪行为发生的心理机制（犯罪是怎么发生的）、犯罪人的个体心理特征（犯罪人与守法者的区别以及犯罪人与犯罪人的区别）、共同犯罪的心理机制以及预防和惩治犯罪的心理对策等。

（一）关于"犯罪"概念的使用

"犯罪"不是心理学概念，而是刑法学概念。根据刑法学理论，符合法律条文规定的构成要件的违法性行为就是犯罪。没有法律，任何行为都不是犯罪。有些以前不是犯罪的行为，由于制定了法律条文而成为犯罪。另外，即使在理论上是犯罪，但若没有经过审判确定，也不能算是犯罪。由于刑法的内容因国家、民族、地区和不同时期而异，而且执法者对刑法条文的理解也不尽相同，对于是否犯罪的认定具有一定程度的情景性、区域性，因而，"犯罪"这一概念与心理学所使用的稳定而明确的科学性概念不同。但犯罪心理学使用"犯罪"这一概念又必须以刑法学为依据，不能另立标准，否则就失去了存在价值。一般来说，犯罪心理学在使用"犯罪"这一概念时强调它的社会危害性这一特征，而刑法学则强调它的应受惩罚性特征。

（二）关于"犯罪人"与"罪犯"概念的异同

"犯罪人"这一概念不同于"罪犯"。在刑法学上，说某人是罪犯，必须经过司法程序，为法庭所裁定；而犯罪心理学所说的犯罪人指的是实施了危害社会、为刑法所规定应受惩罚行为的人，不管他这一行为是否已经暴露，是否已受到刑法

的相应制裁,包括从宽处理者、漏网者、未被发现者。同时,对于那些并未实施过危害社会行为的受冤屈者,虽经法庭裁决,但犯罪心理学并不把他们当作"犯罪人"。为了与刑法学上的"罪犯"相区别,本书使用"犯罪人"这个概念。有学者主张,犯罪心理学中所使用的一切有关犯罪的概念,都必须以刑法规定为标准,不能另搞一套概念,这就难免使犯罪心理学沦为刑法的附庸,不可能真正揭示犯罪现象的心理规律,将一门学科变成应景性的实用主义的解释刑法的工具。实际上,犯罪心理学的研究成果倒应成为制定刑法的理论依据之一。

(三) 关于"犯罪人"的范围及其他研究范围

犯罪心理学不仅要研究严格的法学意义上的罪犯的心理,还要研究在年龄、精神、健康状况方面无责任能力的实施了刑法所禁止行为的人的心理。为了确定犯罪人实施犯罪行为的根源和犯罪个性倾向的发展过程,还要研究一般的违法行为的心理和其他危害社会行为的心理。这是因为,从犯罪的一般发生规律看,有一个从量变到质变的过程:从轻微的不良行为发展为一般的违法行为,再发展到犯罪行为,是一个渐进的过程,其中有规律可循。所以,为了深入地研究犯罪,必须追溯到原先的一般违法行为和轻微不良行为。

二、犯罪心理学的作用和任务

(一) 犯罪心理学的作用

犯罪心理学在研究犯罪原因和惩治犯罪对策方面有其不可替代的作用。具体来说,有以下几个方面:

1. 为采取预防犯罪的措施提供心理学依据

为了有效地预防犯罪,需要多角度、多层次协同施力,即综合治理。其中,揭示犯罪的深层原因,然后有的放矢、对症下药,是最基础的也是最重要的工作。在这项工作中,犯罪心理学的研究成果将发挥其重要作用。

2. 为制定刑事案件的侦查、预审和审判的策略提供心理学依据

犯罪心理学的一个重要方面就是研究犯罪人的个性心理特征和心理活动,而刑事案件的成功侦查、预审和审判则有赖于对犯罪人个性心理特征和心理活动的掌握和了解。

3. 为教育、挽救和改造犯罪人提供心理学依据

在监禁和非监禁场所,合理处置犯罪人,使他们洗心革面、重新做人,需要运用犯罪心理学知识,采取各种有效手段,调动犯罪人身上各种积极的心理因素。一切教育、挽救和改造犯罪人的措施,只有建立在犯罪心理学的基础上,才会切实有效。

4. 为刑事政策、刑法的制定提供心理学依据

缺乏犯罪心理学基础,刑事政策、刑法的制定就会出现不严谨、不科学的情况,影响刑事政策和刑法的可操作性和权威性。因为,归根结底,刑事政策和刑法是指向人的,这就不能不考虑人的心理。特别是法律规定的刑罚的适度性问题,更需要犯罪心理学的理论支持。

(二)犯罪心理学的任务

我国犯罪心理学的基本任务是:以马克思主义的辩证唯物论和历史唯物论为指导,应用心理学原理,研究犯罪人实施犯罪行为的心理原因,为预防犯罪、揭露和惩治犯罪以及改造罪犯提供心理学依据,为维护社会治安、巩固人民民主专政、保障社会主义建设事业的顺利进行服务。

自从人类社会出现犯罪现象以来,人们就一直在对犯罪问题进行探索研究,提出了种种见解,出现了许多学科。但直到现在,仍然有许多问题尚待进一步探讨。例如,犯罪的原因究竟是什么?影响犯罪的诸多因素之间是什么样的关系?犯罪人的犯罪行为是怎样发生的?怎样科学地预测犯罪和有效地预防犯罪?怎样准确地发现和判断犯罪人?怎样才能把犯罪人改造成为新人,防止他们重新犯罪?犯罪心理学从本学科的角度探讨这些问题。

第二节 犯罪心理学的学科地位

一、犯罪心理学在犯罪学体系中的地位

犯罪学是以犯罪现象、犯罪原因以及预防犯罪为对象的一门综合性学科。在犯罪学体系中,有许多互相联系又彼此独立的分支学科。犯罪心理学只是其中一门学科。犯罪是一种极其复杂的现象,对其予以彻底了解,实非易事。首先被注意的是,犯罪是由犯罪人所为,所以,为阐明犯罪,应该先了解犯罪人的身体特征及生物学特征,犯罪人类学和犯罪生物学即由此而来。其次,犯罪人实施犯罪行为时,总会出现特殊的心理现象,为了解犯罪,其亦应成为被研究的对象,所以就有了犯罪心理学。再者,犯罪总是由一定的社会条件所促成,因而对于引致犯罪的社会条件,不能不予以注意,所以应有犯罪社会学。其他的学科,如犯罪侦查学、预审学、审判学、犯罪改造学、法医学、刑法学、犯罪统计学等,都是研究怎样对待犯罪的。犯罪心理学作为一门主要研究犯罪人心理特点及其规律的学科,与各分支学科有密切的联系,可以说是它们的基础。

二、犯罪心理学在心理学体系中的地位

心理学主要研究人的行为。普通心理学所研究的社会行为范围很广,一般

不涉及反社会行为、犯罪行为。因此,在普通心理学书籍中很少有关于犯罪行为的论述。然而,不仅社会行为需要从心理学的角度进行研究,对于反社会行为也需要进行心理学研究。犯罪行为既然不在普通心理学的研究范围内,那么就应有特别的心理学——犯罪心理学对其予以研究。虽然犯罪心理学专门研究犯罪行为,但并不说明对犯罪行为的研究应不同于对一般社会行为的研究。换句话说,除对极少数的犯罪行为,如精神障碍者所实施的行为,应从异常、变态心理学的立场进行研究外,对大多数犯罪行为,都可依普通心理学的观点予以说明。普通心理学中关于人的心理的实质、各种心理活动的基本规律、人的心理发生发展变化的规律等,都要在犯罪心理学的研究中得到应用。因此,犯罪心理学包含于广义的普通心理学之内,是其分支学科。

通常我们所谓的普通心理学实际上是指个人心理学,即研究单独个人的行为与人格。而对于多数人的行为、人格的心理学研究则属于社会心理学范畴。社会心理学是一门研究社会心理与社会行为的学科。既然犯罪心理学以探讨犯罪行为为目的,而犯罪行为除由个人实施外,还有由多数人共同实施的,所以,犯罪心理学不能只研究个人犯罪行为,还应研究团伙犯罪行为。因此,犯罪心理学还应包括社会心理学的内容,成为社会心理学的分支。社会心理学中关于人的社会化、攻击行为和利他行为、群体心理、领导心理、人际关系心理等理论都要在犯罪心理学的研究中得到应用。

除普通心理学、社会心理学之外,与犯罪心理学联系密切的还有教育心理学、青年心理学、变态心理学等。

第三节　犯罪心理学的历史

一、犯罪心理学在西方的发展概况

(一) 早期的认识和学说

早在古希腊罗马时期,人们就探讨了"人为什么会犯罪"这一问题。早期的哲学家们为此展开争论,有以下几种观点:

1. 欲望说

欲望说认为,犯罪是由于贪得无厌,是由无休止的、不能节制的欲望所引起的。代表人物为古希腊哲学家德谟克利特。他认为,那些贪图财富并且被别人看做是很有福气而又无时无刻不想着钱财的人,就会被迫不断地投身于某种新的企图,并陷于贪得无厌,终至做出某种为法律所禁止的无可挽救的事情来。因此,只有节制欲望才能避免犯罪。德谟克利特认为预防犯罪不能靠法律约束、惩罚,而应通过教育、鼓励、说服。用教育、鼓励、说服来造就一个人的道德,显然比用法律和约束更容易成功。他认为那种因法律禁止而不行不义之事的人,在私下无人时就犯罪了;至于由教育、鼓励、说服而被引到尽义务的道路的人,则无论在私下还是公开场合都不会做什么坏事。他企图说明,教育、鼓励、说服比强制更有效。另一位古希腊的哲学家柏拉图也采此说。他们对犯罪的解释,实质上都是纯思辨的产物。

2. 体征说

体征说认为身体外形与是否会犯罪有关。有许多学者以骨相和面相来推断人的"心智"。如苏格拉底认定"凡面黑者,大多有为恶的倾向",以人的面色、头形的不同来推断一个人将"为善"还是"为恶"。另一些人则从人的面貌推定人的行为。例如,当时就有人认为苏格拉底的面貌极为残忍,幸而他能操纵天性,才不致为恶。自此之后,西方盛行"天生犯罪人""遗传决定论"等学说。后来,亚里士多德也进一步探讨并发展了骨相与犯罪关系的理论。这与近代犯罪学上的"生来性犯罪"的理论是一致的,所以有人说它是"现代人类学"的基础。

16世纪末,意大利罗马骨相学家波尔达出版了《骨相学新说》一书,认为人的身体和性格与犯罪有因果关系,犯罪人的犯罪行为是他的"变态的组织体"所不可避免的趋势。到18世纪,法国的卡尔创立了颅相说,他把大脑分成很多部位,头盖骨各部分代表不同的"心能",如耳朵上方头骨为"破坏区",耳朵后上方头骨为"好斗区",因此,从外形上即可看出一个人是否会犯罪。

3. 快乐说

快乐说认为,人之所以选择某项活动是为了避免痛苦、追求快乐,犯罪亦是如此。此说代表人物是英国17世纪神学家霍布士。他认为,如果社会中每个人都循此天性行为,就会发生冲突,因此就需要有国家和法律的控制。

刑法学的创始人边沁认为,人是为了追求快乐,也就是为了得到财物和肉体的享受才犯罪的。

边沁在现代行为主义提出之前就断言:大自然把人类置于两个至高无上的主宰——痛苦和快乐——的统治之下。趋乐避苦是人类的天性,这种天性支配着人们的一切行为。犯罪,跟其他人类行为一样,被视为努力获得快乐的表现。不过,对于犯罪人来说,他的快乐是建立在牺牲社会利益、给别人带来痛苦的基础上的。他的行为是"基于可以产生或者可能产生某种罪恶的理由而使人们认为应当禁止的行为"[①]。因此,要制定严格的法律,对犯罪人进行惩罚,使"惩罚

---

① 〔英〕边沁:《立法理论——刑法典原理》,孙力等译,中国人民公安大学出版社1993年版,第1页。

所造成的痛苦超过实施犯罪获得的快乐"①,使惩罚在任何情况下都不低于足以抵偿罪行所得到的利益的价值。这样才能起到威慑作用,防止犯罪发生。

边沁的设想与贝卡利亚在《论犯罪与刑罚》中的观点十分相似。像边沁一样,贝卡利亚相信快乐和痛苦是有感受力的人类的一切行为的唯一动力。他还说,罪恶对社会构成损害,所以罪行大小必须根据他对社会所造成的损害程度去衡量。"犯罪对公共利益的危害越大,促使人们犯罪的力量越强,制止人们犯罪的手段就应该越强有力。这就需要刑罚与犯罪相对称。"②

4. 精神变态说

精神变态说认为,犯罪是由于人的精神有重大质变,精神上有先天的异常状态。因此,犯罪人都是一些所谓的"悖德狂""色情狂""偷窃狂"。这些人不可避免地要犯罪,唯一的制止办法就是将他们关起来。代表人物是法国的孟德斯鸠、英国的卜悦卡特等。孟德斯鸠在《论法的精神》一书中,首次提出了犯罪人精神有重大质变的说法。卜悦卡特在其《狂者论》一书中,对精神病与犯罪的关系作了详细论述。

这时期的各种见解和学说,都是从研究犯罪的原因入手的,并且大多是从单一的理论出发,用一个简单和基本的原则解释犯罪行为的原因,强调生理和精神因素而忽视社会因素的作用。由于当时生物学、心理学、社会学还没有很好地发展,对犯罪人的犯罪心理的实质和行为的研究,必然要受到很大限制,并且缺乏科学性和系统性。

(二) 犯罪心理学的产生

对犯罪心理学作科学的、系统的研究是 19 世纪下半叶开始的。当时,欧洲主要资本主义国家的产业革命已经完成,社会状况发生了根本变革。随着资本主义的迅速发展,阶级斗争日趋尖锐,犯罪也大量增加。因此,具体地揭示犯罪行为的原因、心理机制,阐明刑罚的效果,改变刑罚制度,从而探讨预防和控制犯罪的途径,就成了当时一个十分突出的问题。这时,自然科学也有了很大发展。一些著名的自然科学家,如德国的艾宾浩斯、冯特等人,开始运用科学实证的方法研究人类的心理和行为问题,产生了心理科学。心理科学的兴起和被应用于研究社会行为问题,为人们对犯罪人进行系统的研究提供了社会和科学基础。

1872 年,德国精神病学家埃宾出版了《犯罪心理学纲要》一书,主要从精神病态的角度研究犯罪人成为犯罪心理学产生的标志,后人称埃宾为犯罪心理学的始祖。1889 年,奥地利的预审官、检察官格罗斯出版了《犯罪心理学》一书,着

---

① 〔英〕边沁:《立法理论——刑法典原理》,孙力等译,中国人民公安大学出版社 1993 年版,第 26 页。
② 〔德〕贝卡利亚:《论犯罪与刑罚》,黄风译,中国大百科全书出版社 1993 年版,第 65 页。

重研究犯罪人的人格。埃宾和格罗斯均非心理学家,这两本以心理学命名的书,仅仅是从精神病学的角度和刑法学的角度出发进行研究的,而犯罪心理学必须以犯罪学和心理学为基础,尤其需要心理学提供科学的研究方法。所以,虽然犯罪心理学产生了,但远未成熟。

为犯罪心理学作出贡献的还有美国心理学家希利。他于1909年在芝加哥创立了世界上第一个少年心理变态研究所,采取心理测验量表和个案研究的方法对违法少年进行研究,标志着犯罪心理学研究走向科学化。1917年,他出版了《心理冲突和行为不端》一书。当时,虽也有一些学者,如美国的阿伯拉哈姆逊等人编著了犯罪心理学方面的著作,但除了审判心理学和矫正心理学领域之外,从心理学角度对犯罪进行综合性的、有系统的研究的书还很少。

(三) 犯罪心理学的发展及趋势

从20世纪开始,随着心理学的发展,心理学工作者开始加入对犯罪人的研究。这些研究受到犯罪学界的重视,人们对犯罪心理学的兴趣愈加浓厚,在司法实践中开始越来越多地应用犯罪心理学的研究成果。在美国,1903年前夕,心理学家和精神病学家参加刑事司法活动的必要性已成为众所公认的事。

到20世纪30年代,犯罪心理学成了犯罪学体系不可缺少的三大支柱之一(另两个支柱为犯罪社会学、犯罪生物学)。

近年来,犯罪心理学发展迅速,产生了各种理论和流派。目前的研究方向大致有以下几种:

1. 探讨犯罪心理的生理机制。从人的体型、染色体、脑电波和内分泌激素、血型等方面进行深入探讨,采用现代生物医学的手段和成就。

2. 探讨犯罪心理的社会环境制约机制。认为犯罪心理产生的根源在于社会性的缺陷,因此要寻找并消灭社会弊病。由此产生了几种不同的理论:

(1) 社会化障碍论。认为人出生后仅仅是一个非社会化的生物体,人的成长过程就是一个逐渐社会化的过程。如果在人的社会化过程中遇到障碍,社会化未完成,行为就会不符合社会要求,就会较易产生越轨和犯罪。

(2) 不同机会论。强调得不到机会的人会通过犯罪来制造和获得机会。为每个社会成员提供平等发展的机会是消除犯罪的最有效方法。

(3) 对抗论。认定犯罪产生于阶级、集团的对抗,只有消除这种对抗,才能消灭犯罪。

(4) 次(亚)文化论。主张独特的文化、风俗、道德观念会产生犯罪。强调文化背景和文化环境的重要性。

3. 探讨犯罪心理的疏导机制。认为犯罪是独特的人格特质和个性受到压抑的结果。自我控制减弱、精神混乱导致犯罪。主要有情绪障碍理论和挫折——

攻击理论等。

二、犯罪心理学在我国的发展概况

（一）早期的犯罪心理学思想

1. 人性与犯罪

我国古代有许多思想家都曾论及人性，并围绕这个问题提出了许多非常有价值的观点。我国古代思想家所谓的"人性"与现代心理学中的"个性"略有区别。人的个性指人的心理的个别差异，而人性主要指人的心理的共性，即心理的共同本质、共同规律，但也涉及人的心理的个性。

（1）告子：性无善恶论。告子认为，人性无所谓善与恶，就如白板，强调后天环境的作用。他说："性无善无不善。""性犹湍水也，决诸东方则东流，决诸西方则西流。人性之无分于善不善也，犹水之无分于东西也。"

（2）孟子：性善论。孟子说："人性之善也，犹水就下也，人无有不善，水无有不下。"他认定凡是人都有"恻隐之心""羞恶之心""辞让之心""是非之心"，这"四心"即仁义礼智的来源。孟子的性善论强调环境影响，重视教化作用。

（3）荀子：性恶论。荀子与孟子截然相反，认为人性不善。他说："人之性恶，其善者伪也。"他所讲的"性"指的是先天的一切本能。他强调："今人之性，饥而欲饱，寒而欲暖，劳而欲休。"在荀子眼里，犯罪是天性所为，因此他特别重视法刑的作用。

我国几千年来的封建文化主要是儒家文化，所以我国的传统观念是人性善。这样，中国人一来没有西方人那种原罪感；二来强调教化力量，不重法刑，实施愚民政策。

2. 犯罪原因

（1）经济因素。认为犯罪由经济因素引起。管仲提出一个著名的命题："仓廪实而知礼节，衣食足而知荣辱。"孟子则认定："富岁，子弟多赖；凶岁，子弟多暴。"

（2）情感因素。认为犯罪由情感因素引起。墨子认为，"不相爱"是造成社会动乱和产生犯罪的心理原因。他说："盗爱其室，不爱异室，故窃异室以利其室；贼爱其身，不爱人，故贼人以利其身。"墨子强调非攻。

（3）学习因素。认为犯罪由学习因素引起。王充认为，除了"极善极恶，非复在习"以外，"夫中人之性，在所习焉。习善而为善，习恶而为恶"。

（4）阶级地位。认为阶级地位也是引起犯罪的一个因素。王充认为人的阶级地位对人性善恶起决定性的制约作用。他说："军功之侯，必斩死兵之头；富家之商，必夺贫室之财。"

3. 犯罪对策

（1）运用法制。法家持此观点。商鞅说："故贫者益之以刑则富,幼蒙者教之以法则立。"

（2）重视教化。儒家立此主张。管仲说："刑罚不足以畏其意,杀戮不足以服其心。"

（二）犯罪心理学在我国的发展

20世纪的20—30年代是国际上心理学的繁荣时期。在此期间,欧美各派的心理学,如"构造派""机能派""行为派"等相继传入我国。在20世纪30年代前半期,我国已有学者翻译介绍国外的"犯罪心理学",有的学者则编撰有关著作。但总的说来,新中国成立前,从事犯罪心理学研究和教学的人寥寥无几,学科研究极为薄弱,观点上因袭西方。新中国成立后,我国的犯罪心理学研究长期处在停滞状态。这是由于心理学和法学屡遭摧残,涉及社会制度、阶级关系、道德和法律等许多敏感领域的犯罪心理学曾经成为学术禁区。

我国犯罪心理学的建立和发展是从20世纪80年代初开始的。一方面,粉碎"四人帮"以后,为了保卫经济建设、健全法制、综合治理社会治安,迫切需要各学科提供科学依据和方法,犯罪心理学也就应运而生。另一方面,党的十一届三中全会解除了束缚科学事业发展的精神枷锁,心理学和法学研究得以迅速恢复和发展,从而为犯罪心理学的研究创造了极为有利的条件。

近年来,我国的犯罪心理学研究已经取得了一些可喜的成绩。主要有：(1)编写了具有我国特点的有关犯罪心理学、青少年犯罪心理学的著作;编纂了工具书;撰写了许多有一定质量的论文和调查报告。与此同时,翻译介绍了一些国外的犯罪心理学著作和论文。(2)形成了一支犯罪心理学教学研究队伍,全国绝大多数省、自治区、直辖市建立了以犯罪心理学研究为主的学术团体。(3)开展犯罪心理学的普及工作,使犯罪心理学的基本知识服务于社会治安综合治理。(4)对犯罪心理学的基本理论(如犯罪心理学的研究对象、犯罪心理形成的原因、犯罪心理结构等)开展了学术讨论,使犯罪心理学的研究逐步深入。(5)犯罪心理学已成为许多政法院校、综合性大学的法律系、公安警察院校及劳改劳教工作院校的必修或选修课程。

目前,我国的犯罪心理学尚存在许多问题,主要有：(1)非心理学化。概念、定义、方法都不是心理学的,没有或很少用心理学理论来指导研究。与国外相比,我国的犯罪心理学重于哲学探讨和经验分析。(2)缺少理论。往往描述多,而概括提炼、上升到规律的少,思想表现"左倾",对国外犯罪心理学理论往往采取简单否定态度。(3)非科学性。科学要揭示规律,不能只根据一两个案例得出结论,而是要通过大量的事例调查和实验研究概括出规律性的东西。在这方面,我国的犯罪心理学尚有许多薄弱环节,对犯罪中的因果关系的揭示有很多主观臆想成分,并不符合客观实际。实际生活中的许多问题得不到解释,如犯罪诱因与犯罪的关系有多大的必然性?需要什么样的条件才能使诱因转为犯罪?为什么冬天比夏天犯罪少?为什么富裕的人还会偷盗?为什么有的劳模英雄一下子成了罪犯?为什么少年会成为成年人的教唆犯?为什么许多刑满释放者会在光明和温暖中重新犯罪?罪犯的人生观、世界观是否一定腐朽反动?总之,我国的犯罪心理学研究是取得了一些成就,但与人们对它的期望还相去甚远,所存在的问题也很多,尚需我们不断努力。

第四节 犯罪心理学的研究课题与研究方法

一、犯罪心理学的研究课题

(一)课题来源

1. 实践生活。实践生活永远是科学研究的课题来源,犯罪心理学也不例外。随着社会的发展,我国社会生活中出现了许多新问题,犯罪现象也较之前有新的变化,这为犯罪心理学的研究提供了许多新的、迫切需要解决的课题。

2. 前人的或别人的研究。对于前人的或别人的研究,我们既可进行重复研究,也可进行继续研究。

(二)可供选择的研究课题

1. 究竟有多少因素(是什么因素)导致个人实施犯罪行为?要求运用系统论的观点作出完整全面的解释。

2. 犯罪动机是怎样形成的?是否有渐变、突变两种区分?为何会发生突变?

3. 犯罪人与未犯罪人相比有何不同?西方犯罪学界普遍认为没有什么区别,而东方犯罪学界则认为有本质差别,如何看待这两种看法?能否综合?

4. 是否人人都可能犯罪?

5. 不同类型的犯罪人各有哪些心理特点?

6. 哪种类型的人更容易犯罪?

7. 哪种类型的刑满释放分子容易重新犯罪?

8. 犯罪人的反社会个性是怎样形成的?

9. 刑罚对犯罪人的心理效果如何?

10. 怎样利用犯罪心理学原理矫正犯罪人的反社会心理?

11. 怎样利用犯罪心理学原理对犯罪实施侦查?

12. 怎样利用犯罪心理学原理对犯罪人进行审讯和审判？

二、犯罪心理学研究的方法论基础

(一) 决定论

决定论是一种承认自然和社会现象具有规律性、必然性和因果关系的唯物主义学说。它既反对把人类的意志说成是绝对自由的唯心主义观点，也反对否认人的主观能动性的机械唯物主义观点。决定论认为，现象的因果联系具有客观的、普遍的、无所不在的性质。世界上的一切现象、一切变化和过程，都是由于一定原因的作用而引起的。只有其原因尚未被认识的现象，绝没有无原因的现象。世界上一切现象都受原因制约和被原因决定。

心理学中的决定论认为，人的一切活动，都是先前某种原因或某几种原因导致的结果。人的行为是可以根据先前的条件、经历来预测的。

对于任何一种犯罪，都可以实事求是地找出其之所以被决定的各种因素的作用，不存在所谓的"无理由犯罪"。就常态而言，任何人的犯罪总是从所谓的"理由"开始，[1]这个理由就是诱因。这是人类行为的心理逻辑起点。存在着犯罪人不愿或甚至不能正确表述犯罪理由的情形，但不影响触发犯罪的理由的存在，也就是说，不存在无理由（无诱因）的犯罪。这种被看做诱因的理由可以是间接的、隐性的、深层的（就需要层面而言），也可以是直接的、显性的、表层的（就动机层面而言）。有些学者把某些匪夷所思的犯罪案件称为无理由犯罪，并断定即便在常态下也存在无理由犯罪，[2]显然是错误的。在任何情况下，任何人，只要神智正常，他的行为就会有理由。只是这个理由是他自己心目中的理由，这个理由合理还是不合理，是不是要付诸行动，付诸什么样的行动，因人而异。做出犯罪行为不一定需要合理的理由，但是理由总是存在的。这是我们惩治犯罪、预防犯罪的基础。对导致犯罪的外界诱因的法律上和道德上的否定性评价，不足以否定犯罪人心理上的理由，更不能得出犯罪可以无理由的结论。[3] 即使是所谓"激情犯罪"或"无明显犯罪动机"的行为，对于行为人而言，仍然是"藤"上结出的

---

[1] 在某些特定的情况下，精神病患者在做出极其非理性的行为时也有其理由。当然，这理由往往是一种妄想。类似的案例可参见〔美〕迈克尔·赫·斯通：《剖析恶魔》，晏向阳译，凤凰出版传媒集团、译林出版社2011年版，第63页。

[2] 例如，在杨佳袭警一案中，针对杨佳不是精神病人，警方又无任何过错的情况，高峰和白岩松进行了分析。白岩松认为这是一种"非传统性的犯罪"，"为什么叫非传统性的犯罪呢？心理缺陷、性格缺陷、人格缺陷，甚至无理由犯罪。"他提出，存在着"性格缺陷或者人格缺陷甚至精神缺陷而导致的无理由犯罪"。参见《[新闻1+1]杨佳袭警案再反思》，http://news.cctv.com/china/20080716/107269_2.shtml，2012年11月1日访问。

[3] 参见陈和华：《犯罪：环境诱因与人格缺陷的结合——杨佳案件心理分析》，载《犯罪研究》2009年第2期。

瓜,偶然性是在必然性的基础上发生的。一个真正具有道德观念和法制观念的人,绝不会"偶然"之间就无缘无故地变成犯罪人。因此,也不存在所谓的"一失足成千古恨"的情况。

(二) 反映论

反映论是一种关于认识的理论。它认为人的认识不是来自天赋的观念,不是来自头脑本身,而是后天形成的,是人脑对客观现实的反映。

心理学中的反映论认为,人的心理、意识乃是人脑对外部世界的能动的反映。不仅反映过去的事物,还要反映过去所经历过的事物,而且后者又会影响前者。尽管心理所反映的内容可能不是现在所接触的东西,但一定是过去接触过的东西所留痕迹的重新组织。

与其他行为心理相同,犯罪心理也只能是社会存在在犯罪人头脑中的反映。任何一个犯罪人或可能犯罪的人的心理,都只能是被社会存在所决定,是社会存在的反映。研究犯罪心理,就必须首先研究人的头脑活动所反映的客观存在。同时,还必须研究反映客观存在的头脑活动,以及客观存在与头脑活动的相互作用。无论是忽视人的心理的物质基础,还是忽视它的社会性,都不可能对犯罪心理获得起码的科学理解,也不能体现反映论的精神实质,更无从建立科学的、唯物主义的犯罪心理学。

(三) 系统论

系统论是一种强调整体观念、要求把事物当成一个整体或系统来考察的理论。它认为任何系统都是一个由若干要素以一定结构形式联结构成的具有某种功能的有机的整体,系统不是各个部分机械组合或简单相加,系统的整体功能是各要素在孤立状态下所没有的性质,即系统整体具有不同于其各个部分功能之和的新的功能。系统论的方法就是把研究对象作为一个具有一定组织、结构和功能的整体,从整体与部分之间、整体与外部环境之间、整体中部分与部分之间相互联系、相互作用、相互矛盾、相互制约的关系中,综合地考察研究对象,以达到最佳认识和处理问题的方法。

心理学中的系统论认为,人的心理是一个各要素之间相互关联所构成的不可分割的有机整体。

社会是个复杂的大系统,因此,社会中的各种现象之间、各种现象与犯罪现象之间以及犯罪现象与犯罪现象之间都是相互联系的,而不是各自孤立、互不相干的。研究犯罪现象,首先必须把犯罪现象放在社会这个大的系统中作为一个部分予以科学考察。这就必须深入研究犯罪现象与整个社会之间的内在联系、犯罪现象与社会中其他现象之间的内在联系,以及犯罪现象与犯罪现象之间的内在联系,揭示其中不以人们的意志为转移的客观规律性。

个体的人本身也是一个复杂的系统,同时,个体的人又是整个社会这一大系统(母系统)中的一个成员(子系统),因此,个体的人形成犯罪心理和实施犯罪行为,都是被众多因素制约、控制和决定的。这众多的制约因素,既包括社会的因素,也包括个体本身的因素。社会的因素只有与个体本身的因素相结合并转化为个体本身的因素,才能对犯罪心理的形成与犯罪行为的发生起制约和决定的作用。仅就犯罪心理来说,它也是由诸多因素或成分有机地结合而形成的。

研究犯罪心理形成的原因或相关因素时,应当把所有的原因或相关因素看做一个系统,众多的相关因素是有机地结合成为一定的链锁或系统而起作用的。从而,在研究犯罪对策时,也必须注意到,对犯罪问题只有"综合治理"的方针才是唯一正确的方针,并且,"综合治理"本身也必然是一项庞大的系统工程,要包括多方面、多学科的综合措施,包括政治的、经济的、法律的、行政的、教育的甚至医学的等等。

三、犯罪心理学研究的具体方法

(一) 对研究方法的一般要求

1. 科学性、真实性与客观性

(1) 研究的方法及其应用,必须确实能够揭露犯罪心理与犯罪行为的事实,而不允许歪曲事实。以统计方法为例,如果我们的犯罪统计方法和统计工作不真实、不客观、不全面,就必然导致科学性、真实性与客观性方面的缺陷,甚至完全丧失科学性、真实性和客观性。又如,运用问卷法时,问卷设计的片面性,不注意被试者是否真诚合作,盲目轻信被试者的答卷,以及在运用谈话法时盲目听信被试者的自述等,都不可能取得真正科学的认识成果。

(2) 研究的方法及其应用,必须保证研究所依据的事实和结论具有客观性,而不是从主观臆断出发,先入为主。

(3) 研究的方法及其应用,必须有利于发现诸多因素之间的辩证关系和事物的内在规律性,避免和克服唯心主义、形而上学的影响干扰。

(4) 研究的方法及其应用,必须经得起检验和可以进行逻辑论证,从而具有充分的说服力,如样本的抽取必须能在性质或数量上足以代表整体。

2. 针对性和典型性

研究的方法要适合课题的需要,研究的内容和取样要具有代表性和典型性,能够反映犯罪及犯罪心理的一般规律。

3. 系统性、层次性与互补性

犯罪与犯罪心理的研究课题总是局部性的,但每一个别课题又都是整个犯罪问题大系统中的一个或大或小的组成部分。研究每一个别课题所应用的研究方法虽然各不相同,但各种不同的方法集中起来又恰恰能够从各自不同的层次、角度和方面协同满足总体研究的要求。不同的研究方法各有自己的所长和不足,综合起来可以各尽所能,互相补充。

4. 可重复性

所谓可重复性,就是任何研究者只要使用同样的研究方法于同一课题、同一或同类对象的研究,都能取得同样的研究结果,从而使我们的研究成果经得起反复的检验,真实可信,准确无误。

(二) 几种研究方法

1. 按研究路径区分

按研究路径,可分为理论上的研究和经验上的研究;基础研究和应用研究;实验研究和相关研究。理论上的研究是指开始于某一理论推演和预言的研究,研究的主要目的是要估价这个理论;经验上的研究是指与某种理论没有直接关系的研究,主要是去收集有疑问的变量或现象的有关信息资料。基础研究是指着眼于一般情境的研究,更多地探讨比较抽象的、指导性的问题;应用研究是指着眼于特殊情境的研究,更多地探讨具体问题。实验研究是指借助于实验(有控制的观察)的研究;相关研究是指通过非实验方法确定各个变量之间是否存在关联以及有多大关联的研究。

2. 按研究对象数目区分

按研究对象数目,可分为个案研究和系统研究。个案研究是对个体的各方面进行研究,找出规律。个案研究侧重于定性研究。系统研究是指为反映全面情况,对所研究的对象作整体、全面的研究。这种研究涉及的面比较广、量比较大,容易得出规律性的结论。系统研究侧重于定量研究。

3. 按研究目的区分

按研究目的,可分为现状研究、比较研究、相关研究。现状研究属于描述性研究,包括地点分布、年龄分布、性别分布、犯罪情况如何等项内容。比较研究包括横向和纵向两方面,横向比较研究有犯罪人与非犯罪人的比较、初犯与再犯的比较、青少年犯和中老年犯的比较等等;纵向比较研究则着重于某个犯罪人犯罪前后或某段时间心理的发展变化,又称追踪研究。相关研究是旨在探明两种现象之间是否有关系,关系的密切程度如何,如结交不良朋友与少年犯罪的关系、家庭残缺与犯罪的关系等等。

4. 按工作方法区分

按工作方法,可分为观察法、实验法、调查法、活动产品分析法、经验总结法、逻辑分析法等。

第二章 犯罪心理概述

犯罪心理的概念及影响其形成的因素等,可以说是犯罪心理学中最重要、最核心的内容。只有在准确理解犯罪心理基本内容的基础上,才有可能分析犯罪的深层次原因,并提出预防和惩治犯罪的心理对策。

第一节 犯罪心理的概念

一、人的心理、意识和个性

(一) 心理

人的心理是脑的机能,是对外部世界的反映,即心理是人脑对客观现实的反映。

首先,心理离不开人的头脑。从个体发生史看,心理的发生、发展是与脑的发育完善紧密相联的。根据对大脑研究的资料,儿童出生时,其大脑在结构上已接近成人,但皮层比成人的薄,皮层上的沟回比成人的浅,重量也较轻。随着年龄的增长,大脑迅速发展,重量逐渐增加,至12岁时,重量已接近成人。从人的大脑皮层细胞的机能成熟情况看,有两个明显的飞跃时期:第一个飞跃时期约在6岁左右,这时全部脑皮层神经纤维的髓鞘化已经接近于基本完成;第二个飞跃期约在13岁左右,这时脑电波的波形及频率开始与成人相同。但到14岁或再晚一些时候,脑神经纤维仍在渐渐地变粗、增长和多生分支。与此相应,儿童的心理水平也随之提高:从感觉阶段发展到表象阶段,从形象思维阶段发展到抽象思维阶段,从受外部控制发展到自我内部控制。[①]

临床上发现,当人脑由于外伤或疾病而遭受破坏时,人的心理活动就会全部或部分失调。如果枕叶受损伤,人就会失明。顶叶下部与颞叶、枕叶邻近的部位受损伤,阅读活动就发生困难。额叶某些部位受损伤,人就不能很好地根据言语信号调节运动,不能把握动作程序,严重的则会出现惰性运动定型。如果损伤的是左半球上中央后回下面1/3的区域,辨别语言就发生困难,因而不能理解别人所说的话。在左半球的下额回有一个布洛卡区,这个区域受损伤,人就不能说出

[①] 参见叶奕乾、祝蓓里主编:《心理学》,华东师范大学出版社1988年版,第18页。

复杂的语言,不能说出想要说的事情。接近运动分析器肩、臂、手指部位受损,书写活动就会产生困难。此外,人的头脑受到剧烈震荡,也会导致人的心理活动受到阻碍和出现失调(产生幻觉、错觉或遗忘症)。大脑两半球的肿瘤会使人迅速进入痴呆状态。无脑畸形儿生来就不具有正常的脑髓,因此不能思维,最多只有饥、渴的内脏感觉等。这些事实都说明心理活动和脑的活动不可分割。[①]

其次,没有客观事物作用于人,心理活动便不可能产生。客观现实是人的心理活动内容的源泉。人的心理活动,不论是简单的还是复杂的,都可以从客观事物中找到它的源泉。同时,科学的心理学特别强调社会生活实践对人的心理起制约作用,认为没有人的社会实践就没有人的心理(狼孩卡玛拉以及其他被野兽哺育养大的和离开人类社会长大的野生儿都是明显的例证)。不用说从小脱离人的社会生活条件便不能形成人的心理,就是长大成人后长期脱离人的社会生活条件,也将使其原已形成的人的正常的心理失常。

人的心理按其内容的源泉及其发生的方式来说是客观的,但对客观现实的反映,总是由一定的具体的人进行的。人在实践中已形成的知识、经验、世界观和个性心理特征总会影响他对客观现实的反映。这在反映的选择性、准确性、全面性和深刻性上都可以表现出来。心理是客观现实的主观映象,人对客观现实的反映是客观和主观的统一。另外,人对客观现实的反映不是消极的、被动的,像镜子反映物象一样,人是在实践生活中积极能动地反映客观世界的。心理是人对客观现实的能动的反映。

心理包含着过去、现在和未来的事件。过去事件表现为记忆经验;现在事件表现为全部映象、体验、智力活动等;未来事件表现为意图、目的、幻想等。心理既有意识性,也有无意识性。可以有条件地把心理现象区分为心理过程、心理状态和心理特征。感觉、知觉、表象、注意、记忆、想象、思维、情绪、意志等属于心理过程,是心理的动态方面。情绪过程中的激情状态和心境状态等属于心理状态。能力、气质、性格上的特点则属于心理特征,是心理的比较稳定的方面。

(二) 意识

意识一般指人的自觉的心理活动,是心理的高级水平和主要形式。心理作为客观现实在人脑中的反映,具有各种不同的水平。心理的高级水平就是意识。

意识是以心理过程(包括认识、情感、意志)为基础的一个有系统的整体。它是一个人的心理体验的总和。其中,感性的和理性的认识是意识的主导方面,特别是语言和思维是意识中的核心因素。因为人只有掌握了语言,在社会生活中

[①] 参见叶奕乾、祝蓓里主编:《心理学》,华东师范大学出版社1988年版,第19页。

不断地积累知识和经验,才可能有日益丰富和不断概括的主观世界(意识),才能进一步接收各种信息,并对这种信息的意义进行评价和作出取舍。但是,情感、意志也是意识的必要组成部分。因为,意识也表现为一种内心体验的形式,如满意或不满意、爱或恨等;意识也是使人的行为具有目的性并促使其实现的内部调节和控制的力量。

意识又可以分为自我意识和对周围事物的意识。人不仅能意识到周围事物的存在,而且也能意识到自己的存在,能意识到自己在感知、思考和体验,也能意识到自己有什么需要、愿望和行动,以及为什么要这样做而不那样做,这样做的后果将是怎样,周围各种事物与自身的利害关系怎样,应当如何调节自己的行为等等。这就是人的自我意识。这种有意识的反映是借助于语词实现的。人只有在通过语词对自身的存在、对客观世界的存在以及对自身同客观世界的复杂关系的存在进行概括的反映时,才能意识到所反映的映象,才能使人对客观现象的反映达到意识的水平。

人的意识有自觉目的性、能动性、社会历史制约性、主观选择性等基本特征。

与意识相对应的是无意识,通常指不知不觉的、没有意识到的心理活动,是人和动物所共有的低级心理反映形式。如做梦时发生的心理现象,感觉不到但实际上起作用的刺激所引起的回答反应及自动化的行动等。

(三) 个性

个性,在心理学中西方学者又称之为人格。个性是指个人稳定的心理品质,即在一定的社会历史条件下的具体个人所具有的意识倾向性,以及经常出现的、较稳定的心理特征的总和。个性包括两个方面,即个性倾向性和个性心理特征。前者包括人的需要、动机、兴趣和信念等,决定着人对现实的态度、趋向和选择;后者包括人的能力、气质和性格,决定着人的行为方式上的个人特征。这两方面的有机结合,使个性成为一个整体结构。由于个人的遗传素质尤其是社会实践活动各不相同,形成不同的个性,即个别差异。这种个别差异不仅表现在人们是否具有某种特点上,而且还表现在同一特点的不同水平上。

人作为"社会关系的总和",其个性是在社会交往过程中形成的,脱离了人群就没有个性。所谓交往就是由人与人之间的相互联系达到心理上的接触,产生信息交流。因此,个性不是客观条件的消极产物,而是客观现实与人的心理活动相互作用的产物。也就是说,一个人一定要积极地投入到适应或改造客观世界的活动中去,才能形成和发展自己的个性。同时,个性是随着社会生活条件的变化而变化的。

初生的婴儿作为一个自然的实体而存在,还谈不上有个性。个性是个体社会化的结果。它在一定的社会关系中形成发展起来,又在一定的社会关系中表现出来,但它一经形成就具有比较稳定的特点。当然,在一个人的生活中,当有某种重大事件发生或有重大的转折时,还会使其个性发生某种变化。人的个性既具有稳定性的一面,又具有可变性的一面。

二、犯罪心理的概念

正确界定犯罪心理,是犯罪心理学学科研究的基础,也是理解犯罪行为并从而提供预防和惩治犯罪行为措施的关键。所谓犯罪心理,是指影响和支配行为人实施犯罪行为的动因,表现为由犯罪性的知、情、意三者所构成的有意识的心理过程;犯罪心理表现为一种决意实施犯罪行为的意向,指向于犯罪行为,因此不具有稳定性;犯罪心理不同于犯罪人心理,后者主要体现为区别于守法者的心理特征,亦称犯罪倾向,是犯罪心理形成的基础。

(一)犯罪心理的实质内容——犯罪心理与一般行为心理

任何一个概念的实质内容都包括内涵和外延,前者指概念所表示对象与其他事物之区别;后者指概念所表示对象之范围。多数情况下,概念的实质内容主要指内涵。犯罪心理的实质内容即犯罪心理的内涵。犯罪心理的内涵理应是犯罪心理与其他事物即非犯罪心理之区别。具体来说,包括以下三个方面:(1)与行为的区别,即犯罪心理是心理而非行为,是行为动力、起因,而非行为过程或行为结果;(2)与行为心理的区别,行为心理可以是无意识的,但犯罪心理是有意识行为心理,而非无意识行为心理;(3)与一般有意识行为心理的区别,即犯罪心理是犯罪行为的心理,而非一般有意识行为心理。因此,犯罪心理的内涵可相应地表现为三性,即动力性、意识性、犯罪性。

1. 犯罪心理的动力性

犯罪心理的动力性,亦可称为犯罪心理的支配性,意味着犯罪心理支配犯罪行为,是犯罪行为的动力,这是犯罪心理最本质的特征。

行为心理,尤其是行为前的心理体现为一种未来事件,对行为发生起到支配作用,因此,行为心理即行为的动力。特定行为的背后是特定行为的心理,即行为动力。就犯罪心理而言,它是犯罪行为心理,是推动犯罪行为实施的心理。没有犯罪心理,就没有犯罪行为。因此,犯罪心理就是犯罪行为的动力。

构成人的行为动力的行为心理体现为未来事件的意图和目的,因此,行为心理的构成性因素或内容只能是人的心理过程,即认知、情绪、意志(可简称为知、情、意),而非人的心理特征(人的心理特征是行为心理的形成性因素,而非构成性因素)。虽然构成人的行为心理的具体因素可以因时因地因人而有所不同,但基本的框架是知、情、意三者。在常态条件下,人的知、情、意协调一致,整体性地构成行为动力,从而对人的行为发生起发动或促进作用。

犯罪心理作为犯罪行为的动力,其构成内容也同样是知、情、意三者统一协调的心理过程。与一般行为心理相比,犯罪心理中包含了以非法手段(作为或不作为)去达成目的的意图和想法,并进而蕴含对违法风险进行控制的考虑。这是一般行为心理所没有的,但无论如何,犯罪心理的构成要素中并不包含犯罪人的心理特征。犯罪人的心理特征只是犯罪心理形成的基础,而非构成要素。

2. 犯罪心理的意识性

作为犯罪行为动力的犯罪心理与一般行为心理不同,一般行为心理可以是有意识的,也可以是无意识的,而犯罪心理则一定是有意识的,不存在无意识的犯罪心理。这是犯罪心理的第二个本质特征。

就行为心理而言,虽然大多数都是有意识的,但也存在着无意识的情形。在心理学中,行为泛指有机体外现的活动、动作、运动、反应或行动。这些外现的活动、动作、运动、反应或行动可以是有意识的,如连贯的活动或行动;也可以是无意识的,如不连贯的动作、反应。在意识作用下的行为是有意识行为,指受中枢神经系统控制的、经过主观分析判断而做出的行为,也叫意志行为,即有意志自由和选择自由的行为,体现出自主性和独立性。相应的,在无意识作用下的行为是无意识行为,指不受中枢神经系统控制的、没有经过主观分析判断而做出的行为,也叫无意志行为。无意识行为很多是本能行为,是不用通过意识就能反应的。比如无条件反射(膝跳反射)导致的行为,因为痉挛而导致的行为,在丧失知觉时或在睡眠状态中做出的行为,在催眠术影响下做出的行为等等。这些行为之所以被称作无意识行为,是因为它们都不受中枢神经系统的控制,行为心理并未被行为人意识到,是非自愿的行为。

但是,就犯罪行为心理而言,则一定是有意识的。甚至可以说,犯罪心理本身就是一种意识。本质上,犯罪心理是一种自觉的心理活动。

首先,从刑法学角度看,任何犯罪行为都是主客观因素的结合,犯罪的成立是主观恶性与客观危害的统一。只有主观上具有恶性,客观上造成了危害,才能认定构成犯罪。任何一个行为如果行为人主观上没有恶性,那么即便客观上造成了危害,也不能认定为犯罪,否则将落入客观归罪的窠臼。普通法中的一个基本原则就是"无罪过即无犯罪"。因此,犯罪的要件包括犯罪行为和实施这种犯罪行为的罪过(犯意、犯罪意图、犯罪心理)。犯罪要件排除了非自愿行动,如癫痫、梦游等,同时要求危害后果与犯罪人的行为之间必须有因果关系。人类是能够自由选择其行为的,当其不能自由选择时,就不能认为其有罪,可用错误、意外事件、挑衅、受威逼、精神错乱等为其辩护。① 行为人的主观恶性之所以能够成立,是因为它的有意识性。这种意识性是评判主观恶性的基础,进而也是决定责任承担的基础。"责任的本质就是一个主观恶性的问题。"② 没有或失去这种意识性,则就没有或失去价值判断的余地、道德或法律非难的余地,也就无所谓恶性。只有存在意识的情况下,才有可能存在主观恶性。因此,人的主观恶性是有意识的。自然地,体现这种主观恶性并最终对犯罪行为起支配作用的犯罪心理也是有意识的。

其次,从心理学角度看,任何有价值评判意义的行为都是基于中枢神经系统的控制而产生,以自主意识和独立意志为前提。因此,这种行为都是有意识行为,相应的,支配这种行为的心理都是有意识的。犯罪行为是具有价值评判意义的行为,所以犯罪行为一定是有意识行为,自然,支配它的犯罪心理也是有意识的。犯罪人之所以要对自己的行为承担刑事责任,是因为其行为的社会危害性,而社会危害性是由犯罪人的自由意志行为造成的。人的心理如果不为人的意识所控制,那么自由意志行为就不可能产生。

人在精神病态的作用下,有可能产生无意识心理和无意识行为。由于这种无意识使行为人失去了对于行为的认识能力和控制能力,不能理解自己行为的法律后果和道德价值,不能对自己的行为进行调节和控制,从而使他不需要承担刑事责任。这种行为虽然造成危害后果,但并非犯罪行为,支配这种行为实施的自然也就不是犯罪心理。实际上,即便有精神病态,也并不是必然使人产生无意识心理和无意识行为。在一个特定的危害行为中,虽然行为人有某种程度的精神障碍,如果行为人的行为思路和心理逻辑清楚、周延,体现出足够的行为能力,则表示行为人的心理和行为具有意识,需要为自己的危害行为承担法律后果。也只有在这个意义上,才可以说行为人具有犯罪心理。

在司法实践中,常被用来说明犯罪心理和犯罪行为是无意识的例子是"冲动犯罪""激情犯罪"。这种犯罪常常被认为是在所谓的"莫名的冲动""脑子一片空白"的情况下发生的,也就是说犯罪行为是在无意识的犯罪心理的支配下实施的。这其实是一种误解。确实,有许多犯罪是在冲动状态下完成的,但是冲动状态的存在并不意味着行为人的无意识,并不意味着行为人对于行为的意义缺乏认识,特别是对于行为无控制能力。"行为的冲动性并不意味着行为的无意识性。"③ 问题的关键不仅在于行为人能否认识到行为的意义,而且还在于这种冲

---

① 参见〔英〕Ronald Blackburn:《犯罪行为心理学——理论、研究和实践》,吴宗宪等译,中国轻工业出版社 2000 年版,第 5 页。
② 参见陈兴良:《主观恶性论》,载《中国社会科学》1992 年第 2 期。
③ 〔苏〕彼德罗夫斯基主编:《普通心理学》,朱智贤等译,人民教育出版社 1981 年版,第 171 页。

动是否不可控制。事实上这种冲动在没有精神病态的情况下是可以控制的。这里需要澄清的是,控制能力是对于危害行为的控制能力,不同于心理学上的道德自制力。"控制能力与心理学上所讲的作为意志品质的自制力不是等同概念。自制力是控制自己的情感、爱好和冲动的能力,但有控制能力的人不一定有自制力。许多人是在有控制能力的情况下因缺乏自制力而实施了犯罪行为。故不可将控制能力与自制能力相混淆。"①

需要说明的是,在过失犯罪中所体现的所谓的"不意识"并非是无意识。过失犯罪也是主观意识支配下的行为,只是结果不是其所愿。在过失犯罪中,犯罪人的心理态度并不指向于追求某种犯罪结果,不成立故意犯罪心理,但其中所蕴含的过失心理态度是有意识的成分和内容的。于极度过失而言,"行为人有意识地漠视自己行为可能带来的严重的不可原谅的危害,他的行为方式严重偏离了一个遵守法律的人的行为方式";于一般过失而言,"行为人应当却没有意识到自己的行为可能带来的严重的不可原谅的危害,他的行为方式严重偏离了一个小心谨慎的人的行为方式。"②过失是对社会生活中一般要求的结果回避义务即基准行为的懈怠,于是,过失犯由未能实施法律所要求的基准行为的不作为构成,而且,只要符合行为基准,就排除过失的成立。就像不作为可以构成犯罪,没有或缺乏努力避免过失发生的意识实际上就是一种意识。过失犯罪的可罚性,不仅基于其所造成的严重危害后果,而且更重要的是还基于这种意识。

3. 犯罪心理的犯罪性

与一般的有意识行为心理不同的是,犯罪心理还具有犯罪性,这是犯罪心理的第三个本质特征。这里所谓的"犯罪性",广义上泛指"反社会性"或"恶性",狭义上特指"刑事违法性"。

无论是犯罪学意义上的犯罪,还是刑法学意义上的犯罪,都是一种具有社会危害性的反社会的、恶性的行为,自不待言。那么,作为支配犯罪行为发生的动力的犯罪心理是否也是反社会的、恶性的?本书认为,这个问题的答案是明确的:犯罪心理一定是反社会的、恶性的。从心理学中的心理与行为对应的原则看,行为是恶的,心理也是恶的,恶的行为背后必有恶的心理;从刑法学中的主观与客观结合的原则看,犯罪行为是恶的,犯罪心理也是恶的,行为的可罚性与心理的恶性密切相关。

犯罪心理在驱动机制上与一般行为心理并无区别,但在具体表现形式上有其自身特点,即具有危害社会和他人的违法犯罪目的,并与满足需要的违法犯罪

---

① 张明楷:《刑法学》(第四版),法律出版社2011年版。
② 参见马跃:《美国刑事司法制度》,中国政法大学出版社2004年版,第103—104页。

手段和方式相联系。犯罪心理的恶性(或反社会性、刑事违法性)体现为行为人内心以恶性的(反社会的、刑事违法的)手段去达成自己需要满足的意图,这种恶性的意图是犯罪心理的主要内容。犯罪心理作为推动行为人实施犯罪行为的内心起因,构成行为人实施犯罪行为的有意识的直接动力,其所包含的满足行为人需要的行为指向与行为方式,不仅具有道德和价值判断上的负面性,而且具有与刑事法律的对抗性以及应受惩罚性,即具有犯罪性。虽然不同的犯罪心理反映出犯罪人主观恶性的不同程度,但犯罪心理一定是恶性的,不存在所谓中性的犯罪心理。没有这样恶性的心理,犯罪行为不可能发生。

(二) 犯罪心理的存在方式——犯罪心理与犯罪行为

犯罪行为是外现的、可见的,而犯罪心理则是内隐的、不可见的。但是这种内隐、不可见并不意味着犯罪心理的不存在,也不意味着犯罪心理是不可分析和研究的。犯罪行为是犯罪心理必然和唯一的表现,离开犯罪行为,就无法理解犯罪心理。这就涉及犯罪心理是以何种方式存在的问题。我们认为,犯罪心理是依附于犯罪行为而存在的,探究特定行为人的特定的犯罪行为心理,只有通过外现出来的犯罪行为。没有犯罪行为,我们将失去分析犯罪行为背后犯罪心理的基础。同时,犯罪心理的指向性特质也使得犯罪心理必依附于犯罪行为而存在并与犯罪行为相对应。由于犯罪心理依附于犯罪行为而存在并与犯罪行为相对应,从而又使犯罪心理具有不稳定性的特点。

1. 犯罪心理的依附性

犯罪心理的依附性相对于犯罪行为而言,是指对犯罪行为的依附性,犯罪心理依附于犯罪行为而存在。从理论上说,犯罪行为基于犯罪心理而发生,即犯罪行为总是在一定的犯罪心理的影响和支配下发生的,没有犯罪心理就没有犯罪行为;要剖析犯罪心理,必先了解犯罪行为;而且,犯罪行为的性质也往往是由犯罪心理状况所决定。因此,犯罪行为具有对犯罪心理的依附性,犯罪行为依附于犯罪心理而存在,这没有任何问题。那么反过来,犯罪心理是否具有对犯罪行为的依附性,犯罪心理是否依附于犯罪行为而存在呢?这似乎成了一个问题。有学者认为,"犯罪心理具有相对独立性,……在犯罪人犯罪行为发生前,犯罪心理就已独立存在;犯罪行为结束后,犯罪心理也不一定立即结束,它可以继续独立存在于犯罪人的头脑之中。"①我们认为,这种观点是错误的。犯罪心理不具有对犯罪行为的独立性,犯罪心理总是依附于犯罪行为。

何谓犯罪心理的"独立性"?如果是指犯罪心理形成在先,犯罪行为发生在后,那这种所谓的"独立性"的表述是毫无意义的,因为这是一个简单的心理逻

---

① 罗大华主编:《犯罪心理学》,中国政法大学出版社2003年版,第2页。

辑。所谓的犯罪心理的"独立性",是指犯罪心理可以脱离犯罪行为而存在,也即可以存在只有犯罪心理而无犯罪行为的情形。那么,这种情形是否能够存在呢?我们认为答案是否定的。

从行为心理学的角度分析,任何行为心理都是行为的动力,而行为的动力性决定了行为心理必指向于行为。这种指向性决定了行为心理一旦形成,就一定发展到行为。虽然其间有一个发展过程,但最终走向必是行为的发生。行为心理可具体体现为行为的意图,包含知、情、意三方面的内容,缺一不可。特定的认知、情绪、意志都可称为心理,但并非行为心理。行为心理一定是知、情、意三者的结合。正是因为这一点,使得行为心理与一般心理在性质上有一个重大区别,即行为心理对于行为具有支配性,而一般的非行为心理不具有对行为的支配性。这种支配性决定了行为人的行为决意。同样,行为结束后,这种支配性不再存在,行为心理也就消亡,不具有继续独立存在的可能性。因此,从这个意义上说,行为心理必是依附于行为的。引申到犯罪心理和犯罪行为,也是如此:犯罪心理依附于犯罪行为。

从犯罪心理的实质内容来看,某种特定的行为心理之所以能称为犯罪心理,是因为这种心理会指向犯罪行为(动力性)并具有道德和法律非难的可能性(意识性和犯罪性)。犯罪心理作为一种有意识的犯罪动力,对犯罪行为的发生具有支配性,一旦形成,即发展到犯罪行为。不存在有犯罪心理而无犯罪行为的情形。犯罪心理以形成犯罪决意为标志,而犯罪决意又以导向犯罪行为为标志(至少有犯罪行为的预备。如果连准备工具、进行谋划的行为都没有,不能说犯罪决意已经形成)。犯罪行为最终没有实施,只能说明没有犯罪决意或犯罪决意不足,不足以构成一个完整的犯罪心理(知、情、意不完整、不统一)。在没有犯罪决意、没有付诸实施的犯罪意向之前不存在或不能称之为犯罪心理,只能算是一种臆想或幻想,或犯罪心理的萌芽,而非犯罪心理本身。其中最主要的原因在于,它不能对犯罪行为起到支配作用从而构成犯罪行为的直接动力。犯罪心理以能对犯罪行为发生支配性的动力作用为前提。没有成为犯罪行为动力的心理无所谓犯罪行为之动力,也就无所谓犯罪心理。正常人会有疯狂的想法,但不会付诸行动,就是这个原因。同样,犯罪人在犯罪行为结束后,无论是得逞还是败露,至少在一段特定的时间内,不再有犯罪行为的动力,原先的犯罪心理亦不复存在。如果还存在犯罪心理,只能说明原先的犯罪行为并未结束;或者是产生新的犯罪心理,导致新的犯罪行为,而这又是一个新的轮回了。

需要说明的是,犯罪心理所依附的犯罪行为,可以是犯罪的实行行为,也可以是犯罪的预备行为。在多数情况下,犯罪心理依附于犯罪的实行行为,在少数情况下,犯罪心理则仅依附于犯罪的预备行为。后一种情况既说明为什么有犯罪心理而无犯罪实行行为；又说明犯罪心理的形成必以犯罪行为的发生（预备或实行）为标志。至于犯罪行为的中止或未遂则意味着犯罪心理的形成和变化对犯罪行为的影响，更是说明犯罪心理对于犯罪行为的指向性和依附性。

2. 犯罪心理的对应性

犯罪心理的对应性是指它与犯罪行为的对应和一致。犯罪心理与犯罪行为的相互依存，决定了犯罪心理与犯罪行为的相互对应和一致，这既是人类行为的心理逻辑所致，同时也是基于犯罪行为进行犯罪心理分析并以相当的准确性解释犯罪行为、以相当的合理性预测犯罪行为、以相当的有效性控制犯罪行为的基础。

从人类行为的心理逻辑来看，心理和行为是对应和一致的。需要指出的是，人的心理是由知、情、意三者构成的一个整体，单纯的认知或情绪无法构成一个完整的行为心理。人对特定对象的不良认知，甚至是犯罪性的认知，只能是一种臆想或幻想，不足以成为推动其实施行为的心理。情绪也是如此。

在对于犯罪心理与犯罪行为之间的关系的认识上，学界有一种观点，认为："一般情况下，犯罪心理与犯罪行为是相一致的，但在主客观因素影响下，也存在着两者不一致的情况，具体表现为：一是犯罪动机和犯罪行为的结果不一致，刑法学中的间接故意犯罪即属于这种情况。如某犯罪人在报复动机支配下，趁黑夜潜入仇人卧室欲杀仇人，因事实上的认识错误而误杀仇人之妻。二是本无犯罪动机，只是在别人胁迫下不得不实施了犯罪行为。"① 这种观点是错误的。在行为人精神状态正常的情况下，心理决定行为，行为反映心理，有什么样的心理就有什么样的行为。心理和行为总是一致的，犯罪心理与犯罪行为的关系也同样如此。

上述观点中所提到的无论是间接故意犯罪、误杀，抑或被胁迫犯罪，从刑法学的角度看，都体现出犯罪人主观方面和客观方面的一致，犯意与犯罪行为的一致，如果不一致就不成立犯罪；而从心理学的角度看，心理和行为的一致是指心理与行为过程、行为方式的一致，而非与行为结果的一致。虽然行为人所追求的结果可能出乎意料，但达成结果的行为过程和行为方式却是与犯罪心理一致的。无论是故意犯罪，还是过失犯罪，均是如此。

以间接故意犯罪来说，犯罪人虽然从事和追求的是另一目的行为或非目的行为，但对于自己的行为可能发生的危害结果已经有所认识，在感情上放任这种结果的发生，在意志上不采取任何避免行动，而是持有一种听之任之、放任不管的不负责任的心态。犯罪人完全有可能避免危害结果的发生，但他却有意识地

---

① 罗大华主编：《犯罪心理学》，中国政法大学出版社 2003 年版，第 3 页。

通过不作为的手段和方式放弃了对危害结果发生的避免行为。这里，犯罪动机虽然不如直接故意犯罪那么明确，但是犯罪动机是客观存在的，而且与犯罪行为也是一致的。

以误杀来说，虽然所杀之人并非犯罪人的报复对象，但仅仅是其杀人故意在被害对象上的转移而已，犯罪人的"行为环境"并未变化。行为环境是指行为人自己理解的环境，这个环境可以是与物理环境或地理环境完全相同的环境，也可以是完全不同的环境。人的行为都是在特定的行为环境中发生的，因此，从主观心态而言，无论如何，犯罪人的犯罪心理都是与特定的行为环境中的行为一致的。在这里根本不存在犯罪心理与犯罪行为的不一致。

至于被胁迫犯罪，在成立犯罪的前提下，犯罪心理与犯罪行为也是完全一致的。首先，被胁迫者的行为是一种有意识的行为，他意识到自己在做什么，也意识到为什么要这样做。其次，被胁迫者有意志自由和行为选择自由，犯罪行为是他经过趋利避害、趋乐避苦考虑后的一种选择。他可以选择犯罪，也可以选择不犯罪。无论是为了保护自己还是保护家人，最终的犯罪行为都是经过其大脑控制的主动行为。从理论上说，受意识控制的被动犯罪的说法并不成立。当然，可以依据一个具有合理坚强性的人处于被胁迫境地是否应该和能够抗拒所受到的胁迫这一标准，把胁迫分为能够抗拒的和不能抗拒的两种情况。在前一种情况下，能够抗拒而不抗拒，不去履行自己的道义责任和法律责任，就成立犯罪。因为人只要意志坚强，足可抵挡对胁迫的顺从，软弱并不是犯罪的借口。在这里，犯罪心理与犯罪行为是一致的。而在后一种情况下，被胁迫行为可以或应该被原谅、被饶恕，不成立犯罪，不承担刑事责任，自然也就不存在犯罪心理与犯罪行为的对应或不对应、一致或不一致的情形。

3. 犯罪心理的不稳定性

犯罪心理不仅依附于犯罪行为而存在，而且它的存在呈不稳定状态，具有不稳定性。从心理学意义上说，犯罪心理的不稳定性并非指其构成要素的不完整，而是指其存在的样态体现出不稳定，犯罪心理并非行为人的稳定的心理特质。

犯罪心理的不稳定性可表现为两个方面：短暂性和变异性。短暂性是指犯罪心理从产生到消失不具长久性，即犯罪心理不可能长久存在于行为人身上；变异性是指犯罪心理产生后易随情境的变化而变化，即犯罪心理所指向的对象范围易变或恶性程度易变。

犯罪心理的短暂性既可从其所依附的犯罪行为的时空限制得到说明，也可从心理过程的性质得到论证。首先，犯罪行为的短暂性决定了犯罪心理的短暂性。犯罪行为的发生具有时空限制。虽然一般行为的发生也有时空限制性，但犯罪行为由于其违法性的特点使之更具时空限制性，从而使犯罪行为更具短暂性。正如戈特弗雷德森和赫希所强调的那样,"犯罪是一种短期的、受限制的事件,预示着一系列特别的、必要的条件(如活动、机会、灾祸、受害、财物等)。"[①]因此,作为犯罪行为动力并与犯罪行为相互依存的犯罪心理亦具短暂性。其次,犯罪心理是心理过程意义上的心理,即过程性心理,它"是心理的动态方面"[②],动态性的、过程性的心理都是短暂的,因此,犯罪心理具有短暂性。

犯罪心理的变异性则是由犯罪行为实施过程中的环境变异所导致的犯罪人的情绪波动和压力变量所决定的。即犯罪心理形成后不一定导致犯罪实行行为,也不一定保持原有样态。一般而言,同一个体在不同情境和不同时期的行为并不具有完全的一致性和稳定性。而且,与合法行为相比,犯罪行为所具有的法律上的风险和道德上的风险更大,实施过程中所遭遇的障碍更多,这就导致行为人的犯罪心理随时有可能发生变异。犯罪心理的这种变异可以是良性的,即犯罪动机消失,犯罪行为中止;也可以是恶性的,即犯罪动机升级,由轻微的发展到严重的,从而引发更为严重的犯罪行为和犯罪后果。

总之,犯罪心理不仅存在时间短暂,而且在其短暂的存在时间中还会发生变异。这就使得犯罪心理不可能是一种稳定的心理,它具有随机性或状态性。

(三) 犯罪心理的形成基础——犯罪心理与犯罪人心理

如同麦苗和麦粒不是一回事,水和冰不是一回事,特定行为心理与特定行为人心理也不是一回事,特定行为人心理只是特定行为心理产生的基础。前者是不稳定的心理过程,后者是较稳定的心理特征。相应的,犯罪心理不同于犯罪人心理,犯罪人心理只是犯罪心理形成的基础,它们并不是可以互相代替和混同的概念。

所谓犯罪人心理,指的是犯罪人的有别于守法者的心理。从心理学的角度看,首先,能够把人与人之间区分开来的差异性,具有相对稳定性。具有随机性、变异性的心理因素不足以构成人际差异的区分依据。因此,当我们使用"犯罪人心理"这一概念的时候,实际上指的是犯罪人的有别于守法者的相对稳定的心理特征,是其实施犯罪行为或其他类似行为的一种倾向性,而不是用来说明犯罪人有守法心理和犯罪心理等,更不是指犯罪人的心理过程意义上的犯罪心理(如上述,心理过程具有不稳定性)。其次,这种能够把犯罪人与一般人区分开来的相对稳定的心理特征往往表现为某种人格缺陷,正是这种人格缺陷,使得犯罪人具有形成犯罪心理、实施犯罪行为的人身危险性。但是,这种人格缺陷或者说人身

---

① 转引自〔美〕罗伯特·J.桑普森等:《犯罪之形成——人生道路及其转折点》,汪明亮等译,北京大学出版社 2006 年版,第 17 页。

② 夏征农主编:《辞海》,上海辞书出版社,1999 年版,第 4528—4529 页。

危险性并非犯罪心理,它只是犯罪心理的形成基础。所以,犯罪人心理与犯罪心理虽然仅一字之差,但却具有实质性不同。

行为心理的形成基础包括两个方面:外在的环境诱因和内在的人格特质。其中,外在的环境诱因构成趋利的动力,内在的人格特质构成避害的动力。两者缺一不可,只有在它们共同起作用的情况下,人的行为心理才能最终形成。

特定行为的发生总是基于诱因的存在,但是诱因只是行为发生的必要条件,而非充分条件。诱因不足以导致行为心理产生,否则就不能解释不同的人在诱因之前的不同表现。在诱因面前,人会不会产生行为心理,产生何种行为心理,与其人格特质有关。从某种程度上可以说,特定的环境刺激能否成为引发犯罪心理的诱因,往往也取决于行为人内在的人格特质。在犯罪人那里,这种人格特质就表现为特定的人格缺陷(亦即犯罪人心理或犯罪人心理特征),这种人格缺陷使其面对诱因时缺乏自我调节能力,不能基于社会规范和个人利益的综合考虑而进行合乎理性的行为抉择,不能计算自己行为的各种后果而控制行为风险,从而决定采取非法的方式来满足自己的需要,形成犯罪心理。

人格缺陷只是一种人格建构,只是意味着犯罪心理形成的一种可能性,或者说,这种人格缺陷使人更易形成犯罪心理,但它并不是犯罪心理本身。

可以把这种人格缺陷看做"犯罪性"。犯罪可能是指很多的犯罪活动,也可能是指特定的犯罪行为;而犯罪性是指从事这类行为的倾向。[1] 赫希和戈特弗雷德森指出:作为一种事件的犯罪和作为一种个人特征的犯罪性……这种区分提醒我们,犯罪性不一定要通过犯罪表现出来,犯罪还需要犯罪人以外的条件。[2] "犯罪行为的完成明显依赖于犯罪人的近期经历和行为发生的情境,但我们也必须根据行为人影响该情境的个人特征来理解。……根据这些特征,可以把犯罪性看成是进行这种犯罪行为的倾向或准备性。"[3] "犯罪性是一种违反规则的倾向……犯罪理论在解释犯罪性方面很不相同,有的把犯罪性看成是一种一般倾向,而有的则把犯罪性看成是一种特殊倾向;有的把犯罪性看成是远因造成的一种结果,有的则把犯罪性看成是近因造成的一种结果;有的认为这些原因因素存在于个人自身,有的则认为这些因素存在于环境之中。"[4]

国内有学者提出"犯罪心理结构"概念,其实就是指犯罪人区别于守法者的人格缺陷。所谓犯罪心理结构,是指行为人在犯罪行为实施前已经存在的、在犯

---

[1] 参见〔英〕Ronald Blackburn:《犯罪行为心理学——理论、研究和实践》,吴宗宪等译,中国轻工业出版社 2000 年版,第 18—19 页。
[2] 同上书,第 25 页。
[3] 同上书,第 161 页。
[4] 同上书,第 75 页。

罪行为实施时起支配作用的那些畸变心理因素的有机而相对稳定的组合。它是行为人个性心理结构中社会心理缺陷的总和,是其发动犯罪行为的内部心理原因和根据。[①] 也就是说,如果不存在犯罪心理结构,就不可能产生犯罪行为,两者存在着因果关系。但反过来,个体犯罪心理结构的存在,对于犯罪行为的发生,只具有可能性而不是必然性。犯罪心理结构的存在,不等于必然发生犯罪行为,仍需具备一定的外部条件,才能将犯罪行为"引爆"。犯罪行为的发生是犯罪心理结构与外部契机相"碰撞"的一种聚合反应。"犯罪心理结构论"认为,"作为发动犯罪行为内在原因的犯罪心理,并不是某种单一的心理因素在那里起作用,而是受多种不良心理因素的复合体所驱动。正因为这种复合体呈相对稳定的结构形态,所以把它称作犯罪心理结构。不良的个性心理特征只是产生犯罪心理的基础,而不能等同于犯罪心理。"[②]

提及犯罪人心理、犯罪性(犯罪倾向)、人格缺陷、犯罪心理结构,必然涉及对犯罪人的看法问题。长期以来,在如何认识犯罪人的问题上存在着很多分歧。概括起来,不外乎犯罪人与守法公民相比较,在生理上、心理上是"同质"还是"异质"的问题。

(1) 生理上的异质观。在中世纪的欧洲,犯罪人被看成是魔鬼或魔鬼附体。在近代,龙勃罗梭的"天生犯罪人"观点,把犯罪人看成是生理上异质的人。日本一些学者把违法犯罪的青少年看成是"苍蝇"和"蝼蚁",更是典型的异质观。近几十年,关于犯罪人的孪生儿研究,关于血型、染色体、内分泌、脑电波等的研究,都在一定程度上同生理上的异质或部分异质的观点一脉相承。

(2) 心理上的异质观。很早就有人把犯罪人看成是"天生的狂人""愚蠢者""性格异常者"。20世纪初,美国犯罪心理学家戈达德和著名的青少年犯罪学家格卢克夫妇都进行了违法犯罪与智力落后关系的研究,认为违法犯罪人智力水平低。施奈德等人还认为,违法犯罪人具有人格障碍的特征。

(3) 身心的同质观。这种观点认为,犯罪人和未犯罪人是同样性质的人,无甚差别,只不过遭遇不同,一些人犯了罪,另一些人没有犯罪,人人都有犯罪的可能。英国学者梅兹认为,犯罪人无论在心理方面,还是在社会关系方面,都处于"常态",与一般人"同质";日本学者平尾靖认为,"犯罪并不限于特殊的人,犯罪人与平常的人相比,决不能说是本质不同的人","在任何优秀的人物中都存在着犯罪的倾向","某人变成犯罪人时的过程的性质,与没有越轨的个人进行正直行

---

① 参见罗大华主编:《犯罪心理学》,中国政法大学出版社2003年版,第32页。
② 同上书,第31页。

为的过程性质基本上是相同的"①;弗洛伊德认为,人或多或少具有使其像恶魔般的"害人的本能",这是在无意识中激起的"走向罪恶的意志","孩子是作为犯罪者出生的",因此,可以说人都是潜在的犯罪者;日本犯罪学家森武夫指出:"认为犯罪者与我们有不同的冲动,是不正确的"②。

犯罪人与一般守法公民到底是"同质"的,还是"异质"的?换言之,他们有哪些共同点和不同点?这是犯罪心理学必须回答的问题。

大量案例和司法实践表明,犯罪人不是"魔鬼""狂人"或"天生犯罪人",他们也是人类社会生活的成员。绝大多数犯罪人在生理、心理机制上,同一般人并没有质的区别,犯罪人中的智力低下者、变态人格者并不多。从这个意义上说,犯罪人与一般人应当是"同质"的。但是,从心理内容、意识事实及其行为对社会的危害性看,犯罪人又与一般人有质的区别,他们不只是存在某些消极的心理因素,还存在着足以发动犯罪行为的内部心理原因,即犯罪心理形成的基础——人格缺陷、犯罪心理结构。从这个意义上说,犯罪人与一般人又是"异质"的。因此,可以说,犯罪人与一般人是"同质"和"异质"的统一。

明确犯罪心理与犯罪人心理这两个概念的区别,不仅是这两个概念的实然所致,也是科学分析犯罪心理和犯罪行为的形成机制并制定有效的预防犯罪策略的应然所致。就犯罪改造而言,在犯罪人被定罪量刑以后,他们需要被改造或矫正的并非是犯罪心理,而是他们的人格缺陷。因为在犯罪行为结束后,相应的犯罪心理已然消失,而促使犯罪心理形成的内在心理基础——人格缺陷却依然存在。就犯罪预防而言,无论是一般预防还是特殊预防,重心在于避免形成具有致罪性的人格缺陷。从表面上看,预防犯罪行为需从预防犯罪心理着手,但就犯罪预防的层次性、有效性而言,首要的是预防具有致罪性的人格缺陷的形成。只有从犯罪人具有致罪性的人格缺陷的形成的角度检讨和设计我们的犯罪预防工作,才有可能使得犯罪预防有的放矢、事半功倍。

有学者在承认"不良的个性心理特征只是产生犯罪心理的基础,而不能等同于犯罪心理"的同时,却又把犯罪心理界定为"影响和支配犯罪人实施犯罪行为的各种心理因素的总称。这些心理因素包括认知、情感、意志、性格、兴趣、需要、动机、理想、信念、世界观、价值观以及心理状态等。"③不仅显示出论述的前后矛盾(性格、信念、世界观、价值观等属于个性心理特征范畴),而且更重要的是,显示出对于犯罪心理与犯罪人心理两个概念认识的科学性错误。

---

① 〔日〕平尾靖:《违法犯罪的心理》,金鞍译,群众出版社1984年版,第15、16页。
② 〔日〕森武夫:《犯罪心理学》,邵道生等译,知识出版社1982年版,第25页。
③ 参见罗大华主编:《犯罪心理学》,中国政法大学出版社2003年版,第31页,第2页。

第二节 影响犯罪心理形成的因素

犯罪心理的形成,取决于很多因素。从纵向的路径看,影响犯罪心理形成的因素可分为有严格的心理逻辑递进层次关系的三个方面:诱因性因素、人格性因素、根源性因素。诱因性因素是犯罪心理形成的直接触发因素,用来说明犯罪心理形成的直接动因;人格性因素是调节性因素,用来说明在诱因存在的情况下犯罪心理形成与否的差异性来源;根源性因素是终极性因素,用来说明导致理性放纵的人格缺陷究竟是如何形成的。[①] 从横向的范围看,影响犯罪心理形成的因素包括内在的个人性因素和外在的环境性因素。本节主要从横向范围的角度探讨影响犯罪心理形成的因素。

一、内在因素

内在因素又称个人性因素、主体因素,指犯罪人犯罪心理赖以形成、犯罪行为赖以发生的生理情况、心理和行为发展水平等因素。

(一)生理因素

生理因素是个体心理发展的物质基础。犯罪心理的产生离不开犯罪人的生理基础,但是生理因素与犯罪心理的形成并无必然联系,它只是犯罪心理形成的相关因素。生理因素可分为年龄、性别、神经类型和异常的生物学因素四种。

1. 年龄因素

年龄与犯罪心理的形成虽然没有必然联系,但不同年龄阶段的人,由于其身心发育成熟的程度不同,社会经历各异,对犯罪率的高低和犯罪种类、方式的选择,会产生直接或间接的影响。各国犯罪统计表明,犯罪高发年龄大致处在13岁至20余岁青少年时期。这是由于这一时期的青少年生理上特别是性生理迅速发育,缺乏足够的是非判断力和自制力,加上青少年时期生活变动较大,交往增加而又缺乏经验等,使他们容易在不良因素的影响下形成犯罪心理。反之,犯罪率最低的年龄段,一般均在60岁以上的老年阶段。年龄与犯罪种类及犯罪方式的选择也有一定关系。一般来说,青少年犯罪以偷盗扒窃、打架行凶、性犯罪为主,暴力犯罪多,偶发性强;而中老年犯罪则以偷盗、诈骗、贪污为主,智能犯罪多,行为诡秘,冲动性犯罪少。

[①] 关于犯罪心理形成因素的纵向分析可参见陈和华:《犯罪原因分析的技术路径》,载《法学》2013年第8期。

2. 性别因素

男性犯罪从总体上看要多于女性,男性比女性更易形成犯罪心理。这主要基于女性在生理特点和社会环境方面与男性有别而造成的心理差异:

(1) 攻击性方面,男性比女性强。男性雄性激素的大量分泌,使其有极强的冲动性和攻击性。另外,男性经常会遇到来自社会方面的不利因素,为了达到成功,他们所受到的挫折要比女性大,并且,男性为消除挫折,往往倾向于采用表面化的形式或违反社会规范的形式。而女性则不同,她们面对挫折时的忍耐性要强于男性,不轻易表现出攻击行为。

(2) 支配性方面,男性比女性强。所谓支配性,具体表现为能自我决定,有主见,抗拒他人对自己施加影响,力图左右他人行为等。一般来说,受社会因素的影响,男性较主动、独立、支配欲强,而女性则较被动、顺从,传统的三从四德对女性影响极大。

(3) 自信心方面,男性比女性强。研究表明,男性倾向于高估自己的成绩,而女性则倾向于低估自己的成绩。自以为是、自作聪明、自作多情之类的事情往往较多地发生在男性身上。自信心方面的差异使男性和女性在行为表现上体现出不同特点:男性较莽撞、冲动,而女性则较沉静、被动。

(4) 活动性方面,男性比女性强。男性比女性好动,活动过剩者中85%为男性。另外,男性一般比女性更早走向社会,社会接触面也更广,相应来说,犯罪的机会就更多。

(5) 同情心方面,女性比男性强。女性易动感情,情感需要强烈,较脆弱,富有同情心。而男性相比之下有所不及。

除了男性比女性更易犯罪外,男女性因生理和社会原因,在犯罪内容、方式上也有区别。在犯罪内容上,男性犯罪以偷盗、抢劫、强奸、伤害、凶杀居多;而女性犯罪以偷窃、性犯罪为主,即使是暴力犯罪,也往往由怨恨、嫉妒等心理引起,与性问题、爱情问题有关,且与被害人关系很近。在犯罪方式上,女性犯罪比男性犯罪更有计划性,女性中冲动性犯罪、突发性犯罪较男性要少,犯罪得逞率较男性要高。另外,在年龄分布上,据日本犯罪心理学家山根清道的研究,男性30岁以下的青少年犯罪人多,女性则中老年犯罪人多。关于这一点,一般认为与女性特有的性成熟过程的影响有关,即在女性更年期的精神状况处于不稳定的状态下,在精神病倾向显著的情况下,容易产生犯罪。很多男性开始犯罪的时间较早,女性则不同,很多是在30岁以后开始犯罪。另外,在较晚时期开始犯罪的男性犯罪人,从一次犯罪到下一次犯罪的时间间隔较长,女性则与此相反,其特点是在短时间内反复犯罪。[①]

3. 神经类型因素

神经类型是指人的高级神经活动类型。巴甫洛夫发现,高级神经活动的兴奋过程和抑制过程在强度、平衡性和灵活性方面具有不同的特点。这些特点的不同组合,形成了四种高级神经活动类型,即活泼型、安静型、兴奋型、抑制型。他认为,神经类型是心理特征的生理基础,气质是神经类型的心理表现,两者相对应。在犯罪心理形成及犯罪行为发生的过程中,主体的神经类型所表现出的心理特点,与其他心理因素相联系,使主体在选择犯罪种类时体现出各自的特色。例如,有资料表明,暴力犯中兴奋型人居多;盗窃犯中灵活型、安静型人较多。

4. 异常的生物学因素

异常的生物学因素可以导致异常的心理活动,容易接受不良的主体外因素的影响而形成犯罪心理。对犯罪心理的形成有影响的异常的生物学因素,主要有以下几种:

(1) 遗传负因。指血亲中遗传给子孙、使其容易趋于犯罪的某种精神素质,如精神病、人格障碍、嗜酒癖、遗传性癫痫等。累犯、惯犯中,人格障碍遗传负因远比初犯、偶犯高。有时,父母酒精中毒对胎儿的损害,会成为子女身心异常的原因,从而可能导致子女走向犯罪。

(2) 精神发育不全(低能)。表现为判断力、理解力差和行动迟缓,缺乏自主性,易受暗示,也易冲动、兴奋。易发生性犯罪和杀人、放火、盗窃等犯罪。

(3) 内分泌异常。内分泌失调会导致机体的反射活动和有关的心理现象发生变化。其中有些变化与犯罪心理的产生有一定联系,如肾上腺素、血清素与情感变化有直接关系;性激素异常与精神症状、性欲亢进有关。

(4) 物质代谢异常。如血中缺糖使人兴奋,增强攻击性,引起性欲亢进,削弱意志力;缺钾造成情绪不稳定,急躁易怒。这些心理现象的变化与暴力犯罪、性犯罪心理的形成关系密切。

(5) 脑损伤。主要是脑疾患的后遗症。脑损伤达到某种程度时,会产生性格乖僻、智力低下和能力减退;当脑发育尚未成熟时,这种脑损伤又可能会导致精神发育不全和脑功能障碍,容易形成犯罪心理。

(6) 精神障碍。指人的精神疾病,如精神分裂症、躁狂症等,容易造成违法犯罪。

(7) 染色体异常。染色体异常的人,往往因智力低下和其他精神方面的障

---

① 参见〔日〕山根清道编:《犯罪心理学》,张增杰等译,群众出版社1984年版,第288页。

碍,容易在其他不良因素的影响下形成犯罪心理。

(8) 酒精中毒。表现为认识能力低下或丧失,急剧兴奋,自我控制能力减弱,盲目攻击,健忘,易发生交通肇事、伤害或性犯罪等。

(9) 药物依赖。兴奋剂、致幻剂、麻醉剂等各种药物,对生物体有特殊影响,一旦成瘾,产生耐药性、依赖性,不仅会因药物中毒而损伤机体,也会使性格发生变化,导致犯罪。此外,吸毒成瘾者为了获取经济来源,易犯盗窃、抢劫、诈骗、走私等罪。

(二) 心理因素

心理因素是指主体原有的心理结构中存在的与犯罪心理形成有密切关系的不良心理因素。主要包括个性倾向性和个性心理特征中的不良因素。犯罪人通过这些不良心理因素,积极地吸收主体外的不良因素,从而内化为犯罪心理。

1. 个性倾向性因素

个性倾向性是指人对社会环境的态度和行为的积极特征,包括需要、动机、兴趣、理想、信念和世界观等。它是人进行活动的基本动力,制约着所有的心理活动,表现出个性的积极性。个性倾向性对心理活动的影响,主要表现在心理活动的选择性对事物的不同态度和行为模式上。过于强烈的个人需要、利己主义的动机、不良的兴趣(畸形的探究和猎奇的心理、精神空虚、盲目寻求刺激)、缺乏正确理想以及错误的信念和世界观等个性倾向性,与犯罪心理的形成有密切关系。一个与社会要求相悖的个人,当其十分迫切的个人需要受到社会限制时,就可能对社会持抵触或敌对态度,产生反社会心理,或者萌发选择犯罪方式来满足个人需要的犯罪心理。

2. 个性心理特征因素

个性心理特征作为个性的一个方面,包含气质、性格、能力等要素,对犯罪心理形成起着重要作用。尤其是性格。所谓性格是指人对现实的稳定态度以及与之相适应的行为习惯。性格是十分复杂的心理构成物,它包含对社会现实的态度特征、意志特征、情绪特征、理智特征等方面的内容。性格结构中的许多不良因素会在环境诱因的激发下导致犯罪心理的形成(详见第四章)。

3. 个性异常

个性异常即人格障碍。个性异常与犯罪心理的关系也非常密切(详见第六章)。

(三) 行为因素

行为因素是指犯罪人原有的不良行为特点。一般来说,犯罪行为是从一般的不良行为发展而来的。不良行为在犯罪心理的形成中起着重要的作用。不良行为是在不良心理支配下发生的,而根据行为反馈的原理,不良行为如果得逞,会反作用于不良心理,使之得到强化和发展。恶性发展的趋势之一就是形成犯罪心理。与犯罪心理形成有关的行为因素主要有以下几方面:

1. 参与不良行为

不良行为指的是违反一般的社会规范的行为。如偷看淫秽书刊和录像、违反纪律、扰乱公共秩序、小偷小摸、赌博、欺弱凌小、逃学逃夜等。其中有些属于轻微的违法行为。这些行为会对行为人的心理产生各种不良影响,减弱他对不良诱因的抵抗力,增加不良的心理因素,进而诱发犯罪心理。这主要体现在两个方面:一是行为的内容及其结果会对行为人产生吸引和诱惑作用;二是行为本身会使行为人产生认同心理,从而改变对某一特定行为的看法。出于自我辩解心理,人一旦干了某件事,往往就会不断地、规模愈来愈大地干下去,从而导致行为逐步升级,步步陷入,人对某件事的态度也会因此发生根本改变。

2. 不良行为习惯

习惯是经多次重复而巩固下来的自动化了的行为方式。不良行为如经多次重复又得不到及时制止,就会形成难以克制的恶习,成为一种需要而不断起作用。在其他不良因素或特定情境的作用下,不良行为习惯就很容易触发犯罪心理的产生。与犯罪心理形成有关的不良行为习惯主要有四种:攻击习惯、偷物习惯、撒谎习惯、流氓习惯。一般来说,犯罪人在酝酿和实施犯罪行为的过程中,常会产生心理上的冲突,如害怕、犹豫等,冲突的结果有可能是犯罪中止。而具有某种恶习的人在参与犯罪活动时,因已有类似经验,加上难以克制,内心冲突便大大减弱甚至没有冲突,格外大胆放肆,甚至以此为乐。

任何一种行为习惯的形成实际上都是强化的结果。所谓强化,是指在行为发生以后,用物质或精神的奖励肯定这种行为,从而增加行为反应强度(频率)。多次强化后,就会形成条件反射,在大脑皮层上形成动力定型,从而使行为难以改变。对有不良行为的人来说,每一次不良行为发生后,受到不良团伙头目和同伙甚至父母的赞赏和惊羡、行为本身所得到的物质利益以及自我精神奖励(证明自己胆大、勇敢、敢做别人不敢做的事,标榜自己的成人风度)等都会对不良行为起强化作用。

与强化相对的是惩罚。要制止或改变某种行为或行为习惯,惩罚是有效的方法之一。所谓惩罚,是指在行为发生以后,给予某些令人不喜欢的东西,从而降低行为反应强度(频率),直至行为消失。惩罚可以是外在的,即外罚性的,如判刑、批判、亲友疏远等,也可以是内在的,即内罚性的,如内疚、悔恨、自责等。有些情况下,在行为发生之后,对其视而不见,听而不闻,不予理睬,让其自然消失,也被看做是惩罚。

强化和惩罚有以下几个规律:

（1）强化和惩罚效果与其是否及时、强弱程度有关。对于惩罚来说，迟到的惩罚往往会使行为人弄混惩罚的目标，特别是当惩罚紧跟在合适行为之后时更是如此。轻微的惩罚如果是在每个不良行为刚开始或正发生时就给予，会取得最大的效果，而较重的惩罚则与时间关系较小。

（2）某行为发生后，既获强化又受惩罚，该行为是否会继续则要看强化与惩罚的次数和强度的对比。一般来说，在惩罚之后立即予以奖赏（如安慰），会抵消惩罚效果。

（3）对于要建立某种行为而不希望另一种相反行为出现而言，强化所需要的行为比惩罚不需要的行为更为有效。

（4）若强化和惩罚对象混乱，就难以建立适当的行为。

（5）间隙强化方式下学会的行为比连续强化方式下学会的行为在终止强化后更为持久。如赌徒在遭受多次失败后仍继续参赌乃是受到间隙强化的结果。在儿童期进行连续强化对成年后的行为有潜在的危险。心理学家发现，那些容易垮下来或爱挑衅捣乱的人正是儿童期得到固定不变的频繁强化的人，有求必应的双亲同意孩子的每个要求，致使其从来不知失败是何物，不知不觉形成了十分专横的行为模式。

（6）强化物对人的强化作用有个别差异。

3. 社会学习

个人接受社会环境的影响，形成独特个性的过程主要是通过自觉和不自觉的学习而进行的，无论是人的社会化还是反社会化，其基本过程都是学习。所谓学习，是指人们通过观察、谈话、阅读等方式获得新的观念和行为方式的过程。而所谓社会学习，专指人们在社会环境中接受社会生活环境的影响，获得社会态度、社会经验和社会行为方式的过程。人的反社会的犯罪心理往往也是通过社会学习而形成或日趋严重的。

社会学习的方式主要有以下几种：

（1）模仿。指在非人为控制的条件下，效仿他人的动作、态度、言谈举止和行为方式等，使模仿者的思想观念、兴趣爱好和行为倾向与被模仿者相一致或接近的过程。模仿有时出于有意识，有时出于无意识，但都不是通过外界的命令、强制而发生的。模仿的对象既有现实生活中的人和事，也有文艺作品、传播媒介中所表现的人和事，非常广泛。

从人的行为发展看，在婴儿期，特别是出生后1—8个月内的行为，基本上属于先天性行为。以后随着年龄增长，习得的行为的比重越来越大，占据重要地位。而到成年后，特别是30岁以后，由于大量行为习惯已经形成并相对定型化，模仿行为的比重日趋减少，到了中老年，甚至表现为"保守""顽固不化"，因而有

"三十不学艺"之说。青少年的反社会行为大量来自模仿。

(2) 暗示。指在无对抗的条件下,以含蓄、间接的方式对人的心理和行为产生影响,从而使人接受一定的意见或按一定的方式去行动,使其观念和行为符合暗示者的意图的过程。暗示可以通过言语进行,也可以通过诸如表情、姿势、动作等方式进行。暗示愈含蓄,其效果愈佳。暗示的效果往往优于命令、要求,因为人们都有一种自尊心,都愿保持自己的独立性而不愿受人支配和控制。暗示不仅能影响人的心理和行为,甚至还会引起人的生理变化。

影响暗示效果的因素主要有两方面:一是暗示者因素,如人更易接受权威者和有地位者的暗示,多数人的共同行为会对人产生强大暗示作用,暗示者的体力、性别、年龄等都会影响暗示效果;二是被暗示者因素,如未成年人比成人易受暗示,女性比男性易受暗示,知识水平低的人和缺乏主见的人更易受暗示等。

(3) 观察学习。指通过观察他人的行为以及行为人被奖励、被忽视或被惩罚的情形而习得某些观念和行为方式的过程。观察到的结果会像体验到的结果一样影响人的行为。

(4) 直接经验学习。指通过对自己以前的行为所获得的奖励或惩罚的情景加以总结,从而获得关于自己未来行为的参照准则的过程。这其实也就是强化学习。行为人为了尽可能避免惩罚和尽可能多的得到奖励而控制自己以后的行为。通过体验行为的不同结果,个体逐渐认识到何种场合应作何种反应。

由于现实社会中不断有不良行为和犯罪行为发生,个体都有机会观察这些行为,或凭借大众传播媒介了解这些行为,从而构成反社会性的学习。这都会对人的犯罪心理的形成起到不良的诱发作用。对已有不良社会心理的人,特别是缺乏识别能力的青少年,甚至可以直接诱发犯罪心理并见诸行动。

二、外在因素

外在因素又称环境性因素、主体外因素,包括社会环境因素、自然环境因素和情境因素等。

(一) 社会环境因素

社会环境因素是社会生活中足以影响犯罪心理形成的各种因素的总称,可以分为大社会环境因素和小社会环境因素两类。

1. 大社会环境因素

大社会环境因素是指个体生活的整个社会环境,它影响着犯罪心理的性质和类型,以及全社会犯罪率的高低。主要有以下几方面:

(1) 政治环境因素。包括政治制度、意识形态以及战争等。这些因素在犯罪人的阶级意识的作用下容易形成政治性犯罪心理。这种因素决定着犯罪人反社会的阶级本质。

(2) 经济环境因素。包括经济制度、经济政策、经济发展状况和物质生产情况等。这些因素与犯罪人财产犯罪心理的产生有关。主要表现为两个方面：一是经济发展过程中所产生的一些弊端，如通货膨胀、就业不足、某些社会成员实际生活水平下降等，使一些人产生通过非正当途径获取不义之财的心理；二是经济发展所带来的贫富差距日益加大，一些社会成员的相对剥夺感日趋严重，追求金钱的浮躁心态促使其产生犯罪心理。

(3) 社会文化和社会风气因素。习俗、风尚、道德、文艺、大众传播媒介等方面存在的不良因素，对犯罪心理的形成有重要影响。例如，买卖包办婚姻、纳妾、重男轻女等旧习俗，可能导致干涉婚姻自由、重婚、虐待、遗弃等犯罪心理的形成；海淫海盗和宣扬暴力的读物、视听材料等，最容易刺激青少年萌生性犯罪和流氓、盗窃、抢劫的犯罪心理。社会生活中因历史的和现实的原因所形成的错误的信念、世界观、价值观与犯罪心理的形成有密切关系。在"一切向钱看"的价值观的驱使下，可能形成财产犯罪心理；在"人不为己，天诛地灭"的人生观的支配下，可能引发各种政治的、经济的以及伤害的犯罪心理。

(4) 刑罚效应因素。指刑事立法、司法和法制宣传教育情况以及社会治安状况等因素。刑事立法和司法中的无法可依或有法不依、违法不究、执法不严等状况会影响国家法律机构的严肃性和权威性，使某些人产生对法律的蔑视或失望等心理；执法量刑中若刑罚畸重，对某些犯罪人来说，不仅不能矫正其犯罪心理，反而促使他对刑事法律和政策以及司法机关产生敌对情绪，顽固到底；若刑罚畸轻则不可能发挥刑罚的威慑作用，使不法之徒更加无所顾忌，肆意妄为。错误的法制宣传，可能使某些人从案例中得到启发，从而萌发犯罪心理，在接受犯罪观念的同时习得犯罪的手段和方式。

2. 小社会环境因素

小社会环境因素是指个体生活的具体环境，它更为直接地影响着犯罪心理的产生。主要有以下几个方面：

(1) 家庭环境因素。家庭中有许多不良因素影响着犯罪心理的产生。主要表现为：① 家庭结构缺损，即因死亡、离婚、分居、遗弃或入狱等原因，缺损父母一方或双方，或有继父母的家庭；② 家庭人际关系紧张，即因父母间、夫妻间、父母与子女间人际关系障碍造成家庭不睦，情感淡漠，也包括与邻居不和，受到孤立等；③ 家庭成员有不轨行为；④ 家庭教养存在缺陷，包括溺爱、纵容、护短、歧视、虐待、专横，或无暇管教、管教不严、管教过严、期望不当等教养态度和教育方法的缺陷，也包括长辈对子女教养的态度和要求不一致或教养态度和要求前后不一致等。

(2) 学校环境因素。学校环境对学生的负面影响主要表现为：① 教育内容有缺陷，如重智育、轻德育，或者缺乏必要的性知识和性道德教育；② 教育态度和方法有偏差，如重视重点学校、重点班，忽视一般学校、普通班，对所谓的"双差生"歧视冷淡、简单粗暴、滥施惩罚等，导致一些学生形成自卑感和对立情绪；③ 学校管理混乱，缺乏良好的校风，如对学生放任自流、赏罚不明，致使纪律松弛、秩序混乱，不正之风盛行。这种学校环境常常使学生从逃学、结伙、互相传染恶习开始，发展到滋生犯罪心理。

(3) 工作环境因素。主要表现为：① 只抓生产、业务和物质利益，不抓思想政治教育，以致一些职工缺乏政治觉悟，道德和法制观念淡薄，不正之风盛行；② 领导与职工之间、职工与职工之间、管理人员与工人之间的人际关系存在障碍，若处理不当，易激化矛盾，以致产生报复性犯罪心理；③ 管理缺陷，包括规章制度不健全，或者有章不循，管理混乱，容易诱发利己主义者产生盗窃、贪污等犯罪动机；④ 存在不良小群体，迫使或引诱别人依附它，结成犯罪群体。

(4) 居住环境因素。主要表现为：① 居住条件差。如果居室狭小局促且多人居住，彼此侵犯生活空间和心理空间，无任何隐私可言，易使人产生暴躁不安、遇事易激动的心理，可能发展为犯罪心理。② 邻里环境差。包括邻里关系紧张，或邻里之间不良思想和言行的相互教唆和影响。

(5) 人际交往因素。不良的人际交往主要在越轨小群体中进行。它对犯罪心理的影响表现在：① 群体成员相互模仿越轨行为方式以及犯罪技能和方式；② 越轨群体成员在群体活动中竞相表现自己，使个人的犯罪心理得以形成和发展；③ 犯罪群体核心人物对一般成员、老成员对新成员进行犯罪意识和行为方式的教唆和传习；④ 越轨群体在获得非法的共同利益的基础上，依靠"哥们儿义气"维持，靠核心人物的威信和各成员的自动服从以及相互监督来控制，从而使群体成员的犯罪心理不断巩固和发展。

(6) 职业因素。与犯罪心理形成有关的职业因素可分为无业和有业两方面。无业者不仅生活困难，而且感到自己的正当权益无保障，产生对社会的不满情绪；同时，也易感前途渺茫，悲观失望，精神空虚，产生颓废消极情绪。这种心理状态极易接受外界不良影响而产生报复犯罪心理或为寻找刺激而犯罪。有业者所从事的职业与犯罪心理的关系表现在：① 职业可以为犯罪提供机会，如国家工作人员利用执行职务之机，以权谋私，产生索贿、敲诈勒索等犯罪动机；② 职业为犯罪提供方便条件，如某些经济领域的工作人员利用职业之便，产生贪污、诈骗、走私、盗窃等犯罪心理；③ 职业可为犯罪提供犯罪的技术手段，如医生可产生利用医术杀人的犯罪心理，雕刻工人可产生伪造印章、证件的犯罪心理，印刷工人可产生伪造文书、票证的犯罪心理。

(二) 自然环境因素

自然环境因素是指与犯罪人的社会生活密切联系的时空因素,包括地域、季节、时间和自然灾害等因素。自然因素总是要和社会因素以及主体因素相结合才能对犯罪心理的形成产生影响。

1. 地域因素

地域因素指边境、沿海与内地,山区与平原,农村与城市,繁华闹市与偏僻小巷等因素。地域因素对犯罪心理形成的作用表现在:一是可以为犯罪人提供满足某种需要的对象,如边境、沿海多发生走私案件,农村多发生盗窃耕畜案件,城市多发生盗窃汽车案件;二是犯罪人可凭借地理环境增强既能作案成功又能确保安全的侥幸心理,如扒窃案件多发生在繁华闹市和公共场所,抢劫和强奸案件多发生在偏僻地区,入室行窃多发生在独门独院和高层建筑的高层居室。

2. 季节因素

季节只有与人们的习惯和日常生活联系起来,才能对犯罪心理的形成起一定的影响作用。例如,春夏之际,特别是夏季,由于人们户外活动多,相互接触多,穿着单薄,体型清晰,对具有不良性意识的人易产生刺激,从而形成性犯罪心理。因此,温暖的季节中,性犯罪案件比其他季节要多。又如,失窃案件多发生于春秋两季,因为夏季人们穿着单薄,事主容易觉察;冬天穿得多,钱包多在内层衣袋,行窃不易得逞。

3. 时间因素

时间包括时刻和日期,对犯罪心理的形成也有影响。例如,抢劫、盗窃、杀人、放火、猥亵、强奸等犯罪,多发生在夜间;白天工作时间,则易发生入室抢劫和盗窃,因为这时室内大多只有老人或无人。至于日期,发薪日及其后几天,多发生扒窃和酗酒伤害的案件;重大节日前扒窃也较多;节日期间伤害罪较多。

4. 自然灾害因素

自然灾害发生后,群众的生命财产遭受巨大损失,衣、食、住、行、用等方面突然变得困难,群众中存在紧张、恐惧、焦虑、忧伤等情绪。在这种情况下,有不良意识的人容易乘人之危,产生盗窃、抢劫、强奸等犯罪动机。

(三) 情境因素

情境因素是指直接影响犯罪人形成某种犯罪动机的周围环境因素,包括侵害对象(被害人和其他物体)、现场其他人、现场条件和气氛、机遇等因素。虽然前述各因素对犯罪人犯罪心理的形成起着不同程度的作用,打下了犯罪的心理基础,但是,实际犯罪动机的形成,却往往与情境因素有密切关系。

1. 侵害对象

作为犯罪侵害对象的人和物的存在,与犯罪人犯罪动机的形成并无必然联系,但却是一个重要的相关因素,起着诱发、触发和强化犯罪动机的作用。如携带巨款的人,诱发犯罪人形成图财害命的犯罪动机;珍品和紧俏物品,诱发犯罪人产生盗窃犯罪动机;美色诱发犯罪人产生性犯罪动机;被害人言行的强烈刺激会触发犯罪人的激情而伤害或杀害被害人。

就人的理性而言,犯罪是犯罪人在权衡犯罪的风险与回报、成本与收益的基础上作出选择和决定的结果。对犯罪人来说,犯罪中既有诱惑又有风险,犯罪人决定以犯罪方式和犯罪手段去满足自己的需要,必以犯罪能够给他带来利益同时犯罪行为又不被发现为前提。犯罪人选择犯罪对象是有规律的。具体来说,犯罪人选择作案对象往往要满足以下两个条件:

一是犯罪具有诱惑性,即犯罪人从犯罪中可以获取较大的利益,包括物质利益和精神利益,以达到生理或心理上的满足。这里的诱惑又可以分为正向引发犯罪人积极去实施犯罪行为的激励因素和负向促使犯罪人不得不去实施犯罪行为的激励因素。前者如物质诱惑、生理诱惑、"以血还血、以牙还牙"式的报复诱惑以及对挑衅的反击诱惑(即便是"最微小的动机、游戏的兴奋状态下一句不愉快的谈话、恶意的搬弄是非……对未婚妻或妻子的模糊猜疑,都足以导致某种性质的令人战栗的谋杀"[①]等;后者如犯罪动机的恶性转化,杀人灭口,以保护自己的社会名誉和地位等。这里,无论是正向的诱惑还是负向的诱惑,都是犯罪人实施犯罪行为的重要基础,同时也是被害人遭受犯罪侵害的基础。

二是犯罪具有安全性,即犯罪对象抵御犯罪侵害、自我防卫的能力相对薄弱,犯罪易于实施和得逞。如果认为作案难度大或者作案后难以逃脱法网,那么,除激情犯罪外,绝大多数犯罪人是不会作案的。

因此,有两类人较易成为侵害对象,也就是说,有两类人与犯罪人实际犯罪动机的形成密切相关:一类是有特定的职务和社会职责者(出纳、出租车司机等)以及有特定身心特点的人(妇女、儿童、老人、病人等);另一类是有违法行为或不道德行为以及轻率、不谨慎表现者,如轻佻招惹者、爱慕虚荣者、贪婪爱占便宜者、盲目轻信者、粗暴自私者、从事不良或非法勾当者(暗娼、票贩、赌徒、嫖客、吸毒贩毒者、不法商贩等)、马虎粗心者、胆小怕事者等。这两类人,特别是后一类人之所以更易受到侵害,更易成为犯罪心理形成的因素,最根本的一点就是他们比其他人更符合或接近犯罪人在选择作案对象时所考虑的条件。

2. 现场其他人

现场其他人是指现场除犯罪人和被害人之外的人,如同案犯和目击者。这是一种影响犯罪人犯罪动机的相关因素。在共同犯罪中,由于责任扩散、从众、

[①] 〔意〕加罗法洛:《犯罪学》,耿伟等译,中国大百科全书出版社1996年版,第111页。

竞争等群集心理效应,犯罪人心理压力减轻,犯罪动机不断增强。公共场所发生的案件(如聚众斗殴、哄抢财物等),目击者对犯罪人犯罪动机的影响往往取决于目击者对犯罪的态度。如果目击者胆小怕事,不敢制止,犯罪人就会更加肆无忌惮,反之则能抑制犯罪人的犯罪动机。

3. 现场条件和气氛

现场条件是指犯罪现场的物质环境。犯罪人对犯罪现场的选择,总是以是否既有利于实现犯罪目的又能确保自身安全为准。如扒窃犯多选择公共场所作案,强奸、抢劫犯多选择荒郊野地、偏僻小巷作案。现场气氛是指犯罪现场的精神环境,它影响着犯罪人是否存在心理压力及其程度。如被害人或目击者大声呼叫"抓坏人",一般犯罪人会产生重大的心理压力,可能抑制犯罪动机而逃离现场,也可能触发杀害被害人或目击者的犯罪动机。犯罪人还可能利用现场气氛作案,如在春节前夕的鞭炮声中实施持枪抢劫。有时,犯罪人为了实现犯罪目的,故意制造恐惧气氛迫使被害人就范。在特定环境中,群体成员之间的情绪感染也是一种气氛,它对具有同一指向的人的心理产生重大作用,有些人就可能迅速形成犯罪心理。如在球迷暴力事件中,应该说多数犯罪人的犯罪心理的形成是受了现场气氛的感染所致。

4. 机遇

机遇是指影响犯罪人形成犯罪心理的偶然的机会。机遇因素可以诱发犯罪人的犯罪心理,如犯罪人见没有上锁的车辆而产生偷车的心理,平时品行不端的人,在荒郊偶遇少女而产生强奸动机。机遇也可能使有过犯罪经历的人重新产生犯罪心理,如刑满释放人员遇到过去的同伙,出于哥们儿义气,又产生犯罪动机。当然,机遇的出现只是一种外在条件,是否因此产生犯罪心理取决于个人的态度。

第三节 犯罪心理形成的相关理论

一、生物学理论

这种理论从生物学的角度研究犯罪心理形成的原因,认为人之所以形成犯罪心理,走向犯罪道路,乃是由人的生物学因素所决定的。它基本上是一种先天决定论。

(一)颅相学和骨相学

颅相学和骨相学认为犯罪与颅相和骨相有关。此学最早于古希腊提出,到19世纪中叶,意大利的犯罪学家龙勃罗梭把这一学说推到极致。龙氏受达尔文的进化论和孟德尔的遗传法则的影响,用实证主义方法从人的生理特征寻求犯罪原因。他通过对许多犯罪人的观察和解剖,认定"善良的人和邪恶的人的性格,同他们的生理和骨相有关",犯罪人身上的许多特征都是原始人和野蛮种族所特有的,犯罪是一种返祖现象,犯罪人是再现于现代文明社会中的野蛮人。1876年,龙氏出版了《犯罪人》(或译《犯罪人论》)一书,提出,凡是真正的犯罪人皆具有某种在人类学上可证明的身体表征,是人类学上的特殊类型的人。此类人无论处在何种社会生活条件下都将不可避免地成为犯罪人,故又称其为生来性犯罪人。这类人身体形态上有许多异常特征,从而给他们带来异常的心理结构。这些异常特征主要有:

(1) 头部的异常。头部的大小与同一地区的人种迥异、头额扁平、后头隆起、眉骨强大、面颊发育不全、门齿裂开或齿列不整、颊骨间距离大、异常长或小的耳朵、兔唇、斜眼、头盖及脸的左右不均、密而卷的头发等。

(2) 其他方面的异常。大脑回转简单、心脏萎缩及瓣膜不全、体毛不足、指头畸形或较其他人多、痛觉丧失、味觉敏锐、血管运动神经异常等。

对龙氏的理论(犯人定型、隔代遗传),曾有学者提出有力的反证予以否定。例如,英国的犯罪学家格林花费了12年时间,用精密的统计方法,对三千多名罪犯进行了详细调查,以确认他们是否具有龙氏所指出的形态上的异常。结果发现,在可认为是真正的犯罪者与一般的犯罪者之间并无差异。他认为,不能证明犯罪人具有身体的定型,所以不能以任何身体的异常作为犯罪人或犯罪人种的标志。① 由于论点明显站不住脚,龙氏从最初几乎将所有犯罪人都归入"天生犯罪人"之中,到后来不得不把"天生犯罪人"占所有犯罪人的比例下降到33%。②

亦有学者支持龙氏的学说,认为犯罪人中确有较多的头盖骨或其他异常,即认为龙氏的主张确有部分正确性。如美国哈佛大学教授、著名的人类学家胡腾,在其1939年出版的《犯罪与人类》中,就宣扬了这种思想。胡腾从人的胡须密度、嘴唇的裂纹、耳垂、下巴和肩膀形状、脸上皱纹等方面对犯罪人和正常人进行比较,得出结论:不同行为类型的人在身体上有大量差异,不同类型的罪犯在身体上也有差异。例如,盗窃犯一般都长得贼头鼠脑、金黄色头发、下牙床外突(俗称"地包天");强盗有波状长发、长脑袋、短耳朵和宽脸膛;色情犯一般身躯肥胖或又矮又猥琐。③ 胡腾的观点即使在其本国也难找到市场,有些法学院学生把他的观点作为宿命论加以批判。

总的来说,龙氏的学说一般已被否认,成为历史陈迹。各种身体之异常表征

---

① 参见吴宗宪:《西方犯罪学史》,警官教育出版社1997年版,第289页。
② 同上书,第200页。
③ 同上书,第296—301页。

并不足以作为犯罪人之标识,只是上述异常特征可能在犯罪人中较在一般人中发现得更多。人的身体器官之异常特征往往表现其个人素质、智能等方面的缺陷。犯罪人是社会中的有缺陷者,所以在其中发现较多的身体形态方面的异常是不足为奇的,只是不能因此而将其作为识别犯罪人之依据。

虽然龙氏的结论是不科学的,但他所提出的课题是首创的、有价值的,他在犯罪学上的地位仍不能抹杀。另外,他运用统计方法及长期生活在监狱的研究精神均十分可贵。

(二) 体格类型论

德国的精神病学家克瑞奇米尔认为,个人的体型与其性格有不可分割之关系。他根据临床观察,把人的体型分为矮胖型、瘦长型和介于这两者之间的斗士型三种。他认为,矮胖型的人性格喜怒无常、易动感情、友好、愉快;瘦长型的人孤僻、沉静、多思;斗士型的人固执、粗暴、情绪急躁。斗士型的人最容易犯罪。因为斗士型的人,感情容易爆发,缺乏对行为的控制力及深思熟虑,具有原始性粗暴、激烈、彻底性的特征,故较容易陷于犯罪。斗士型的人犯罪类型主要是暴力犯罪;矮胖型的人在犯罪发生数量上多为暴力犯罪,其次是一般欺诈犯罪;瘦长型的人主要与轻微盗窃犯罪和诈骗犯罪有关。①

美国学者李德调查了犯罪人体型与犯罪种类间的关系,得出结论:瘦长型的人犯盗窃罪的多,而暴力及性犯罪者少。他们性格自闭、冷淡,体力及冲动力弱,所以少走原始冲动性犯罪的道路,而以如盗窃这样秘密的、间接的形式或欺诈这样的智力犯罪形式为主。瘦长型的人中惯犯多,主要是由于他们感情冷淡、固执、思维与感情不协调。与其他类型相比,矮胖型的人犯罪较少,相对的以诈骗为多。这些人具有热衷于社交活动的特点,性格圆滑自在。矮胖型的人在伤害罪中比例较少,亦因其性格较能与人协调而少生冲突之缘故。在斗士型的人中,伤害别人身体的暴力犯占压倒性多数,这是因为其感情易冲动,性格具爆发性。

美国学者谢尔顿将人的体型分为内胚叶型、中胚叶型及外胚叶型三类。他认为,内胚叶型的人身体过于肥胖,和蔼乐群,诙谐快活;中胚叶型的人身体肌肉发达、行动敏捷、自信、精力过剩、鲁莽,富有攻击性,缺乏自我控制力,最易堕落为犯罪者;外胚叶型的人身体高瘦,大脑发育良好,神经紧张,过分腼腆,不大会犯罪。

从体质生物学的分析看,犯罪的种类、频度与犯罪人的精神素质及身体构造,均具有相当大的关联。因此,这种体型的分类,可以说对于理解犯罪人及预测其将来行为,具有一定意义。但需要注意的是,如果只依据这些生物学特征判定或预测一个人将陷于犯罪与否,则容易发生与龙勃罗梭的犯罪人骨相定型说

---

① 参见罗大华主编:《犯罪心理学》,中国政法大学出版社2003年版,第143页。

一样不妥当的结果。因为:第一,上述各种体格(人格)类型的分类并非绝对,人的人格极其复杂,欲将所有的人完全归纳为若干纯粹的人格类型中似乎不可能。例如,有斗士型身体构造的人,具有肥胖型的性格(交叉现象);或具有各型的一部分特征(混合现象);或某型在其生活过程中发生变化,成为另一型(变换现象)。第二,一个人陷于犯罪,除犯罪人的内在因素外,还不能忽视外在环境因素的作用。所以,总的来说,这一理论并不足取。

(三) 血型说

20世纪初,曾有西方学者对人的血型与犯罪的关系作了调查和研究,认为人的血型与犯罪有一定的关联。对此进行比较深入研究的当属日本学者铃木芳正。

铃木芳正认为,A型血的人能非常圆滑地适应社会环境,能委曲求全,但他虽想顺应社会,可当社会现实总使他失望,欲求长期得不到满足时,就会爆发出来,用犯罪行为来求得满足。A型血的人若被社会遗忘抛弃,就会产生丧失一切的感觉,为了保护自己,就与社会断绝联系,陷入犯罪泥坑。O型血的人容易适应新环境,比较乐观,但若在适应社会过程中受到社会排斥,比A型血的人更易爆发冲动性而产生攻击行为。B型血的人生活能力较差,但有韧性,对社会生活采取旁观态度,以自我为中心,又非常自信,因而会不知不觉与犯罪结缘,如对权威的攻击,反抗社会,犯一些非暴力的欺诈、盗窃之类的罪行。AB型血的人非常神经质,为了改变自己、适应环境而非常努力,但一旦遇到阻力就易产生失败感,讨厌一切事物,有时为了一些微不足道的小事而不顾一切地走上犯罪道路。①

从现代心理学的研究看,人的血型与性格有一定的关系,因此血型与犯罪也可能有一定的关系,但血型并不能决定犯罪。

(四) 染色体说

一切生物都由细胞构成。在细胞核里有染色体,即遗传密码的贮存库。染色体的数量是固定的,即46条,由44条常染色体和2条性染色体组成。性染色体有x、y两种,男性是xy,女性是xx。鉴别人的性别主要根据性染色体的组成。

但是,也有的人染色体数目异常,例如1939年发现有的女性只有一条x性染色体,总数只有45条;1942年发现有的男性的性染色体为xxy,总数为47条。前者被称作杜纳(Turner)综合症,发生率在女婴中是1/2500;后者被称作克莱弗德(Klinefelter)综合症,发生率在男婴中为1/1000。之后又发现了性染色体

---

① 参见〔日〕铃木芳正:《血型犯罪学》,蔡澄振译,大众书局1976年版;〔日〕铃木芳正:《血型心理学》,石脑等译,天津人民出版社1988年版。

为 xxxxy、xyy、xxx、xxyy、xxxyy、xxxx、xxxxx 的患者,这些人中有的可能发育不全,有的可能智力低下、白痴、残废。目前已经报道过的染色体数目和结构畸变的类型已达 300 种以上。性染色体畸变的平均频率是 0.24%,据联合国卫生组织 1973 年的资料,在某些西方国家,染色体畸变的病例为 0.5%。由于技术还不完善,实际病例一定要高得多。

性染色体异常与犯罪的关系也受到关注。1965 年在苏格兰国立保安医院对精神异常的危险攻击性罪犯所进行的研究,以及 1967 年在澳大利亚的墨尔本监狱对关押犯所进行的研究中,都发现性染色体异常与犯罪有关。[1]

性染色体为 xyy 型的人一般身材高大,上肢长(指极长与身长比超过 1)。[2] 此外,还有面部粗糙、下肢静脉曲张、关节异常、皮肤纹理异常等特点,还可能有女性型乳房、脂腺异常、听觉迟钝、齿列不整、肌肉松弛、心电图不正常等特点。这类人具攻击性,自制力差,易犯杀人罪和性犯罪,且初犯时间早。在收容的犯罪人中这种人所占的比例为一般人中比例的 6 倍。[3] 在 xyy 型的儿童中,有行为问题者多,易激惹、冲动、不成熟、不稳定、接触困难。有人解释说,多余的染色体 y 刺激肾上腺,分泌出大量雄性激素,因此性成熟早,性欲和体力强,富有攻击性。

在犯罪人中,xxy 型的人犯罪率也较高,为一般人的 4 倍。有些研究报告指出,这些人躯体表现为:睾丸小,无精子,尿中促性腺激素水平高,女性型乳房。精神状态主要表现为:智能低下,依从被动,无精打采,缺乏信心,不成熟,情绪易变,冲动幼稚,自我中心者多。犯罪方式多数为偷窃、砸毁物品和奸淫幼女等。据日本横滨少年鉴定所对违法少年的调查,xxy 型和 xyy 型在盗窃者中的比例较高,这一点两者具有相似性,但 xyy 型在暴力伤害案件中较多。[4]

于是各国都提出了这样的问题:具有容易犯罪的染色体的男子,有没有责任能力?犯了罪要不要减刑?多数法庭否定了染色体异常无责任能力的说法,不过亦有例外:1968 年,法国一个名叫丹尼尔·胡根的人被控谋杀一名 65 岁的妓女,辩护律师就以他性染色体异常为其开脱罪责,结果法庭采纳了律师的意见,并作出从轻的判决。

据研究,在服刑者当中,具有上述异常染色体的人不超过 0.4%。[5] 因此,可以认为,染色体异常是犯罪原因之一,但并不是大多数犯罪的原因。

---

[1] 参见〔日〕森武夫:《犯罪心理学》,邵道生等译,知识出版社 1982 年版,第 12 页。
[2] 同上。
[3] 同上。
[4] 同上书,第 13 页。
[5] 同上。

（五）内分泌说

内分泌说认为人类的犯罪行为与内分泌失调有关。一些学者主张，人的内分泌失调时，会引起人的情绪、意志以及理智的变化，进而产生犯罪心理和犯罪行为。他们声称犯罪是内分泌腺不平衡的结果。

内分泌失调，对人的精神状态和行为会产生影响。如女性在月经前黄体酮减少，与其他激素失去平衡，因而会导致精神方面的症状；激素量增多会使性欲亢进；雄性激素对男女两性都会有产生攻击行为的倾向。但是，内分泌失调导致犯罪并没有什么根据。

（六）脑电波说

脑电波开始只应用于对精神病、癫痫病是否发作的诊断。后来某些学者尝试对人的特性用脑电波进行分析。他们发现许多罪犯在某些沟回区的电波电位异常，因而认定脑电波的异常与人的犯罪行为有关系。如大脑半球额叶上的某些沟回的电波变化，被认为与人的行为，包括犯罪行为有联系。

1. Q 波与冲动爆发性格

1936 年，杰斯波等人在罗德岛救护院研究了被收容儿童的脑电波，观察到有 40% 的儿童在额部有优势 Q 波（频率为每秒 4—7 次）。1942 年，希尔从爆发性精神病罪犯身上发现同样的 Q 波，于是许多人认定 Q 波与人的冲动爆发性格有关。

但也有人持反对意见。吉布斯夫妇测定了几万名普通人的脑电波，发现一般在 10—16 岁少年的额部都能测到占优势的 Q 波。日本犯罪学家山根清道发现，只要记录的时间长，许多正常人都会出现 Q 波，如记录 30 分钟则 50% 的中学生身上都能记录到 Q 波，当集中注意力思考或感受某一事物时，这种 Q 波更容易出现。[①] 因此他们认为，不能说 Q 波与未成熟情绪有关联，不能说 Q 波是冲动爆发性犯罪的特异脑电波。前人的研究之所以错误，是由于研究缺乏充分对照和测试人数不多所造成的。

2. 未成熟的脑电波与情绪不稳定

儿童期脑电波的特征是慢波占优势，波形不规则、不稳定，容易因受到刺激而不平衡。这种脑电波若呈现在与其不相称年龄的少年身上则表示该少年具有忍耐性差和情绪不稳定的性格倾向。同正常学生群体相比，违法少年中脑电波发展缓慢、显示脑部发育不良的人较多。多动症儿童常有异常脑电波，控制自己行为的能力较差。

3. 癫痫性异常脑电波

癫痫发作时会产生含有棘波（振幅）成分的发作性脑电波，这种脑电波被称

[①] 参见〔日〕山根清道编：《犯罪心理学》，张增杰等译，群众出版社 1984 年版，第 242 页。

为癫痫发作波。但这种脑电波有时在非癫痫患者身上也查得到。日本学者在1967—1972年间对36名罪犯进行脑电波精神鉴定,发现20人正常,8人异常,8人介于两者之间,异常波中有5人为癫痫发作波,其中4人是杀人犯。

西方学者斯塔福德·克拉克和赛伊分别于1950年和1969年发现:有精神障碍的杀人犯的脑电波出现异常脑电波的比例比正常杀人犯要高得多。这就是说,异常杀人犯的脑电波是异常的,正常杀人犯的脑电波是正常的。①

总的来说,脑电波异常与犯罪有一定关系,但绝不能把它看做犯罪的原因,它仅仅是需要研究的生物因素中的一个因素。

二、社会学理论

这一理论从社会的角度研究犯罪原因,认为犯罪的发生是外部的社会原因所致,犯罪是外部环境对犯罪人发生作用的结果。这种理论重视环境影响对犯罪的重要作用是对的,但它忽视了人的心理的能动作用。它不能解释在同样的环境影响下,为什么不是所有的人都犯罪。

(一) 文化冲突论

主要代表人物是塞林。塞林认为,冲突有两种:一种是随着文明的发展而发展的,即两种文化互相冲突时产生法律规范的冲突;另一种是在同一时期内由于两种文化准则相对立而产生的法律规范的冲突。塞林认为:"文化冲突将直接造成行为规范的冲突,而行为规范冲突的一方必然是犯罪。"②他举例说:一个西西里黑人在新泽西州居住时,把一个勾引他16岁女儿的人杀死了,这个黑人对自己因此被捕感到很奇怪,因为在西西里这是一种属于保护家庭名誉的行为。于是塞林得出结论:这显然是两种不同文化规范之间的冲突。这说明,当不同规范准则在相邻文化地区时,或当一个文化集团的规范准则扩张到另一个文化集团的领域时,或当一个文化集团的人移民到另一个文化集团的领域时,相对立的文化冲突就会产生。当文化从单一状况发展为多种状况的变化过程时,就会发生文化冲突,就要"产生不同的社会集团"。由于每一个集团"都有自己的准则",如果"不了解对方的准则",结果就转变为社会冲突,从而产生犯罪。

应该说,承认文化冲突可以说明某些类型的犯罪的原因,但不能解释所有类型的犯罪。

(二) 亚文化群论

主要代表人物是思雷塞和科恩。所谓"亚文化群",一般指处在中下层社会

---

① 参见〔日〕森武夫:《犯罪心理学》,邵道生等译,知识出版社1982年版,第14页。
② 转引自张筱薇:《比较外国犯罪学》,百家出版社1996年版,第153—154页。

环境之中的一群人。思雷塞认为"流氓团伙是贫民窟产生的结果"。它在贫民窟以外的地区虽然也有,但主要是在贫民窟地区。科恩认为,由于中下层社会的人不断以中上层的标准要求自己,而他们又"不能用社会同意的手段来达到这些目的",于是便"产生了自卑感","产生了骇人听闻的事",从而走上犯罪的道路。科恩认为,受亚文化群影响而犯罪的特点主要有下列几点:(1)从非功利主义观点出发,比如偷东西不是想得到这些东西,而是"为了捣乱和开玩笑"。在一家商店偷一件东西后到另一家商店去换另一种东西,目的是"以造成他人的痛苦感来满足快乐的享受",即"以违反禁忌为乐事"。(2)具有盲目性,看到什么拿什么。(3)只顾眼前快乐,不考虑将来后果。(4)内部"组织纪律性"强,对于家庭、学校或教堂对他们所作的各种努力,往往采取的态度是冷淡、敌视或反抗。

（三）不同联系论

不同联系论(Theory of Differential Association)又译为不同交往、随异交往、分化性联结等。主要代表人物是萨瑟兰。该理论的基本观点是:犯罪是学会的,犯罪行为与其他一般行为都是可以学习的,且大部分学习过程都是在与亲近的人交往和互相影响的过程中进行的。犯罪的欲望、动机、态度及犯罪技术等,是由接触犯罪人的程度如何所决定的。因此,在很多犯罪人居住过的犯罪行为多发地区,由于人们同犯罪人的接触机会多,学习犯罪的机会多,发生犯罪的现象也就多。

这一理论影响虽然很大,但对其持怀疑、否定和批判态度的也不少。如谢尔顿·格吕克认为,犯罪不是学会的,相反,遵纪守法才是学会的。他举例说,儿童对性的要求不是学会而是天生的。他还认为,凡是与犯罪人接触多了就要产生犯罪这一观点也不正确。若如是,则与犯罪人接触频繁的诸如犯罪学家、监狱守卫和监狱牧师等岂不都要成为"最大的罪犯"了?

（四）模仿论

主要代表人物是塔尔德。他认为,社会即模仿,所有社会生活的重要行为与现象,均由模仿而来,犯罪行为也不例外。1890年,他提出了模仿法则:(1)距离法则:人与人的距离愈近,模仿性愈强。(2)自上至下法则:低劣者模仿优越者,下层人物模仿上层人物,农民模仿贵族,小城镇和农村模仿城市。(3)插入法则:两种对立的风气同时流行,一种风气可以代替另一种风气;旧的方式一衰退,新的方式随即上升。塔尔德着重指出了犯罪的社会根源,对欧美的犯罪学思想产生一定的影响。有的学者批评塔尔德忽略了身体、心理与经济方面对行为的影响,对犯罪的起因分析过于简单化。

（五）条件反射论

主要代表人物是艾森克。他根据巴甫洛夫的条件反射学说,认为"良心"只不过是一种条件反射,它的形成是由于当儿童做出某种不良行为后,父母、教师或其他儿童给以立即惩罚;人的社会化就是朝向正确方向的条件反射的形成,乃是学习社会规范的结果,没有完成这个过程的人就容易犯罪。越是外向型的人越不容易形成这种条件反射,因为他们不为规范所制约,不受良心约束,不受道德规范,容易做出反社会的行为。美国学者伯吉斯和艾克斯主张,犯罪行为是通过操作性条件反射而习得的,并且形成过程中受到各种因素的强化。他们强调犯罪人的直接经验和其他罪犯的影响,强调犯罪行为决定于外部刺激环境。

(六) 社会学习论

主要代表人物是班杜拉。他认为,攻击行为不是与生俱来的,是后天习得的。最重要的学习机制是观察学习。这种观察学习大多在以下三种社会联系中进行:(1) 家庭影响。包括父母的互相攻击,以及父母惩罚家人、儿女的行为。(2) 副文化群的影响。一些特定的副文化群保存着许多攻击性习俗,充满攻击性行为的示范,攻击性行为受到高度评价,好斗的成员受到奖励,在这种社会环境中攻击行为发生率最高。(3) 符号示范。图像或言语的描述与实际生活中的示例,在观察学习中具有同等的效果。符号示范主要是指那些报刊、电视等传播媒介所提供的范例。暴力性电视节目可以造成人际间短期的攻击行为的增加。班杜拉的观点改变了把攻击性视为人的心理本能的观点,但也有其局限性,他的理论几乎全部是依据模拟实验所取得的资料。实际上,实验室的环境不可能反映出那些真正的犯罪人必须面对的社会和法律制裁的全部压力。因此,从中得出的结论与真正的犯罪行为难以相似,令人怀疑。

(七) 标签论

主要代表人物是埃里克森、罗森哈姆、贝克尔等。标签论是从社会过程分析犯罪原因和预防犯罪的一种理论。主要观点包括以下几方面:(1) 它不是研究某一个人犯罪原因的理论,而是研究某一些人为什么犯罪以及如何预防他们继续犯罪的理论。(2) 一个犯罪的人或不正常的人不是由其本身所固有的特性所决定,而是由社会上大多数人的看法所决定。(3) 对做出同一行为的人,由于其所属的人种和所处的地位不同等,只可对其中一些人贴上犯罪人或不正常人的标签,而对其他的人则不然。以黑人而论,不论他们的行为如何,往往更会被贴上罪犯的标签。(4) 对于正常人和不正常人之间的区别,一般认为在于该人以前是否被发现或被贴过标签,至于这种行为是不是应贴标签,不是根据该人行为的性质,而是根据由别人对"犯法者"作出的断定。比如,一个女人与别人私通的行为没有被告发就是正常的,因为别人无法知道;如果有了私生子别人知道了就会被贴上不正常行为者的标签。(5) 在社会上有政治权力的团体以及中上层人士没有可能被贴上不正常的人的标签。这是由于这些人的地位决定了他们"更易于接近律师","更易于知道他们的合法权利","更老奸巨猾","更易于反对对方的起诉或定罪"所致。(6)对某些人贴上犯罪人或不正常人的标签后,一般会产生积极作用或消极作用。所谓积极作用,即可以预防他们继续犯罪;所谓消极作用,即可以促使他们进一步犯罪。有的人着重于积极方面,而有的人着重于消极方面。

施瓦兹与斯科尼克通过调查证明:社会上对被贴上犯罪或不正常人的标签者的反应,由于其条件不同而有所不同。比如,一个无技术特长的工人被贴上标签后,即使进一步调查证明其无罪,要想谋求一份工作也十分困难。可是,如果被贴上标签者是个有技术的医生,则除了"对行医有不利的后果"外,对他的请求并不起消极的作用。

当代大多数犯罪学家都持这一观点,当然,也有一些人提出了种种质疑。如有的说,这是有权阶级在用标签来控制其他阶级,这在一定程度上揭示了这一理论的阶级实质。

三、心理学理论

这种理论侧重于从心理学的角度探讨犯罪的原因,认为犯罪主要是由于个人的内在心理素质所致。犯罪心理来源于人的心理本能,即所谓本源性的心理原动力。若想抑制和矫正犯罪心理,就要正确引导这种心理原动力。

(一)挫折—攻击理论

主要代表人物为道莱德和米勒。该理论认为,当个人动机、行为受挫时,攻击与侵犯就成为一种最原始而普遍的反应。弗洛伊德的早期著作中,认为人类的基本欲望是追求快乐与逃避痛苦。当这种趋乐避苦的欲望被阻止时,心理上就产生挫折感,从而产生攻击行为,轻则嘲笑、讽刺、斥责,重则打斗、毁伤或杀害使他受挫的对象。有时侵犯、攻击的反应是内在行为——用幻想、投射或退缩等自我攻击的方式来取代(自杀就是这种方式的极端表现)。弗洛伊德的观点被道莱德和米勒等人继承下来。他们结合自己多年的实验成果,对其加以发展和补充,逐渐形成一种学说——挫折—攻击理论。

挫折—攻击理论在受挫必使人导致攻击行为的大主题下,有以下几点主要内容:

(1)由人为因素所造成的挫折比由情境因素所造成的挫折更激发攻击力。

(2)当事人认为是无故的受挫比当事人认为是合情理的受挫更激发攻击力。

(3)期望值越高,挫折感越强,则攻击力也越强。

(4)如果挫折的强度是一定的,那么,对攻击活动所预期的受惩罚越重,就越难以产生该活动。如果预计受惩罚的程度是一定的,那么,挫折的强度越大就越易引起攻击性活动。"即使预计受惩罚的程度低,但如果挫折程度同样也很低,就不会发生犯罪;即使挫折的程度高,但如果预计受惩罚程度非常高,也还是不会发生犯罪;预计的受惩罚程度如果下降,犯罪的可能性就随挫折与惩罚两者之间差距的加大而相应增加。"据此,道莱德、米勒等又进一步提出一个要求:"在犯罪增加的情况下,要制定更为严厉的法律,并严格地加以执行。"

(5) 受挫时,如果情境中有暴力暗示,则表现出的攻击力就会增强。

(6) 如果能以合理方式疏导发泄,则攻击力就会减弱。

挫折—攻击理论有其重要意义,首先有利于分析一些犯罪行为;其次也有利于做好预防犯罪的工作。但它也有明显的局限性:第一,片面强调人的自然属性,把人的全部行为局限于满足有机体自身的需要,忽视了人的社会属性,也就是忽视了人的意志、道德和法纪观念对需要和欲望的调节作用;第二,片面强调消极攻击的一面,忽视了积极攻击的一面,古今中外不少人受挫后采取积极攻击的方式,奋发努力,取得了成就;第三,人受挫后不一定必然导致攻击,也可以变得消沉。

(二) 精神分析理论

精神分析又名心理分析,是在19世纪末和20世纪初由奥地利精神病学家和心理学家弗洛伊德奠定基础,并在之后不断发展和完善的现代西方心理学流派。弗氏的继承者虽然未必完全承认他的学说,但是从本质上还是接受他的思想,强有力地支持他的观点和理论。精神分析理论不仅对心理学,还对政治、艺术、教育、犯罪矫正等学科领域产生了广泛的影响。

弗洛伊德认为,人的心理由本我、自我、超我三个体系构成。本我是指生而具有的欲望、冲动、本能、内驱力等,是最原始的心理活动,处于内心深处,属于无意识状态,是通过冲动能量的散发满足其需要的心理作用范围,它服从于快乐原则,即怎么快乐怎么来。弗洛伊德假定人有一种不可根本断绝的动物本性,它是遗传的、内在的,不因自然或社会环境而改变。它包括一系列本能,最主要的除性本能和生存本能外,还有所谓死亡本能。这些本能都是不可知的,暗中推动人类的一切行为,决定个人一生的主要活动。生存本能是指恋爱、建设的本能。死亡本能是一种暴力的、破坏的、侵犯性质的冲动,即所谓的好斗、好战的天性。儿童的破坏物品和争吵殴打行为,以及历史上不断出现的大小战争,都是这个本能的体现。

自我是指因接触、感受客观世界而产生的经验。自我为非道德的本我的需要所发动,然而当考虑到外界的现实后,可以使本我的冲动能量延迟散发,或对它进行抑制。自我服从于现实原则。

超我代表社会道德标准，压制本能活动，监督自我，起着良心的作用。它按至善原则进行活动。

弗洛伊德认为：孩子是作为犯罪者出生的。孩子不懂得善恶，受快乐即是善这一快乐原则支配，而且既干暴力破坏的事，又怀有嫉妒和憎恶。孩子做的事虽然不能算犯罪，但如果是成年人，那就算犯罪了。因此，相当于犯罪的行为在儿童时期就已经表现出来了。孩子具有各种欲望，一放任就会干坏事，因此，父母必须与这种罪恶本性作斗争，矫正这种罪恶本性。

精神分析理论把人出生后到1岁左右这段时期称作口唇期，认为人在这一时期除了吸奶之外，还有各种口唇欲求。在这一时期的后半阶段，有的婴儿会出现口唇施虐性行为和残忍性行为等。

从八个月到三四岁这段时期称作肛门期。这一时期出现反抗性行为，一发怒就毁坏东西，抓到虫、鸟等便拔毛、肢解。对于妨碍自己的人或抓或打，发起攻击，而且还没有同情心和羞耻感。

从三四岁到六七岁是生殖器期。这一时期对双亲中的异性亲人有强烈的性的情感（近亲相奸愿望），对同性亲人怀有嫉妒和敌意（杀人愿望），即亲母反父（男孩）或亲父反母（女孩）倾向。然而，当这种倾向被禁止时，幼儿对抱着这样的犯罪性欲望是否会受到惩罚，怀有强烈的不安和罪恶感，于是压抑对异性亲人的欲望而屈从于同性亲人，以图与同性亲人同化。这种同化如果适当地进行，就可以将双亲具有的良心和价值规范等作为自己的而接受下来，使其内化，形成超我。

因此，精神分析理论认为成人犯罪是由于退化而使儿童时期原始的、暴力的、非道德的冲动复活，"邪恶的人就是厉害起来的幼儿"，犯罪是幼稚性冲动（本我）和超我控制之间不均衡的表现。[①] 也就是说，犯罪行为的发生是由于自我对超我的随从减弱，趋向本我的倾向增强所致。犯罪人是属于受本我支配而行动的人，不用说超我，就是自我的力量也非常微薄，或者是完全不存在。犯罪人"用他的行动去实现他天生放纵的本能内驱力，只要可能，他的行动就像儿童一样，他不能为了以后的快乐而放弃眼前的快乐"[②]。

总之，根据精神分析理论，犯罪人的基本性格和非犯罪人并无区别。我们生下来都有反社会的需要，如果任其发展，就会使我们做出可怕的犯罪行为。但是如果我们从小就受到父母的训练，大多数人都能有效地阻止这种冲动的发展。然而潜在的犯罪人则做不到这一点。

[①] 参见〔日〕森武夫：《犯罪心理学》，邵道生等译，知识出版社1982年版，第10—11页。
[②] 同上。

精神分析理论对犯罪原因的分析有其自身价值,提出的心理三结构很有特色。但许多观点是纯粹出于主观臆想和逻辑演绎,过于夸大本能特别是性能的作用,既无事实根据,又无从加以客观验证,也就使其缺乏严密的科学性。

弗洛伊德的后继者们在接受、继承弗洛伊德学说中某些理论要点之基础上,对弗洛伊德精神分析理论作了重大修正,有了新的发展:

1. 荣格的外倾型与内倾型理论

荣格根据生命力所流动的方向,把人类的态度分为外倾型与内倾型两个方向。认为生命力外流占优势的属外倾型,这种人重视外在世界,好活动,爱社交;生命力内流占优势的属内倾型,这种人重视主观世界,常沉浸在自我欣赏和幻想中。大多数人属中间型,兼有内倾和外倾特征。荣格认为,犯罪人多属外倾型。

2. 阿德勒的自卑感理论

阿德勒认为,人都有"保存自己"、追求优越的欲望,当此种欲望因某种原因而不能获得适当满足时,就会形成自卑感。犯罪是人为了克服自卑感而追求"过度补偿"的结果。反对者则认为,"过度补偿"未必导致犯罪,也可促使人有优异的表现,如残疾或贫寒,既可驱使人犯罪,也可使人发奋努力,创造辉煌成就。

3. 希利和布朗纳的情绪障碍理论

希利和布朗纳认为,当人的各种愿望和欲求受到妨碍时,容易产生不满情绪,从而导致犯罪。对年轻人来说,当下列愿望和欲求受阻时,特别容易表现出不满情绪:在家庭或其他社会关系方面的安全感、得到某一特定集团的承认、完成自我目标、新的经验及冒险行为、从家庭的束缚中解放出来(独立和自由)、占有财产等等。

希利和布朗纳认为,青少年如果存在长期的、深刻的情绪问题,就有可能通过违法犯罪求得代偿性满足。长期的、深刻的情绪问题有:

(1)爱遭到拒绝,得不到爱,产生寂寞的感情;

(2)由于自我表现、自我满足的要求在幼儿时没有达到而产生的异常愿望,思春期的冲动和愿望等受到妨碍而产生的深刻的感情;

(3)在家庭生活、学校生活、交友、体育运动等方面出现的强烈的不适应感和自卑感;

(4)对家庭不和、父母品行、生活条件、管教中的错误等方面的强烈不满感;

(5)对兄弟姐妹的嫉妒感,被当做继子看待的感情;

(6)基于根深蒂固的内心冲突而产生的不幸感;

(7)对幼年时期违法行为的罪责感。

(三)精神病态说

这种学说主张,人之所以犯罪,主要由于精神上的缺陷所致。所谓精神缺陷,主要有精神病、病态人格(人格障碍、人格异常)、智能不足(低能)以及其他由中毒(兴奋剂、麻醉剂、致幻剂、酒精等)所引起的各种精神障碍。

1. 病态人格说

认为病态人格与犯罪的关系最为密切。所谓病态人格,是指在感情、意志、欲求等方面的表现异于一般人而显著偏畸。例如,低级的欲求特强而缺乏适当的抑制力;情绪不稳定,对刺激的反应不均衡,常因小刺激而激起大反应;意志缺乏独立性与坚持性,极易为他人所左右;缺乏同情心、良心和罪责感,好显示自己,利己而残忍;不负责任,反社会性强,不能适应集体。这一学派的学者如德国精神病医生施奈德等还认为,在累犯、惯犯中病态人格者所占比率高,在初犯或一次犯(指犯罪后15年内未犯罪者)中所占比率较低。

2. 低能说

美国心理学家戈达德认为,犯罪的主要原因是智力低下,犯罪人是天生的低能者。日本犯罪学家平尾靖认为,白痴、愚智等严重智力低下者,多属于脑有缺陷,由于这个直接原因显示出冲动性和情感上的异常。而属于轻愚边缘线等级较轻的智力低下的人,则不能适应学校生活,厌恶学校或逃学,或者做出粗暴的事情来表现优越感,产生各种有问题的行为。当智力低下者积累了许多因智力不发达所造成的失败或在人前出丑的经验时,会为发泄郁愤或为夸耀自己的存在而采取违法行为。还有人认为,智力低下的人因难以理解道德标准和法律规范并且缺乏判断是与非、罪与非罪的能力而必然犯罪。

应当承认,精神病态说通过实际调查所提到的一些因素,诸如精神缺陷、智力低下等,确与犯罪有关,但其无法解释犯罪人中多数并无精神缺陷、智力低下以及高智力者犯罪这些现象,也无法解释有精神缺陷和智力低下者并不一定都犯罪这一问题。

上述三类理论,虽然从各种不同角度论述了犯罪产生的原因,但它们不是过分强调人的主观因素,就是片面强调客观因素,把它们绝对化。同时,由于阶级的偏见,都无视或者回避社会制度与犯罪的关系,这就不可能从本质上揭示犯罪的根本原因。因此,对引起犯罪的局部原因研究得再细,也只能是表面的、非本质的,是无济于事的。当然,也有一些学者如李斯特、菲利、格卢克夫妇等从多元的角度探讨犯罪原因,认为犯罪心理和犯罪行为并不来源于单一的因素,而是多种因素综合作用的结果。这比单元论前进了一大步,更能全面反映导致犯罪心理形成和犯罪行为发生的各种因素及其之间的关系。但是,他们仍然未分清本质和非本质的因素,没有触及社会制度这一根本原因。

第三章 犯罪行为发生的心理机制

犯罪行为是怎样发生的？具体来说，犯罪心理是怎样推动人去实施犯罪行为的？其中又有什么规律？这是犯罪心理研究中极为重要的课题。本章从犯罪心理的最直接、最重要的表现形式——犯罪动机的形成、转化着手，探讨犯罪行为的发生机制。

第一节 犯罪动机的形成和转化

一、需要与动机概述

（一）需要概述

1. 需要的概念

需要是人对某种目标的渴求或欲望，是人的生理平衡要求和社会要求在人脑中的反映，即不足之感和求足之感。就需要的实质而言，需要是人的一种失衡后的求衡状态，这种状态会促使人去行动以达成平衡。"需要的产生是由于个体内部生理或心理上存在某种缺乏或不平衡状态，为了消除心理紧张以恢复心理平衡，个体必须进行有关活动以获得所需之物满足需要。"[1]所以，需要又被视为"人的积极性的最主要的推动力"[2]"个性积极性的源泉"[3]。失衡是基于匮乏或者现实与目标的差距，无论是生理性需要，还是社会性需要，其产生的前提都是如此。需要总是指向于去追求身心状态的平衡。人无论是为了舒缓内在的紧张压力，还是为了追求某个外在目标；无论是正强化式的追求得到，还是负强化式的避免失去，其生理的、心理的基础必然是其身心状态的不平衡。

人的失衡状态越是强烈，追求满足的需要就越强烈，从而采取行动来满足需要的动力也越强烈。但是这种动力只是行为的原动力，而非直接动力。需要本身并不直接导致犯罪行为发生，需要与犯罪行为之间必须有犯罪动机作为中介。

---

[1] 梅传强：《犯罪心理生成机制研究》，中国检察出版社2004年版，第4页。
[2] 〔苏〕斯·塔拉鲁欣：《犯罪行为的社会心理特征》，公人等译，国际文化出版公司1987年版，第38页。
[3] 〔苏〕彼德罗夫斯基编：《普通心理学》，朱智贤等译，人民教育出版社1981年版，第111—112页。

2. 需要的特征

需要有以下几个特征：

(1) 无限性，即需要的种类无限，需要的程度无限。

(2) 相关性，即不同需要之间互相有所关联。

(3) 重复性，即需要会重复出现，某些需要不是一次满足就永远满足，而是反复出现，要求反复满足。

(4) 竞争性，即在某一时刻可能出现许多需要，但只有最强烈的需要才成为行为的主要支配者。

3. 需要结构理论

需要存在着一个结构层次。美国心理学家马斯洛提出需要结构理论，他把人的需要概括为五种基本类型，这五类需要由低到高依次排成一个阶梯。[1]

(1) 生理需要：是人类最原始、最基本的需要，指对食物、水分、氧气、性、排泄及休息等方面的需要，都是人们维持生命的基本需要，若不能满足，人的生存就有问题，因此是最强烈的需要。

(2) 安全需要：指避免诸如冷、热、毒气、灾害、痛苦等物理条件下的伤害以及要求职业稳定、劳动安全、未来有保障、有社会保险等方面的需要。

(3) 社交需要：指相属与相爱方面的需要，即人希望得到友谊、爱情，希望有所归属。

(4) 尊重需要：指自尊、自重、自信和被尊重的需要，即人希望自己有实力、有成就、有信心，并且得到别人的重视、关心和良好评价，有名誉、地位和威望。

(5) 自我实现需要：指实现个人聪明才智、理想抱负的需要，即人希望完成与自己能力相称的工作，充分表现个人的情感、思想、愿望、兴趣、能力、意志等，能使自己的潜能得到充分的发挥。马斯洛认为："音乐家必须演奏音乐，画家必须绘画，诗人必须写诗，这样才会使他们感到最大的满足。是什么样的角色就应该干什么样的事情，我们把这种需要叫做自我实现。"[2]

在提出上述五类基本需要的基础上，马斯洛对其需要结构理论又作了以下阐述：

(1) 人的需要是有层次的，上述五类基本需要是逐级上升的，当较低级的需要满足后，追求高一级的需要就成了行为的驱动力。生理与安全需要属于低级需要，尊重与自我实现需要属于高级需要，社交需要为中间范畴，基本上也属于

---

[1] 参见〔美〕弗兰克·G.戈布尔：《第三思潮：马斯洛心理学》，吕明、陈红雯译，上海译文出版社1987年版，第39—45页。

[2] 转引自时蓉华编著：《社会心理学》，上海人民出版社1986年版，第95页。

高级需要。首先必须满足低级需要,这是基础,然后才能逐级上升。一个人为了满足低层次需要,可能牺牲高层次需要。但这个层次顺序并非如此刻板、固定,而是有许多例外。马斯洛认为,有些人为了某种价值或理想将牺牲一切。

(2) 在同一时间、地点、条件下,人存在多种需要,人的行为是由优势需要决定的。当一种需要满足后,一般这种需要就不再是行为的积极推动力,于是其他需要开始发生作用。但不能认为某一层次的需要必须完全满足以后,下一层次的需要才会成为优势需要,实际上优势需要满足后出现的新需要,并不以突然的、跳跃的形式出现,而是以缓慢的速度从无到有、逐步发生的。大多数人似乎在每一层次的需要上都只获得部分的满足和部分的不满足。人的行为也往往是由几种基本需要或一切基本需要共同决定。因此,需要结构理论并非是一种"有"或"没有"的理论结构,它只不过是一种理论模式,是一种预测行为发生概率的有用工具。这种分类只说明了一种基本的趋向,那就是需要具有不同的层次,这种层次的优势又是变化的,当优势需要满足以后,它的激励作用随之减弱,高级的需要才变得突出。

(3) 低层次需要是从外部使人得到满足,而高层次的需要则是从内部使人感到满足,因此人的需要是从外部得到满足逐步转化到从内部获得满足,而后者才具有持久性的动力,特别是尊重和自我实现这两个层次永远不会完全满足。

(二) 动机概述

1. 动机的概念

动机是指引起个体行为、维持该行为并将此行为导向某一目标(个人需要的满足)的内在驱动力,即引起或推动人去从事某种活动以满足一定需要的愿望或意念。"行为的动机是说明人为什么这样而不那样行动,同时说明他所遵循的是什么。"[①]动机是行为的直接原因。动机驱动会诱使人从事某种行为,规定行为的方向。

动机来自需要,没有需要不可能有动机,需要是动机之源,但动机更进一步。从本原角度看,需要是(匮乏)状态,而动机是(驱力)倾向;从结构角度看,需要中不包含行为指向和手段,而动机则带有明确的指向性,有具体目标并同满足需要的手段、方式相联系。在现实生活中,经常有各种激动人心的情境出现,使人产生行为冲动(需要),但在缺乏目标和手段之时,这种动力还未形成动机。正如苏联著名心理学家彼德罗夫斯基所言:"动机,这是与满足某些需要有关的活动动

---

① 〔苏〕斯·塔拉鲁欣:《犯罪行为的社会心理特征》,公人等译,国际文化出版公司1987年版,第53页。

力。如果需要是人的各种积极性的实质、机制,那么动机就是这种实质的具体表现。"①

与动机不同,需要只是一种失衡后自然产生的求衡状态,需要中并无动机中所包含的需要满足的指向和方式手段。需要并不具有道德与价值评判的实质内容。因此,体现为对生理满足和心理满足的追求、对良好物质生活和精神生活的向往的人的需要,并无好坏善恶之分。②正如苏联教育家马卡连柯所说:"人类欲望的本身并没有贪欲……贪欲是从一个人的需要和另一个人的需要发生冲突才开始的,是由于必须用武力、狡诈、盗窃,从邻人手中把快乐和满足夺过来而产生的。"③我国古代思想家荀子被看做"性恶论"的代表人物,但其实他所讲的人性恶只是"饥而欲饱,寒而欲暖,劳而欲休"(《荀子·正名》)之类的最本性的东西,并无善恶区分的余地。因此,虽然犯罪行为的背后一定会有犯罪人的需要,"虽然犯罪行为是人的一般需要和价值的体现,但它却不能用那些一般需要的价值来解释,因为非犯罪行为也是同样的一般需要和价值的体现。窃贼一般是为获取金钱而盗窃,而同样的,诚实的劳动者也是为了获取金钱而工作。许多学者尝试用一般的内驱力和价值,例如快乐法则、对社会地位的追求、金钱动机或挫折,来解释犯罪行为,已被证明是无用的,并且在以后也不会有用,因为他们把合法行为解释得跟犯罪行为完全一样。这些解释就像呼吸那样,对任何行为都是必需的,而不管是犯罪行为还是非犯罪行为。"④人在面临失衡状态时,企求获得平衡,是合乎人性本能的常态心理,但选择用什么方式手段以获取平衡和满足,具有道德和法律评判的价值余地。因此,正是由于动机与需要在关于行为指向和方式手段上的区别,决定了犯罪人只有犯罪动机而不可能有犯罪需要。当需要脱离了实际或需要满足的指向和方式手段脱离了社会允许的范围,才会表现出善与恶、是与非,而这时需要已经发展到了动机。真正可以赋予道德和价值评判的是包含了人的需要满足的指向和方式手段的人的动机。因此,通常所谓的不良的(恶的)需要其实是一种不良的(恶的)动机。

2. 动机的分类

(1) 按所联系的需要,动机可分为生物性动机和社会性动机。生物性动机是指由生理方面的需要所激发起来的动机,又称第一型动机。这类动机首先是

---

① 〔苏〕彼德罗夫斯基主编:《普通心理学》,朱智贤等译,人民教育出版社1981年版,第118页。
② 关于需要并无好坏善恶之分的详细论述可参见陈和华:《犯罪动机理论问题之再思考》,载《华东政法大学学报》2010年第5期。
③ 〔苏〕A.C.马卡连柯:《马卡连柯全集》(第4卷),磊然译,人民教育出版社1957年版,第388页。
④ 乔治·B.沃尔德等:《理论犯罪学》(原书第5版),方鹏译,中国政法大学出版社2005年版,第201页。

为了保持体内生理平衡,即如果在人体内缺乏某些重要成分时,才会迫使人去行动,因此也称缺乏性动机。此外,这类动机还包括由于外部刺激而被意识到的动机,如即使在内部躯体完全饱足时,外部刺激也会引起需要和动机。这些需要和动机在一刹那之前还不存在,但对于行为的定向可能起显著作用。不接触到任何刺激,也就没有需要和动机,但若接触到了,就有可能产生需要和动机。突发性犯罪往往就是这种情形的结果。社会性动机是指在社会中习得的旨在丰富个体自身的动机,如对探索、理解、创造、成就、爱情、自尊的渴望,而所有这些渴望完全不是为了排除痛苦和危险的,是超出了关于直接的生存和安全的生物性需要的一种丰富状态,因此社会性动机又称丰富性动机。这类动机对人的生存发展具有重要意义。

（2）按内外激发因素,动机可分为内部动机和外部动机。内部动机是指由活动的内在因素所激发的动机。人对活动本身感兴趣,活动能使人获得满足,是对自己的一种奖励与报酬,无需外力作用的推动。外部动机是指由活动的外在因素所激发的动机。活动以外的刺激对人诱发动力,而并非活动本身使人感兴趣。

（3）按在动机体系中的地位,动机可分为主导动机和非主导动机。主导动机又称优势动机,是指个体身上诸多动机中最强烈、最稳定的动机。在某一时刻,人的行为主要由主导动机所决定。非主导动机又称辅助动机,是指个体身上诸多动机中比较薄弱而不稳定的动机。

3. 动机斗争

个体心理内部若同时具有不可兼得的动机时,就会产生动机斗争（心理冲突）。换言之,所谓动机斗争（心理冲突）即个体心理内部存在彼此对立、不能同时得到满足的欲求和动机时的心理状态。

美国心理学家勒温把动机斗争（心理冲突）分为三种类型:

（1）"接近—接近"型,又称"双趋冲突",指个体在遇到或存在两个都具吸引力的目标时,只能选择其一而感困惑的动机斗争状态。所谓鱼与熊掌不可兼得,即是此理。就犯罪人而言,其双趋冲突主要有良知冲突（不甘心堕落、怜悯心同情心与不愿放弃满足私欲的机会）和利益冲突（犯罪过程中不能同时满足性欲和利欲）。

（2）"回避—回避"型,又称"双避冲突",指个体对两个都不愿接受、竭力回避的目标,必须选择其一而感困惑的动机斗争状态。就犯罪人而言,其双避冲突主要有实施犯罪时的双避冲突（盗窃时被发现,要么束手就擒,要么杀人灭口）和犯罪后的双避冲突（在遭通缉后既不想被严惩又不想投案自首）。

（3）"接近—回避"型,又称"趋避冲突",指同一目标同时对个体具有正负两种吸引力,即若要达到有正吸引力的目标,必须通过有负吸引力的领域,使之同时既想趋近又想躲避的动机斗争状态。所谓"既好之又恶之""既趋之又避之"的心态。就犯罪人而言,犯罪既具满足自己私欲的快乐,又具被捕受惩的风险或有违自己良心的痛苦。在犯罪人身上,趋避冲突比其他两种冲突更为常见。这里,相互斗争、冲突的动机越有分量,推动人进行活动的需要对象在意义上越是势均力敌,动机斗争(心理冲突)也就越激烈。

陷入上述种种冲突的局面时,有的人以积极的态度作出合理合法的选择;有的人自退、回避冲突,或放弃或拖延或视而不见;有的人则选择不合理的或进攻性的解决办法,以致陷入犯罪;还有的人因本人内部的原因或外部的障碍,心理上的冲突未获得解决,照样继续保持下去,以致陷入强烈的痛苦状态,甚至造成恐怖和悲惨的结局。

二、犯罪动机概述

(一)犯罪动机的概念

犯罪动机是推动行为人实施犯罪行为的内心起因,犯罪活动由犯罪动机驱使。犯罪动机是犯罪心理的核心内容,也是犯罪心理的一个重要标志。就犯罪行为的起因和动力而言,犯罪动机与犯罪心理是可以互为替代的概念。犯罪动机是犯罪人个性中的不良因素在消极环境和条件的影响下,进一步膨胀和歪曲变形的结果;同时,犯罪动机的产生和实施,又反过来深化犯罪人个性中的不良倾向。研究犯罪动机对预防和惩治犯罪具有重大意义,如果不了解犯罪人是怎样受情境和内驱力的影响而产生犯罪动机的,我们就不能真正有效地侦破罪案,审讯犯罪人,并对犯罪人实施有的放矢的改造和教育挽救工作,也不可能做好预防犯罪工作。

(二)犯罪动机的特征

犯罪动机作为犯罪行为的内心起因,在心理驱动机制上与一般行为动机并无区别,但在具体表现形式上有其自身特征,表现为以下几方面:

1. 具有危害社会或危害他人的违法目的。

2. 与满足需要的非法手段相联系,即犯罪动机中所包含的满足需要的手段具有明显的违法性。

3. 容易变化,不稳定。即犯罪动机的性质易变,如作案过程中遇情景变化而从一种犯罪动机引发另一种犯罪动机(由盗窃发展到杀人灭口等);犯罪动机所针对的犯罪对象易变;犯罪动机中所包含的犯罪手段易变。

4. 有时意识程度不足。有些意识水平低、文化程度差、法制观念不健全的人就会产生这种情况,如重婚罪犯罪人、斗殴伤人犯罪人、干扰国家通信线路犯罪人等。青少年、妇女以及文盲中较多见。

5. 与犯罪目的有区别。犯罪动机与犯罪目的有联系，可以相互印证，但两者并不是一回事。犯罪动机与犯罪目的的区别主要表现为三个方面：

（1）从心理发展过程来看，犯罪动机是推动犯罪人实施犯罪行为的内心起因，而犯罪目的则是犯罪人实施犯罪行为所希望达到的结果，动机在先，目的在后。动机是产生目的的原因，目的的具体选择和确定必受到动机的影响。

（2）从意识水平来看，犯罪动机比犯罪目的更内在、蕴藏更深。行为人对自己的行为目的是一定意识到的，而对行为动机则可能存在意识程度不足的情形。

（3）从包容关系看，同一犯罪动机又体现在不同的犯罪目的中，而同一犯罪目的也可以反映出不同的犯罪动机。

（三）犯罪动机的类别

将犯罪动机分类有一定的困难，主要是因为犯罪动机极为隐蔽，多数犯罪人总是千方百计地掩盖自己的犯罪动机；另外，犯罪动机与犯罪行为之间并不总是存在直接的、简单的对应关系，任何一种犯罪行为都可能蕴藏着几种不同的犯罪动机，而任何一种犯罪动机都可以表现为不同的犯罪行为。可见，简单地把犯罪动机划分为两类或三类，有其片面性。但为了确定和分析的方便，还是有必要把犯罪动机作适当的分类。

本书主要从需要的角度把犯罪动机分成以下四类：

（1）利欲型犯罪动机。亦即财物犯罪动机，指因利益需求所引起的犯罪动机。在所有犯罪人中，因利欲动机而走上犯罪道路的居第一位。利欲型犯罪动机是最主要的一种犯罪动机。

（2）性欲型犯罪动机。指因性需求所引起的犯罪动机。

（3）情绪型犯罪动机。指因情绪方面的需求所引起的犯罪动机，包括报复、妒忌、虚荣、友情（义气）、恐惧、愤怒等，所有这些犯罪动机均带有情绪色彩。在青少年犯罪人中尤为突出。

（4）信仰型犯罪动机。指因个人的政治、宗教等方面的理想和信念与社会现实之间的矛盾所引起的犯罪动机。在某些情况下，又称危害国家安全犯罪动机。

三、犯罪动机的形成

犯罪动机的形成是个非常复杂的心理过程，但这一过程是有规律可循的，是可以被人们认识的。一般来说，犯罪动机的形成体现为以下三个方面的程序：

（一）需要不能满足（欲求不满），产生挫折感

严格来说，当我们论及犯罪动机来自于人的需要的时候，实际上意味着犯罪

动机来自于人的需要的不能满足。苏联法学家库德里亚夫采夫说过:"违法者认为,现实条件没有充分保证满足他的实际需要或者臆想中的需要。这就是违法者实施违法行为的动机的基础。"①

在社会生活中,每个个体存在着多种不同的需要,包括生物性的和社会性的、物质性的和精神性的,而且还会不断产生新的需要。不管何种需要,实际上因主客观条件的制约,不可能都得到满足,不仅非常态(畸形)的需要不可能得到满足,即使是常态的需要也会由于社会条件和个体自身条件(政治的、经济的、能力的等)的限制而得不到满足。就范围而言,许多需要的满足超出了社会和个体的条件所能达到的界线;就程度而言,需要本身是无止境的。因此,在现实生活中,人的许多需要难以得到满足是正常的现象。

从心理学的角度看,人的需要得不到满足就会产生挫折感,表现为焦虑、紧张和不安等。这些心理反应往往会产生某种动力,促使人去做出一定的行为,以求实现需要的满足或替代性满足。这其中就包含着犯罪的可能。

所以,与一般行为动机的形成机制一样,犯罪动机的形成总是首先基于人的需要的不能满足,欲求不满是犯罪动机形成的第一个条件。但是,需要指出的是,不管是什么因素或刺激引发人的犯罪动机和犯罪行为,都是通过激发需要不满而发挥作用的。

(二)缺乏调节能力

需要不满,只是犯罪行为发生的必要条件,而非充分条件。仅仅存在着需要不满的情况是不足以导致犯罪的,否则就不能解释不同的人在需要不满时的不同表现。面对需要不满的情况,采取什么样的方式来满足自己的需要和欲望,是采用合法的方式还是非法的方式,取决于人是否具有自我调节能力。自我调节能力决定了人在面对各种诱惑时,能否基于社会规范和个人利益的综合考虑而进行合乎理性的行为抉择;能否计算自己行为的各种后果。这恰恰是犯罪行为是否发生的重点,也正是在这一点上,体现了犯罪人与守法者的根本区别。

如果个体具有相应的道德和法律素质以及心理适应的能力,能够调节自己的需要结构,就不会导致犯罪行为。在需要得不到满足的情况下,个体既可以谋求以新的其他合理途径来实现需要的满足,即改变策略,也可以以另一种能满足的需要来替代(补偿);个体既可以压抑和克制自己的需要,或对需要进行再认识,降低抱负水平,也可以通过心理防卫机制,采取妥协性的措施,如文饰、表同等,使自己免受因挫折带来的焦虑和紧张,从而避免产生一些过激行为,走向犯罪。可见,需要虽然是犯罪行为的基础,但"就行为的评价来说,重要的不是需要

---

① 〔苏〕库德里亚夫采夫:《违法行为的原因》,韦政强译,群众出版社1982年版,第108页。

本身,而是满足它们的形式和方式;不是要求本身,而是人对它们的认识和接受水平"[1]具有良好心理素质和社会教养水平,亦即具有良好自我调节水平和能力的人,在需要得不到满足、产生挫折感时,往往会正确对待需要以及需要不满,谋求以合法手段满足自己的需要,从而抑制犯罪动机的产生,避免走上犯罪道路。

相反,如果个体自我调节能力缺乏或不足(人格缺陷),则容易在面对诱因时产生犯罪行为。"犯罪人之所以要犯罪,是为了满足自己的需要,获得一定的物质或精神利益。在追求需要的满足过程中,采用了社会不认可的方式和手段……行为人明知或应当知道自己行为的方式、手段可能产生危害社会的结果,却有意为之,这说明行为人是有意蔑视或者漠视、轻视法律秩序,有意与社会的主流价值观背道而驰。行为人之所以要作出这样的决定,以及要实施危害社会的行为,是由其反社会人格或者人格缺陷所导致。"[2]

个体自我调节能力的缺乏或不足的实质内容可以概括为两个方面,即自私心态和自毁情结。前者涉及个体对社会和他人的态度和情绪(社会意识),它在他向意义上使人缺乏自我调节能力;后者涉及个体对自己的态度和情绪(自我意识),它在自向意义上使人缺乏自我调节能力(详见第四章)。当然,这种自我调节能力的缺乏或不足还与个体需要得不到满足时的容忍力有关。个体的容忍力不同,对挫折感受的程度也会不同。这就是说,人们在遇到挫折时的容忍力有个别差异。有的人能忍受严重挫折,毫不灰心丧气,有的人遇到轻微的挫折就会意志消沉或铤而走险;有的人能忍受来自工作上的严重挫折,但却不能容忍自尊心受到伤害;有的人能忍受别人的侮辱,但面对环境的障碍却会焦虑不安、灰心沮丧。心理学的研究表明,人对挫折的容忍力受到人的生理条件、过去挫折的经验以及个体对挫折的主观判断的影响。身体强壮的人比体弱多病的人更能忍受挫折;生活中历尽艰辛的人比一帆风顺的人更能忍受挫折。此外,人们对挫折的情境有不同的判断,对同样的情境,一个人可能认为是严重的挫折,另一个人可能认为是无所谓的事情。

总之,如果个体具有调节能力,不管何种需要得不到满足,均不会使人形成犯罪动机。因此,缺乏调节能力,是形成犯罪动机的一个重要条件。

(三)采用反社会的违法犯罪手段

显然,需要得不到满足并不会导致犯罪,只有当需要受阻时,个体缺乏调节能力,才有可能形成犯罪动机,走向犯罪。但这也只是一种可能性。个体在需要

---

[1] 〔苏〕斯·塔拉鲁欣:《犯罪行为的社会心理特征》,公人等译,国际文化出版公司1987年版,第39页。

[2] 梅传强:《犯罪心理生成机制研究》,中国检察出版社2004年版,第60页。

受阻且缺乏调节能力的情况下,也有可能变得消沉,或采取非理性的但却不违法的消极行为来摆脱困境。只有当个体谋求以反社会的违法犯罪手段和方式来满足需要时,才会形成犯罪动机。所以,犯罪动机的形成是缺乏自我调节能力的人在需要不能得到满足时,谋求以反社会的违法犯罪手段和方式来满足自己需要的结果。

在犯罪动机的形成过程中,如果说需要不满是一种驱使犯罪的力量,那么,自我调节能力其实就是一种控制犯罪的力量。就犯罪行为发生的心理历程而言,真正重要的是人的自我调节能力的缺乏或不足。

四、犯罪动机的转化

犯罪动机形成后,犯罪人在实施犯罪行为的过程中,原有的犯罪动机不是固定不变的。由于犯罪行为实施过程中具体情境的变化,犯罪人的犯罪动机也会发生变化,从而直接影响到犯罪行为的后果。犯罪动机的转化分为两种,一种是恶性的,一种是良性的。

(一)犯罪动机的恶性转化

所谓犯罪动机的恶性转化,是指犯罪人在实施犯罪行为的过程中,因遇到意外情况,产生动机斗争而形成新的犯罪动机,从而导致更为严重的犯罪行为。在犯罪心理学中,一般称原先的犯罪动机为第一动机,新产生的动机为第二动机。就恶性而言,第二动机更为恶劣,导致的行为危害性更大。比如,犯罪人在偷窃的过程中,发觉事主已将随身携带的钱包锁入提包,难以扒窃,事主又警惕防备,包不离手,眼看盗窃的目的无法达到,就暗中计议,准备尾随事主,到了僻静和多歧路的地方,乘事主不备,将提包抢走。这时,就从一种盗窃的动机转变为另一种抢劫的动机,这是恶性的转化。又比如,犯罪人潜入一被害人家中行窃,被发现后产生杀人灭口之动机。这里从起初的财物盗窃动机发展到最后的杀人动机,性质更为严重。

类似的情形在司法实践中极为常见,特别是从偷窃发展到杀人。由于犯罪动机转变迅速,西方犯罪心理学家称此种犯罪为"闪电性犯罪"。按照他们的看法,偷窃犯罪人的第一动机,从其最初的驱动力看,总是基于第一生命(即自然人生命)的需要而产生的(当然也会夹杂一些社会因素,但不是基本的)。但如果在第一动机(偷窃)的实施过程中,突然被事主发现,那么,原先的第一生命需要(如物质方面的需要)就不再重要,而保卫第二生命(即社会人生命)免除危险的需要(社会地位、职业、名誉、人格等)却上升到主要地位。于是,杀人动机就会突然产生。在这种情况下所发生的杀人行为,实际上是一种避险行为,而它的背后是对于社会地位、名誉、人格尊严的追求。也就是说,虽然一开始犯罪人并不想杀人

(第一动机是盗窃),但这时杀人对他来说却成了一种诱惑。对第二生命重要性的清醒认识,决定了犯罪人尽管是一种站在最顽固、最彻底的反道德立场的人,却可以为保卫自己的社会道德地位而不惜冒更大的危险实施更严重的犯罪。因此,犯罪人犯罪动机的产生和实施,必以自身的犯罪行为不致暴露为前提。如果已经获知自己的犯罪行为必会暴露,那么他是绝不敢犯罪的。毕竟,犯罪人也是生活在社会中的人。"若要人不知,除非己莫为"的古训对犯罪人是不起作用的,侥幸心理控制了他,可一旦罪行面临败露就会穷凶极恶。所以,有些由偷窃发展到杀人的案件,初看似乎突如其来,真像闪电一般,实际上都有其杀人的心理基础与考虑和解决其所面临问题的必要时间,并非如有些人所想象的只是一种突然的心理变化。闪电性犯罪的背后包含着犯罪人复杂的心理过程。但是,并不能说偷窃与杀人有必然的联系。偷窃未必一定发展成杀人,这两种犯罪动机之间并不存在必然联系。不过,不能否认,犯罪的第一动机有发展到第二动机的可能性,也就是说,在一定条件下,这种犯罪动机的转化可以由可能性变为现实性。

恶性转化从可能性变为现实性主要取决于下列两大因素:

1. 犯罪被发现,对犯罪人的第二生命构成致命威胁

一般来说,犯罪人的犯罪动机向恶性转化并不是一件轻而易举的事情,他们要在心理上经受激烈的动机斗争,并且必须冲破许多不易克服的心理障碍和阻力。这就要看犯罪人与事主是否到了势不两立、非杀人灭口不足以防止罪行败露和自身的社会名誉地位遭受彻底破坏的地步。仅仅是因为第一动机本身受到阻碍(偷不到东西)而起意杀人的可能性是很小的,只有当犯罪人的第二生命受到致命威胁时,才有可能突然产生恶性的第二动机。而在以下两种情况下对犯罪人第二生命的威胁达到极致,因此也往往最有可能产生恶性的第二动机:一种情况是犯罪人与事主相熟。彼此相熟在犯罪人看来是你死我活,所以往往最易激发杀人动机;若是陌生人,起意杀人的可能性就会小一些。另一种情况是犯罪人没有前科。如果犯罪人尚保有一定的社会地位,亦即是初犯或虽非初犯但从未被发现过,那么当他遇到自己的罪行将被当众揭露的威胁时,强烈的社会恐惧感会使他不惜以命相拼;相反,如果犯罪人有前科,在社会上没有什么名誉与地位,罪行败露后对他的第二生命的威胁就不大,则起意杀人的可能性就会小一些。

2. 犯罪现场的客观条件及犯罪人的主观能力

这里可分为几种情况:一是被突然发现,犯罪人无法摆脱时容易杀人,犯罪人无处可躲,无处可逃,没有退路,就会孤注一掷;二是事主较弱时容易杀人;三是犯罪经验不丰富的初犯、偶犯容易杀人。犯罪动机恶性转化的案件大多发生在初犯、偶犯和青少年犯中。这除了他们对保卫第二生命的要求较之其他犯罪

人更为迫切外,缺乏犯罪经验、犯罪手段不够老练、情急之中往往铤而走险也是一个重要原因;而累犯和惯犯往往能及时逃避这一恶性转化。

了解并掌握犯罪动机恶性转化(从第一动机发展到第二动机)的机制对于我们侦破凶案是有极大帮助的。我们可以借此获取犯罪人的心理印迹,从而为明确案件性质、置疑测嫌、确定犯罪人的条件和依据、确定侦查方向和范围等方面提供一系列有价值的思路和方法。

(二)犯罪动机的良性转化

所谓犯罪动机的良性转化,是指犯罪人在实施犯罪动机的过程中,因遇到意外情况,产生动机斗争而导致犯罪动机的消失和犯罪行为的终止。犯罪动机的良性转化是动机斗争中的积极性因素占优势的结果,反映了客观外界影响与内部心理良好的交互作用。

从制约良性转化的因素看,良性转化可以分为两种:一种是由于客观因素所引起的转化,另一种是由于主观因素所引起的转化。

1. 由客观因素引起的良性转化

由客观因素引起的良性转化是指由于客观条件方面的原因而导致犯罪动机消失和犯罪行为终止。比如,犯罪人潜入事主的宅内之后,发现犯罪现场的情况对自己的偷窃行为不利(事主刚好回来或早有防范等),若继续进行偷窃活动,就会发生罪行败露和被捉获的危险,或者事主家宅防范严密,无法潜入等,于是其犯罪动机和犯罪行为不得不自动消除和终止。又如,犯罪人潜入某家后,发现这家外观虽好,实则很穷,毫无偷窃价值;或者原定要偷的目标(如珠宝)已不在,只得放弃。对于这种情况能否被看做良性转化,存在争议。有人认为,因为无物可偷,不存在动机斗争,也就无所谓良性转化。我们认为,相对于恶性转化而言,它可以被认为是良性转化,这中间也是有动机斗争的,是溜走还是破坏一下或者偷其他东西,这就是动机斗争,这是常见的。

犯罪人的犯罪动机因客观情况的变化而受挫的次数多,良性转化的次数也可能多。最后,由于客观原因,犯罪动机多次受挫,多次实现良性转化,就有可能出现犯罪人的良性转化。

这也从一个侧面说明了社会的犯罪发展现象并不是不可逆转的,只要社会的保卫力量得到加强,人们预防犯罪的警觉性得到提高,社会性的法制教育得到普及,不仅社会的犯罪率会逐渐下降,一定数量的犯罪人也会实现良性转化。

2. 由主观因素引起的良性转化

由主观因素引起的良性转化是指由于主观心理方面的原因而导致犯罪动机消失和犯罪行为终止。犯罪人在实施犯罪行为的过程中,因某种原因,起了恻隐之心,突然良心发现,于是犯罪动机消除,犯罪行为终止。如一犯罪人偷了一乡下老汉的钱,见其号啕大哭,痛不欲生,遂起了恻隐之心,就装作捡了钱包,还给老汉。

这里需要说明的是,虽然有的良性转化由客观因素引起,有的良性转化由主观因素引起,实际上这只是说明哪个因素在良性转化的过程中所起的作用更大一些,不能说只有单一因素在起作用。犯罪动机的任何良性转化都有主客观因素的参与,是它们彼此交互作用的结果。由客观因素引起的良性转化,没有主观因素的参与是不可能的,动机斗争本身就包含了主观的因素。同样的情形,有些犯罪人的犯罪动机实现了良性转化,有些就没有。而由主观因素引起的良性转化,没有客观因素的参与也是不可能的。没有老汉的悲惨哭诉,小偷是断然不会把到手的"肥肉"拱手相让的。所以,只有当主客观条件都具备时,通过主客观因素的交互作用,引起动机斗争,才能产生犯罪动机的良性转化,单靠主观因素或客观因素,无论如何是不能产生犯罪动机的良性转化的。

第二节　犯罪行为的发生

一、犯罪行为发生的过程

(一)犯罪行为发生的一般过程

人类行为的发生,一般要经历需要—动机—行为这样一个过程,犯罪行为也不例外。在行为发生的心理过程中,行为主体要经历一次被动的需要分化和两次主动的方向选择过程。

1. 需要的分化

需要的产生往往是个被动的过程,人无法主动控制。但需要产生后,往往会随主客观条件的不同而分化为两极,即可以满足和无法满足,或可以通过合法途径加以满足和难以通过合法途径加以满足。这里,起决定作用的因素有三个方面:一是法律规定,即有些需要因法律规定而无法满足;二是需要强度,即同样的需要,因强度不同,可能其发展方向完全不同;三是个体的财力、权力、能力等,即同样的需要在不同人的身上其最终实现满足的情形完全不同,有些人因自身各方面条件较差,满足需要的方向可能发展到另一个极端。

2. 方向的选择

虽然需要的产生是被动的,但从需要发展到动机,再从动机发展到行为,则是一个积极主动的过程,行为主体可以自己主动选择,是做还是不做,怎么做,怎样对待需要;自己的需要朝哪个方向发展,抑或克制,都是可以选择的,可以体现出主观能动性。因此,即便犯罪动机形成,也并不意味着犯罪行为一定会发生。

(二) 犯罪行为发生的规律

对人的行为是怎样发生的这一问题,早期行为主义学派的代表人物华生提出"刺激—反应"(S—R)公式(需要实际上是由刺激所导致的,包括内部刺激和外部刺激),他认为行为的基本构成因素是刺激和反应,已知刺激后,心理学能预断人会发生什么样的反应。① 这一公式忽略了有机体的内心过程。后来,作为新行为主义学派代表人物之一的托尔曼提出"中介变量"(O)的概念,将华生的公式修改为 S—O—R,试图阐明在 S(情景刺激)和 R(反应)之间的 O(有机体)内部发生了什么事情。他指出,中介变量是介乎刺激变量与行为变量之间的关键性因素,并用 B=f(S,P,H,T,A) 这一公式表示它们之间的函数关系。公式中,B(相当于 R)代表行为变量;S 代表环境刺激;其他符号分别代表中介变量的构成因素,P 代表生理内驱力,H 代表遗传,T 代表过去经验或训练,A 代表年龄等。按照这一公式,行为是环境刺激、生理内驱力、过去经验或训练以及年龄等的函数。也就是说,个体的行为随着这些自变量的变化而变化。② 勒温把行为发生的规律描述得更为简洁,他认为人的行为(B)及其发展依存于个体(P)和环境(E),即 B=f(P,E)。按照这一公式,人的行为是个体及其环境的函数。③

犯罪行为的发生也符合这一规律,即犯罪行为是犯罪人因素和犯罪行为情境因素相互作用的结果。这里,犯罪人的因素包括已形成的犯罪心理结构以及足以实施某种犯罪行为的体格、作案的知识和技能、作案时机的确定以及作案工具的准备等。犯罪行为情境因素则包括侵害对象(人和物)的确定和实际存在、有利于犯罪的现场条件和气氛等。一般来说,当个体已经具备犯罪心理之后,情境因素将起到诱发的作用。有利于犯罪行为发生的外部刺激与情境,大体上可分为以下四类:

(1) 适宜于犯罪的条件。如社会治安状况不佳,公共场所秩序混乱;某些单位管理制度不严,疏于防范;某些受害对象缺乏警觉和防卫能力;某些地区司法机关对案件的侦破率低,对犯罪活动打击不力等。

(2) 萌发犯罪意向的情境与气氛。如足球场上球迷的狂热与暴怒;街头暴力事件造成的反常情绪感染;流氓集团内特定的舆论与氛围;观看淫秽录像、参加下流舞会引起的冲动等,都会刺激、诱发、强化犯罪意向。

(3) 欲求指向对象的诱引。如以金钱美女作诱饵拉人下水,使意志不坚定者成为犯罪活动的帮凶;被侵害对象的存在与出现,使心怀叵测的人迅速产生侵

---

① 参见杨清:《现代西方心理学主要派别》,辽宁人民出版社 1980 年版,第 203 页。
② 参见〔美〕杜·舒尔茨:《现代心理学史》,杨立能等译,人民教育出版社 1981 年版,第 251—252 页。
③ 参见杨清:《现代西方心理学主要派别》,辽宁人民出版社 1980 年版,第 319 页。

害动机等。

(4) 着手犯罪的机遇。如犯罪人夜遇单身女性；在室内无人时偶然发现现金柜钥匙插在锁眼里等,这些对早已心存恶念的人不啻是天赐良机。

事实上,这种有利于犯罪行为发生的刺激与情境,并非全是主体消极被动地偶尔得到的,有时是行为人有意加以选择,甚至主动予以创造的。从犯罪行为的发生是具有犯罪心理结构和主体条件的犯罪人与犯罪行为情境相互作用的结果看,犯罪行为的发生过程可分为以下三种：

(1) 犯罪人主动寻找或制造犯罪行为情境,一旦找到或造成,便发生犯罪行为。

(2) 犯罪人等待犯罪机遇的出现,一有机遇,即发生犯罪行为。这种人性格多属内向型,犯罪心理隐蔽极深,如无机遇,也许一生都不犯罪。

(3) 犯罪人在实施犯罪行为的过程中,出现新的情境,并作用于犯罪人的犯罪心理结构,从而导致实施新的犯罪行为。

(三) 犯罪行为发生中的动机斗争

由于犯罪是应受到法律制裁和惩罚的行为,因此,凡是精神正常的人,对于犯罪行为及其结果,必定要加以考虑。犯罪得逞后的快感、犯罪未得逞带来的后果以及对法律惩罚的畏惧和道德良心的谴责等,都使犯罪人产生复杂的动机斗争。动机斗争的焦点在于作案与不作案。犯罪行为发生前,犯罪人内心都要经受激烈的动机斗争。可以说,犯罪行为的发生是犯罪人在强烈的个人欲望的驱使下,作案动机战胜不作案动机的结果。虽然不同犯罪人在犯罪行为发生中的动机斗争的激烈程度有所差异,但动机斗争作为贯穿犯罪行为发生前后的一个心理历程,则是每个犯罪人都具有的。

二、犯罪行为发生的模式

(一) 渐变模式

这是一种典型的犯罪行为发生模式,适合大多数案例。其特点是：由量的积累到质的飞跃,具有渐进性；由部分质变到整体质变,具有渗透性；由朦胧意向到犯罪心理直至犯罪行为,具有自觉性；从产生需要到形成犯罪决定,具有预谋性。[①] 此种模式又可以分为两种类型：

1. 原发性渐变模式

指从少年期起,通过不良交往和违法尝试形成不健全人格,逐渐发展成犯罪心理而导致犯罪行为发生的类型。这类人社会化过程不完全或经历了错误的社

[①] 参见罗大华主编：《犯罪心理学》,中国政法大学出版社 2003 年版,第 96 页。

会化,始犯年龄早,犯罪恶性深,教育改造难度大。

2. 继发性渐变模式

指早期无劣迹、社会化过程无明显缺陷、已得到社会承认、被视为合格的社会成员的一类人,由于经不起金钱、美女等的诱惑,或受到不良思想腐蚀,渐渐腐化堕落而走向犯罪道路的类型。在其渐变的过程中,原有的隐而不现的心理品质方面的缺陷成为渐变的突破口,暴露出其社会化过程的不完全。这类人始犯年龄晚,恶性不深,心理上光明面与阴暗面相比反差较大,因而教育改造的可能性也要大一些。但其中一部分人,因渐变时间长、经历久、罪恶大、隐藏深,改造相当困难。

(二) 突变模式

突变模式是指行为人事先并无劣迹和预谋,因突然发生对个人至关重要的情况或受到环境、气氛的刺激而卷入犯罪的模式。其特点是:由产生犯意到发生犯罪行为,时间极短,过程极为迅速,带有突发性;行为人多无预谋,并对事变的发生缺乏预见性;犯罪多与突然发生的情况有关,具有情境性;行为人不能适应情况变化,认知范围较窄,意志薄弱,不能自控,具有明显的情绪性特征。突变性犯罪虽有一定的偶然性,但仍和行为人的心理品质方面的缺陷有一定联系。就是说,个人的社会化程度尚不完全,不足以应付(或适应)某种突发情况。因此,内部心理原因仍是突变犯罪模式的根据。当然,如果不遇到此类突发情况,也可能不至于发生犯罪。此种模式又可分为三种类型:

1. 由人际交往引起的突变模式

这种突变模式最为常见。如因恶语相加发生口角,因财产纠纷矛盾激化,因婚恋不成反目成仇等。由于情况发生突然,行为人事先缺乏心理准备,且对方又不肯妥协退让,致使其难以适应,在不能自控的情况下,采取不当或不法的暴力行为,加害对方,从而构成犯罪。

2. 由回避危险引起的突变模式

即由于在突发性冲突中,受害一方防卫过当而造成人身侵害行为,或由于紧急避险超过必要限度,或由于应付假想的紧急危险(实际并不存在)而造成伤害等犯罪行为。这几种情况之所以产生犯罪行为,主要是因为行为人在认知方面发生困难、举止失措而造成的。另有一种在职务上、业务上负有特定责任不适于紧急避险的人(如消防警察不能在火灾中紧急避险),因逃避其应负的责任而触犯刑律则属于缺乏责任心、义务感等品德缺陷而导致犯罪。

3. 由特定气氛引起的突变模式

在公众生活中,常有一些特定的环境与氛围,如足球场上的暴力事件、街头暴力事件、不合法的示威游行等,容易使在场者产生情绪感染,引起心理共鸣。

行为人由于年轻气盛,缺乏辨别是非和自我控制能力,情不自禁地卷入事态,从而造成犯罪。当然,也有一些犯罪人是趁火打劫,借闹事之机抢劫钱财、调戏妇女,则属于受自身犯罪心理驱使的机会性犯罪。

(三) 机遇性模式

机遇性模式是指行为人在接触有利于实施犯罪之机遇前并无犯罪意图,接触此种机遇后,或渐次产生犯罪心理,或突然起意而犯罪的模式。犯罪机遇的出现,在行为人实施犯罪行为过程中起到关键作用,至于早有犯意乘机实施犯罪等,则不过使其犯罪意图提前实施,不应列入机遇性模式。此种犯罪模式又可以分为两种类型:

1. 机会性模式

所谓犯罪机会,是指易于实施犯罪又不易被发觉的时间与条件。犯罪机会一般具有特别性(即对于某种犯罪的实施有利)、偶然性(即出乎行为人的预料)与瞬间性(即时间短暂)的特征。少数犯罪机会也具有持续性,在行为人面前多次出现,这将给行为人以更大的诱惑和刺激。具体来说,金钱露白,是抢夺的机会;屋外放物或室内无人,是盗窃的机会;女工单独上下夜班,路途偏僻昏暗,是强奸的机会。机会犯事前虽无犯意但多数系品德不良者,在遇到犯罪机会时经不起诱惑而起意犯罪。

2. 境遇性模式

所谓犯罪境遇,是指诱发、促进犯罪行为发生的环境和机遇。此种境遇的出现,具有行为人预料或计划之外的偶然性、突发性和巧合性,对犯罪行为的发生起着直接的推动作用。换言之,若无此种境遇,犯罪行为有可能不发生。境遇性模式又可以分为以下三种类型:

(1) 刺激型:被害人在发生争执后,以刺激性语言煽动起行为人的加害行为,使行为人不堪忍受而实施犯罪行为。

(2) 胁迫型:行为人受人威胁利诱,或处于从属关系,不得不实施犯罪行为。

(3) 从众型:行为人因偶然机会参与一群人或团伙的活动,事先并不知要去犯罪,临时发现有人起意犯罪,其他人均赞成,迫于压力和时势而不得不从众行事,实施犯罪行为。

(四) 意识不足模式

意识不足模式是指行为人在意识不足犯罪动机状态下实施犯罪行为。一般来说,故意犯罪人的犯罪行为总是在一种清晰可辨的意识动机的驱使下实施的。犯罪人清楚地了解是什么促使他作案,什么是他需要的内容,什么是他的行为目标。意识到的动机,是人的活动动机的主要方面。然而,在某些时候,犯罪人却不能很清楚地、很自觉地意识到推动自己进行犯罪活动的动机,这就是意识不足犯罪动机，它是人的活动动机的次要方面。意识不足犯罪动机，并不是没有犯罪动机，而是指由于某些原因，犯罪人对那些推动犯罪行为发生的内心起因意识不是很清楚。司法实践表明，意识不足犯罪动机在犯罪行为中是不时出现的（虽然数量不大），预审和审判人员常常碰到找不出犯罪动机或犯罪动机很模糊的案件。在这种情况下，即使让犯罪人自己叙述作案过程中的犯罪动机，即使他愿意交代，也不一定能说得很清楚。这实际上是犯罪人本身没有清楚地意识到其行为的内心起因。意识不足模式大致分为以下几种类型：

1. 由定势引起的意识不足模式

所谓定势，是指对一定活动的准备状态，它制约着后继的心理活动的趋向。"定势是一种没有意识到的状态，它先行于并决定着任何形式的心理活动的展开。定势表现为一种动员和准备行动的状态，这种状态制约于主体需要和满足这种需要的相应情境的存在。"[①]定势的实质是以一定的方式满足需要的准备。在社会生活中，定势反映出一个人个性活动的特点，在许多场合下它潜在地决定着人的生活态度。偏见往往构成人们在观察事物时的定势。当这种定势具有消极的性质时，人就可能在某种特定情况下做出错误的行为，而并未意识到为什么要这么做。这种消极的定势，同样存在于犯罪现象中。如有些经济犯罪案件（特别是法人犯罪）中，某些犯罪人的犯罪行为是由于对领导错误指示的盲从。"领导叫干啥就干啥"，"领导说的总不会有错"，这种定势在特定情况下具有消极性质。讲"哥们儿义气"的不良青少年，在"为朋友两肋插刀"这种消极准备状态的影响下，很可能就不知不觉地卷入团伙犯罪，而其犯罪动机是未被清楚意识到的。

2. 由习惯引起的意识不足模式

所谓习惯，是指一个人在一定情况下自动化地进行某些动作的特殊倾向。习惯行为具有一定的意识不足性。有些犯罪行为的发生往往是由犯罪习惯所导致的。如某惯窃犯经过改造，已有悔悟之心，初步下定决心不再犯罪，但在一特定场合，又不是很自觉地行窃，事后颇为后悔。当习惯性犯罪人有预谋地进行犯罪时，其动机是意识到的动机；而在某些特殊情况下，由于犯罪习惯自动化作用的驱使，不自觉或不很自觉地实施了犯罪行为，其犯罪动机便是以犯罪习惯为基础的意识不足动机。当然，动机的意识不足，并不等于行为的完全无意识，犯罪人的犯罪行为还是受到他的整个意识水平支配的。所以，不应当把习惯性犯罪行为看做完全无意识的。

3. 由次要犯罪动机引起的意识不足模式

在有些案件中，犯罪人的犯罪动机往往不是一种而是几种。在几种犯罪动

---

① 〔苏〕彼德罗夫斯基主编：《心理学文选》，张世臣等译，人民教育出版社1986年版，第273页。

机中,有主要动机和次要动机之分。次要动机有时是主要动机之外的动机,有时是主要动机的派生或转化。主要犯罪动机,处于犯罪人意识层次的核心,而次要犯罪动机,有的则处于意识的边缘。根据注意的范围与分配的规律,与当前犯罪目的没有直接联系的次要犯罪动机,在犯罪人作案时注意力高度集中的情况下,有可能处于清晰意识范围之外而成为意识不足动机。虽然未被清楚意识到,但对犯罪行为却产生影响。如某强奸犯在强奸后顺手拿走了被害人的手提包,其意识状态比较模糊,便是主要犯罪动机掩盖下的意识不足犯罪动机。

4. 由冲动引起的意识不足模式

冲动性犯罪行为的动机,在许多情况下是未被清楚意识到的动机,意识程度很低。这是因为人在激情状态下,意识范围狭窄,认识水平和自控能力降低,当时感觉到的唯有侵犯某客体的强烈情绪和情感,而对行为的动机和结果并不予以特别的考虑和复杂的判断,使其很快实施冲动性犯罪行为。所以,前述的突变犯罪模式,其犯罪动机有可能是意识不足的。

5. 由变态心理引起的意识不足模式

变态心理中的偏执型变态人格、异装癖和恋物癖变态人格以及其他性变态者,往往重复同类行为而不能自控,他们明知此类行为有可能违法,也常下决心停止这样做,但有时仍下意识地重复它。如偏执型变态人格者无端地坚信别人在迫害他而无休止地缠讼,在个别场合辱骂或袭击对方;异装癖者潜入异性厕所;恋物癖者偷盗他人衣物等。这些人被捕获后,都很难说清自己的犯罪动机。

当然,上述意识不足模式,并不意味着行为人可以不负刑事责任。因为意识不足犯罪动机是受到主体的整个意识水平控制和调节的,它与精神病人不能辨认或不能控制自己的行为而造成危害结果的情形是根本不相同的。

三、犯罪行为发生对犯罪心理的强化作用

犯罪行为的发生起因于犯罪心理,但反过来,犯罪行为的发生会对犯罪心理起到强化作用。犯罪心理在犯罪活动和犯罪生活中不断得到巩固和加强。如果犯罪行为的发生得不到有效的控制,犯罪心理就会恶性发展。从犯罪心理的形成到恶性发展的过程,也就是犯罪心理定型化、个性化、多向化的过程,是从初犯到惯犯的变化过程。

(一)恶性发展的特征

1. 犯罪自觉性和主动性增强

初次犯罪,有个人某种强烈需要的驱使,也有某种机遇和情境的诱惑,还有同伙的教唆、胁迫,使其带有某种程度的偶然性和被动性。初犯者的道德观念尚未泯灭,动机斗争还相当激烈。但经过多次犯罪后,其道德观念大部丧失,已不再考虑是否危害社会、他人或危及个人前途名誉,作案更具有目的性,犯罪更为自觉、主动。

2. 某些欲望更为强烈

初犯时,个人的某些欲望往往是由客观刺激或他人教唆引起的,带有一定的情境性。可是,经过多次犯罪活动,获得了快感和成功的体验,对其欲望起了强化作用。随着犯罪频率的增加,他们的某些欲望也逐步增强,于是形成恶性循环,即犯罪带来的满足和享受进一步刺激和发展了原来的欲望,增强的欲望又加强了进一步犯罪的动机。

3. 作案经验更加丰富

经过屡次实施犯罪活动,积累了作案经验,提高了作案技巧和逃避侦查的能力,在确定目标、采取手段、分析条件、设想可能产生的后果以及作案后销毁罪证等方面,变得更为老练、狡诈,更会伪装欺骗。

4. 犯罪活动向多方面发展

即从单一犯罪发展为多方面犯罪,造成对社会和他人利益更大的危害。

5. 反社会心理增强

如果说初次犯罪时,只是为了满足个人某种需求而产生犯罪动机,实施犯罪活动,那么发展到累犯、惯犯阶段,由于受到社会舆论的谴责和司法机关的惩处,他们逐渐意识到自己已经处于同全社会对立的地位,因而反社会心理日益增强,破坏性更大,甚至形成一整套反动腐朽的人生哲学。

6. 形成顽固的犯罪定型

多次犯罪使犯罪人的犯罪心理日趋强化,其个性与犯罪活动之间的联系日益顽固,犯罪的行为习惯逐渐形成,达到动力定型的程度,即使想改也十分困难。

(二) 恶性发展的深度理论

对于如何衡量犯罪恶性发展的程度,国外一些学者提出的若干理论观点可供参考。

日本学者安倍淳吉在他所著的《犯罪社会心理学》一书中,提出犯罪和违法行为的深度理论。他把犯罪和违法行为的深度分为外行阶段(非专业性阶段)和内行阶段(职业性阶段)。前者包括第一深度(纯外行阶段)和第二深度(内、外行阶段);后者包括第三深度(外、内行阶段)和第四深度(纯内行阶段)。[①]

第一深度(纯外行阶段)的违法犯罪活动发生在家庭、学校、朋友、近邻等监护领域之中,不具备内行的违法犯罪技术,未接触内行违法犯罪者。

---

① 参见〔日〕山根清道编:《犯罪心理学》,张增杰等译,群众出版社1984年版,第110—111页;〔日〕森武夫:《犯罪心理学》,邵道生等译,知识出版社1982年版,第113页。

第二深度（内、外行阶段）的违法犯罪活动已超越了监护领域，向四周扩大，违法犯罪手段渐趋专门化，一般尚未与内行违法犯罪者结合。

第三深度（外、内行阶段）是内行犯罪的边缘，违法犯罪者企图通过违法犯罪活动维持自己和家庭的生活。从被监护的位置独立出来，与内行犯罪者有明确的人事关系；或从属于某个集团，开始学习传统的犯罪手法，手段达到专门化。

第四深度（内行阶段）的违法犯罪行为达到职业化，手法高明，成为"专家"。这种人表面上有正当职业，伪装出社会化的心理状态等保护自己，以免暴露。

安倍淳吉的犯罪深度理论，揭示了由初犯到惯犯、职业犯的一般发展过程，具有一定的参考价值。

国外还有学者根据犯罪人的犯罪经历、初犯年龄、人格特征和改恶从善的难易程度予以类型化的尝试。其中，值得注意的是，日本犯罪学家吉益脩夫对383名累犯者的犯罪经历进行概括性的分析，提出了系统的类型论。[①] 他采用了下列三种标志：

标志Ⅰ：初次犯罪年龄。（1）25岁以前——早发型；（2）26岁以后——迟发型。

标志Ⅱ：再犯及其间隔时间。（1）持续型——经过2.5年以内的短期间隔的再犯；（2）弛缓型——经过2.5—5年的比较长期间隔的再犯；（3）间歇型——经过5年以上的长时间间隔的再犯；（4）停止型——释放后10年以上不再犯。

标志Ⅲ：犯罪的方向。把犯罪分为五种，即财产犯、暴力犯、风化犯、破坏犯、潜逃犯。有的犯罪人只反复进行同样的犯罪，有的随时随地进行各种各样的犯罪。根据犯罪人的犯罪方向，有以下四种类型：（1）单一方向——反复进行同一犯罪；（2）同种方向——在同一种犯罪中反复进行两个以上的犯罪；（3）异种方向——跨两个种类的反复犯罪；（4）多种方向——跨两个以上种类的反复犯罪。

通过以上三个标志的组合，各种各样的犯罪经历都可以包括进来，但是实际的累犯者可以归纳为以下六种类型：（1）早发、持续型、单一方向；（2）早发、持续型、同种方向；（3）早发、持续型、多种方向；（4）迟发、持续型、单一方向；（5）迟发、持续型、异种方向；（6）迟发、停止型、单一方向。

吉益脩夫就这些类型的各个特征，提出了自己的见解，并尝试着根据三个标志把累犯者的犯罪经历以"犯罪生活曲线"表示。

（三）恶性发展的阶段

1. 定型化阶段

在此阶段，犯罪心理通过反复进行的犯罪活动得到强化，已经不再是偶然进

---

① 参见〔日〕山根清道编：《犯罪心理学》，张增杰等译，群众出版社1984年版，第52—53页。

行的情境性活动,而是相对固定并植根于其个性之中,成为生活中不可缺少的一部分。犯罪意识定型化,犯罪方向定型化,犯罪行为定型化,是这一阶段的显著特征。

2. 个性化阶段

经过定型化阶段,犯罪心理中的各种消极成分继续得到强化(如反社会意识更加强烈、自觉和系统化、理论化,犯罪动机更加主动自觉,犯罪能力更加熟练和专门化等),而且各种消极心理因素支配犯罪行为的心理组合更加协调和巩固,心理冲突越来越少乃至消失。犯罪心理结构功能上的统一性和整体化得到充分发挥,犯罪心理逐渐成为其个性心理结构的主导方面,形成犯罪人格或个性。

3. 职业化阶段

在此阶段,犯罪行为已经不是其生活的一部分或生活的表征,几乎成为其生活的全部内容和生活的意义。这一阶段的主要特征是:(1)以犯罪收入作为其生活的主要来源;(2)以犯罪利益为轴,确定犯罪方式,犯罪行为向多方向型发展;(3)组成犯罪集团,有严密的组织和分工;(4)一般有正当职业作掩护。

第三节 犯罪人在不同阶段中的心理状态

一、犯罪前的心理状态

犯罪人在犯罪前的心理状态主要表现为内心的心理冲突,而这种心理冲突主要表现为两个方面,一是动机斗争,二是自我辩解。

(一)动机斗争

一般人是按照社会的道德和法律规范,通过正当的途径满足自身需要的,而犯罪人则反其道而行之,采取不正当的、违反社会道德和法律规范的行为满足自身的需要。任何神智正常的人都会认识到犯罪可能带来的法律后果。对犯罪人来说,犯罪有巨大的诱惑,同时也有巨大的风险,这两者之间的矛盾冲突就造成了犯罪人在犯罪前的动机斗争:犯罪还是不犯罪? 这里的动机斗争主要是解决如何在通过犯罪获取物质和精神利益的同时避免外在的法律惩罚。因此,犯罪人在犯罪前总会产生动机斗争。动机斗争的结果往往总是犯罪诱惑战胜犯罪风险,因犯罪而期待的满足感和快乐感战胜因犯罪而可能受到惩罚的恐惧感和不安感。冒险心理、侥幸心理占主导地位。

(二)自我辩解

自我辩解是指为自己所作的决定和所做的行为寻求合理的理由,以图得到心理安慰。除了解决犯罪诱惑与犯罪风险之间的矛盾外,犯罪人在犯罪前还需要解决的另一个心理冲突就是犯罪诱惑与良心受折磨之间的矛盾冲突(即为避免受到内在惩罚),这就需要自我辩解。犯罪人通常都能认识到自己将要实施的犯罪行为的性质,同时他们又不认为自己是个十足的坏人,这两者之间的矛盾往往促使他们进行自我辩解。他们在犯罪前会努力使自己相信自己的犯罪行为是合理的,至少是"形势所迫,不得已而为之",或"对方(被害人)也有责任","任何人处在我的位置都会这么干"等,以此冲淡、减轻心理紧张,使其能在心安理得的状态中实施犯罪,而且在犯罪后亦不必为罪责感所苦恼,或在被抓获后不太怨恨自己。所以,自我辩解是在犯罪前后都可能出现的心理状态,尤以犯罪前为甚。犯罪人通常会从以下两个方面进行自我辩解:

1. 针对犯罪行为本身进行自我辩解

具体表现为:(1)否认。即对犯罪行为作自欺欺人的非犯罪认定。通过对其犯罪行为作与众不同的界说来否认其行为所带来的危害,否定自己将要实施的行为是犯罪,在青少年犯罪人中尤为常见。如流氓行径被看做是顽皮;偷盗自行车被解释为暂时借用;而打架斗殴则被认为是显示自己的正义感,是见义勇为等。(2)比拟(认同)。即把自己的犯罪行为与有价值的人和团体的行为相比拟,以提高自身的价值,求得内心的满足,解除自卑感。比拟又可分为两种:一是直接比拟,如有些青少年犯罪人常把自己比作历史上或文艺作品中的某个英雄人物、犯罪团伙"结盟"时自比为"桃园三结义"、闯荡江湖的流窜犯自比佐罗等;二是间接比拟,也就是把比拟对象英雄化并作为榜样。如把暴力集团或流氓集团头目看成"英雄好汉",并学习、模仿他们的行为。(3)文饰。亦称"合理化",即想出各种似是而非的理由为自己的犯罪行为辩解,力图使自己相信犯罪行为是合理的。如盗窃犯认为"自私是人的本性","上等人有人送上门,中等人托人走后门,下等人没有门,不偷活不成";危害国家安全的犯罪人把自己的犯罪行为说成是"为民请命","争民主,争人权";攻击犯认为自己是在"为民除害"等。(4)补偿。即当个人的目标与社会要求相矛盾或受主客观条件限制无法达到时,以犯罪活动和目标来代替,从而弥补自己的自尊心。如作为性补偿而偷盗或收集异性的内衣裤,甚至纵火放水等;因体弱受欺而欺负、伤害比自己更弱小的人等,从而为其受伤的自尊心寻求安慰。(5)投射。即把自己的犯罪动机、不良观念和品质或行为趋势推诿、强加于他人身上,以掩饰自己的过错,减轻自己的内疚、不安和焦虑,或更强烈地唤起对别人的敌意。如强奸犯把自己的犯罪行为说成是"通奸",是对方自愿;杀人犯把杀人归咎于对方先有杀人意图;盗窃犯认为世人皆为贼,认为任何人都会这样做或处在他的地位上只能这样做。

2. 针对被害人进行自我辩解

当犯罪人无法通过对犯罪本身进行自我辩解来减少或消除认知不协调,获求心理安慰时,就会转而通过针对被害人的自我辩解来减少或消除内心的不安和冲突,从而达到解脱自己的目的。这种自我辩解的主要手段就是贬低被害人。只有在贬低被害人的情况下,犯罪人才能轻松地、无任何心理负担地实施犯罪行为。正如弗罗姆所指出的那样,"欲杀人的情况下,需要把对方视为垃圾、敌人、魔鬼、畜生、忘恩负义之徒,不把他看做人,割断与对方的情绪联系。"[1]

总之,犯罪人通过自我辩解,使其内心得到安宁,便于肆无忌惮地实施犯罪。

二、犯罪过程中的心理状态

犯罪行为是一种危及社会、他人,也危及自身的特殊的社会行为,犯罪情境之特殊必然造成犯罪人心理状态之特殊。在实施犯罪行为的过程中,犯罪人的心理状态又因初犯、再犯、惯犯、大案要案的犯罪人和共同犯罪人而异。一般来说,犯罪过程中将产生以下心理状态:

1. 兴奋

犯罪人在实施犯罪行为之际,精神高度集中,情绪兴奋亢进,只求达到犯罪目的,无暇顾及其他。特别是暴力犯罪和冲动性犯罪,犯罪人受激情的支配,常能调动身心的巨大潜力,动作凶猛,频率加快,责任感意识缺乏,犯罪后果严重。

2. 紧张

紧张是犯罪人较为普遍的临场心理状态,尤以初犯为甚。紧张心理的产生,一方面是因为害怕被抓获;另一方面也因为对能否实现犯罪目的心中无数。紧张心理状态的出现,有时会使犯罪人畏缩不前,犹豫不决,有时又使得犯罪人仓促作案,举止失措。由于此时注意范围狭窄,自制力减弱,不免"忙中出错",有可能不自觉地在现场留下不利于自己的各种痕迹。

3. 恐惧

恐惧是由于危险情境所引起的应激状态,它是一种潜在的自我保护的心理反应。犯罪人在现场遇到突发情况,如在现场突然被人撞见、过路人的警觉、邻居的发现、治安人员的来临等,都会引起恐惧的情绪和心态。恐惧情绪较轻时,是一种不安的情绪体验;恐惧情绪较严重时,则是一种难以抑制的紧张感。恐惧情绪出现后,犯罪人往往慌乱失措,急于保护自己,逃离现场。当感到逃离无望,产生绝望心理时,常采取孤注一掷的做法,施加暴力,伤害或杀死对方。

4. 愤怒

犯罪人因实施犯罪计划受挫(如事主反抗、同伙退缩),容易产生愤怒的情绪,变得凶狠残暴,伤人毁物,直至愤怒的情绪得到发泄后,才逐渐趋于平静。

---

[1] 〔日〕森武夫:《犯罪心理学》,邵道生等译,知识出版社1982年版,第36页。

5. 怨恨

当犯罪计划落空时,有些犯罪人会产生怨恨情绪。它与愤怒有所不同,愤怒表现为高昂的、攻势的、爆发性的情绪状态;怨恨则表现为深沉的、守势的、持续的情绪状态。所以,怨恨不是以一时勃发而告终,而是将其积压在心中,迅速转移退出现场,另求时机和方式发泄其心中的怨恨。

6. 得意

这是犯罪人实施犯罪过程中获得意外满足而产生的一种欣喜心情。有时得意忘形,犯罪人会忘记自己所面临的危险。例如,当犯罪人在现场意外发现大量金银珠宝,一时不知如何处置,就会产生这种心情。此时,犯罪人异常兴奋,下意识地取下手套,到处抚摸,会留下许多指纹。

7. 沉静

犯罪开始时,犯罪人的情绪呈兴奋状态。在实施过程中,有的持续兴奋,自我控制力减弱,有的则渐渐沉静平复,思考怎样才能使自己获得最大的满足,以及怎样布置假现场,销毁罪证,逃避侦查等。少数犯罪人在实施犯罪过程中,因某种情境刺激,头脑冷静下来,恢复正常人的情感和理智而中止犯罪,如对被害人产生同情心,不忍加害,或将受伤的被害人送进医院,本人自首等。

三、犯罪后的心理状态

1. 满足

犯罪人实施犯罪后,由于作案成功,犯罪目的达到,一般都会产生一种满足感。这是一种轻松、自鸣得意的内心体验。满足感的出现,将会强化犯罪动机,促使其继续犯罪。

2. 麻木

犯罪活动所引起的兴奋状态,在实施犯罪后往往迅速趋向抑制,使犯罪人在精神上处于松弛状态。此时无精打采,不想从事任何活动,打算蛰居一处,不与他人交往。这种情况一般表现在两种犯罪人身上:一是胆大妄为、恶习极深的犯罪人,他们因实施重大犯罪感到疲倦,感情麻木,懒散无力;另一种是冲动性犯罪人,面对严重的犯罪后果,一时不能恢复理智,处于"激情休克"状态,表现为消极被动,麻木不仁,既不作出努力去掩盖罪行,也不去策划另一次犯罪活动。

3. 惊恐

这是多数初犯或大案、要案的犯罪人在作案后较为普遍的心理状态。他们终日惶恐不安,总觉得自己的破绽已被别人发现,处处有人注意或监视自己,或者在脑海里不断浮现出现场激烈搏斗的情景,被害人生前、死后的模样,而无法摆脱。甚至看到与被害人长相相似的人,也心惊胆战,大有"风声鹤唳""草木皆兵"之感。这种惊恐情绪,必然引起一系列的身心反应。有的坐卧不宁,食不甘味,行为反常;有的销赃毁迹,把偷来的钞票烧毁或埋掉;有的形成巨大的心理压力,暗下决心今后不再作案;有的经过惯犯夸奖,惊恐心理平复,并产生自我满足感等。

4. 心虚

有的犯罪人在作案后,心神不宁,对外界舆论、周围群众的反应特别关心,对有关事物神经过敏,有反常反应。例如,有的听到旁人谈到与犯罪有关的人和事,就以为是对他的暗示;看见有人持介绍信找领导,也以为是对他进行调查。为了摆脱紧张情绪,他们常常做出一些夸张的举动,来表示自己心中坦然。这种心理状态一般都表现在初犯、偶犯身上,因为他们缺乏作案经验,难以控制和克服自己的慌乱情绪,而惯犯、累犯则能掩饰自己的心理变化。

5. 试探

一些犯罪人,虽然在犯罪后逃离了现场,但心理上却摆脱不了现场,对案件的发展和侦破情况十分关心,采取各种手法试探群众和领导,看他们是否怀疑自己。有的故作姿态,参与议论案情,痛骂犯罪人;有的托人打听案件侦讯情况和谁提供了什么证言;有的甚至按捺不住一再跑到现场观察体验。上述反常现象,都是为了保全自己、出于自我防御的需要而进行的"反侦查"。然而这种行为反而会暴露他们自己,给侦查人员破获案件提供线索。

6. 罪责感

有些犯罪人在实施犯罪后因良心发现有所悔悟,萌生罪责感,出现新的心理冲突。比如,是销赃灭迹,还是投案自首;是嫁祸于人,还是承担罪责等。过去一贯表现尚好、偶一失足的初犯,内心体验较为深刻,罪责感十分强烈;惯犯和累犯因多次作案,早有心理准备,罪责感相对较弱。

第四章 犯罪人的一般个性特征

犯罪是由每个单个的个体所实施的。犯罪人在年龄、性别、社会阅历、职业、文化程度以及个性特点等方面各不相同,其犯罪的原因、动机、目的、性质以及犯罪行为方式也千差万别。因此,犯罪人与犯罪人之间往往有很大的区别,但这并不妨碍我们从中概括出为犯罪人所共有的心理和个性特征,找出一般的规律。关于犯罪人共有的心理,包括犯罪心理结构、犯罪动机如何形成、犯罪行为如何发生等,已如上述。而对于犯罪人共有的个性特征,即一般个性特征,本章专述。

第一节 犯罪人的个性倾向性

一、个性倾向性概述

个性倾向性,是指人对社会环境的态度和行为的积极特征。个性倾向性由较低层次的需要、动机、兴趣和较高层次的理想、信念、世界观等多种心理成分(因素)组成。它不仅决定着个体对客观世界中各种活动对象的选择及其态度体系,而且是个性积极性的源泉,对个体活动起着定向的作用。因此,个性倾向性是个性心理结构的核心和动力,是个性心理结构中最活跃的因素。个体之间的不同的社会本质,主要体现在这些心理成分所包含的社会心理内容的差异上。

(一)需要、动机和兴趣

需要是个体与客观环境相互作用,由于某种不平衡状态而产生的欠缺感或不满足感所构成的心理冲动。需要是动机的内在动力,动机是需要的现实表现。

兴趣是人的认识需要的情绪表现,也是力求参与并探究某种事物的心理指向。当一个人对某种事物产生浓厚的、稳定的兴趣时,他就能积极地思考并大胆地探索该事物的实质,并使其整个心理活动积极化,表现出积极主动地去感知有关的事物,对事物的观察变得比较敏锐,逻辑记忆加强,想象力丰富,情绪高涨,克服困难的意志力也会增强。

兴趣除和认识、情绪、意志有密切的联系之外,还对能力的形成和发展有着重大影响。能力往往在兴趣的基础上发展起来。当然,认识、情绪、意志和能力也影响着兴趣的进一步发展。

兴趣有直接兴趣和间接兴趣、短暂的兴趣和稳定的兴趣之分。那种由事物或活动本身引起的兴趣称为直接兴趣。产生于某种活动,随着某种活动的结束而消失的兴趣称为短暂的兴趣。直接兴趣和短暂的兴趣在个性的发展中不留下任何痕迹,因为它们自始至终是由外部手段激发的。只有那种由活动的目的、任务或活动的结果所引起的间接兴趣,以及不会因某种活动的结束而消失的稳定的兴趣,才能成为一个人的个性倾向性。

(二)理想、信念和世界观

理想是人生奋斗的目标,是人们对未来的向往和追求。理想有正确的和错误的之分。正确的理想是符合社会发展规律的革命理想,错误的理想是违背社会发展规律的所谓"有钱就图""有利就想"。理想的形成是随着一个人认识的扩大、加深,在实践中长期发展的结果。儿童时期是理想的萌芽时期,主要是属于生活方面的理想,它与兴趣相联系,而且是不稳定的;少年时期是理想的形成时期,大都与未来的职业相联系;青年时期是理想的发展时期,其主要特点是理想具有概括性,是以科学原理为依据,以社会需要为前提的一种较高水平的社会理想,而且比较稳定。

信念是坚信某种观点的正确性并支配自己行动的个性倾向性。它是认识和情感的"合金"。消极的情感体验会阻碍一个人对社会义务的认识,并影响一个人的认识向信念的转化;积极的情感则会促进和加深一个人对社会义务的认识,并影响一个人的认识向信念的转化。信念一旦确立,就会给主体的心理活动以深远的影响,它决定着一个人的行动和原则性、坚韧性。具有信念的人,认识、情感和意志是融合在一起的。对于信念,人们不仅是对它有所领悟和理解,而且具有深刻的情感和热情,并在社会生活中接受它的指导而力求达到它。

世界观是一个人对整个世界的总的看法和态度,其中包括对人生的看法——人生观。它是个性倾向性的集中表现,是个性心理的核心,也是个人行为举止的最高调节器。它指导着人的行动,影响着人的整个精神面貌。因此,确定一个人的世界观,不仅要看他的认识和态度,而且要看他的行动。

二、犯罪人的个性倾向性

(一)强烈的需要

犯罪人社会化过程中的缺陷突出表现在其对需要强烈程度的失控和需要的满足方式与社会规范的对立上。犯罪人需要的强烈和畸变表现在以下几个方面:

1. 强烈的物质、金钱占有欲和挥霍享受欲

即为了满足个人穷奢极欲的物质享受,一味地追求金钱财物,羡慕和向往糜烂腐朽的生活方式。某些犯罪人还专门对不属于自己的东西感兴趣,企图占为己有,尽管其个人家庭物质生活条件很好,也不以此为满足。这一切都是形成利

欲型犯罪动机的基础,是实施侵犯公私财产、破坏社会主义经济秩序等犯罪的心理动力。

2. 畸变的性生理冲动

即单纯为了满足性欲而置道德、法律于不顾,不分对象地放纵发泄自己的性欲,受性欲的支配和驱使而把自己降低到一般动物水平。这种超乎寻常的性需要又分为两种情况:一种是完全由主观因素所引起的,即主体已形成自觉的、主动的、强烈的性欲发泄需要;另一种是由客观诱因所引起的,即因主体已具备不良的心理因素而在特殊情境中遇到偶然出现的外界刺激,便使原来潜藏的较弱的内部不健康因素骤然增强而跃居主动地位,迅速产生性欲发泄需要。畸变的性生理冲动往往是形成性欲型犯罪动机的基础,是导致性犯罪的心理动力。

3. 强烈的自尊心理需要

即指报复、嫉妒、哥们儿义气、逞强跋扈、寻求刺激等方面的需要,它是形成情绪型犯罪动机的基础,是实施杀人、伤害、爆炸等暴力犯罪以及诬告陷害、侮辱诽谤等犯罪的心理动力。

4. 强烈的权位欲、支配欲、领袖欲

这些欲望都是形成信仰型犯罪动机的基础,是实施危害国家安全犯罪以及组织和参加反动会道门的心理动力。

(二)犯罪动机

犯罪动机来源于强烈的需要,它是人在外界环境诱因的刺激下,因不能以社会规范调节自身超越现实的需要所引起的。如强烈的物质需要引起的财产犯罪动机、强烈的性需要引起的性犯罪动机等,都体现出需要对象的不合理与满足方式的不合法。犯罪动机是犯罪行为的直接动力。犯罪动机的确定,对于反社会意识很深的惯犯、累犯来说,并无特别的困难,几乎不存在内心冲突。但对于多数初犯和偶犯来说,通过动机斗争形成主导动机,是一个必不可少的过程。动机斗争的实质是:突破良心的制约,权衡利弊,估价主客观力量对比与机遇选择。当犯罪动机战胜反对动机而成为主导动机时,犯罪行为的发生就迫在眉睫。

(三)不良兴趣

犯罪人的兴趣是在一定的需要基础上逐渐形成和发展起来的。其主要特点是:

(1)与低层次需要联系在一起的生活兴趣十分强烈,热衷于吃喝玩乐等,偏于感官刺激的兴趣,缺少高尚的兴趣;富于直接兴趣(直接能满足其低层次需要的兴趣),很少具有间接兴趣(对于事物未来的结果的兴趣)。

(2)追求新奇和富于刺激性生活的兴趣,往往用这种兴趣填补精神空虚,因而有时产生恶作剧念头与游戏型犯罪动机。

(3) 兴趣的理智水平低,而且具有不稳定的特征。

(四) 反社会意识

反社会意识是指违背社会发展要求和社会规范、与正常的社会生活相对立、以极端的个人主义为核心的各种错误观念。形成反社会意识是个体社会化偏离的突出表现。虽然,在不同类型的犯罪人身上,反社会意识在其所表现的范围、具体内容、稳固程度、系统化、理论化、自觉性等方面有所不同,但是,只要某些错误观念在主体的个性结构中占据主导地位,必然导致主体错误的社会态度、社会动机和对现实的社会秩序、社会规范的否定与蔑视,成为个体实施反社会行为的精神支柱。反社会意识对个体的某些低层次欲求起着定向作用;对犯罪动机起着促进和加固作用;对犯罪行为起着支配作用。

犯罪人的反社会意识包括以下几方面的内容:

1. 极端个人主义的人生观(意识)

极端个人主义的人生观(意识)是一种为一己私利而不惜侵犯社会规范、牺牲他人利益的自私心态和倾向。首先,犯罪人缺乏正确的政治观念和远大理想,特别表现在青少年犯罪人身上。具体地表现为理论上的虚无主义,政治上的不信任主义,对现实社会表现出强烈的不满。其次,犯罪人没有集体主义精神,而是充满了损人利己、损公肥私、尔虞我诈、唯利是图、争权夺利的思想。他们主张个性极端自由,个人欲望不受任何社会约束与强制。违法犯罪就是这种极端个人主义的表现。在腐朽的剥削阶级人生观的支配下,他们把自己的幸福建立在别人的痛苦上,企图在不向社会提供任何东西的情况下从社会获得物质财富,崇尚"金钱万能""有钱能使鬼推磨",他们的生活逻辑和人生哲学是"人不为己,天诛地灭"。在犯罪人身上,我们可以看到一些与常人不同的特点,如精神空虚、认识浅薄、粗俗无礼、自私自利、缺乏正确的理想和信念等,这一切的本质其实就是极端的个人主义。

2. 腐朽没落的道德观(意识)

道德是调整人们之间以及个人和社会之间关系的行为规范的总和。道德观主要表现为道德认识以及相应的道德义务感、责任感,它对个体的行为起着自觉而不是被动的调节作用。它几乎渗透到人们生活的各个领域,调控范围远较法律意识为广。犯罪人缺乏基本的道德观念,没有明确的善恶观念,没有起码的道德责任和社会义务感,在处理人与人的关系方面也没有传统的道德原则。以青少年犯罪人的道德认识和道德标准来看,什么是光荣的,什么是耻辱的;什么是高尚的,什么是卑鄙的;什么是真善美,什么是假恶丑,他们的认识和评价标准都与一般人不同。

他们的"幸福观",并不是把追求个人幸福和追求集体幸福统一起来,并不是把追求优裕的物质生活和崇高的精神生活统一起来,并不是把幸福的享受和幸福的创造统一起来。他们根本不想尽公民的义务和对社会的责任。

他们的"荣誉观",并不是以为人民作出贡献、促进社会发展为最高荣誉,也不是以集体主义为基础,主张个人荣誉与集体荣誉紧密结合的新型荣誉观;而是根据自己的生活实践,认为越敢于逞凶,就越能"戳得住""吃得开",完全是亡命徒式的"英雄观"。

他们的"友谊观",并不是在同志与朋友之间有一个共同的目标,互相关心、互相爱护、互相帮助,彼此以诚相待,建立起真挚而高尚的友谊;而是结成团伙,共同犯罪,重视江湖义气,完全是封建行帮的那一套。

他们的"恋爱观",并不是把爱情的思想基础放在首位,即理想一致、情趣融洽、心灵相通、志同道合、正确处理事业和爱情的关系;而是一味追求性欲的满足,钟情于"性自由"和"性解放",寡廉鲜耻,极易走上性犯罪道路。

总之,犯罪人的道德观是颠倒的、歪曲的、偏执的,这就决定了他们的道德行为是卑劣的,也就不难理解为什么他们会走向违法犯罪的道路。

在犯罪人的道德观中,甚至各类犯罪人对犯罪的种类和形式也有自己不同的道德评价。如危害国家安全犯看不起其他刑事犯,以为自己追求的不是物质上的利益,而是精神上的主义和信念。

需要指出的是,对某些犯罪人来说,他们在有些情况下也具有一定的道德观念,只是没有把道德观念变成道德信念,因而会做出反道德的或违法犯罪的行为。如有些首次作恶的犯罪人平时的表现尚属良好,在某些特殊情况下为不值一提的小事触犯刑律,犯罪后产生内疚、悔恨心理,就属于这类情况。

3. 无政府主义的法律观(意识)

法律观包括法律知识、对法律的态度和守法的行为素养。它与道德观相配合,调节人们的社会行为。在犯罪人的头脑中,正确的法律意识极为淡薄,虽然他们并非都是法盲,但对法律的态度不正确,并且极端缺乏守法的行为素养。他们还存在一些错误的法律意识,如"法不责众"等,这些都妨碍着他们守法观念的建立,使其违法行为更加有恃无恐。

第二节 犯罪人的气质和性格特征

一、犯罪人的气质特征

(一)气质概述

1. 气质的概念

气质是个性心理特征之一。现代心理学把气质理解为"人典型的、稳定的心理特点,这些心理特点以同样方式表现在各种各样活动中的心理活动的动力上,而且不以活动的内容、目的和动机为转移。"①

气质是人典型的、稳定的心理特点。气质类型可以很早表露。苏联心理学家彼德罗夫斯基甚至认为,"一个人出生时固有的这种稳定的心理特性就是气质特性。"②这说明气质较多地受个体生物组织的制约;也正因为如此,气质在环境和教育的作用下虽然也有所改变,但与其他个性心理特征相比,变化要缓慢得多,具有稳定性的特点。

气质主要表现为人的心理活动的动力方面的特点。所谓心理活动的动力,是指心理过程的速度和稳定性(如知觉的速度、思维的灵活程度、注意力集中时间的长短)、心理过程的强度(如情绪的强弱、意志努力的程度)以及心理活动的指向性(有的人倾向于外部事物,从外界获得新印象;有的人倾向于内部,经常体验自己的情绪,分析自己的思想和印象)等。气质仿佛使一个人的整个心理活动表现都涂上了个人独特的色彩。

2. 气质类型

气质这个概念最早为古希腊医生希波克拉底和罗马医生盖仑所提出。③ 他们先后观察了人们行为的个别特点后认为,人体内有四种体液——血液、粘液、黄胆汁和黑胆汁,这四种体液在人体内的不同比例就形成了人的不同气质:多血质(有机体内混和液体比例中以血液占优势)、粘液质(以粘液占优势)、胆汁质(以黄胆汁占优势)、抑郁质(以黑胆汁占优势)。他们还认为,气质在一定程度上依赖于人的生活方式和气候条件。例如,不活动的生活方式积蓄粘液,而活动的生活方式则积蓄胆汁,因而产生相应的气质表现。

他们认为,这四种气质类型在行为方式上的典型表现如下:

多血质:活泼,好动,敏感,反应迅速,喜欢与人交往,注意力容易转移,兴趣和情趣容易变换,具有外向性。

粘液质:安静,稳重,反应缓慢,沉默寡言,显得庄重,坚韧,情绪不易外露,注意力稳定但难于转移,具有内向性。

胆汁质:精力旺盛,脾气急躁,情绪兴奋性高,容易冲动,反应迅速,心境变换剧烈,具有外向性。

抑郁质:情绪体验深刻,孤僻,行动迟缓而且不强烈,具有很高的感受性,善于察觉他人不易察觉的细节,具有内向性。

---

① 曹日昌主编:《普通心理学》(下册),人民教育出版社1980年版,第166页。
② 〔苏〕彼德罗夫斯基主编:《普通心理学》,朱智贤等译,人民教育出版社1981年版,第444页。
③ 参见叶奕乾、祝蓓里主编:《心理学》,华东师范大学出版社1988年版,第264页。

他们所提出的这四种气质类型,至今仍被人们采用。但是,在日常生活中,除了有较显著的一种气质的代表人物之外,大多数人是各种气质的某些特征的结合,属于混合型。

气质类型无好坏之分,在评定人的气质时不能认为一种气质类型是好的,另一种气质类型是坏的。任何一种气质类型都有其积极的方面和消极的方面。例如,多血质的人情绪丰富,能力较强,容易适应新的环境,但注意力不稳定,兴趣容易转移;胆汁质的人精力充沛,态度直率,能以极大的热情投入工作,但易暴躁,在精力殆尽时便失去信心,情绪顿时转为沮丧;粘液质的人容易养成自制、镇定、安静、不急躁的品质,但也容易对周围事物冷淡,不够灵活;抑郁质的人耐受能力差,容易感到疲劳,容易产生惊慌失措的情绪,但感情比较细腻,做事审慎小心,观察力敏锐,善于观察到别人不易察觉的细小事物。

气质也不能决定一个人活动的社会价值和成就的高低。据研究,俄国的四位著名作家就是四种气质类型的代表,普希金有明显的胆汁质特征,赫尔岑具有多血质特征,克雷洛夫有明显的粘液质特征,而果戈里则具有抑郁质的特征。四个人的气质类型各不相同,却并不影响他们同样在文学上取得杰出的成就。同样,勇敢、果断、有组织性、有首创精神的人,都可以从不同气质类型的学生中培养出来。

3. 气质与高级神经活动类型

巴甫洛夫关于高级神经活动类型的学说为气质提供了自然科学的基础。巴甫洛夫根据高等动物大脑皮层基本过程的三种特性(强度、平衡性、灵活性)划分出了高级神经活动的四种基本类型:(1)强、平衡、灵活型(活泼型);(2)强、平衡、不灵活型(安静型);(3)强、不平衡型(不可抑制型);(4)弱型。巴甫洛夫同时认为,上述四种神经系统的基本类型是动物与人共有的,因此称为一般类型。神经系统的一般类型是气质的生理基础,气质是神经系统一般类型的外在表现。活泼型相当于多血质,安静型相当于粘液质,不可抑制型相当于胆汁质,而弱型相当于抑郁质。

高级神经活动类型			气质类型
强型	不平衡		胆汁质
	平衡	灵活性高	多血质
		灵活性低	粘液质
弱型			抑郁质

现代的研究证明,除巴甫洛夫发现的神经过程的三种特性以外,还有一些新的特征。例如,神经过程的动力性和易变性。神经过程的动力性,决定着阳性和

阴性条件反射形成的快慢和难易。决定阳性条件反射形成的快慢和难易的,称为兴奋过程的动力性;决定阴性条件反射形成的快慢和难易的,则称为抑制过程的动力性。神经过程的易变性又决定着兴奋过程或抑制过程产生的速度。

除了巴甫洛夫指出的神经系统特性不同结合的四种类型之外,人们还发现一些新的类型。例如,在兴奋占优势的不平衡型(即不可抑制型)以外,还存在抑制过程比兴奋过程占优势的不平衡型。

4. 气质类型与心理特性

气质类型是指表现为心理特性的神经系统基本特性的典型结合。构成气质类型的各种心理特性,多数是某一种神经特性的表现,但有的也可能是两种神经特性的结合。例如,感受性是神经系统强度特性在心理上的表现,反应的速度是灵活性特征在心理上的表现,而情绪兴奋性既表现兴奋或抑制过程的强度,也体现二者的平衡性。由于人的心理反应可以从多方面表现出神经系统的基本特性,因此,从人的心理反应可以判定其气质类型。

根据已有研究,判定气质类型的内容包括感受性、耐受性、反应的敏捷性、可塑性、情绪的兴奋性和向性。

(1) 感受性。这是人对外界影响产生感觉的能力。它是神经系统强度特性的表现,可以根据人们产生心理反应所需要的外界影响的最小强度判断这种特性。

(2) 耐受性。这是人在经受外界事物的刺激作用时在时间和强度上的耐受程度。它是神经系统强度特性的表现,它具体表现在长时间从事某项活动时注意力的集中性,对强烈刺激(如疼痛、噪声、强或弱的光线)的耐受性,对长时间的思维活动而能保持优越效果的坚持性等方面。

(3) 反应的敏捷性。它可以分为两类特性:一类为不随意的反应性,各种刺激可以引起心理的各方面的指向性,诸如不随意注意的指向性,不随意运动反应的指向性等;另一类指一般的心理反应和心理过程进行的速度,诸如说话的速度、记忆的速度、思考问题的敏捷程度、注意力转移的灵活程度、一般动作的灵活和迅速反应程度等。它主要是神经系统灵活性的表现。

(4) 可塑性。这是人根据外界事物变化的情况而改变自己适应性行为的可塑程度。凡是容易顺应环境、行动果断的人表现为有较大的可塑性;而在顺应环境时困难较大的,情绪上出现纷扰、行动迟缓、态度犹豫的人则表现为有更大的刻板性或惰性。它主要是神经系统灵活性的表现。

(5) 情绪的兴奋性。它是神经系统特性在心理上表现的重要特性,既表现神经系统的强度特性,也表现神经系统的平衡特性。有的人情绪兴奋性很高,而情绪抑制力弱,这表明其神经过程有强而不平衡的特点。情绪兴奋性还包括情绪向外表现的强烈程度。

（6）外向性和内向性。外向性是兴奋性强的表现，内向性则是抑制过程占优势的表现。外向的人表现为心理活动、言语反应和动作反应倾向表现于外部，所谓"喜形于色"；内向的人表现则相反，善思索且沉默寡言。

上述各种特性的不同结合，构成不同的气质类型。例如多血质的人表现为感受性低而耐受性高，不随意的反应性强，具有较大的可塑性和外向性，情绪兴奋性高且外部表现明显，反应速度快且灵活；胆汁质的人表现为感受性低而耐受性高，不随意的反应性强，反应的不随意性占优势，外向性明显，情绪兴奋性高，抑制能力差，反应速度快而不灵活；粘液质的人表现为感受性低而耐受性高，不随意的反应性和情绪兴奋性均低，内向性明显，外部表现少，反应速度慢，但具有稳定性特点；抑郁质的人则表现为感受性高而耐受性低，不随意的反应性低，严重内向，情绪兴奋性高而体验深，反应速度慢，具有刻板性和不灵活性的特点。

下表可以表明各种心理特性与气质类型的相互关系。

气质类型＼心理特性	感受性	耐受性	敏捷性	可塑性	兴奋性	倾向性
多血质	－	＋	＋	＋	＋	＋
胆汁质	－	＋	＋	＋	＋	＋
粘液质	－	＋	－	－	－	－
抑郁质	＋	－	－	－	－	－

由于多数人是介于各气质类型之间的中间类型，因此，在判断一个人的气质时，主要应观察和测定构成他的气质类型的各种心理特性以及构成气质生理基础的高级神经活动的基本特征。

（二）犯罪人的气质特征

1. 对犯罪人气质特征的研究

对犯罪人的气质特征，有许多研究成果。日本学者平尾靖指出，虽然不见得有天生的犯罪人，但却存在着天生的易于成为犯罪人的倾向。[①] 他说的这种天生的倾向性，实际上就是指人的气质。

德国学者克瑞奇米尔的体型说其实也是气质说，因为他认为一定的体型代表了一定的气质。据他的研究，犯罪人与一般人相比，属于斗士型的较多，而肥胖型的较少，与此相应的是在气质类型上，属于分裂性的多，而躁郁性的少。

美国学者谢尔登的体型—气质说把瘦弱的体格称为外胚叶型（头脑型），肥胖的体格称为内胚叶型（内脏型），结实的体格称为中胚叶型（身体型），它们分别

---

① 参见〔日〕平尾靖：《违法犯罪的心理》，金鞍译，群众出版社1984年版，第15页。

与三种气质相联系,即外胚叶型呈消极孤僻等分裂性气质;内胚叶型呈安乐、宽容、社交等躁郁性气质;中胚叶型呈好动、攻击等癫痫性气质。格卢克夫妇据此对一群违法少年和一般少年进行调查,发现在违法少年中,中胚叶型的人比率较高,气质特征为不断地活动,富有冲动性、攻击性和破坏性。

不过也有学者对此持异议。如苏联学者列昂节夫认为,性情暴躁的人在个性特征上的侵犯性,自然不同于冷静的人,但是要把侵犯性解释为气质上的特点,就如同用某些人具有打架本能来解释战争一样,在科学上是无法理解的。

2. 气质影响犯罪的原因分析

应该说,任何气质类型的人都有犯罪的可能。但是一个人在不良因素作用下走上犯罪道路时,气质对于主体接受外界不良因素的类型和方式会产生影响,并使其在各自的犯罪类型和方式上反映出气质的特征。例如,有资料表明,暴力犯罪人中,胆汁质的为多;诈骗犯罪人中,多血质的为多;贪污犯罪人中,粘液质的为多;危害国家安全犯罪人中,胆汁质、粘液质的为多,这就是一种概率的说明。同样是杀人者,由于气质类型不同,所采取的杀人手段和形成杀人动机的过程也不同。如常见的激情杀人犯,多是胆汁质的人,他们的杀人动机是由于外界某种刺激顿时而生,一触即发,没有预谋,犯罪动机形成的过程极短;而那些经过反复动机斗争才实施杀人行为者,多是粘液质人,实施杀人时多采用投毒、溺杀等手段。

相对来说,有胆汁质气质类型的人中犯罪人较多,这是因为他们的大脑神经细胞兴奋性强而耐力差,兴奋后难以抑制,不易控制自己的行为,往往因一时的冲动而不计后果,实施犯罪行为。

二、犯罪人的性格特征

(一)性格概述

1. 性格的概念

性格是指个体在生活过程中所形成的、对现实稳固的态度以及与之相适应的习惯了的行为方式方面的个性心理特征。例如,有的人对待工作总是赤胆忠心,一丝不苟,踏实认真;在待人处事中总是表现出高度的原则性,坚毅果断,豪爽活泼,有礼貌,肯帮助人,乐于同别人分享而从不吝啬;在对待自己的态度上总是表现为谦虚、自信等,所有这些特征的总和就是他的性格。

性格的个别差异是很大的。有人娇嗔、傲气、泼辣;有人热情、开朗、活泼、外露;有人深沉、内向、多思;有人大胆自信有余而耐心仔细不足;有人耐心仔细有余而大胆自信不足;有人快中易粗,粗中易错;有人却慢条斯理,有条不紊。性格就是由各种特征所组成的有机统一体。每一个人对现实稳固的态度有着特定的体系,其行为的表现方式也有着他所特有的样式。这种稳固的、定型化了的态度体系和行为样式就是他的性格。

必须指出,在个体生活中那种一时性的偶然表现不能被认为是一个人的性格特征。例如,一个人在一次偶然的场合表现出胆怯的行为,不能据此就认为这个人具有怯懦的性格特征;一个人在某种特殊的条件下,一反常态地发了脾气,也不能认为这个人具有暴躁的性格特征。只有那些经常性的、习惯性的表现才能被认为是个体的性格特征。

人的性格具有一定的稳定性,形成之后较难改变。有人曾经对一个人的知识的改变、态度的改变、行为的改变以及群体行为的改变进行研究,结果发现,知识、态度、个人行为、群体行为改变所需要的时间是从短到长的;改变它们的难度也是由小到大的。但是,随着社会生活条件的明显变化,在某种程度上人的性格也会发生相应的变化。因此,性格又具有一定的可塑性。

2. 性格的结构

性格是十分复杂的心理构成物。它有着多个侧面,包含着多种多样的性格特征。这些特征在每一个个体身上都以一定的独特性结合为有机的整体。

(1) 对现实的态度方面的性格特征

人对现实的态度体系的个别特点是性格的重要组成部分。属于这方面的性格特征,主要是处理各种社会关系方面的性格特征,如对待社会、集体、他人的态度;对待劳动、工作、学习的态度;对待自己的态度等。

表现在对社会、集体、他人的态度方面的性格特征,主要有爱集体,富有同情心,善交际,为人正直、诚实、直率、有礼貌等;或者与此相反,孤僻、拘谨、虚伪、粗暴等。

表现在对劳动、工作、学习态度方面的性格特征,主要有勤劳或懒惰,认真或马虎,细心或粗心,富有首创精神或墨守成规,节俭或浮华等。

表现在对自己的态度方面的性格特征,主要有谦逊或自负,自信或自卑,羞怯或大方等。

以上这些特征应相互联系起来加以考察。这三者中,对社会、集体的态度决定着人对其他事物的态度。一个对社会具有高度责任感、义务感的人,他不仅正直、诚实,而且对劳动、工作、学习也一定表现出认真、负责、一丝不苟的态度。

(2) 性格的情绪特征

性格的情绪特征又称为性情,一个人经常表现的情绪活动的强度、稳定性、持久性和主导心境方面的特征就是他的性格的情绪特征。

情绪的强度方面的特征表现为一个人受情绪的感染和支配的程度,以及情绪受意志控制的程度。有的人情绪活动一经引起就比较强烈,全部活动都被情绪所支配,有的人一般的情绪体验比较微弱。

情绪的稳定性方面的特征表现为一个人情绪的起伏和波动的程度。有人易激动;有人较稳定,情绪活动引起得较慢,也易控制。

情绪的持久性方面的特征表现为一个人情绪保持时间的长短。有的人持续时间长,有的人持续时间短。

主导心境方面的特征是指不同主导心境在一个人身上稳定表现的程度。有的人经常欢乐愉快,有的人经常抑郁低沉;有的人经常安乐宁静,有的人经常任性、激动。不同的主导心境鲜明地反映着不同的性格特征。

(3) 性格的意志特征

人在对自己行为的自觉调节方式和水平方面的个人特点是性格的另一个组成部分,即性格的意志特征。它在人的行为活动的习惯方式中表现出来。意志在一个人的性格特征中具有十分重要的地位,性格的坚强或懦弱常以意志的存在和发展为转移。

按照调节行为的依据、水平和客观表现,性格的意志特征可分为:① 表现一个人是否具有明确的行为目标并使行为受社会规范约束的意志特征,如独立性、目的性、组织性、纪律性或冲动性、盲目性、散漫性等;② 表现一个人能否对行为自觉控制的意志特征,如主动性、自制力或任性等;③ 表现一个人能否长期坚持工作、学习的意志特征,如恒心、坚韧性或见异思迁、虎头蛇尾等;④ 在紧急或困难条件下表现出来的意志特征,如镇定、果断、勇敢、顽强或优柔寡断、鲁莽、怯懦等。

(4) 性格的理智特征

人们表现在感知、记忆、想象和思维等认知方面的个别差异,即为性格的理智特征。

表现在感知方面,有主动观察型和被动观察型、详细分析型和概括型、快速型和精确型。主动观察型者在知觉判断和分析中不易被环境刺激所干扰,他能根据自己的任务和兴趣进行观察和判断;而被动观察型者则明显地易受环境刺激所影响。详细分析型者特别注意细节,而概括型者多注意事物的整体和轮廓。快速型者往往不善于进行持续性的观察,甚至在还没有很好地了解所观察的材料时就作出种种推测,而精确型者在观察时则表现出敏锐而精细的判断力。

表现在记忆方面,有主动记忆型和被动记忆型、有信心记忆型和无信心记忆型、记忆中的持续现象有强型和弱型。记忆中的持续现象强型者从识记某一种材料转到另一种材料的能力较弱,即先前材料的铭记妨碍着对以后材料的铭记,而记忆中的持续现象弱型者则相反。

表现在想象方面,有主动想象型和被动想象型、狭窄想象型和广阔想象型、大胆想象型和想象被阻抑型。

表现在思维方面,有的人善于独立地提出问题,有的人则回避问题而宁愿借用现在的答案;有的人富于创造性,有的人好钻牛角尖;有的人深思熟虑,有的人粗心毛躁。

以上几个特征是密切相联系的。一般地说,一个在工作、学习态度上认真负责、踏实勤奋的人,在意志上有较好的坚持性和自制力,具有谦逊品质的人,往往在情绪方面少见遇事暴躁易怒的现象。

3. 性格的类型

每个人的具体生活条件各不相同,社会实践和生活经历也各有差异,因而人的性格也就随之千差万别,即使同一性格特征,在不同人身上的具体表现也不一致。但异中有同,可以按某种或某些特征加以分类,这样就有了性格类型上的差异。

性格的类型是指一类人身上所共有的性格特征的独特结合。曾有许多心理学家试图对性格进行类型分类,但是由于研究对象本身的复杂性,至今还没有一个公认的学说。常见的分类有以下几种:

(1) 机能类型说

英国心理学家贝恩和法国心理学家巴特等人按照理智、情绪、意志在性格结构中占优势的情况,把人的性格分为理智型、情绪型和意志型。属于理智型的人以理智来衡量一切并支配行动,做事深思熟虑;属于情绪型的人,情绪体验深刻,行为举止易受情绪左右,往往为一些小事而心绪不宁,情绪冲动时甚至会失去控制;属于意志型的人具有较明确、坚定的目标,行为主动,但较主观、固执,不易听取别人意见。如果通过心理测验发现被调查者的情绪和意志是中等的,而理智超过他的情绪和意志时,这个人就被确定为理智型。其他类型的确定方法也相同。除了标准的类型外,还有中间的类型,例如理智—意志型等。

(2) 独立—顺从说

按照一个人独立性的程度,把人的性格分为顺从型和独立型。属于顺从型的人,独立性差,容易接受别人的意见和暗示,对领导、师长等一般都表示服从,在紧急情况下表现出惊慌失措;而属于独立型的人则善于独立地发现问题和解决问题,信念坚定,意志坚决,不易受次要因素干扰,在紧急情况下不慌张,易于发挥自己的力量,甚至把自己的意见和意志强加于人。

(3) 文化—社会类型说

以德国心理学家斯普兰格和底尔太为代表,他们以人类社会意识形态倾向性作为出发点来划分性格类型,分为理论(或追求知识)型、经济(或实际)型、审美型、社会(或同情)型、政治(或管理)型和宗教型六种。认为理论型者总是冷静而客观地观察事物,根据自己的知识体系评价事物的价值,但碰到实际问题时往往束手无策,以追求真理为生活目的;经济型者总是用经济的观点看待所有的事物,根据实际功利评价事物的价值,对人的评价只看其能力和资历,而不管其精神面貌和道义如何,以获取财产和利益为其生活目的;审美型者不大关心实际生活,总是从美的角度评价事物的价值;社会型者重视爱,认为爱别人是最高的价值,以增进别人或社会的福利为其生活目的;宗教型者坚信永恒的绝对生命,生活在信仰之中。

(4) 向性说

按照个体的心理活动倾向于外部或倾向于内部,把人的性格分为外向型和内向型。瑞士心理学家荣格是这一学说的代表人物。属于外向型的人,心理活动倾向于外部,经常对外部事物表示关心,开朗活泼,无忧无虑,善于交际,情感外露,不喜静坐独处,好动,做事急于求成,当机立断,不拘小节,不假思索,较冲动,喜欢环境变化,富于攻击性,不易控制自己情绪但又易息怒,不记仇,独立性强,好争论。属于内向型的人则与此相反,心理活动倾向于内部,一般表现为沉静,很少向别人显露自己的喜怒哀乐,珍视内心体验,除非对很亲密的朋友,往往对人有所保留或保持距离,处事谨慎,深思熟虑,瞻前顾后,不轻举妄动,反应缓慢,适应环境较困难,不喜交际,较孤僻,不爱激动,待人接物严肃,生活有规律,善于控制情感,很少有攻击行为,一旦激怒很难平复,办事可靠,偏于保守,非常看重道德价值。这种分类经常为人们所运用。但实际上,绝对外向和绝对内向的人是很少的。后来,荣格自己在测验中也发现了绝大多数人不是属于外向型或内向型,而是属于中间型。

(5) 特质分析说

按照性格的多种特质的不同结合,把人的性格分为不同的类型。

卡特尔把性格特质分为"表面特质"和"根源特质"两大类。"表面特质"是指经常发生、从外部可以观察到的行为,而"根源特质"则是制约"表面特质"的潜在基础。例如,"自作主张""自以为是""高傲""指责别人"等表面特质,都是"支配性"这个根源特质的表现。他经过多年的实践、研究,积累了大量的人的行为特点的资料。通过因素分析的方法,从众多的行为"表面特质"中抽出了16种行为的"根源特质"。这16种特质是:乐群性(A)、聪慧性(B)、稳定性(C)、恃强性(E)、兴奋性(F)、有恒性(G)、敢为性(H)、敏感性(I)、怀疑性(L)、幻想性(M)、世故性(N)、忧虑性(O)、实验性(Q1)、独立性(Q2)、自律性(Q3)、紧张性(Q4)。

卡特尔认为,这16种特质是各自独立的,它们普遍地存在于各年龄和社会文化环境不同的人身上。其中有的起源于体质因素,叫做"体质特质";有的起源于环境因素,叫做"环境形成特质"。正是这两种特质的改变或社会化,决定着一个人性格的形成和发展。而这两种改变或社会化,不论是"体质特质"还是"环境形成特质",都是由一个人的先天素质和后天经验两个方面决定的。

吉尔福特等人把性格分为以下 12 种特性:① 是否忧郁、容易悲伤;② 情绪是否容易变化、不稳定;③ 自卑感的大小程度;④ 是否容易担心某种事情或容易烦躁;⑤ 是否容易空想、过敏,容易失眠;⑥ 是否信任别人、与社会协调;⑦ 是否不倾听别人的意见而自行其是、爱发脾气、有攻击性;⑧ 是否开朗、动作敏捷;⑨ 慢性还是急性;⑩ 是否喜欢沉思、愿意反省;⑪ 是否能当群众运动的领导人;⑫ 是否善于交际。其中,第 1—4 个特性为性格稳定性程度的指标;第 5—7 个特性为社会适应性能力的指标;第 8—12 个特性为向性的指标。根据这 12 种特性的不同结合分出 5 种性格类型:

A 型:性格稳定性平衡,社会适应性平衡,向性也平衡。主导性不强,属于较平凡的均衡类型。这类人交际能力、智能以及精力都平平,故又称"平均型"。

B 型:性格不稳定,社会适应性差,外向。这类人人际关系不好,易与他人造成摩擦。如果其智能较低,则此倾向就更强烈,故又称"行为型",易犯罪。

C 型:性格稳定,社会适应性好,内向。这类人较被动,不大胜任领导工作,故又称为"安定消极型"。

D 型:性格稳定,社会适应性好,外向。这类人人际关系较好,工作能力强,积极主动,有领导能力,故又称"安定积极型"。

E 型:性格不稳定,社会适应性较差,内向。这类人不喜欢与人交往,有自己的偏爱和兴趣,在专业研究或业余爱好方面,有一定的修养和专长,故又称"逃避现实型"或"不安定消极型"。

艾森克把人的特质因素归纳为三个维度:① 向性;② 情绪稳定性;③ 精神质。他从这三个维度描述人的性格。在艾森克看来,这三个基本维度的某种结合(特别是向性和情绪稳定性的结合)与一定的行为类型相关联。例如,内向、情绪不稳定者,很可能显出焦虑不安之类的强烈情绪,而外向、情绪不稳定者尽管也有强烈情绪,但他们的行为可能是反社会的,或甚至可能有犯罪倾向。艾森克认为,根据以上前两个基本维度的各种不同组合,可以构成不同的个性类型。他还把它与四种气质类型相联系起来,认为外向、情绪不稳定者为胆汁质;外向、情绪稳定者为多血质;内向、情绪稳定者为粘液质;内向、情绪不稳定者为抑郁质。

上述前四种类型的划分,虽然在现实生活中可以找到它们的代表人物,但这样的分类方法太绝对化,使得性格类型只有质的区别,而无量的不同,而且某种极端类型的人又是极少数,大多数人属于中间型或混合型,故有一定的片面性和局限性。特质分析说将性格特质视为性格结构的基本单位,由于各种特质在一个人身上的不同组合而构成一个人不同于其他人的独特性格,有利于寻求各种性格特征及其相互之间的关系。但由于人的性格极为复杂,研究者对各特质资料的搜集和对特质的命名与解释,不可避免地带有一定的主观性。

4. 性格和气质的关系

性格与气质是在统一的人的生活实践中形成的,也是由统一的脑的活动实现的,二者有着互相渗透、彼此制约的复杂关系。

一方面,正如巴甫洛夫所指出的那样,气质"赋予每个个体的全部活动以一定的外貌"①,而其中与性格的关系更为密切。它能够影响性格的表现方式,使性格特征"涂上"一种独特的"色彩"。例如,同样是勤劳的人,胆汁质的人在劳动中容易表现为情绪饱满,精力充沛;而粘液质的人则可能表现为踏实肯干,操作精细。同样是谦虚的人,粘液质的人的谦虚带有自制的色彩;抑郁质的人的谦虚则带有胆怯的色彩。正因为如此,对于同一类性格的人,他们在处理问题的方式上,在言谈笑貌上也有千差万别。

气质对性格的影响还表现在气质可以影响性格形成和发展的速度和动态。例如,胆汁质的人比粘液质的人更容易作出轻率的决定;粘液质、抑郁质的人比多血质、胆汁质的人更容易形成沉着自制的品质;多血质的人比粘液质的人更容易形成见异思迁的品质。

另一方面,气质本身在性格的影响下可以被改造。具有坚强性格的人可以"克制"、遏制他的气质中的某些消极方面,发展其积极的方面。例如,从事精细操作的外科医生所具备的沉着的性格特征,在形成过程中就有可能改变胆汁质的冲动性特征;果断性格的培养可以改变粘液质的人反应迟缓的气质特征;坚强性格的形成可以使多血质的人改变注意力动摇的倾向。

具有不同气质类型的人可以形成同样的性格特征,具有同一种气质类型的人也可以养成不同的性格特征。但气质归根结底从属于性格坚强的程度。例如,胆汁质的人性急,在性格特征中可以表现为勇敢、坚决、果断、毫不动摇,也可以表现为冒失、鲁莽、急躁、做事匆忙;多血质的人灵活,可以表现为活泼机智、富有同情心,也可以表现为动摇、时冷时热、多愁善感;粘液质的人迟缓,可以表现为镇定、刚毅,也可以表现为顽固、呆板;抑郁质的人感受性高,可以表现为多思多想,也可以表现为怀疑心重。由此可见,同样的气质,可以形成积极的性格特征,也可以形成消极的性格特征。气质是在人的社会活动中表现出来,并获得一定的社会意义的。在此过程中,性格起着重要的作用。

5. 性格的鉴定

人们经常依靠自己的经验鉴定一个人的性格,但是准确地、无偏见地对一个

---

① 转引自叶奕乾、祝蓓里主编:《心理学》,华东师范大学出版社1988年版,第270页。

人的性格作出评价是十分困难的。由于环境因素和人的行为表现十分复杂,为鉴定一个人的性格需要作系统的观察研究,还要从极其多样的行为方式中挑选出对他来说典型的行为方式。

性格鉴定的方法,一般最常用的是以下三种:

(1) 交谈法

大致可分为两类,一类是研究性交谈,另一类是诊断性交谈。前者的目的是搜集资料,后者的目的不仅限于搜集资料,还要用来制订针对个人的治疗计划。对于交谈中发生的事件(言语和非言语反应)要进行内容分析。由于交谈情况复杂、交谈对象的态度、惧怕心理和期待、交谈者的态度和训练程度等原因,交谈所得的结论可能有错误。但交谈形式的标准化可增加所搜集资料的可靠性。

(2) 行为观察法

这是在特定的(自然的或模拟的)情况下对一个人行为的某些方面进行观察的方法。用此法评价一个人的行为时,既不受个人的自我意象的歪曲,又不受实验者意图的影响。例如"拾柴禾"的实验,是为研究儿童的勇敢性而设计的一个自然实验。[①] 这个实验是以保育院的 40 名小朋友为对象,在冬季的黑夜里进行的。实验者先把一些湿柴放在离宿舍不远的棚里,把另一些干柴放在较远的山沟里,然后要求被试者去拾柴以便烤火取暖。这时实验者在一个屋子里观察孩子的动静。这种实验情境在被试者中引起不同的反应。有小部分勇敢者跑到山沟里去了;有些人说了一些埋怨的话;大部分人不敢走远,只到棚里去取柴。在几个月的时间内,对孩子们进行了一定的教育,使去山沟里拾柴的人数渐渐增多,但仍有 20 个被试者没有什么变化。由此,研究者观察到了不同人的性格的意志特征:有的是勇敢的,有的是动摇的,有的是畏缩、贪方便的,有的则是胆怯的。

为了鉴定学生是否诚实,教师可以把已经批阅过的卷子交给学生,让他们对照答案,各自评定,看他们有否更改答案的情况。为了鉴定学生是否有首创精神,教师也可以将需要首创精神的重大任务分派给不同的学生,从他们在完成任务过程中的种种表现来了解。

(3) 综合研究法

这是把观察、谈话、作品分析、个案调查等方法结合起来加以运用,有计划地观察一个人的各种外部表现,搜集有关他的材料,并系统地加以分析整理,找出贯穿于其言行与外貌中的性格特征和类型的方法。

---

① 参见曹日昌主编:《普通心理学》(下册),人民教育出版社 1980 年版,第 199 页。

(4) 测验法

心理学家还创造了类似智力测验的标准化测验法测验性格特征。自陈测验和投射测验是常用的两种测验法。

自陈测验通常包括大量问题,被试者对每个问题回答是或否。这种测验易进行也易评分,可得出客观结果,并可比较不同人之间的结果。常用的自陈测验法有明尼苏达多相人格测验量表(简称 MMPI)、卡特尔 16 因素测验量表(简称 16PF)、艾森克人格问卷(简称 EPQ)、Y—G 性格检查表和向性检查表等。

明尼苏达多相人格测验量表的题目共计 566 题(不重复的测试题有 550 题),常规性的测验只要求做前 399 题。这些题目的内容可以分成 26 类。它们包括身体的体验、社会及政治态度、性的态度、家族关系、妄想和幻想等精神病理学的行为症状等,涉及人生经验的广泛领域。MMPI 主要由效度量表和临床量表组成。效度量表包括无回答(Q 或?)、说谎(L)、效度(F)、修正(K)4 个量表。临床量表包括疑病症、抑郁病、歇斯底里、精神病态偏倚、男性化—女性化、妄想狂、精神衰弱、精神分裂症、轻躁狂、社会内向性格等 10 个量表。题目采用肯定句,所得原始分数转换为 T 分数后标定在剖析图上,即可分析了解被试者的人格。

卡特尔 16 因素测验量表由 187 个题目构成,每 10—13 题组成一个分量表测量一个人格因素(根源特质),共测量 16 个人格因素。每一题都备有 3 个可能的答案,被试者可任选其一。在两个相反的选择答案之间有一个折中的或中性的答案,避免了在是与否之间必选其一的强迫性。该量表根据被试者在各因素上是否有高点分数来分析其根源特质。

艾森克人格问卷有成人问卷和青少年问卷两种形式。英国原版的成人问卷中共有 90 题,青少年问卷中共有 81 题。中文修订版的成人问卷和青少年问卷均为 88 题。每种形式都包含 4 个分量表,即 E 量表(内外向)、N 量表(情绪的稳定性,又称神经质)、P 量表(精神质)和 L 量表(效度)。前三者代表人格的三种维度,这三个维度上的不同程度的表现构成了千姿百态的人格结构。每个测验题只要求被试者回答"是"或"否"。一定要作答,而且只能回答"是"或"否"。分析测评结果的过程类似于 MMPI。

Y—G 性格检查表由日本心理学家矢田部达郎等人根据美国心理学家吉尔福特编制的个性测验改造而成。Y—G 是"矢田部—吉尔福特"的英文缩写。该测验由 130 个测验题、13 个分量表(每个分量表 10 题)组成。其中有 12 个临床量表(性格特征量表)和 1 个效度量表。中文修订版只有 120 题,12 个临床量表,不设效度量表。被试者对于每一道题可以在"是""?""否"三者之间选择一项作答。该测验是以把各项分数画成一个剖面图的方式来鉴定各种性格。

性格测验也可测量单一的向度,如内向—外向。向性检查表共有50道题目,25道属于外向,25道属于内向。

自陈测验一般采用纸笔测验的形式,与其他类型的测验(如投射测验)相比,具有结构明确、施测简便、计分客观、解释比较客观和容易等优点。因此,这类测验不仅数量最多,而且在实践中应用也最为广泛。但是,这类测验也存在着不足,主要是反应偏差的存在。反应偏差分为两类,一类是反应定势,一类是反应形态。前者在性格自陈测验中表现得最为突出。所谓反应定势,是指被试者有意或无意地"扭曲"其对测验项目的反应,从而塑造出一种其内心所希望显现的形象,而这一形象并不真正代表他自己。最常见的一种反应定势是按社会期望进行反应的"社会赞许倾向"。所谓反应形态,是指当测验的刺激或意义不明显或当被试者不知该如何反应时,常常倾向于使用的一种特殊反应方式,体现了个人的作答风格。反应形态主要表现为两个方面:一是默认倾向,即不论题目如何,都反应为同意或不同意;二是由记忆的模糊所导致的错误回忆和对模糊记忆潜在的"合理化"加工。

投射测验也是性格测量中的一种常见方法,就是向被试者提供一些未经组织的、意义不明确的刺激情境,让被试者在不受限制的情境下自由地表现出他的反应(解释或组构),分析反应的结果,以推断其性格特征。各种刺激情境(墨迹、图片、语句、数码等)的作用就像银幕一样,被试者把他的性格特点投射到这张银幕上。

投射测验一般可分为以下几类:联想型(让被试者说出某种刺激所引起的联想,如罗夏墨迹测验)、构造型(要被试者根据他所看到的图画编造一套含有过去、现在和未来等发展过程的故事,如主题统觉测验)、完成型(提供一些不完整的句子、故事或辩论材料等,让被试者自由补充,使之完成,如语句完成测验)、表露型(使被试者通过绘画、游戏等自由表露他的心理状态,如画人、画树测验)。实践中常用的投射测验有罗夏墨迹测验和主题统觉测验。

与其他测验相比,投射测验有几个鲜明的特点。一是允许被试者有各种不受限制的反应,从而反映出其思维特点、内在需要、焦虑冲突等;二是测量目标具有隐蔽性,被试者一般不可能知道他的反应将作何种心理学解释,从而减少伪装的可能性;三是解释的整体性,它关注性格的总体评估而不是单个特质的测量。但投射测验也存在一些明显的不足。主要表现为以下几个方面:一是计分缺乏客观标准,难以量化,主观色彩较浓;二是缺少充分的常模资料,反应结果很难评定、解释,加上题意暧昧,往往连研究者也无法确定其所代表的心理学意义如何;三是原理复杂深奥,需要经过专门训练的人员才能实施测验。

（二）犯罪人的性格特征

犯罪行为的发生与行为人的消极的、不良的性格特征有关。换言之，犯罪人身上总是存在着有别于常人的消极的、不良的性格特征。对犯罪人个性的测验表明，其消极的、不良的性格特征主要表现在以下几个方面：

1. 对社会现实的态度特征

（1）对社会、集体、他人的态度方面：犯罪人持有阴暗的敌视态度，认为社会是黑暗的，世人皆自私，人与人之间的关系不过是尔虞我诈、弱肉强食。这种社会态度使得犯罪人缺乏基本的道德观念和道德责任感、义务感，从而产生对现实的社会秩序和社会规范的否定和蔑视，甚至还会产生报复社会的意识。在这种社会态度的作用下，犯罪人不仅难以与周围环境沟通和协调，社会适应性差，而且还会使其在遇到诱因实施犯罪行为时缺乏任何因认知不协调所带来的心理压力，从而使犯罪变得轻而易举。所谓认知不协调，是指当一个人同时持有不一致的认知（思想、态度、信念、意见）时所产生的一种心理紧张状态。人总是倾向于努力减少或消除认知不协调。这种不协调越强烈，心理压力就越大，因而减少不协调的要求就越强烈。减少或消除认知不协调主要通过改变一个或同时改变两个认知，使它们相互协调、一致，或者增加一个能填补原来两个认知间鸿沟的新认知。一般来说，人有两个基本认知，即"我是聪明的、理智的人"和"我是善良的、正直的、有原则的人"。所以，一个人每做一件事情时，总会尽力使自己和别人相信，这是一件最合逻辑、最合情理的事，也总会想方设法证明其所作所为是善良的、公正的，以避免产生认知不协调。可见，如果一个人对社会和他人持敌视态度，或者认为自己就是坏人，那么他在实施有害于社会和他人利益的事情时，就用不着经历常人那样的心理痛苦与压力，就较易形成犯罪心理，导致犯罪行为发生。正如日本犯罪心理学家森武夫所指出的那样："欲杀人的情况下，需要把对方视为垃圾、敌人、魔鬼、畜生、忘恩负义之徒，不把他看做人，割断与对方的情绪联系。"①

（2）对工作、生活和学习方面：犯罪人往往好逸恶劳，穷奢极欲，缺乏正当的兴趣和能力，缺乏对客观现实的分析思考与对新事物的探索精神，没有远大理想，精神世界极度贫乏、空虚。

（3）对自己方面：犯罪人则总是体现出自我显示、自我中心以及自毁情结等特性。

自我显示：来自于自我承认的欲望，大部分人都有这种欲望。特别是进入青春期后，自我感猛增，自满、炫耀自己的意识增强。这种欲望若与上进心相联系，

---

① 〔日〕森武夫：《犯罪心理学》，邵道生等译，知识出版社1982年版，第36页。

向好的一面发展,可望成为优秀人物。但犯罪人的自我显示往往走向反面,且过于强烈。他们听不进别人的话,爱自我夸耀,过分夸大自己的才干,喜逞能,骄傲自大,好出风头,自以为是,极度自负,甚至把虚荣心、轻浮等都理解为自尊心的表现。故而自尊心脆弱,一遇困难或受他人轻视、压制就表现出反抗性、攻击性,以恶作剧甚至违法犯罪行为显示自己的力量;或者自暴自弃,丧失进取向上的信心。

自我中心:表现为两个方面,其一,任性蛮横,一切都要围着自己转,不能设身处地为别人着想,受挫后挫折感高于常人数倍;其二,对人有很强的不信任感,较早表现出固执与粗野,不服从师长权威,无视纪律,欺弱凌强。

自毁情结:所谓自毁情结,是指一种不自我珍惜、不自我负责的意念和情感,具体来说是指个人不愿考虑行为的长远后果而追求短期满足的倾向。自毁情结意味着犯罪人对自己的长远利益、自己的前程甚至生命的漠视。对待生,他们并不热爱生活,也不创造生活,不懂得生命的真正价值,悲观厌世,既不尊重别人也不珍惜自己;对待死,则十分轻率,不考虑死的价值,有时似乎对死"无所畏惧","视死如归"。

表面上看,犯罪人实施犯罪是为了达成其某种目的,满足某种需要,因此可以说犯罪是犯罪人的一种自利行为。犯罪人为了自己的利益可以损害他人的利益,一切以自我为中心,对别人的痛苦和需要漠不关心或者无动于衷。但是,当犯罪人能够意识到犯罪行为的法律后果仍然一意孤行时,实际上也意味着犯罪人并不珍惜自己,并不对自己的长远利益负责。

需要特别说明的是,这里的法律后果虽然可以从对犯罪人自身的利益损害和对社会利益的损害两方面来衡量,但就人的趋利避害、求乐避苦的本性来看,主要的法律后果是对犯罪人自身利益,特别是其长远利益的损害。对于神智正常者来说,犯罪行为得以选择和实施,是基于犯罪行为不会败露的侥幸心理。但是,侥幸心理只是一种主观期盼,并不指代犯罪行为成功的百分之百的可能性,这就意味着犯罪行为对于犯罪人来说是一种冒险和赌博,赌注则可能是其自身的前途甚至生命。一个十分珍惜自身利益,特别是长远利益的理性人,不会轻易走出这一步。因此,对于犯罪人来说,犯罪行为既是一种基于自私的反社会行为,同时也是一种自毁行为。这就决定了犯罪行为表面上看是理性的追求自身利益(短期利益)的行为,但实际上,从最根本的意义上是一种损害自身长远利益的非理性的行为。

自毁情结并不意味着犯罪人会去追求自毁的结果,但却是导致犯罪人为了自己的短期利益而不惜牺牲自己的长远利益的重要因素。在许多预谋犯罪中,犯罪人往往面临着痛苦的抉择,而最终促使其作出这种抉择的深层次心理内容,则是犯罪人的自毁情结。任何神智正常者都能意识到犯罪会带来的潜在后果,"尽管他们只是微弱地知觉到这一客观的可能。一些人否认有可能被捕的想法在犯罪时能起作用。然而,大多数人使用了一种自我约束的策略在心中拒绝这样的想法。甚至在少数人怀有的信念中,想到被捕的后果就会增加这种可能性:一个被称作'怕啥来啥'的迷信。一种有效驱逐这些疑虑的方式,就是简单地集中精力于任务本身或最终的成功完成。"[1]在这一心理过程中,犯罪人忽略了或者说放弃了对被捕受惩的可能性的考虑。犯罪人不是不能意识到这一可能性,而是有意识地回避了对这一可能性的关注和考虑。这在珍惜自己长远利益的理性人那里是不可想象的。对自己的长远利益的回避、忽略甚至放弃,说明了犯罪人的自毁情结。

美国心理学家罗伯特·西蒙在谈到犯罪人与非犯罪人在精神生活上并没有不可逾越的鸿沟时说道:"我们中谁不曾希望或在冲动之下想干点违法的事情呢?如果我们摁一下按钮就能除掉我们的竞争对手或冤家对头,而且不受任何惩罚,那么我们中有多少人能抗拒这种诱惑呢?事实上,如果有此可能,恐怕没有多少人会甘落人后的。"[2]他还说道:"每个人都会有反社会的冲动。……谁不想将他人之物据为己有?谁没有萌发过损人利己的念头?只不过是当好男人和好女人萌生这种念头时,他们会自觉地抑制住自己的这种冲动;而坏男人和坏女人则会随欲而行,成遂心愿。"[3]那么,是什么导致了好人抑制这种冲动?又是什么导致坏人不能抑制这种冲动?自然,人的道德良知和法律意识会起作用,但深层次的内容实际上是人的理性,即对于行为后果和长远利益的考虑,是建立在趋利避害、求乐避苦基础上的对自我利益的珍惜。

2. 性格的情绪特征

情绪是人对客观事物是否符合其需要而产生的体验。犯罪人的行为常受情绪左右,其性格的情绪特征表现为以下几个方面:

(1) 情绪的非社会性和不完全社会性。所谓情绪的社会性,主要是指一个人的情绪表现方式和对他人情绪的态度,是不是符合社会的文化、行为规范及生活方式。而情绪的非社会性和不完全社会性主要指违背社会文化和规范的情绪表现方式,具体表现为人只顾自己不顾他人的情绪体验方式,缺乏对他人情绪体验的共鸣和感情移入的能力。所谓共鸣,是指与他人情绪体验的同一性,即同情

---

[1] 〔英〕詹姆斯·马吉尔:《解读心理学与犯罪——透视理论与实践》,张光宇等译,中国人民公安大学出版社2009年版,第235页。

[2] 〔美〕罗伯特·西蒙:《好人·坏人:透视人性的阴暗面》,韩斌等译,新华出版社2001年版,第3页。

[3] 同上书,第27页。

心(怜悯)。"同情心指的是正确理解他人正在经历的情感的能力,这是通过他人的表情和姿态来传达的。……怜悯,这也是绝大多数人有的能力:对他人的悲伤和痛苦有所感悟,而且有要减轻他人痛苦的欲望。这一人类特有的情感需要足够的同情来作为起始步骤。怜悯跟同情非常接近。"[1]所谓感情移入,指与他人在情绪体验上互换位置,即表现为设身处地、将心比心的同理心(移情)。共鸣和感情移入能力的缺乏意味着对他人情绪的感受性差且没有减轻他人痛苦的欲望,这构成犯罪人冷酷残忍、恣意妄为的心理基础。

(2)情绪的冲动性和爆发性。犯罪人的兴奋性特别强烈,肝火旺盛,任何琐碎小事都可以使其振奋、激动、狂热,乃至铤而走险,体现出情绪的冲动性和爆发性。他们对挫折的耐受性差,遇到挫折和外界刺激,容易产生消极的激情,导致外罚性、攻击性的犯罪行为。这在杀人、伤害、爆炸等暴力型犯罪人和诬告、陷害一类犯罪人以及青少年犯罪人身上表现得特别明显。

(3)情绪的不稳定性和易变性。犯罪人喜怒骤变,哀乐难测,心情浮躁,反复无常,情绪变化多端,极不稳定。他们高兴时情感丰富,得意忘形;愤怒时冷若冰霜,凶残粗暴;愁闷时垂头丧气,心事重重。情绪体验上总是忽冷忽热,忽高忽低。

(4)情绪的消极和积累性。犯罪人都有某种自卑感,且往往有发展到全面否定自己的倾向,因而对社会环境缺乏积极的态度,对人和事持否定情绪体验,郁郁寡欢,孤僻冷漠。这种消极不良情绪的积累,使其神经过敏,疑心大,心思重,机体处于持续的紧张状态,容易产生偏见和极强的嫉妒心,易于被罪恶感束缚,对犯罪动机的形成和犯罪行为的发生起催化作用。

3. 性格的意志特征

意志是人自觉地确定目的并支配、调节其行为以实现预定目的的心理过程。意志支配和调节行动包括发动和制止两个方面,即人可以有意地发动动作和行为,也可以自觉地制止它。犯罪人性格的意志特征表现为两极性,即意志品质的薄弱性和犯罪意志的顽固性。

(1)意志品质的薄弱性。主要表现为缺乏自制力。所谓自制力,是指人能够抑制住妨碍达到目的的心理现象和生理现象的个性意志特征,又称自持力。一个人在意志决定以后,遇到困难就退缩,或者在实际行动时难以抑制消极情绪和冲动行为,都是缺乏自制力的表现。犯罪人缺乏自制力有两个特点:其一,冲动过剩,一有冲动就立即表现为行为。主要有以下四种:① 反应性冲动。毫无

---

[1] 〔美〕迈克尔·赫·斯通:《剖析恶魔》,晏向阳译,凤凰出版传媒集团译林出版社,2011年版,第289页。

阻滞地、刹那间就被发动,行为带有机械性。② 爆发性冲动。由于长期积压下来的内部压力,可以为一些莫名其妙的事由而在一瞬间内发生。③ 情感性冲动。可以为一点点不满而发很大的牢骚,不具有理智上的成熟性。④ 观念性冲动。受强迫观念的影响,尽管看起来达不到目的,但仍然要蛮干下去,根据瞬间的印象来生活,没有远见。其二,抑制不足。具体表现为:① 易受暗示,少主见,多盲从;② 轻率、任性、鲁莽,很容易决定一个新的想法,也很容易改变自己的决定,且一有想法就付诸行动,从不顾及后果,也不受规范约束,具有即行性特点。因为没有耐心,行为往往有始无终,缺乏一贯性;③ 缺乏对诱惑的抵御力,常受某些人、事、物的引诱而不能自拔。

(2) 犯罪意志的顽固性。犯罪人出于认识上的偏拗,常将顽固视作顽强,对自己的行为不作理性检查,只是按照自己错误的意见、思想行事,独断专行,屡教不改,将来自社会、学校、家庭等方面的忠告当做耳旁风,一步步走向犯罪深渊。有的犯罪人坚持彻头彻尾的反人民、反社会的立场,犯罪意志极其顽固。

4. 性格的理智特征

犯罪人在性格上的理智特征表现为两个方面:

一是思维偏激极端,看问题、做事都往往不是从实际情况出发,不讲分寸不讲度,喜欢走极端,讲绝对,相对剥夺感比一般人强烈,因而较容易导致犯罪心理的形成。所谓相对剥夺感,是指与别人相比较感到自己在某方面或多方面被剥夺了而感到不公平的一种心理不满状态,与绝对剥夺感相对应。在现实生活中,任何事情不可能做到绝对公平,相对剥夺的情况较为普遍,尤其是在新旧体制转轨阶段。犯罪人缺乏正确地、实事求是地看待社会现实的理智素质,考虑问题偏激而极端,相对剥夺感高于常人,因而不免走上犯罪道路。

二是思维粗糙简单,看问题、做事都往往不考虑后果,缺乏长远打算。从这个意义上,可以说犯罪人是非理性的。[①] 犯罪人具有理性与非理性的"二象性",但本质上是非理性的。

从犯罪人选择犯罪行为的意识活动的角度来分析,界定理性与否的基本依据或标准有二:第一,行为人在行为前或行为时是否考虑行为的后果。第二,行为人在考虑到了行为后果的情况下是否依据趋利避害、求乐避苦的理性原则作出行为选择,或者是否依据行为手段的合乎目的性和行为目的的合乎价值合理性来考虑行为后果。这两个界定理性与否的依据或标准是一个事物的两个方面,缺一不可。前者是从人的行为选择中的意识活动的形式、过程来确认人的行为

[①] 关于犯罪人的理性与非理性问题的详细论述可参见陈和华:《犯罪人的适应性非理性及其防控》,载《政法论丛》2012年第4期。

的理性与否;而后者则从人的行为选择中的意识活动的内容、实质(结果)来确认人的行为的理性与否。

正常情况下,人在进行行为选择时一定会考虑到行为的后果,并且以趋利避害、求乐避苦的理性原则作为这种考虑的依据。但是,犯罪人要么不考虑自己行为的法律后果;要么在明知自己的犯罪行为的法律后果的情况下,仍然一意孤行,反映出其行为选择的非理性。前者主要表现为犯罪人的低自控;后者主要表现为犯罪人的低自珍。

所谓低自控,是指个人不能考虑行为的长远后果而追求短期满足的倾向,即面对犯罪诱惑,自控能力不足,不能考虑犯罪行为的后果,有某种程度的放纵心态。有犯罪学家认为,"低自控是犯罪人基本的心理特征,并且是唯一可预测犯罪及相关行为的持久的个性特征。"[①]低自控并非指完全缺乏或丧失自我控制能力,而是指自我控制能力不足;同时,自我控制能力不足仅仅是指不能控制自己的行为偏离自己的长远利益,而不是指对于犯罪行为实施过程的控制。相反,在神智正常的情况下,犯罪人都善于控制自己的犯罪行为过程以便于达成犯罪的目标。

所谓低自珍,是指个人不愿考虑行为的长远后果而追求短期满足的倾向,即面对犯罪诱惑,对自己的前程甚至生命珍惜不足,不愿考虑犯罪行为的后果,有某种程度的自毁心态。表面上看,犯罪人实施犯罪是为了达成某种目的,满足某种需要,因此可以说犯罪是犯罪人的一种自利行为。犯罪人为了自己的利益可以损害被害人的身体和财产,损害他们的物质利益和精神利益,一切以自我为中心,对别人的痛苦和需要漠不关心或者无动于衷。但是,当犯罪人能够意识到犯罪行为的法律后果仍然一意孤行时,实际上意味着犯罪人也并不珍惜自己,并不对自己的长远利益负责。

低自控与低自珍,作为犯罪人非理性的两个主要表现,区别在于前者是不能考虑行为后果,后者则是不愿考虑行为后果。需要特别说明的是,这里的后果是指犯罪行为对犯罪人带来的自身长远利益的损害。犯罪人在行为选择时对行为将要带来的短期利益和长远利益的考量失衡,即为短期利益而损害长远利益,构成犯罪人非理性的基点。正常情况下,理性的人在行为选择时会既考虑短期利益,又考虑长远利益,当两者发生矛盾时会优先考虑长远利益。而犯罪人则正好相反。

一般而言,任何行为都既有短期后果,也有长期后果。犯罪行为主要受短期

---

① 〔英〕詹姆斯·马吉尔:《解读心理学与犯罪——透视理论与实践》,张光宇等译,中国人民公安大学出版社2009年版,第89页。

快乐的支配,然后才受长期痛苦的威胁的支配。犯罪行为提供给犯罪人的是直接的、明显的、立即的欲望满足。在某些情况下,犯罪涉及的是对直接快乐的追求,能够产生直接后果的那些行为,往往比那些延迟产生后果的行为更能够增加快乐。在另一些情况下,犯罪带来的主要利益并不是快乐,而是缓解暂时的恼怒。但无论如何,对于犯罪人来说,犯罪基本不提供长远利益或者只提供很少的、有限的长期利益。就财产犯罪而言,"即使通过犯罪活动获得的很大益处,充其量也只能是收入的补充来源。因此,这种益处只能是短暂满足感的来源。"[1]而就人身暴力犯罪而言,诸如强奸、伤害和杀人等等,"这类犯罪的性质决定了它们除了带给犯罪人短暂满足感之外,不可能带给犯罪人更多的益处。"[2]显然,犯罪带来的长期的或者持续的益处,是极其有限的。

犯罪人的低自控和低自珍使得他们"对目前环境中的有形刺激容易作出反应的倾向,他们有一种具体的此时此地定向。"[3]他们往往追求短期利益的即刻满足,而不是延迟满足,从而损害自身的长远利益。表面上看,犯罪能给犯罪人带来快乐或者解除烦恼,以人的趋利避害、求乐避苦的本性来说,这是理性的;但与此同时,犯罪中也包含着一些受到社会的、法律的和自然的制裁的危险,从当前的快乐中看不到潜在危险或不愿考虑这种危险,说明犯罪人是非理性的。追求快乐是理性的,但同时忘却或忽略犯罪带来的痛苦则是非理性的。

需要指出的是,上述四个方面只是对犯罪人性格特征的总体描述,并不是每个犯罪人都必定具备以上四个特征。犯罪人在性格特征上也有个别差异。

犯罪人不良性格的形成可能有脑功能缺损的因素,如幼年期的脑病、大脑炎后遗症、脑外伤等侵害了与性格形成有关的大脑的重要部分,但最明显的是受环境的影响。人的生活经历和生活环境会使不良性格增强或减弱。

---

[1] 〔美〕迈克尔·戈特弗里德森、特拉维斯·赫希:《犯罪的一般理论》,吴宗宪等译,中国人民公安大学出版社 2009 年版,第 17 页。
[2] 同上书,第 18 页。
[3] 同上书,第 84—85 页。

第五章　不同类型犯罪人的心理特征

犯罪人除了有共同的、一般的个性心理特征之外，还具有不同的心理特征。不同的人犯不同的罪，必然地会有不同的心理。对犯罪予以惩治和预防、预测，必须根据犯罪人不同的心理特点和个性特征进行有的放矢的工作，因此从这个意义上讲，划分犯罪以及犯罪人的类型是非常必要的。当然，这里的分类是犯罪心理学意义上的分类，单纯从法律的角度划分犯罪和犯罪人类型，是难以对复杂的人格特征和心理机制加以类型化的。即便如此，类型划分还是有一定的困难。因为在许多情况下，犯罪与犯罪人并不是一一对应的。例如，某种类型的犯罪可能由不同类型的犯罪人实施，某种类型的犯罪人也可能实施不同类型的犯罪，这其中难免有重叠交叉之处。例如，财产犯罪可以表现为暴力和非暴力；激情犯罪可以针对人，也可以针对财产；同样的犯罪可以分为机会型和预谋型；暴力犯罪和智能犯罪可能重叠在同一个犯罪活动中等。本章将从某种类型的犯罪会有什么样的犯罪心理以及某种类型的犯罪人会有哪些犯罪心理特点的角度进行分类，具体分析不同类型犯罪人的心理特征。在这里有五个维度：犯罪动机、犯罪行为方式、年龄性别、犯罪经历、犯罪人数（共同犯罪）。

第一节　不同犯罪动机犯罪人的心理特征

一、物欲型犯罪人的心理特征

物欲型犯罪又称利欲型犯罪，是指出于财物欲求或贪利动机，非法占有公私财物的犯罪，是犯罪的一种主要类型。财物欲求是人类的基本欲求。在社会生活中，大部分人以自己的合法经济收入来满足财物欲求，并能合理调节自己的财物欲求，只有一小部分人因合法经济收入不能满足自己的财物欲求，或者合法收入较低，财物欲求超常、水准过高，同时又不能合理调节自己的财物欲求，因此通过非法侵占公私财物来满足自己的财物欲求，从而导致犯罪。

物欲型犯罪主要指我国刑法规定的侵犯财产罪中的抢劫罪、盗窃罪、诈骗罪、走私罪、敲诈勒索罪、贪污罪和受贿罪等。其中，尤以抢劫罪、盗窃罪、诈骗罪、贪污罪和受贿罪等行为人的心理特征较为典型，是犯罪心理学研究的主要内容。

(1) 抢劫罪。是指用暴力、胁迫或者其他方法，强行非法占有公私财物的行为。抢劫罪因其不仅侵犯公私财物，而且危害人身安全，故是侵犯财产罪中社会危害性最大的犯罪。抢劫罪的主体绝大多数是男性，且青少年占较大比例。

(2) 盗窃罪。是指以非法占有为目的，秘密窃取公私财物且数额较大的行为，是整个刑事犯罪和青少年犯罪中最常见、比例最大的一种。

(3) 诈骗罪。是指以虚构事实或隐瞒事实真相的欺诈方法，骗取数额较大的公私财物的行为。它不同于抢劫、盗窃等罪的主要特征在于使用欺骗的方法使被害人产生错误的认知，好像是心甘情愿地把财物主动交给犯罪人。

(4) 贪污罪。是指国家工作人员以及受国家机关、国有公司、企业、事业单位、人民团体委托管理、经营国有财产的人员，利用职务上的便利，侵吞、窃取、骗取或者以其他手段非法占有公共财物的行为。贪污罪是经济领域严重犯罪活动的一种重要类型。

(5) 受贿罪。是指国家工作人员以及集体经济组织工作人员或者其他从事公务的人员利用职务上的便利，索取他人财物，或者非法收受他人财物，为他人谋取利益的行为。

(一) 抢劫犯罪人的心理特征

1. 抢劫犯罪的行为特点

抢劫罪与季节、时间、地域有一定的关系。从季节看，春秋两季偏少，冬夏两季较多；从时间看，夜间抢劫的多，白天抢劫的少；从地域看，城市多于乡村，荒僻的街道、城乡结合部、公共场所及银行、商店等都是抢劫罪的易发地。

抢劫罪有预谋的和突发的两种，突发的抢劫有偶发性、情境性、机会性的特点。一般以年轻人、男性作案为多见。从作案人数看，有单独抢劫、结伙抢劫和集团抢劫；从作案形式看，有入室抢劫和拦路抢劫两种。

抢劫犯罪的行为特点有以下几个方面：

(1) 抢劫手段多种多样。犯罪人为了逃避惩罚，不断变换抢劫的手段。除了常见的持刀、持枪抢劫外，还有一些较新的抢劫手段。如用电击伤人，然后实施抢劫；先用麻醉品使被害人处于昏迷状态，再抢走其钱财；为减少犯罪痕迹，增强恐惧感，扮作蒙面强盗，单独或结伙实施抢劫；犯罪人男女勾结，先由女性以色相勾引被害人上钩，继之男性犯罪人闯入，软硬兼施，劫走被害人财物；驾驶汽车、摩托车"飞行"抢劫；冒充军人或公安人员进行抢劫等。

(2) 损害事主，残忍不堪。为了达到抢劫财物的目的，犯罪人对被害人进行伤害，甚至杀害。在抢劫过程中，犯罪人如发现被害人是青年女性，往往会突发歹意，进行猥亵或强奸，这在团伙抢劫案中屡有发生。

(3) 精心选择抢劫目标。抢劫犯一般要事先周密策划，精心选择抢劫目标。

如专门选择正在谈情说爱的男女青年,特别是抢劫有越轨行为的男女青年;抢赌金,黑吃黑,以为对方不敢报案;潜伏路边,抢劫单位的公款;趁被害人无反抗能力,或趁商店、银行的工作人员吃饭、午休、关门之机,突然入室抢劫,得手后迅速潜逃。

2. 抢劫犯罪人的心理特征

(1) 认知方面。具有反社会的亡命徒式的野蛮英雄观,以为"不怕死""心狠手毒、大胆亡命"就是"勇敢"。他们崇尚暴力和金钱,相信只要以暴力威逼,对方就会乖乖地交出财物。从抢劫罪的发展趋势看,一些抢劫犯的犯罪意识更加严重,专门实施以巨额财物为目标的重大抢劫和特大抢劫。

(2) 性格方面。兴奋型、外倾型的特征十分明显。抢劫犯多数性格暴躁,情绪不稳定,行为莽撞,自我抑制能力差,某种恶性欲求一经产生,便想立刻使其获得满足,情感强于理智,完全凭冲动的感情行事;同时,抢劫犯胆大亡命,敢于冒险,反应速度快,爆发力强,且凶暴残忍,心狠手毒,常因小事铤而走险,不计后果。尤其是在作案时,由于要使用暴力胁迫被害人,故其情绪相当强烈,若遇反抗,往往会变得更加凶暴,从而造成严重后果。

(3) 动机方面。大多数抢劫犯是出于财物动机。但也有少数抢劫犯出于非财物动机,他们并不在意所得财物的多少,这类情况在未成年抢劫犯中较多,如出于好奇心或恶作剧心理实施抢劫,尤其是对老人、妇女和儿童。

(二) 盗窃犯罪人的心理特征

1. 盗窃犯罪的行为特点

盗窃犯罪可分为扒窃、撬窃、闯窃、换包窃等,各自的行为特点又有区别。总体上看,盗窃犯罪有以下几个方面的行为特点:

(1) 作案方式的变化性。盗窃犯罪的作案方式常随作案对象的不同而发生变化。如偷大型企业、商店的,多数事先蹲点,摸清职工的活动规律,或翻墙入室,或事先混入藏身,关门作案后,等再开门时溜走;偷职工住宅的,多数偷高层住户,等双职工上班后作案,然后冒充某住户的亲属或客人,利用城市居民邻居之间难以互相关照的弱点而从容下楼;偷公共场所财物的,预先找准目标,利用空隙迅速作案,然后混入人群中消失;偷外宾财物的,则伪装成华侨或外宾,出入高级宾馆,利用少数单位管理制度上的松懈和漏洞以及某些工作人员崇洋媚外的心理,进行偷盗活动。另外,盗窃犯罪人常根据作案对象的具体情况及自身特点,采取单独作案或结伙作案的方式。单独作案的,讲究作案的隐蔽性、保险性;结伙作案的,讲究作案时的分工协作、彼此保护。

(2) 作案手段的技术性。盗窃犯罪人作案时或是借助工具,或是依靠手脚灵活、感知灵敏,有一定的技术性。初次行窃时,往往由富有经验的盗窃犯带领和指点,有些盗窃犯善于爬高、撬锁,甚至依照国外的盗窃技术和手段作案,增加破案难度;有些盗窃犯善于伪装现场,消除犯罪痕迹,以转移侦查视线,掩盖犯罪行为。

(3) 作案行为的流窜性。盗窃犯罪人作案地点一般不固定,具有流窜性特点。"打一枪换一地",且往往"兔子不吃窝边草"。作案以后逃离现场迅速,销赃渠道畅通。

2. 盗窃犯罪人的心理特征

(1) 认知方面。盗窃犯的犯罪意识突出表现为追求丑恶、腐朽的生活方式,具有强烈的利己主义观念和拜金欲。盗窃犯还自以为有盗窃技术和经验,认为盗窃比其他犯罪行为实惠和保险,有侥幸心理,犯罪的心理动力强。盗窃累犯和惯犯有严重的反社会心理,已形成较稳固的犯罪观。

(2) 动机方面。盗窃犯罪的动机,主要是财物动机。在青少年盗窃犯中,出于好奇心、追求刺激和哥儿们义气等,均可成为盗窃犯罪的动机。

(3) 能力方面。盗窃犯具备适应作案的某种能力和技术,如撬门、开锁、割包、掏兜、爬高等,且诡计多端,应变性强,善于选择最有利的时机行窃和逃遁。

(4) 习惯方面。许多盗窃犯究其以往经历,往往自幼就有不良习惯,如贪小便宜、小偷小摸等。而反复多次作案的盗窃犯,会形成行窃的恶习,难以矫正。

(三) 诈骗犯罪人的心理特征

1. 诈骗犯罪的行为特点

诈骗是一种智能犯罪。它采取欺骗的方式,以假乱真,蒙蔽被害人,使对方陷入骗局,从而轻易骗走财物。因此,有的学者称这种犯罪方式为"和平方式"。诈骗是公开实施的,被害人受骗不是处于强制的情形下,而是自愿的行为。当然,这种自愿是一种不明真相的受骗。

诈骗罪的类型,从侵犯客体分,有诈骗私人财物和诈骗企事业单位财物;从犯罪人数看,有单独诈骗作案和共同诈骗作案。

诈骗犯罪人大多数是成年人,这是由于行骗需要有较丰富的社会阅历和生活经验。

诈骗犯罪有以下几种行为特点:

(1) 伪装、虚构。这是诈骗罪最主要的方式。诈骗往往通过冒充身份(伪造历史、证件等)、自我吹嘘或是无中生有、捏造事实、制造假象等方式进行,从而使被害人上当受骗。

(2) 矫揉造作。诈骗犯罪行为常有过分渲染、不着边际、不合常理的特点。诈骗犯为使被害人上当受骗,往往伪装过分,在语言、外表和行为方面常会露出破绽。只是被害人当时利令智昏,才信以为真。

(3) 行为痕迹明显。诈骗犯罪留下来的行为痕迹较明显。被害人对诈骗犯冒充的对象、穿戴的服装、说话语气、行为举止和外表特点等都有清楚的印象。在诈骗案件中,诈骗犯常常还会留下有关假证件、假信、假表格、假物品等具体的物证。

(4) 流窜作案。骗术只能得逞于一时,不能长久。因此,诈骗犯总是做贼心虚,一旦骗取财物后,即逃之夭夭,采取流窜作案方式,到处行骗,不会在某一处长期滞留。欺骗方式不变,而欺骗地点常变。

除上述行为特点外,近几年来,诈骗犯罪还表现出结伙作案严重、诈骗数额巨大、惯犯相当突出等行为特点。

2. 诈骗犯罪人的心理特征

(1) 认知方面。往往认为行骗不如杀人、放火、盗窃等犯罪严重,诈骗是两厢情愿,被害人都有贪婪无知、趋炎附势之缺陷,因而缺乏罪责感;同时,自以为手法高明,智力超人,很难被识破。这种自我估价过高的特征,加上其认为诈骗是"无本万利","不费力气,生财容易",因而使一些诈骗犯罪人连续行骗,直至露出马脚,陷入法网。

(2) 情绪、意志和习惯方面。与伤害、杀人等暴力犯罪相比,诈骗犯罪的情绪色彩不明显,诈骗犯也没有强烈的情绪表现。同时,诈骗犯在作案过程中,意志努力也不明显。他们的意志活动主要表现为克服行骗时自身伪装的缺陷。诈骗犯都有说谎的习惯,诈骗行为也有其习惯性特点,如有的诈骗犯总是冒充军人,有的诈骗犯一贯以妇女作为诈骗对象等。

(3) 个性和能力方面。诈骗犯给人的外部印象是活泼、灵活、热情、乐于助人等。他们的个性反映出冒险的特征。盗窃犯在盗窃时往往是偷偷摸摸,战战兢兢,生怕被别人发现;抢劫犯在抢劫时必须趁人不备或实施恫吓和暴力行为;诈骗犯却公然以"合法"身份出现,大摇大摆,招摇过市,并无隐匿,明知自己的身份、语言都是虚假的,而敢于在大庭广众之下,甚至在一些社会名流聚集的社交场合,虚构事实,隐瞒真相,公开进行诈骗活动,充分反映出其敢于冒险的个性心理特点。诈骗犯的能力主要表现在以下几个方面:

① 善于交际。诈骗犯的交际能力较强,能言善辩,察言观色的本领很高。

② 善于利用人们的心理。诈骗犯对社会心理十分熟悉,往往通过利用人们的各种心理达到诈骗目的,如利用人们趋炎附势、对某些社会角色崇拜的心理;利用人们梦想发财及贪图小便宜的心理;利用人们的虚荣、急于求成心理;利用人们的崇洋媚外心理;利用人们的同情关怀心理和热心公益事业的心理等进行诈骗活动。

③ 善于伪装和应变。诈骗犯的伪装性表现在身份伪装、经历伪装、职业伪

装、语言伪装、表情伪装、行为伪装等方面,无论在什么情况下,都必须保持角色关系的一致性,言谈举止的一致性,身份、年龄、职业的一致性。诈骗犯会经常更换姓名及身份,因此,诈骗犯往往注意力集中,记忆力好,有一定的表演能力。总之,诈骗犯的伪装能力较强。另外,诈骗犯还善于应变,即在行骗时不断地揣度对方的心理状态和社会身份,以调整自己的言行举止,见风使舵,随机应变,针对不同的被害人施以不同的方法进行诈骗,往往给被害人造成一种无懈可击的真实感,从而放松警惕。

(四) 贪污、受贿犯罪人的心理特征

1. 贪污、受贿犯罪的行为特点

贪污、受贿犯罪又称经济犯罪,主要是指利用职权谋取不义之财。因此,这类犯罪的主体是特殊主体,即都是担任一定公职的国家工作人员以及受委托管理、经营国有财产的人员,他们往往具有一定资历和工作年限,故这类犯罪人一般年龄较大,同时具有一定的文化教育程度。

贪污、受贿犯罪具有下列行为特点:

(1) 精心预谋策划。贪污、受贿的犯罪人皆属预谋犯,这类犯罪行为多有事先预谋策划。对于怎样利用职务之便利,针对经济管理工作和规章制度中的漏洞采取何种犯罪方式等,往往经过深思熟虑。正因为如此,才使贪污、受贿犯罪行为带有明显的智能性。其中,一些职位较高者作案更是谨慎、周密。

(2) 披上"合法外衣"。为了逃避法律制裁,就需要使犯罪行为具有隐蔽性和欺骗性。犯罪人往往在"合法外衣"的掩蔽下大肆进行贪污、受贿,如打着为单位和集体谋福利的旗号,喊着搞改革、搞协作的口号,用合同、文件作为掩护,使贪污、受贿行为表面上看符合政策和法律,而实际上是非法牟取私利,中饱私囊。

(3) 巧妙的作案手段和方法。贪污、受贿犯罪人行为的智能性突出地表现在作案的手段和方法方面。如贪污犯罪行为,往往使用伪造账目、涂改单据和多报开支等方法。而受贿犯罪行为,往往采取下列手段和方法:强行索取财物;由家属出面收受财物;请对方代卖旧物而收取高额货款;向对方报销各种不相干票据;离职前为对方谋到非法利益,离职后索取或收受非法财物等。

2. 贪污、受贿犯罪人的心理特征

(1) 贪婪的欲求和以权谋私的观念。贪污、受贿犯罪人多有拜金主义意识,看重财物利益和职业优势,向往以权谋私。

(2) 倚仗功劳的补偿心理。贪污、受贿犯罪人,特别是一些担任较重要职务的犯罪人,自认为"革命几十年,吃苦太多,现在该享福,该得到补偿了",因而疯狂地实施犯罪。

(3) 复杂的动机斗争特征。贪污、受贿犯罪人多数都有一定的文化素养,对与自己职务有关的法律和规章制度也相当熟悉。但他们的物欲动机在以权谋私的心理的驱使下十分强烈,因而犯罪前的动机斗争十分激烈和复杂。在动机斗争的过程中,他们明显地表现出不安和心理不平衡,于是他们寻找种种理由进行辩解和自我安慰。最终,犯罪动机战胜反对动机(自尊、恐惧、名誉等)。

(4)自恃手段高明的侥幸心理。贪污、受贿犯罪人往往都有一定的职业技能,社会关系广泛,自恃犯罪手段高明、不易被人察觉的侥幸心理十分显著。

(5)意识狭窄。贪污、受贿犯罪人的意识狭窄表现在两个方面:一是尝到犯罪甜头后,易走进死胡同,变本加厉实施犯罪;二是某些受贿犯罪人认为收点钱物对国家没有损害,虽肥私却不损公,没有被害人,甚至认为这是"礼尚往来"。

(6)多重人格。贪污、受贿犯罪人虽具有消极的职业人格特征,如金钱至上的价值观、对国家和人民利益的错误态度、滥用职权便利时的狡猾奸诈等,但也有积极的一面,如对工作的负责精神,有一定的道德意识等。另外,他们对别人、对工作是一种要求,对自己又是一种要求,时常扮演不同的角色,体现出人格的多重性。

二、性欲型犯罪人的心理特征

性欲型犯罪又称性犯罪,是指以满足性欲为目的或以性行为为手段达到其目的的犯罪,是一种侵犯性权利、妨害家庭和社会秩序的犯罪行为。性欲是人的本能。一般人在青春期随着性机能的发育,就会产生性欲,故人的性欲有不可忽视的生理基础。但人类的性欲与动物的性欲有着本质的区别,人类的性欲还包含着精神因素,是生理因素与心理因素的结合,它要受到社会生活条件的制约,具有社会性。人要根据社会的道德和法律规范调节自己的性欲。如果不顾社会的道德和法律规范,以非法手段发泄性欲,就会导致侵犯性关系的犯罪行为,构成性犯罪。

(一)性欲型犯罪的行为特点

1. 作案手段

在作案手段上,性犯罪人主要使用下列手段:

(1)暴力。犯罪人直接对被害妇女采用殴打、捆绑、卡脖子、按倒等危害人身安全或者自由的手段,使妇女不能抗拒。有的犯罪人还使用凶器迫使妇女就范。

(2)胁迫。性犯罪人对被害妇女进行威胁、恫吓,达到精神上的强制。主要有:① 以行凶报复、揭发隐私、加害亲属等相威胁;② 利用宗教迷信,进行恐吓、欺骗;③ 利用教养关系、从属关系、职权以及被害妇女孤立无助的环境条件,进行胁迫。

（3）诱骗。性犯罪人用淫秽录像、书画等毒害妇女，腐蚀其性意识，或者向无知少女灌输"性自由""性解放"的思想，使其中毒，然后实施奸污或流氓活动。还有的以谈恋爱为幌子玩弄女性，如以广告征婚求偶的方式，诱骗和奸污女性。

（4）利用妇女重病、熟睡之机，或以醉酒、药物麻醉、使妇女误吃春药等手段，使妇女无法抗拒，趁机实施犯罪。

2. 行为类型

在性犯罪行为的发生上，主要有以下两种：

（1）预谋型。在性欲的支配下，早有作案动机。犯罪人为了达到犯罪目的，有意识地选择犯罪地点、时间和对象。特别是一些累犯和惯犯，实施性犯罪行为有一定的规律性和习惯性。

（2）偶发型。性犯罪行为的发生没有预谋，而是在具体情境作用下发生的。通常是在强烈性刺激的作用下，突然产生性冲动而实施性犯罪。这种性犯罪人过去并不一定有腐朽的性意识和不正当的性行为。

3. 年龄差别

在性犯罪行为的年龄差别上，青少年与中老年的性犯罪行为主要有以下区别：

（1）从作案手段看，青少年性犯罪使用暴力手段多；中老年性犯罪使用权力、金钱、地位和从属关系的多。

（2）从诱发因素看，青少年性犯罪易受外界因素的影响，往往具有偶发性；中老年性犯罪属道德败坏者居多，性犯罪行为的计划性、预见性比较明显。

（3）从作案对象看，青少年性犯罪的被害对象范围较大，被害人广泛；而老年性犯罪的作案目标则有局限性，多选择少女、幼女和痴呆妇女。

4. 性犯罪行为的残忍性

由于性行为的冲动性，因此性犯罪行为的实施往往带来严重的后果，在许多强奸案中显得十分残忍，往往给被害女性带来严重摧残，甚至被害身亡。许多性犯罪人在实施性犯罪的同时，还兼有抢劫、伤害、杀人等犯罪行为，其社会危害性就更为严重。

（二）性欲型犯罪人的心理特征

1. 缺乏性道德观念，流氓意识严重

性犯罪人的人生观大多建立在吃喝玩乐的基础上，道德法制观念淡薄，缺乏对性的正确认识，不尊重或蔑视妇女，把她们当做寻欢作乐、满足性欲的工具，流氓意识十分严重。

2. 精神空虚无聊，生活情趣腐朽

性犯罪人为填补精神的空虚而寻求刺激，以追逐妇女为乐事，有些甚至以玩弄妇女作为炫耀的资本。

3. 意志品质消极

表现为抑制性欲的能力差,经不住外界性刺激的诱引;为了达到满足性欲的目的,具有挑衅性和侵犯性;在作案过程中,受性兴奋的作用,情绪迅速激惹起来,变得粗暴、疯狂,一旦受挫,就会转化成攻击和摧残行为。

三、情绪型犯罪人的心理特征

情绪型犯罪,又称情感型犯罪,是指由情绪、情感所激发并主导的犯罪。情绪和情感是人对事物的态度的体验,是人的需要得到满足与否的反映,它对人的行为有很大影响,许多犯罪行为都是在不良的情绪和情感的直接作用下发生的。任何犯罪人在犯罪时都会产生或伴随相应的情绪、情感,但并非所有犯罪都是情绪犯罪。只有由情绪所激发并主导的犯罪才是情绪型犯罪。在情绪型犯罪中,支配行为人犯罪的动机主要是某种情绪、情感因素,如嫉妒、戏谑、厌恶、好奇、自尊、自卑、愤怒、恐惧等,而非其他诸如利欲型动机、性欲型动机。因此,激情犯罪是一种表达型犯罪,指向于表达和发泄一种强烈的情绪,而非为了达到某一目标的工具型犯罪。许多看上去情绪激烈的犯罪其实都不是情绪犯罪。例如,在盗窃犯罪人罪行败露而当场转化为杀人行为的过程中,必然伴随着激烈的情绪,诸如恐惧、暴怒等,但这种杀人行为源自于犯罪人的摆脱困境以保护自己的社会名誉和地位等方面的动机,而非基于情绪发泄的行为,因此它并不是情绪型犯罪。英美国家的重罪杀人罪(在诸如抢劫之类的重罪中杀人)的处罚中,直接认定由抢劫转化的杀人是预谋杀人,并无激情因素的考量,就是基于这个原因。①

情绪型犯罪不仅受社会条件与人的需要的矛盾、人际关系利益的冲突、日常生活中的纠纷等主体外因素的影响,而且还与人的生理因素和心理缺陷有很大关系。

(一)情绪型犯罪的行为特点

情绪型犯罪就其基本类型而言,又分为激情犯罪和非激情犯罪两种。两种犯罪类型的主要区别在于支配行为人实施犯罪行为的情绪是激情还是非激情。激情犯罪是指人在激情状态下爆发的犯罪,也可称作冲动犯罪;而非激情犯罪则是指行为人在非激情类型的情绪状态下实施的犯罪,是消极的情绪、情感积累到一定强度的结果,多与人的消极心境有关。所谓激情,通常指一种强烈的、短暂的、爆发式的情绪状态。激愤、暴怒、恐惧、狂喜、绝望等都是激情状态的表现。所谓心境,通常指一种微弱的、比较持久的、弥散性的情绪状态。在情绪犯罪中,

---

① 参见张旭主编:《英美刑法论要》,清华大学出版社2006年版,第223页。

激情犯罪尤为多见。

情绪型犯罪，特别是激情犯罪，往往都有以下行为特点：

1. 突发性

激情犯罪由于受情绪冲动的影响，表现出突然、瞬间爆发的特点。在激情犯罪中，从犯罪意念产生到实施犯罪行为，时间很短。此时，从生理上说，犯罪人的植物神经高度兴奋，肾上腺素分泌迅速增加，使得储存于肝脏中的糖分很快释放到血液中，肌肉活动能力迅速加强，心脏及呼吸系统的功能马上得到提高，这一切为犯罪人的犯罪提供了生理基础。总体来说，激情犯罪在行为的发生上突然、迅速，没有预先确定的犯罪目的与目标，缺乏预谋。但是，激情犯罪与一般的非预谋性质的"临时起意"犯罪不同。"临时起意"，在学理上称为顿起故意、事中故意或偶发故意，指"行为人非经预谋，临时起意危害社会或不特定的他人的故意心态"①。所以"临时起意"的犯罪是指没有经过预谋，在特定的情境中，临时产生犯罪故意，并在其后的比较短的时间内实施犯罪行为。在"非经预谋、临时产生犯意"这一点上，激情犯罪与"临时起意"的犯罪是相同的，可以说激情犯罪都是"临时起意"的犯罪。但临时起意的犯罪，却大多不是激情犯罪。因为在大多数"临时起意"的犯罪中，并不存在行为人受激情支配、控制的情形。两者的区别关键看外界刺激是否导致行为人的激情状态并激发犯罪。由于愤怒是激情的一种表现方式，因此，所谓的"激愤犯罪"其实就是激情犯罪。

就犯罪诱因而言，激情犯罪源自于某种特定的外界刺激，但这种刺激不具有道德评判价值，无所谓是非对错。因为作为激情犯罪心理基础的激情，通常由个人生活中的重大事件、矛盾愿望的冲突、过度的压抑或兴奋所引起。外界刺激是否会转化为激情具有主观性质，不存在统一的客观标准。重大事件、矛盾愿望、压抑或兴奋都具有个人主观性。因此，激情犯罪不必成立被害人的过错或重大过错。激情犯罪与所谓的"义愤犯罪"不同，"义愤犯罪"中有"义"的成分，这种"义"决定了导致行为人犯罪的外界刺激因素具有客观的、社会的道德评价标准，即被害人一定有过错或有重大过错。同时，"义愤犯罪"可以是由激情控制和支配，表现为遇到外界刺激后即刻实施的非预谋犯罪，也可以是不受激情控制和支配的预谋犯罪。

2. 短暂性

激情状态使人瞬间调动起全身心的力量专注于某种情绪的表达和发泄，基于生理代谢原理和心理防御机制原理，这种全身心力量调动起来的状态无法持久。因此，激情犯罪表现出短暂性特点，即行为人在遭受刺激后迅即产生犯意，

---

① 屈学武：《刑法总论》，社会科学文献出版社2004年版，第170页。

并立刻、即时实施犯罪。在犯罪人受到刺激和实施犯罪之间不存在足以使激情冷却下来的时间差,表现为冲突与案发在时间上的同一性,即行为人是在和被害人的冲突中作案,而不是冲突结束后,离去又返回作案。作案凶器也是在冲突现场随机抓取,而非事先准备。也正因为如此,激情犯罪的冲突地和案发地表现出同一性。

3. 暴力性

激情犯罪也是激情释放的过程,而激情往往通过暴力行为得以释放、发泄。因此,激情犯罪具有暴力性特点。激情状态使人瞬间调动起全身心的力量,从而使行为人在某一方面的能力增强,而在另一方面的能力减弱。就激情犯罪而言,在犯罪人激情勃发的瞬间,犯罪人对犯罪行为本身的控制能力增加,而对犯罪行为本身以外的事物的控制能力减弱。因而,犯罪行为不计后果,疯狂残暴。就犯罪行为的程度而言,可表现出匪夷所思的不必要的过度和多余;就犯罪行为的范围而言,往往表现出迁怒无辜,从有针对性的报复犯罪转向盲目的扩散性报复犯罪亦较为多见。

(二) 情绪型犯罪人的心理特征

1. 心胸狭窄,激惹性高

所谓激惹性,是指人在遇到环境诱因刺激时的反应倾向。构成激惹性的心理因素包括三个方面:感受性、理解力、承受力。感受性即敏感度,决定了个体对于环境诱因刺激的感受阈限的高低。感受性高(敏感度高),感受阈限就低,微小刺激就会有强烈感受,激惹性就高,反之,感受性低(敏感度低),感受阈限就高,需要较强刺激才会有感受,激惹性就低。理解力是指对于环境诱因刺激的意义和价值的评判能力。评判能力强,对环境诱因刺激就能作正确合理的评判,则激惹性相应就低,反之则激惹性就高。承受力则是指对于环境诱因刺激的忍耐程度。忍耐程度高,则激惹性就低,反之则激惹性就高。因此,个体的激惹性的高低取决于感受性、理解力和承受力这三个心理因素的组合和表现程度。通常情况下,高激惹性的个体感受性高,理解力差,承受力低。感受性高,往往表现出敏感过度,对于环境诱因刺激的感受阈限低下,外界环境中的微小刺激即会引发心理上的挫折反应。从心理学的角度看,敏感者往往脆弱多疑,而脆弱多疑者又往往具有易怒倾向,容易反应过度,钻牛角尖,从而激发冲动状态。理解力差,往往表现为认知偏差,即对环境诱因刺激容易作错误的理解,不能合理看待环境诱因刺激,缺乏思辨理性,斤斤计较,以致放大或歪曲环境刺激的负面意义和价值,从而引发负向情绪,导致冲动状态的产生。承受力低,往往表现出迅速变得焦躁和心烦意乱,即刻产生过度的情绪反应,寻求即时发泄。因此,高激惹性的个体由于其感受性高、理解力差、承受力低而容易感受到环境诱因刺激,容易放大或歪曲这种刺激的负面意义和价值,从而产生猜疑、忌妒、自卑、怨恨、愤怒等心理,且有寻求即刻满足内在发泄需求的倾向,从而导致对微小的、简单的环境诱因刺激就产生强烈的冲动状态和过度的情绪反应。总之,与一般人相比,情绪型犯罪人因为其激惹性高,更易因事生疑,因疑生妒,因妒生恨,因恨生怒,更易产生表达和发泄强烈情绪的冲动状态。

2. 意志薄弱,控制力差

情绪型犯罪人不仅因为激惹性高,情绪易冲动不稳定,而且往往意志薄弱,自我控制力差。遇到外界某些特定的刺激,会贸然行动,缺乏意志指导,不能理智地处理突发事件并预料自己行为的严重后果。但事后面对法律惩罚的威慑,又往往产生悔恨心理。

3. 暴力倾向,攻击性强

情绪型犯罪人具有内在的、深层次的暴力倾向,攻击心理强烈。所谓暴力倾向,是指人喜欢并惯于用暴力来发泄内心怒气的心理指向。这种暴力倾向决定了人在受到外界刺激、爆发愤怒的时候用暴力来解决他所面临的问题或困境,取得心理平衡。暴力倾向背后的心理内容是强烈的征服欲和残忍心。征服欲是人的一种力图控制环境和他人的心理倾向。征服欲使人追求对于环境和他人的影响力和支配力,喜欢我行我素,不能容忍自身的尊严和利益受到所谓的挑衅或冒犯。而在遇到所谓的挑衅或冒犯的情况下,对于具有强烈的征服欲的人来说,暴力往往成了其唯一的迅速有效满足其征服欲的手段。这构成行为人实施暴力行为的正向推动力量。残忍心是人的一种狠毒残暴地对待环境和他人的心理倾向。残忍心是同情心和怜悯心的对立面,它使人缺乏正确理解他人正在经历的情感的能力,缺乏对他人的悲伤和痛苦有所感悟的能力。残忍心不仅使人在面对他人苦难的时候熟视无睹、无动于衷,缺乏应有的同情和怜悯,而且还使人在实施血腥残酷的暴力行为时恣意妄为、心安理得,没有丝毫的不安和愧疚,能够防止人把暴力或复仇想象付诸实施的羞耻感彻底丧失。这构成行为人实施暴力行为的负向推动力量。总之,从正向意义上说,暴力倾向背后的征服欲使人惯于用暴力手段和方式来应对所面临的外界环境诱因刺激,暴力行为的驱动强烈;从负向意义上说,暴力倾向背后的残忍心使人在面对残酷情境或实施残暴行为时,缺乏应有的同情和怜悯,暴力行为的监控和抑制丧失或降低。

四、信仰型犯罪人的心理特征

信仰型犯罪,是指由反社会的信仰所引起的犯罪。所谓信仰,是指对某种主义、思想或宗教极度信服和尊重,并以此作为信念来支配行动的精神力量。信仰是一种重要的精神需要,一个人的信仰是他的精神支柱,会产生巨大的行为力量。先进的、符合社会发展规律的信仰起着积极的、推动社会发展的作用;而落后的、反社会的信仰则起着消极的、阻碍社会发展和危害社会的作用。

信仰型犯罪,在我国主要表现为政治信仰型犯罪和封建迷信信仰型犯罪。从我国司法实践看,因政治信仰引起的犯罪,就是危害国家安全的犯罪。应该看到,在解放初期,犯此罪的多数人是出于反动的政治信仰,而在目前,许多人往往是为了追求物质利益,为了追求寄生腐朽的生活方式。从犯罪的人员结构看,多数出身于劳动人民家庭,而且其中许多是年轻人。封建迷信信仰型犯罪是由于封建迷信导致的犯罪。在我国,封建迷信作为一种落后现象广泛地存在着,它区别于合法的宗教信仰。许多人信神弄鬼,占卜算命,做出一些反科学的愚昧行为。其中少数人在迷信意识的支配下,私欲膨胀,听信巫婆、神汉之言,以此决定自己的行动,把法律置之脑后,实施危害社会的犯罪行为。在迷信思想影响下,犯罪人实施伤害、杀人、放火等伤天害理的行为,有的甚至导致政治性犯罪,造成对社会的严重危害。封建迷信信仰型犯罪,较多地发生在偏僻、落后的地方。从犯罪主体看,有男有女、有年老的和年轻的,但以文化层次较低的中老年居多。

(一)信仰型犯罪的行为特点

1. 政治信仰型犯罪的行为特点

政治信仰型犯罪就其行为实施方式而言,又分为智力的方式、暴力的方式、集团的方式;就其行为实施特征而言,具有狡猾性、预谋性、疯狂性和模仿性等特点。

2. 封建迷信信仰型犯罪的行为特点

(1)行为的迷信色彩。犯罪行为与迷信行为结合在一起,而且犯罪行为往往是在迷信行为的幌子下实施的。一种情形是,犯罪行为是受神汉、巫婆的迷信行为的影响而发生的;另一种情形是,犯罪行为是在神汉、巫婆等的主谋、指使下实施的,是共同犯罪的行为。

(2)行为的奇异性。封建迷信信仰型犯罪,行为侵害的目标常常是自己的亲人和自身,行为的实施在许多场合下又是公开的,明明是在干犯罪的勾当,而主体还以为是在进行拯救他人和自身的活动。有些犯罪人在事发后,对当时自己的犯罪行为也会感到"不可思议"。

(3)行为的狂暴性。由于迷信力量和迷信感受的作用,犯罪人在实施犯罪行为时显得十分狂热,似乎不可阻挡,行为残忍暴虐,造成的危害往往相当严重,如把自己的亲人用棍棒活活打死、用石磨压死,甚至活埋致死。

(二)信仰型犯罪人的心理特征

1. 政治信仰型犯罪人的心理特征

(1)错误的、片面的认识。政治信仰型犯罪人的认识是错误的、反社会的。

除了表现为极端个人主义的人生观、享乐观外，更主要的是他们的认识是与社会主义的意识形态根本对立的。这种错误的、反社会的认识并非生来就有，而是在社会生活过程中逐步形成的。有的是从追求腐朽的生活方式开始；有的是由于某个切身问题得不到解决而加深对社会的不满；有的是对社会主义社会的一些阴暗面不能正确认识，从而怀疑和攻击社会主义制度等等。同时，政治信仰型犯罪人的认识是片面的，他们往往把社会主义初级阶段存在的某些社会弊病和腐败现象无限夸大，从而颠倒了社会主义制度的主流与支流，结果陷入信仰危机，从对社会主义不满转向信仰资本主义，形成社会主义不如资本主义的观念。此外，政治信仰型犯罪人的认识具有自我中心主义的特点，反社会的自我意识十分强烈，把自我突出到凌驾于社会之上的地位。有的因自我受挫折而形成反抗意识，妄图用自我的力量报复社会；有的具有狂妄的自我意识，自以为是"救世主""领袖"，妄图统治国家和人民。

（2）强烈的否定性情感。政治信仰型犯罪人的情感，从方向和内容上都具有强烈的反社会性。他们没有中华民族的自尊心，丧失了爱国主义精神，盲目崇拜西方的一切。正是在反祖国、反人民的情感的影响下，他们才不惜出卖祖国和人民的利益，进行危害国家安全的活动。通常情况下，这种情感非常隐蔽，不轻易表露出来。

（3）顽固的反动意志。政治信仰型犯罪人在反动的政治信仰的支配下，表现为立场顽固、行为坚决，不顾一切地效忠自己的政治信仰。

2. 封建迷信信仰型犯罪人的心理特征

（1）崇尚迷信。犯罪人认知中的迷信色彩十分浓厚，深信鬼神和超自然力量，逻辑思维怪异，带有明显的唯心主义特征。这种认知建立在脱离现实的虚幻性的基础之上，是反科学的表现。同时，犯罪人的认知也是受欺骗、受愚弄的结果。

（2）恐惧和狂热的心态。犯罪人内心充满对封建迷信力量的恐惧，生怕触犯了超自然的力量而给自己带来灾祸。与此同时，他们对所谓的超自然力量倾注了强烈的感情，向往以神秘手段解除自身的恐惧与焦虑，达到了如醉如痴、若癫若狂的程度。

（3）轻信和盲从的意志特征。在信仰神灵或超自然力量的情况下，犯罪人变得轻信和盲从，缺乏分辨能力，在某些方面表现出固执、孤注一掷的心理状态，愿意付出巨大代价来实现目标。

第二节 不同犯罪方式犯罪人的心理特征

一、智能犯罪人的心理特征

(一) 智能犯罪的概念和分类

1. 智能犯罪的概念

智能犯罪是指一切依靠智力、不直接使用暴力而实施的犯罪,如诈骗、伪造货币、窃取商业秘密、计算机犯罪等。又可分为传统智能犯罪与现代智能犯罪。传统智能犯罪是指不依赖高科技手段而实施的犯罪;现代智能犯罪是指依赖高科技手段而实施的犯罪,又称高科技犯罪。这种犯罪一方面要借助于高科技工具、设备或先进技术,另一方面也借助于高智商。本节研究现代意义上的智能犯罪心理。

2. 智能犯罪的分类

(1) 通信领域中的犯罪。包括盗码并机、窃取无线电波源、电信欺骗等。

(2) 计算机犯罪。包括以计算机为工具的犯罪和以计算机为对象的犯罪。

(3) 医学与生物学领域的犯罪。包括非法堕胎、非法人工繁殖、非法的克隆人实验、人体器官盗窃、制造生化武器等。

(二) 智能犯罪的行为特点

智能犯罪作为一种新的犯罪类型,在表现形式上与其他类型的犯罪有不同的特点,主要体现在以下几个方面:

1. 行为主体的年轻化

智能犯罪的主体都比较年轻,这一点在计算机犯罪中尤为突出。"实际上,大部分的黑客都是青少年,或至少是年轻的大学生。"[1]这与青少年好奇心、探究心强,喜欢逞强好胜,且是非观念模糊,有反叛性有密切关系。

2. 行为的隐蔽性

犯罪活动都具有隐蔽性,但智能犯罪的隐蔽性更为突出,具体表现为两个方面:一是犯罪侵害的直接目标多是无形的。多数智能犯罪侵害的对象往往是无形的无线电波源、电子数据或信息,对于这类特殊的客体而言,犯罪人对其恶意篡改、利用或窃取后,其外在形态往往不会发生变化,即使发生变化,也是细微的,极易被掩盖。二是犯罪行为的实施地和犯罪后果的出现地分离。多数智能犯罪案件的实施不受时间和地点的限制。如在互联网中,犯罪人可在任何时间

---

[1] 〔英〕尼尔·巴雷特:《数字化犯罪》,郝海洋译,辽宁教育出版社1998年版,第35页。

内,选择任一地点作案,而犯罪后果却可以出现在任何地方。犯罪人可以在不同的国家和地区对另一个国家和地区的被害人实施犯罪行为。相对于被害人而言,犯罪人往往是隐形的,被害人对危害结果的感知往往是事后的和间接的。除去必要的技术攻关和准备环节外,犯罪分子真正着手实施犯罪的过程往往持续时间短,过程简单,无需借助武力,不会遇到被害人的正面反抗。同时,由于实施智能犯罪常常无需特定的场合和犯罪表现形态,行为人可以在一个相对灵活和隐蔽的场合进行犯罪行为,所以对智能犯罪而言,有目击者的可能性很小,而且即使存在作案痕迹,也可能极易被销毁,犯罪行为具有极强的隐蔽性。

3. 行为的连续性

智能犯罪由于获利巨大而风险相对较小使犯罪人具有强烈的犯罪动力;智能犯罪的行为与后果分离使犯罪人缺乏罪责感;智能犯罪对于行为人的智力和技能要求使犯罪人具有强烈的优越感和炫耀心理。这三方面的因素使得智能犯罪人一旦开始犯罪,便不容易收手,不断产生犯罪动机,犯罪行为因而就具有连续性。

4. 手段的技能性

智能犯罪形式繁杂,手段多样,但不管是何种手段,都具有技能性特点。智能犯罪人往往都是专业人士,即使是不具有特定职业或身份的智能犯罪人也都具有相应的专业知识,他们借助于现代化的科技手段和方法实施犯罪活动,其手段上的高明、技术上的先进性和复杂性,常常令参与侦破的刑事侦查人员也束手无策。

5. 行为后果的严重性

智能犯罪的社会危害性非常严重。智能犯罪,尤其是计算机犯罪给社会带来巨额的直接和间接的经济损失。同时,随着计算机在社会发展中的作用越来越大,整个社会对计算机技术已产生了高度的依赖性,因此,对计算机信息和软件的窃取和破坏所造成的危害会波及整个社会,引起整个社会各方面的混乱,甚至危及国家安全。

(三) 智能犯罪人的心理特征

1. 动机多样化,且动机冲突不明显

智能犯罪人的犯罪动机多种多样,既有犯罪人常见的物欲型动机,也有游戏型动机;智能犯罪人在犯罪前、犯罪时的动机斗争和心理冲突不明显。

(1) 物欲型动机。智能犯罪人容易对奢华、腐朽的生活方式和超前消费加以感知。尤其是当前社会中,贫富差距拉大,依靠投机取巧,特别是在计算机、金融等领域中,达到一夜暴富的现象已是屡见不鲜,这在很大程度上刺激着智能犯罪人的神经,使其由羡慕到向往和追求,进而不择手段地追求财富和享乐。

（2）游戏型动机。智能犯罪人，特别是青少年，在实施犯罪时，其动机往往并不是为了追求物质利益，而只是为了满足自己的好奇心理，或是试图通过这种方式证明自己的存在价值或发泄对于社会和他人的不满。如生物医学领域中的一些违反人伦道德的生物医学试验、计算机领域中实施破坏系统的安全性程序或侵入计算机系统的行为等，都是出于追求自我挑战和精神满足的目的。

智能犯罪人对犯罪后果，特别是被害后果一般不能直接感知，也因此难以引起他们对犯罪行为的反思与后悔，从而表现出罪责感缺乏或轻微的特征。这就导致他们在犯罪前、犯罪时的动机斗争和心理冲突不明显，与其他类型的犯罪人有一定的区别。

2. 智力水平高，但思维偏执

智能犯罪人往往具有较高的智能水平，其中大多数是受过一定的教育和技术训练、具有相当技能的专业技术工作人员。他们的智商很高，思维敏捷、灵活并具有创造性；在处理问题时善于运用包括观察力、记忆力、思考力、想象力和判断力在内的各种抽象思维能力，并具有熟练地掌握和运用各种先进的科技产品的能力。

智能犯罪人的思维模式中往往表现出一定程度的偏执性。他们一旦形成对某件事情的看法或决定做某事，就会固执地坚守下去，他们只认同自己关于某事的看法，往往不能正确地评价或不愿意评价自己行为的法律意义或道德价值，自以为是，固执任性，更不会接受他人的规劝或谴责。表现在犯罪心理上，如计算机智能犯罪人会认为，信息作为一种资源，不应该由任何组织机构占为己有，而应该完全公开。他们把这些信息公开发行，并认为对信息事实真相的了解，是每个公民与生俱来的权利。他们并不会考虑这些信息资源对一个企业和组织，甚至是一国的政治经济利益和国防安全会起着何等重要的作用，一旦这些信息被篡改或被窃取并加以传播会造成多么大的直接或间接损失。有的智能犯罪人甚至在罪行暴露被收监改造后仍然对自己行为的合理性确信不疑，对法律的制裁和舆论的谴责持很大的排斥情绪。表现在犯罪行为上，智能犯罪人实施犯罪时往往表现得目标明确，行动迅速诡秘，手段高明，有计划、有组织地实施犯罪活动。他们不怕挫折，不会因为技术上的难题就轻易地放弃。如有的计算机智能犯罪人，为了攻克技术上的难题，常常通宵达旦，废寝忘食，表现出惊人的毅力和旺盛的精力。有的生物学家或医学家，为了达到非法的目的，会不厌其烦耐心细致地进行上百次甚至上千次的医学试验。

3. 法律意识薄弱

很多智能犯罪人往往法律意识薄弱，甚至存在错误的法制观念，缺乏道德感，内心约束机制失调。智能犯罪人总是为自己寻找各种理由来开脱自己的罪责。有的计算机智能犯罪人甚至错误地以为自己的行为并没有危及他人的生命和健康,并不具有违法性,自己是靠自己的脑力劳动让自己的生活更好一些,别人无权干涉;有的智能犯罪人往往对自己的技术水平自鸣得意,认为自己的手段高明不会留下任何蛛丝马迹,他们在犯罪时甚至没有任何罪责感;有的智能犯罪人甚至会把破解一个密码、获取一些重要机密作为一项极富挑战性和乐趣性的工作来进行;还有一些犯罪人甚至会以为自己的行为是在帮助他人寻找程序上的漏洞,是在促进医学、生物技术或计算机技术的发展。

4. 情绪复杂,缺乏道德感

智能犯罪人的情绪相对来说比较复杂,表现为既冷静又具高激惹性。一方面,智能犯罪人的高智能使其极为自信,理智感强,在面对复杂棘手的数据信息、技术难题以及处理日常问题和犯罪过程中的问题时,常常表现出异常的冷静;另一方面,冷静的背后潜藏的是过度的压抑、焦虑和不安,他们自恃清高,容不得别人对自己些许的漠视和挑战,因此其情绪又往往呈现出高激惹性的特点。比如,计算机智能犯罪人一旦遇到挑战其技术的人或有不顺心的事,往往会被激起与人一争高下的欲望,从而实施犯罪。

同时,智能犯罪人在情感特征上往往表现出一定的麻木性,即道德感缺失。他们对自己行为所带给社会的危害性认识不足或根本就认识错误,对行为的可谴责性反应迟钝甚至麻木,更谈不上对行为对错的深度反思。他们甚至为了牟取一己私利或满足自己的某种精神需求,进行非人道的医学实验,窃取病人器官,恶意破坏网络安全,恣意传播电脑病毒等。

5. 意志的两极性

智能犯罪人在意志品质上具有两极性特征。一方面,他们难以抵制物质利益的诱惑和游戏型快感的诱惑,表现出意志的薄弱性;另一方面,他们在对技术难题的解决或犯罪行为的实施上,表现出意志的坚韧性和自制力。所谓的坚韧性是指智能犯罪人常常表现出对技术的狂热追求和为了克服技术难题不顾一切的拼命劲头,并且,一旦下定决心实施具体的犯罪活动,就会用坚韧的毅力和顽强的精神去实现既定的目标,具有不达目的誓不罢休的意志品质。在这种状态下,道德约束和法律禁止对他们根本不起作用。所谓自制力是指智能犯罪人注意力集中,对自己将要努力达到的目标有清醒的认识,知道自己应该为目标的实现做哪些工作,既能发动合乎目的性的行动,又能抑制与行动目标不一致或相违背的行动。当然,智能犯罪人在实施犯罪的过程中虽然有坚定的立场和始终如一的追求目标,在行动中能够独立行事,不轻易受外界的影响,但却又总是走向另一个极端,容易从主观出发,一意孤行,刚愎自用,听不进别人的意见和建议。

6. 性格内向孤僻

智能犯罪人，尤其是游戏型智能犯罪人，大多具有内向、孤僻、冷漠的性格特征。他们不愿与人交往，也缺乏与现实生活中的人交往的能力，现实生活中往往呆板、木讷、不善言谈；他们更愿意在虚拟的网络空间中找寻属于自己的位置，喜欢与机器、虚拟世界中的人打交道，并且一旦处于虚拟的网络环境中就表现得才思敏捷，能言善辩。

二、暴力犯罪人的心理特征

（一）暴力犯罪的概念和分类

1. 暴力犯罪的概念

暴力犯罪是指以强暴的力量或者以强暴的力量相威胁的手段所实施的犯罪，如凶杀、伤害、抢劫、强奸等。暴力犯罪作为犯罪现象的主要表现形式之一，对社会治安和人民的生命、财产安全威胁极大。

2. 暴力犯罪的分类

根据犯罪客体、犯罪对象、犯罪危害程度、犯罪组织性、犯罪的心理准备性诸方面的不同，可以将暴力犯罪划分为不同的类型。

（1）根据犯罪客体的不同所进行的分类：危害国家安全的暴力犯罪；危害公共安全的暴力犯罪；侵犯公民人身权利的暴力犯罪；侵犯国家、集体和个人财产权利的暴力犯罪；妨害社会管理秩序的暴力犯罪；妨害婚姻家庭的暴力犯罪。

（2）根据犯罪对象的不同所进行的分类：以人身为侵害对象的暴力犯罪；以财物为侵害对象的暴力犯罪。

（3）根据危害程度的不同所进行的分类：恶性暴力犯罪，即使用杀伤性能大、破坏力强的作案凶器或实施极端残忍、危险性大的暴力手段，造成严重危害后果的犯罪；轻微暴力犯罪，即使用普通器械或仅借助自身体力，造成一般性社会危害后果的犯罪。

（4）根据犯罪的组织性的不同所进行的分类：群体暴力犯罪，即两人或两人以上结伙实施的暴力犯罪；个体暴力犯罪，即个体独立实施的暴力犯罪。

（5）根据犯罪的心理准备性的不同所进行的分类：预谋性暴力犯罪，即有计划、有预谋、有准备地实施的暴力犯罪；激情性暴力犯罪，即临时起意所实施的暴力犯罪，具有冲动性、突发性、情境性等特征。

另外还存在其他的分类方法，如根据犯罪人年龄的不同，可以分为成年人暴力犯罪和未成年人暴力犯罪；根据性别的不同，可以分为男性暴力犯罪和女性暴力犯罪等。

(二)暴力犯罪的行为特点

1. 主体多为青少年,文化素质低

暴力犯罪人多为只有小学或初中文化程度的青少年。青少年心理和智力发育尚未完全成熟,认知能力尚未充分发展,思维方式简单;精力充沛,自尊心强,具有比较强的易冲动性和盲从性;加上文化水平低,对自己的行为性质往往认识不足,在外界不良因素的刺激下极易产生暴力犯罪倾向,实施暴力犯罪。

2. 残忍性和疯狂性

与其他类型的犯罪相比,暴力犯罪具有手段残忍、疯狂的特点。暴力犯罪人在实施犯罪时,一般表现出孤注一掷、胆大妄为、无所顾忌的秉性,往往凭借暴力手段,通过对被害人或其他无辜个人生命的非法剥夺和身体健康的损害达到自己的非法目的,手段残忍、疯狂,灭绝人性,失去理智,对被害人毫无同情怜悯之心。

3. 偶发性和连续性

考察一部分暴力犯罪发现,暴力犯罪人在着手实施犯罪前并无明显的犯罪动机和犯罪预谋,行为的实施多是由于外界不良环境的刺激使其失去理智难以控制所致,因而在犯罪表现上呈现出突发性、境遇性和当场性等特征。这种情形常见于激情状态下实施的故意伤害和故意杀人案件中。与此同时,暴力犯罪又呈现出连续性和复现性特征,即一部分暴力犯罪人在初次犯罪得逞后,在某种非法利益和不良嗜好的驱使下,会继续实施相同种类的犯罪,直至案发被抓获为止,这种情形常见于循环作案或以团伙形式出现的抢劫、强奸、走私贩运毒品等暴力犯罪案件中。

4. 团伙性

暴力犯罪中,有许多案件是犯罪团伙所为。犯罪人三五成群结成团伙实施犯罪,或分工明确、组织严密,或临时结伙、相互壮胆,加之人多势众,犯罪人更加胆大妄为、无所顾忌。这在抢劫、强奸、扰乱社会秩序等团伙性暴力犯罪中表现得尤为明显。

5. 游戏性

一些暴力犯罪,特别是青少年暴力犯罪,往往具有游戏性的特点,即把暴力犯罪作为赌博的一个筹码,或作为一种恶作剧以获得某种乐趣等等。在这些犯罪中,犯罪人没有通常犯罪所具有的明确的犯罪动机,而只是为了获得游戏的快感,对自己的行为及其后果持无所谓态度。

（三）暴力犯罪人的心理特征

1. 思维方式简单，认知水平低下

暴力犯罪人在看待问题时比较片面，不能客观全面地对待各种事物，往往只看到事物消极的一面，忽略对事物积极面的认同，遭受挫折后极易陷入悲观、失望、激愤的情绪中，并被这种情绪所左右；在遇到冲突和矛盾时，倾向于以暴力这种最简单粗暴的方式解决问题；自以为是地认为犯罪行为不会被发觉，侥幸心理严重；犯罪后要么后悔不已，要么固执地认为自己的行为是正当合理的。凡此种种，都说明暴力犯罪人的思维方式简单，认知水平低下。

2. 道德观、价值观歪曲

暴力犯罪人在发生人际冲突时，崇尚"以牙还牙，以血还血"的原始的同态复仇的道德观念；在协助他人充当帮凶时，追求"有福同享，有难同当""为哥们儿两肋插刀"的封建行帮思想；在遇到棘手问题时，怀有"暴力解决一切"的亡命徒式的"英雄主义"观念。因此，暴力犯罪人并不具备为主流社会所认可并推崇的道德观和价值观，他们的道德观和价值观是歪曲的。

3. 情绪反应消极，情感水平低下

所谓情绪反应消极，是指暴力犯罪人的情绪反应速度快、有爆发性，一受刺激极易冲动；强度高，易激惹，有时外界一些微小的刺激也会引起其无法抑制的强烈反应，不易控制；情绪反应具有扩散性，有时会发生攻击转向的现象，把侵害目标转移到无辜的第三人，如围观者、劝阻者等。所谓情感水平低下是指暴力犯罪人缺乏高级的社会性情感，低级低趣味的情感占主导地位，他们的喜怒哀乐往往与低层次的需要相联系。

4. 意志控制力差

暴力犯罪人意志薄弱，自我控制力差，在消极情绪产生时，缺乏有效的自我调节和抑制机制，对不法行为的发生采取放任的态度。暴力犯罪人的意志控制力差还表现在缺乏主见，缺乏人际交往事务处理的处事原则和决断标准，容易接受他人的指示和安排，行事上具有很大的盲从性；缺乏对不良环境的免疫力和抵制力，加上交友不慎，极易被不法分子利用，在他们的教唆暗示下实施暴力犯罪，这在青少年团伙暴力犯罪中表现得尤为明显。

5. 性格缺陷比较突出

暴力犯罪人多为负向性格，表现为：固执、任性、敏感、爱钻牛角尖；易受暗示、易冲动、易激惹、自制力差；冷酷、残忍、缺乏同情心；爱面子、虚荣心强、自我中心、唯我独尊。[①]

[①] 参见张保平编著：《犯罪心理学》，警官教育出版社1995年版，第133页。

第三节　不同年龄、性别犯罪人的心理特征

一、青少年犯罪人的心理特征

根据我国公安部的现行统计标准,青少年的年龄阶段在13—25岁。本书基本上采用这一标准,但在研究需要时,有时也适当扩大其范围。

青少年犯罪在全部犯罪中所占的比例较高,且呈现上升态势,因此它已成为世界各国的一个严重的社会问题。研究青少年犯罪问题对于打击和预防犯罪十分重要。

（一）青少年犯罪的行为特点

1. 感染性

青少年很容易在别人的感染下实施犯罪行为。一种是青少年喜欢模仿,特别是一些新奇的、富有刺激性的现象对他们有很大吸引力,电影、电视、小说和现实生活中的某些关于犯罪现象的奇特情节,会成为青少年的模仿对象,实施模仿性犯罪行为。另一种是青少年在坏人的暗示下实施犯罪行为,这种暗示具有心理感染的作用。此外,在青少年团伙犯罪的过程中,也会发生感染性现象,由于群体犯罪的环境气氛的影响,青少年犯罪人的行为会相互感染、相互影响,以致增强犯罪的严重性。

2. 情境性

青少年的犯罪行为,常常在具体情境中发生。所谓情境,就是指犯罪行为发生时的具体环境和气氛。青少年在促进犯罪行为发生的情境中,容易实施犯罪行为,这与青少年的行为动机易为外界诱因引发的特征相联系。情境性表明许多青少年犯罪是偶发的,不一定是犯罪人个性的必然所致。犯罪机遇的出现,激发了他们的犯罪动机和犯罪目的,这一过程是短促的。青少年犯罪往往缺乏详细、周密的预谋和计划,是一种临时的选择。

3. 戏谑性

游戏、游乐富有新奇性和刺激性,对青少年具有很强的吸引力,可以成为他们的行为动机。不少青少年由于道德水平低下,精神生活贫乏,对正当的学习、工作和娱乐活动缺乏兴趣或不能持久参加,往往觉得精神空虚,生活无聊。在这种情形下,他们会置道德和法律于不顾,为了追求刺激,满足自己低下的精神欲求,而不计后果地实施犯罪行为,以侵害他人为乐。戏谑性犯罪行为,较多地表现为强奸罪、聚众斗殴罪、寻衅滋事罪、盗窃罪、抢劫罪、伤害罪和杀人罪等。

4. 冲动性

青少年犯罪常常可能由冲动所致,在冲动性犯罪活动中,某种强烈的情绪体验起着动机作用,而对行为是否会触犯法律,会造成什么后果等,青少年则缺乏考虑。

5. 反复性

青少年犯罪行为的反复性包括两个方面,一是他们往往会连续多次发生犯罪行为,特别是作案成功后,有了需要满足的体验,犯罪动机得到强化,从而导致继续实施犯罪行为;二是青少年犯罪人在服刑期满后,由于意志薄弱,经不起外界消极因素的引诱,容易走上重新犯罪的道路。

(二) 青少年犯罪人的心理特征

1. 认知方面的特征

青少年犯罪人的认知方面的特征主要表现为以下几个方面:

(1) 反社会意识倾向。从总体上看,青少年犯罪人的意识具有反社会倾向。这往往与青少年同客观现实的矛盾、成熟方面的缺陷、适应中的问题、社会化的缺陷等有关。一般说来,在青少年初犯身上,这种反社会意识倾向还不严重,然而在青少年累犯、惯犯中表现严重,形成了与社会对立对抗的态度,因而不是弃旧图新、重新做人,而是因欲求不满怨天尤人,一味归咎于社会或他人,甚至怀着泄恨、报复的意图,变本加厉地危害社会,这种犯罪意识明显地渗透在他们的性格和习性中。

(2) 腐朽没落的人生观。人生观是个性心理结构的高级层次,它对人的整个心理活动起调节、统率的作用。腐朽没落的人生观决定着人的行为的极端利己主义性质和腐朽的享乐至上的内容。青少年犯罪人在人生观方面普遍地存在着严重问题,不择手段、不计后果地追求享乐是其共同特征。现代心理学研究表明,为了满足自我的享受欲望,拼命追求金钱,会使人的自我意识产生危机。这种腐朽的人生观与青少年犯罪有内在的本质的联系。与此同时,另一个极端是没落的人生观,一部分青少年犯罪人对人生消沉、悲观、颓废,抱着破罐破摔的态度。

(3) 错误、颠倒的道德概念。青少年犯罪人对道德概念的理解水平较低,对善恶、是非、美丑等易作歪曲的错误评价。如对"什么是勇敢",不少青少年犯罪人认为"打架是勇敢"、"不怕死是勇敢"、"敢打抱不平是勇敢"、"能让人佩服是勇敢";对"什么是团结互助",青少年犯罪人往往认为团结互助是"帮助朋友打架"、是"有福同享,有难同当"、是"讲义气"。他们的道德水平处于比较低下的阶段。

(4) 有缺陷的法制观念。法制观念是社会意识的又一重要内容,它对法律领域行为的作用要比道德意识的影响大。青少年犯罪人中的法制观念具有明显的缺陷,主要有下列特征:① 缺乏法律知识,即所谓"法盲"犯罪。他们对有关法律不了解或不理解,这种特点要比成年犯罪人明显和突出。② 法律态度的偏差。一部分青少年不是不知道法律,而是缺乏必须遵守法律的态度。法律心理学研究表明,人们对法律的态度越是积极,其遵守法律的可能性就越大,相反,对法律持消极态度(如偏重于个人和家庭利益理解),则在执行过程中易发生不遵守的情形。③ 法律观念对行为的指导和调节作用较差。由于法制观念通常是与道德观念交织在一起的,青少年即使有一定程度的法制观念,但由于他们错误、颠倒的道德观念的作用,使其具有的法制观念容易与行为脱节。④ 法制观念不同于青少年守法者。虽然不是每一个青少年犯罪人与同龄守法者在法制观念方面都有明显的区别,但是从总体情形与同龄守法者相比,青少年犯罪人在法制观念方面的缺陷通常有普遍的深刻的性质。

(5) 认知结构特征。美国学者提出,青少年犯罪人对人际关系的认知有三类(三种不同的认知水平):第一类,不能解释、理解和预见他人的行为和反应,对自身之外的事物不感兴趣,行为是冲动性的;第二类,企图改变周围的客观环境,以满足自己的需要;明白自己的所作所为与需要有一定的联系,实用主义地把人分为对己有用的和对己无用的两种,并采取不同的态度,在处理人际关系中存在着强烈的矛盾心理;第三类,有一套判断自身和他人行为的标准,明白他人与自己的相互影响,渴望成为自己所羡慕和崇拜的那种人,为达不到内心既定的奋斗目标而感到内疚,正是在这种自卑和自责的矛盾心理的基础上做出反社会行为。

青少年犯罪人的认知结构一般有以下特征:① 在时间因素和空间因素方面,认知显得不成熟。不能很好地把事物和现象与它的过去、未来联系起来,只是孤立地对待认知对象,易被眼前状况所影响;同时,对认知对象不能在空间领域与其他事物或现象作很好比较,易产生认知的片面性、局限性。② 由于缺乏批判力、内省力、自觉性、预见性和适应性,因而对处理复杂的事务有困难。③ 认知不能控制情感、情绪的影响,往往会感情用事,一旦有了某种欲求倾向,就变得难以控制。

青少年犯罪人的这种认知结构特征使其在对自己的违法犯罪行为进行自我辩护时,有不同于成年犯罪人的特点。具体如下:

第一,否认责任。青少年犯罪人往往容易把自己看做某种受影响的对象、某种环境的牺牲品,以此为他们偏离社会规范和准则的行为(他们并不排斥社会规范和准则)创造心理上的条件。许多青少年犯罪人把自己的犯罪原因归结为外在环境,他们声称,之所以犯罪是由于各种不良的环境因素的影响,如物质上的困乏以及受朋友的影响。

否认责任实际上是把主体和其行为之间的联系割裂开,把行为所带来的后果化为乌有。不少青少年犯罪人在犯罪时并没有考虑到责任问题,没有预料到他们的这些行为会被起诉。

第二,否认危害。在青少年犯罪人的心目中,其行为是否构成犯罪往往与由其行为所引起的损失或危害紧密相联。但青少年犯罪人常通过对其行为作与众不同的界说来否认其行为所带来的危害。例如,流氓行径被看做是顽皮,偷盗车辆被解释为暂时借用,而打架斗殴则被认为是显示自己的正义感等。可见,在这里,社会规范和准则并未被否定和抛弃,但它们的行为范围被扩大了。

第三,否认有被害人。在青少年犯罪人中还有这样一种现象,即尽管他们承认自己应对其不法行为负责,并且倾向于认定这些行为给别人带来了危害,但他们通常还会努力去证实他们的行为似乎是某种公正的报复或惩罚。青少年犯罪人常常把自己置于复仇者的地位,而被害人则被看做是罪有应得。青少年犯罪人常常把攻击那些行为放荡的人的行为说成是由良好的动机所激发的,是在为民除害。许多青少年犯罪人并不认为在与不公正的人打交道时应该公正。这说明,他们无意识地扩大了潜在的被害人的范围。因此,我们在评价某些被害人的致罪作用时应该更加谨慎。确实,犯罪人的暴力行为在许多情形下,在某种程度上,正是由被害人本身所引起的。不过,在作这一认定时,我们还应考虑到这一事实,即青少年犯罪人在认识和评价被害人时往往会夸大事实或颠倒视角,他们仅仅依赖那些常常是歪曲的、可以用来证明其行为有理的事实为其行为辩护。

第四,指责司法人员。在进行自我辩护时,青少年犯罪人可能会把注意力从自己的不法行为迁移到制裁他们的司法人员身上。他们可能会说,那些制裁他们的人是伪君子或不公正的人、品质恶劣的人。当青少年犯罪人攻击别人时,他们就会很容易地忽视或小看自己不法行为的严重性。在一些青少年犯罪人看来,整个社会对他们过于苛刻,而他们自己似乎用不着悔过。许多青少年犯罪人确信,大多数人没有犯罪只是由于害怕惩罚或者只是因为没有合适的机会。

第五,道德责任感转向。青少年犯罪人不一定完全排斥公认的社会规范和准则,但是在一定情况下,他们的道德责任感会转向到与社会规范和准则相对立的方面。这时候,他们往往会倾向于把自己看做是面临道德两难境地的人,且只有通过破坏社会规范和准则、违反法律才可能使困难得到解决。一些青少年犯罪人认为,法律规范会与他们的道德责任感相对立。他们往往把自己说成是某种侠客和勇士,是不公正的法律的受害者。他们的典型看法是:"我不能抛弃同伴","我不能对处于困境中的朋友置之不理"。这些看法说明,相当数量的青少年犯罪人对某些法律规范有着道德上的疑虑,他们并没有像对他们所持的某些社会规范和准则那样形成对法律的应有的尊重。

(6)智力。青少年犯罪人中智力低下者较多。这在国外已有许多研究,我国学者也作了一些探讨。上海师院、上海教育学院等单位的一项研究对青少年犯罪人的智力进行了测定,他们对上海市少年犯管教所119名青少年犯罪人(大多数是16—18岁,个别的是19岁;一部分是少年犯,另一部分是少年教养人员)进行了智力测验,又对上海市卢湾区工读学校和上海市徐汇区工读学校的77名16—18岁的工读生进行了智力测验。研究表明,119名青少年犯和教养人员的智力偏低,平均属于智力中下水平,而且其中的1/4属低能边缘或智能缺陷。但77名工读生的智力差异的分配以及智力平均值都符合常态。

2. 情绪、情感方面的特征

(1) 缺少社会性情感。青少年犯罪人的理智感、道德感和美感常常是歪曲的,从不成熟的程度看,要比同龄未犯罪者严重。

(2) 情绪体验低级、庸俗。青少年犯罪人的喜、怒、哀、乐等情绪变化,往往与他们的一些低层次需要的满足与否有联系。他们不择手段地追求物质享受,沉醉于通过淫秽的娱乐活动、恶作剧等满足其精神需要。

(3) 不良倾向的消极情感、情绪。青少年犯罪人一方面对同伙讲义气和感情;另一方面在正常的人际交往过程中,易产生妒忌、愤怒等情绪,遇到挫折时难以抑制自己的情绪,从而易导致攻击行为。

(4) 自尊与自卑并存。青少年犯罪人多数自尊心十足,这是强烈的自我意识在情感方面的体现;但同时在外界社会评价的影响下,具有明显的自卑感。自尊与自卑成为一个混合体,使青少年犯罪人经常产生内心的情感冲突。

(5) 情感突发性。青少年犯罪人的情绪不成熟程度,表现得十分显著。他们很容易在微不足道的刺激的作用下,为了生活琐事中的冲突爆发激情,导致冲动性的攻击行为。

3. 意志和动机方面的特征

青少年犯罪人的意志特征,主要表现为两个方面:一方面,社会要求完成的意志活动他们实现不了,往往显得意志薄弱,在外界诱因的影响下(如不良环境和同伙等)很容易使意志活动偏离社会性方向;另一方面,为了满足自己的欲望、需求,在实施具有反社会倾向(包括指向和内容方面)的意志活动的过程中,会千方百计排除主客观障碍,显示出意志力的顽强。这种特征即意志力的两重性。同时,青少年犯罪人的意志品质也反映出两重性的特征,既有消极的品质,又有积极的品质,不同程度地体现在他们的各种活动中。

青少年犯罪人的动机内容,主要有物欲动机、性动机、报复动机、嫉妒动机、虚荣心动机、友情动机、好奇心动机、戏谑动机和恐惧动机等。青少年犯罪人的动机特征主要有下列几点:

(1) 犯罪动机的产生易为外界诱因所引起。在外界强烈刺激的作用下,会迅速产生犯罪动机,而且往往与青少年喜欢模仿、好奇心强、易受暗示等特点有关。从形成方式看,青少年犯罪人的犯罪动机有直观性、勃发性,不一定是经过预谋和事先计划的。不少青少年犯罪人,过去没有坏习惯,主要是在外界诱因的作用下,加上自身的情感、情绪和意志方面的弱点,迅速地产生犯罪动机。

(2) 犯罪动机易变化、不稳定。一方面,在作案过程中,遇到情境的变化(阻力或障碍等),往往会在情绪激动下实现犯罪动机的转化,包括良性转化和恶性转化两种趋向。另一方面,青少年犯罪人作案,常常是能偷则偷,可抢则抢,见到异性就进行流氓行为,还常会无故攻击无辜,犯罪动机不稳定。

(3) 犯罪动机有强烈的情感性和情绪性。主要是:① 许多青少年犯罪,情感和情绪本身成了动机因素,起着直接驱使犯罪行为的作用;② 青少年犯罪动机的产生和实施,带有浓厚的情感和情绪色彩;③ 青少年犯罪动机的变化和转移,容易在情感和情绪的影响下发生。

(4) 犯罪动机的未被意识特征比较显著。青少年犯罪动机易发生这样的情形:个体对动机本身很模糊或者不清楚,犯罪动机未被完全意识到。与成年犯罪人相比,青少年犯罪动机的未被意识特征要显著得多,表明他们意识水平的不成熟。如冲动性犯罪行为动机的明显未被意识到,以及从一定程度的未被意识到的犯罪意向发展到有意识的犯罪动机等情形,都说明这一点。

4. 性格特征

关于青少年犯罪人的性格特征,国外的研究甚多。随着我国青少年犯罪研究和犯罪心理学的发展,许多研究者对犯罪人的人格特征进行了调查和统计分析,同时,还运用心理测试的方法研究犯罪人的性格,有的采用艾森克人格问卷和神经类型测试表,有的采用明尼苏达多相人格测验量表,有的采用卡特尔16因素测验。总之,这些研究已取得了一定的成果,其中不少是对青少年犯罪人性格研究的材料。

我国对青少年性格研究的某些成果表明,青少年犯罪人的外倾型性格较为明显:一方面是在数量比例上大大高于在校学生(未成年人)中的外倾型性格的人数比例;另一方面是外倾型性格特征在青少年犯罪人中表现得更典型、更突出,与在校学生(未成年人)的外倾型性格相比,他们具有更为任性、放纵、粗暴和冲动等特征。

根据对300名违法犯罪青少年(主要是16—20岁)的16种性格因素的测试,及其与426名同龄在校生进行的比较,青少年犯罪人的性格有如下特征:

(1) 聪慧性(B)低。反映出文化水平低,抽象思维能力差。违法犯罪青少年获高分者只占7%,而在校生却占58%。

(2) 有恒性(G)低。表现为社会责任感低,做事不认真,缺乏行为的自觉性。违法犯罪青少年高分者占 17%,而在校生占 40%。

(3) 独立性(Q2)低。表现为缺乏主见和果断性,多喜依赖,附和他人意志行事,其中女性更甚,低分者占 67.3%,高分者只占 3%。

(4) 实验性(Q1)低。表现为思想保守,缺乏批判性思考和对新事物探索的精神,高分者只占 17%,而在校生占 56%。

(5) 自律性(Q3)低。表现为在发生矛盾冲突时,违法犯罪青少年缺乏自制与自治能力。女性更显著,低分者占 61.3%,高分者占 3.3%。

(6) 乐群性(A)高。表现为热情、外向,善于与人交往,不拘小节,高分者占 62%,而在校生占 21%。

(7) 兴奋性(F)高。表现为活泼、兴奋、热心的情绪状态,高分者占 65%,而在校生只占 17%。

(8) 忧虑性(O)高。表现为多烦恼,好担心,高分者占 63%,低分者占 8.7%。

(9) 敏感性(I)高。表现为偏重于感情,多感情用事,高分者占 63%,低分者只占 8.7%。

(10) 紧张性(Q4)高。表现为情绪常紧张不安,高分者占 57%,低分者只占 7.5%。

(11) 在"怯懦与果断"的次元性格因素上,违法犯罪青少年的平均值为 4.12,而在校生的平均值为 6.35,有显著性差异。

(12) 在"内向与外向"的次元性格因素上,违法犯罪青少年的平均值为 6.97,趋于外向者多,而在校生的平均值为 5.38,趋于外向者少。

(13) 在"适应与焦虑"的次元性格因素上,违法犯罪青少年的平均值为 6.85,焦虑不安者多,在校生的平均值为 5.76。

我国青少年犯罪人的性格特征明显地反映出不成熟性和严重缺陷,主要表现为:(1) 缺乏对崇高思想、目标的追求,精神空虚;(2) 社会性低,社会责任感和规范约束力差;(3) 分辨力差,难以认清善恶是非;(4) 无社会感情,缺乏羞耻心、同情心、怜悯心等,对人冷淡,有敌意;(5) 暴躁,少耐性,好攻击;(6) 兴奋、活跃和外向;(7) 少独立性和自控力,易受外界情境和他人的影响。

二、老年犯罪人的心理特征

老年一般指已届 60 岁和 60 岁以上的人。根据老年人的生理、心理状态以及老年人在职情况,老年犯罪可分为特殊老年犯罪、一般老年犯罪和在职有权的老年犯罪三种。

（一）老年犯罪的行为特点

1. 非暴力性

老年人所实施的犯罪一般是不特别需要精力、体力,同时又能很快完成的犯罪。这是由老年人的身体衰老所决定的。老年人的衰老导致他们所实施的犯罪多以儿童、妇女或残疾人、病人为侵害对象,其手法多采用猥亵、诱骗、纵火、盗窃、侵占、窝赃、赌博、伪造、投毒、诈骗等,而需要强大体力的故意暴力杀人罪、伤害罪、抢劫罪、重大盗窃罪则极少。因此,也有人将老年人犯罪称为"软弱的犯罪"。当然,在个别情况下,老年人也会实施一些杀人案件,如因自己的配偶与他人有私情而杀害第三者,或因子女忤逆成性,忍无可忍之下杀了他们等。当然,这种杀人与一般的盗窃杀人或强奸杀人有所不同。一般来说,老年期杀人犯罪大多限于特定的场合,具有以下共同特征:(1)是过着一般市民生活的老年人进行的初次犯罪;(2)犯罪的性质是激情的、冲动的,大多数是在连续想不通的状态下引起的;(3)作案后企图自杀或强迫别人自杀的居多;此外,案发后大部分犯罪人自首,不想逃跑或隐藏;(4)犯罪背景是老年人的生活范围狭小,没有解除纠葛的机会和场所;(5)家庭内部的杀人,被害人是子女或配偶者较多;(6)被害人方面常有极端粗暴的言行举止或患有严重的身心障碍和疾病等。

2. 智能性、隐蔽性、间接性

老年人在度过了人生的大半后,大多积累了丰富的社会阅历和经验。无论是在待人接物、为人处世方面,还是在心理成熟程度方面,他们都要远远超过其他年龄段的人。尤其在我国,许多老年人仍在政府机关、司法机关、企事业单位等继续担任领导、顾问或其他职务。因此,除了老年人激情性犯罪外,一般老年人在实施犯罪过程中,往往会运用他们的丰富经验作周密的准备和设计;而有职有权的老年犯罪(尤其是经济犯罪)则更具周密精细、隐蔽狡猾的特点。从犯罪结果上讲,这些利用职权进行的犯罪给社会造成的危害更大,而且一旦事发,这些利用职权的老年人就会利用他们的关系网干扰侦破工作,企图逃避法律制裁。此外,一些老年人利用青少年的幼稚、轻信而教唆、指挥青少年实施犯罪,因而显现出间接性的特点。

（二）老年犯罪人的心理特征

1. 心理衰退症状严重

老年人随着年龄的老化,生理衰老加剧,导致许多疾病产生,生活变得痛苦;同时,又会面临许多生活变化和矛盾,如因离退休而从此与长期的职业、工作圈告别,与年轻人之间存在难以克服的代沟,因久病卧床或经济拮据或住房紧张等因素而成为家属的累赘等,所有这些都会使老年人产生空虚感、孤独失落感、嫉恨感、忧郁沮丧感等心理衰退症状,这在老年犯罪人中尤为明显,从而使他们较易产生犯罪行为。如为改变经济状况而实施简单的偷窃犯罪,因丧偶或配偶无法满足其性欲而针对孩子实施性犯罪等。

2. 无后顾之忧的铤而走险心理

老年犯罪人大多都无后顾之忧。从工作、事业上看,认为一切都到头了、定型了,不会再有什么发展,更谈不上前途;从家庭生活上看,子女都已经成家立业,独立生活,不需要更多的照顾,或者子女不孝,不必再为他们着想,毫无牵挂,自由自在,加上身体健康方面的因素,觉得可以放纵自己。过去长期以来形成的压抑心理得以迸发,从而酿成铤而走险心理,易为一时一己之欲而走上犯罪道路。

3. 过期作废的捞取心理

老年犯罪人,尤其是有职有权的老年犯罪人在行将退出工作岗位时,大都有趁机捞一把的心理。为了使自己在离开工作岗位后能继续享受人生,有"可靠"的经济保障,或为了家属及子女的结婚、出国、升迁等大肆实施贪污、受贿、诈骗等经济犯罪,"有权不用,过期作废""不捞白不捞"的心理特别明显。

三、女性犯罪人的心理特征

从总体上看,女性犯罪和男性犯罪,都是处在同一社会环境中,受着大致相同的社会不良影响,都具有接受外来信息和进行能动反应的机能,因此,犯罪特点上有许多共同之处。但女性犯罪与男性犯罪相比,由于生理、心理等素质的不同,具体生活环境的不同,受到外界环境和对外来信息的反应形式也不尽相同,因而女性犯罪与男性犯罪也有一定差异。

(一)女性犯罪的行为特点

1. 犯罪种类

根据国内外以往犯罪统计,女性在犯罪种类上表现出如下倾向:(1)女性犯罪率特别高的犯罪有杀婴、遗弃等;(2)女性犯罪率较高的有毒杀、偷窃、放火、作伪证等;(3)女性犯罪率特别低的有强制猥亵、强奸、抢劫、闯窃、侵占等。女性因其不同于男性的生理特点和社会职责,而使其在犯罪种类上产生与男性的差异。

2. 犯罪方法

女性犯罪与男性犯罪在本质上的差异,并不在于犯罪的数量和种类,而是在于实施犯罪时所选择的被害对象和使用的方法。一般来说,女性在实施犯罪时所采用的方法较男性富于隐蔽性和计划性,因而犯罪得逞率较之男性为高。另外,女性的冲动性犯罪、突发性犯罪较男性为少。这是女性犯罪行为实施方法上的总体特点,在具体的犯罪种类上,又有各自的特点。

（1）杀人罪。女性杀人很少是由当时当地一时的情感冲动引起的,在许多情况下有相当程度的计划性,而且与被害人的关系很近,如配偶、父母、子女、情人、情敌等,多以怨恨、嫉妒等为动机。与男性杀人犯以杀害朋友及素不相识者居多不同,女性杀人犯则以杀害配偶为最多,极少出现杀害朋友、同事和素不相识者的情况。从数量上看,女性杀人较少,但从杀人动机及形式看,她们的表现有其特殊性。放火罪亦与此罪相似。

（2）伤害罪。女性犯伤害罪,主要方法是毁容。其犯罪动机出于嫉妒或报复,多由未婚女性所犯,被害人往往是变心的情人或情敌。犯罪人通过毁容伤害,满足自己的报复或竞争情感心理以及独占欲等。

（3）盗窃罪。女性盗窃多为扒窃、娼窃、顺手牵羊。女性扒窃比率较男性为高,因为女性扒手向男性被害人行窃时,常利用其"女性角色"为诈,以接近被害人或分散被害人的注意力,故易于得手。从事卖淫的妓女,乘机窃取嫖客的财物,其心理背景被认为是娼妓对社会及社会对她们之谴责和歧视所表示的反抗。在多数场合,妓女趁嫖客醉酒或熟睡时行窃,而且,被害人唯恐自己的不端行为被公开而受社会谴责,极少报案,多为私下了结,这就更助长了妓女的娼窃心理。另外,有的女性进行偷窃,并非由于穷困,甚至有些还生活富裕,所偷之物并不太值钱,而且原封不动收藏起来。有人认为这是一种心理异常的病态偷窃,也有人认为这种现象多在月经期间发生而与其特定的生理状况有关。

3. 犯罪年龄

女性犯罪人在犯罪年龄的分布上与男性犯罪人不同,主要表现为:

（1）女性犯罪初发年龄比男性迟。

（2）女性犯罪最多的年龄层比男性犯罪最多的年龄层迟。以重罪为例,据美国纽约州1935年至1940年的罪犯资料,其最高率年龄层,男性是16—25岁,女性则为26—30岁。据日本的犯罪统计资料,在1954年至1963年10年间,犯罪人的最高率年龄,男性为20—24岁,女性则为30—39岁。

（3）女性的犯罪率达到顶点后,下降情形比男性缓慢,换言之,在较高的年龄层,女性的犯罪率往往比男性高。而且在较晚时期开始犯罪的男性犯罪人,从一次犯罪到下一次犯罪的时间间隔较长,女性则与此不同,其特点是在短时间内反复犯罪。对此,一般认为与女性特有的性成熟过程的影响有关,即在女性更年期的精神状况处于不稳定的状态和精神病态的倾向显著的情况下,易产生犯罪。

（二）女性犯罪人的心理特征

1. 法制观念淡薄

女性之所以犯罪,与其自身的法制观念淡薄有着密切的关系。她们有的对法律几乎一无所知;有的并非对法律无知,但为了一己私欲,将国法置于脑后而不顾;还有的对法律一知半解,这些人不认为自己的行为是违法犯罪,把自己的行为排除在法律约束之外。从以上几种情况看,第一种占女性犯罪的90%左右。如有的青年女性认为想爱谁就爱谁,犯了重婚罪还振振有词;有的认为与异性随便发生性关系是两厢情愿,谁也管不着;也有的少女被人凌辱后,不会运用法律武器揭发坏人,结果破罐破摔,由被害人变为犯罪人。由于她们头脑中法制观念极为淡薄,因此就很难使自己的行为符合法律规范,甚而滑入犯罪的泥坑。

2. 道德准则低下

犯罪女性一般道德准则较低,分不清善恶、是非、美丑、荣辱的界限。她们低下的道德准则集中表现为:(1) 以自我为中心的利己观。信奉"人不为己,天诛地灭""人人都是自私的"等不良信条。(2) 享乐至上的幸福观。对"人生一世,吃喝二字""不玩不乐,一生白活,不吃不喝,一生白过"津津乐道。(3) 歪曲颠倒的审美观。一些女性伦理颠倒,人格扭曲,为了满足低级的欲望,既不顾及道德规范的正义性和合理性,也不顾及行为后果的严重性和危害性,在犯罪道路上越走越远。

3. 个性偏颇,适应社会能力差

女性犯罪的一个重要的原因就是她们中相当一部分个性偏颇,适应社会能力差。从适应社会生活上看,与男性相比,女性多有依赖心理。一些女性"在家靠父母,出嫁靠丈夫、儿子",不能也不愿做主,这样势必造成其个性不健全或偏颇。而在当今靠自主和才能谋求物质利益的激烈竞争中,一些女性的这种不健全或偏颇的个性,显然不适应充满激烈竞争的社会生活,内外压力很重,导致一些女性心理上的畸变:或不顾道德和法律转而利用自身的特点和优势投入竞争,以提高自己的经济地位,缓解心理压力;或由于依赖心重,处处依赖,一旦依赖到品质恶劣、道德败坏的人身上,就很容易上贼船而不能自拔。

4. 虚荣心、嫉妒心强

犯罪女性一般较正常女性爱虚荣。爱虚荣是许多犯罪女性的共同特点,也是导致她们犯罪的重要内在动因。其虚荣常常表现为爱出风头,爱摆阔气,爱铺张,喜欢与众不同、引人注目等。而当个人的经济境况与求虚荣的欲求相矛盾时,就会产生心理上的不平衡,在没有其他方法时便不择手段,或贪污,或盗窃,或诈骗,或出卖肉体。而嫉妒则是虚荣心受损的另一种逆向表现形式。如有的女性觉得自己在长相、出身、消费、社会地位、工作条件等方面不如他人,虚荣心受损,嫉妒心理便油然而生,在某种条件下,不惜诽谤,甚至采取伤害等手段对被害人实施犯罪,以发泄自己心中的嫉恨。

第四节 不同犯罪经历犯罪人的心理特征

一、初犯的心理特征

初犯可从刑法学和犯罪心理学两种角度理解。从刑法学的角度看,相对累犯而言,第一次犯罪必须是被判处有期徒刑以上的才构成初犯,如果第一次犯罪被判处有期徒刑以下的刑罚,则不算初犯;相对再犯而言,第一次犯罪既可以是判处有期徒刑以上的犯罪,也可以是判处有期徒刑以下的犯罪(如管制、拘役等)。两相比较,相对再犯而言的初犯的概念要广泛些。从犯罪心理学的角度看,初犯是指行为人第一次违法犯罪,这里所指的范围比上述法律意义的理解更为广泛,包括被判处刑罚之犯罪行为,也包括其他的违法犯罪行为。本书所要研究的初犯心理,是指犯罪心理学的范围,包括第一次违法犯罪及其前前后后的心理活动。我们认为,较轻的违法犯罪行为与被判刑的犯罪行为,从行为的非法性来讲是一致的,而且两者之间没有不可跨越的鸿沟。判刑不判刑是法律上的惩处与否,从行为发生的心理过程和心理特点来说,两者则是一脉相承的。所以,从更广泛的意义上研究初犯心理,不仅不会损害其科学价值,反而会增加它的应用效果。

初犯主要发生在青少年期,中老年有较丰富的生活经验,受社会和家庭的制约性大,而且比较成熟理智,所以中老年初犯明显少于青少年初犯。初犯趋向低龄化也是世界性的普遍现象。一般来说,17岁以下的未成年犯人数最多,十五六岁是违法犯罪的高峰年龄期。由于初犯正处于人生的十字路口,拉一下就可以制止其继续犯罪,推一下就可能使其继续犯罪而成为累犯、惯犯,所以探讨初犯心理的意义非常重大。

(一)初犯的行为特点

1. 盲目轻率

初犯在犯罪前往往缺乏深思熟虑和周密计划,预谋时间短,突发性、偶发性强,容易受周围环境影响。如盗窃犯见财起意的多,凶杀犯出于一时激情的多,强奸犯受外界诱因影响的多。

2. 作案手段简单

初犯的作案工具相对来说比较原始,犯罪体现出低级性特点;初犯的不少作案手段都是从别的犯罪人那里或从侦探小说、影视作品中学来的,犯罪体现出模仿性特点;初犯作案时一般都比较慌乱、笨拙,不善掩盖作案痕迹,犯罪体现出暴露性特点。

3. 团伙案件突出

在犯罪的纠合性方面,青少年初犯与一般成年初犯不同。青少年初犯团伙案件突出,其中以盗窃犯罪为主。此外,寻衅滋事、抢劫、强奸等案件,多系青少年犯罪团伙所为。成年初犯则单独作案的多。

(二) 初犯的心理特征

无论哪种类型的初犯,作案之前尽管犯罪动机、犯罪目的各不相同,作案后受到的处理各异,但仍有其共同的心理特征。

1. 矛盾心理

犯罪人第一次作案时心理充满矛盾和斗争。人的行为动机受需要的支配,而需要又要受社会的法律和道德制约。第一次作案时,初犯尚无成功或失败的心理体验。一方面,受到财物、性等因素的引诱,很想作案;另一方面,想到法律的威严,失去自由的可怕,因而动机斗争相当剧烈。但往往由于不良诱因的强烈吸引力,反对动机显得软弱无力,动机斗争的结果是犯罪动机成为主导动机,由此引发犯罪行为的实施。

初犯的动机斗争、矛盾心理贯穿于犯罪的全过程。这种复杂的动机斗争和矛盾心理,既可以表现在实施犯罪前,也可以表现在实施犯罪的过程之中。

2. 恐惧心理

恐惧是一种企图摆脱危险处境的情绪。人在感到受威胁时就会产生恐惧情绪。当一个人恐惧时,其随意运动的全部器官呈现出紧张状态,内脏、血液、面部表情均有特别的反应。初犯作案时,由于缺乏作案经验,害怕被抓获受法律制裁的恐惧心理比较突出。初犯的恐惧心理普遍表现为行为紧张、手足不灵、动作多余、说话时口音变粗、结舌、心猛跳、口干、出冷汗、脸色发白或发红等。如扒手一伸手又赶紧缩回来,抢劫犯作案后迅速逃离现场,强奸犯作案后威胁受害者不准声张,杀人犯杀人后毁尸灭迹,以及作案后东躲西藏、疑神疑鬼,犹如惊弓之鸟,觉得周围人的眼睛都在盯着他,背后随时有人跟着他,都是受恐惧心理的支配。然而,这种恐惧心理随着作案次数的增加,作案成功经验的积累,会逐渐减少,甚至最后消失。

3. 侥幸心理

初犯的侥幸心理是促使犯罪动机形成的重要因素。他们一方面惧怕失败被抓,另一方面又自我安慰、自我鼓励。或认为没有前科,偶尔作案,别人不会怀疑;或认为手段巧妙,无人知道。总之,在强烈欲望的驱使下,初犯在考虑作案时,往往从成功、有利处想得多。初犯的侥幸心理在第一次作案成功后,会变得严重和稳固,他们往往暗自庆幸作案得手,提高了自己再次作案的信心,从而侥幸心理进一步发展,成为下一次再去实施犯罪行为的一种推动力。

4. 悔恨心理

悔恨心理是人类特有的一种道德感,当人感到自己的行为违背了社会义务感和责任感时,就会觉得受到良心的责备。初犯由于良心尚未完全泯灭,知道犯罪行为是违背社会义务感和责任感的,所以在第一次作案时,多数会产生悔恨心理,觉得对不起被害人,特别是与他感情深的人和曾给过他帮助的人,更容易促使初犯产生这种悔恨心理。有些初犯偷了或抢了别人的钱后,看到被害人的痛苦和绝望,会因内疚而借故把钱还给被害人,这就是悔恨心理的表现。当然,这种悔恨心理表现在初犯身上,常常是不稳固的和不彻底的,许多初犯演变成累犯、惯犯就是一个佐证。一时悔恨并不等于真正的悔改。但是,针对初犯的这种悔恨心理,是可以抓住时机对其做好转化工作的,使他们从悔恨这种情感开始,做到在认识上和行动上与违法犯罪决裂。

5. 自暴自弃心理

初犯一经犯罪,自卑感增强,自尊心变得脆弱,即认为反正已下水,面子已丢尽,干脆破罐破摔;认为既然已迈出这一步,一切就无所谓了。自暴自弃心理较强。

6. 强化心理

初犯第一次犯罪成功以后,他们害怕、恐惧的心理很快被一种兴奋、满足的心理所替代,甚至感到干这种事也不是原来想象的那样可怕,由此便强化了他们再犯的心理。这时,如果没有外力的阻碍,初犯都会沿着犯罪道路继续滑下去。

二、累犯的心理特征

累犯是指受过一定刑罚处罚,在执行完毕或者赦免以后在法定期限内又犯一定之罪的罪犯。我国《刑法》第65条规定:"被判处有期徒刑以上刑罚的犯罪分子,刑罚执行完毕或者赦免以后,在五年以内再犯应当判处有期徒刑以上刑罚之罪的,是累犯,应当从重处罚,但是过失犯罪和不满十八周岁的人犯罪的除外。"《刑法》第66条规定:"危害国家安全犯罪、恐怖活动犯罪、黑社会性质的组织犯罪的犯罪分子,在刑罚执行完毕或者赦免以后,在任何时候再犯上述任一类罪的,都以累犯论处。"

累犯是对刑法意义上的初犯而言的。累犯与初犯的区别,就是累犯有前科,以前被判过刑,接受过监狱的劳动改造措施,但是重新回到社会后,并未改邪归正,弃恶从善,而是再次犯罪,重陷法网。

由此可见,与初犯相比,累犯有其特殊的经验,主要包括犯罪经验、诉讼经验、监狱经验和重返社会的经验。犯罪经验,指作案成功和作案失败两方面的经验,这种经验从内容来看,包括动机斗争、预备犯罪、实施犯罪和掩盖犯罪等方面;诉讼经验,指经过预审、法庭审判,罪犯对侦查机关、公诉机关和审判机关及其工作程序都有所了解,对法庭审理中的开庭、法庭调查、法庭辩论、宣判以及被告人可以行使为自己辩护的权利等有所体验,从而对怎样对待司法机关的工作以及法律的执行有一定的经验;监狱经验,指累犯对在监狱中与外界隔绝、自由被剥夺和限制、被强制进行劳动改造等都有一定的体验,比起初犯,累犯对监狱有一定的适应性,不像初犯那样害怕;重返社会的经验,指累犯在服刑期满释放、重返社会后不能适应社会,继续危害社会,再次走上犯罪道路的经验,这种经验显示了累犯的危险性和危害性。

(一) 累犯的行为特点

1. 行为残忍

累犯作案时对被害人冷酷无情,显得心狠手辣,怕再次被捕。

2. 善结成团伙

罪犯投入监狱后,终日与其他罪犯为伍。释放后受人歧视冷落,因而感到孤独无聊,于是与有过同样经历的人交往,便成为他们的一种精神需要。他们彼此情趣相投,同病相怜,极易结成团伙(或集团),继续犯罪。

3. 作案谨慎

累犯因有前科,怕暴露,因此作案时比较谨慎小心。他们往往会在作案前绞尽脑汁设想一套既不被发现,又能使犯罪行为得逞的办法。如扒手中有"三不偷":看不准不偷、不方便不偷、有危险不偷;窃车犯犯罪时采取"四快":作案动作快、逃离现场快、处理赃物快、流窜速度快。

(二) 累犯的心理特征

累犯有不同于初犯的心理特征,具体表现在以下几个方面:

1. 动机斗争的特殊性

犯罪人在犯罪前,甚至在犯罪过程中都会产生动机斗争,犯罪的诱惑及法律的惩罚对他们的心理产生重大影响。但这种动机斗争在累犯那里显示出它的特殊性,具体表现为两个方面:一是动机斗争的程度比较微弱,对犯罪后的享受的向往远远超过对受法律惩罚的恐惧,因此犯罪动力要比初犯强;二是动机斗争的内容主要集中在对实施某种犯罪的手段和方式的考虑上,设想怎样实施犯罪以获取最大的利益,因此犯罪时的侥幸心理较弱,而认为犯罪有理有利的自我辩解心理较强。

2. 严重的对抗心理

累犯由于有犯罪经验、诉讼经验和监狱服刑经验,因此对抗心理比较严重。这种对抗心理可分为对抗司法机关和对抗社会两方面。前者表现为逃避司法机关的侦查和惩罚的心理;后者表现为对整个社会的迁怒心理。

3. 情绪和意志的消极性和破坏性

累犯因为既有过犯罪成功的体验，又有过犯罪失败的痛苦，因此其情绪和意志方面的特点有别于初犯。尤其表现在犯罪成功后的疯狂享受和犯罪失败后的愤恨和迁怒无辜上。他们经不起犯罪的诱惑，改邪归正的意志薄弱，同时为了弥补所谓的"损失"，犯罪情绪和犯罪意志极具破坏性、疯狂性。

4. 染有不良习惯

累犯多半都有好逸恶劳、流氓成性的习惯特点。这些不良习惯既是犯罪的原因之一，同时又是不断犯罪所导致的恶果。

三、惯犯的心理特征

惯犯亦称"常习犯""惯常犯""职业犯"，指反复实施同类犯罪、形成犯罪恶习的犯罪人。我国刑法对惯犯没有作明确的规定。

从犯罪心理学的角度看，惯犯与累犯有以下区别：第一，惯犯犯罪往往局限于同一罪种，而累犯则不一定犯同种之罪；第二，惯犯作案已成习惯，表现出同一手法、同一方式，而累犯则可能用多种方式；第三，惯犯以犯罪为生活来源或因生活习惯驱使而犯罪，累犯则不一定；第四，惯犯已习得一定的犯罪技术，甚至是相当熟练的犯罪技术，而累犯则未必学得犯罪技术，或虽有也不见得高明。当然，惯犯和累犯也有很多相似之处，对社会的危害程度都比较严重。

惯犯以惯窃为多。形成惯犯的原因很复杂。一般来说，在初次犯罪时，反社会的冲动和抑制它的社会性心理活动的冲突是强烈的，但在其罪行未被发觉而获得成功时，这就成了再次犯罪的保证，并且在继续犯罪的过程中这种冲突逐渐减弱，使犯罪常习化。还有这样的情况，由于第一次犯罪而有了前科，鉴于这一前科招致他在社会生活上的障碍，因而再次陷入犯罪。三番五次地重复从服罪到犯罪的经验，也有使其成为惯犯的可能。

（一）惯犯的行为特点

1. 犯罪计划的周密性

惯犯如未经周密计划，虽然犯罪有利可图，也不轻举妄动。惯犯选择作案目标总是经多次观察，对作案方式一再考虑，然后再下手。

2. 犯罪行为的坚决性

惯犯自开始实施其犯罪行为后，即有不达目的绝不罢休的决心，绝不会因受到阻碍而中止其犯罪行为。

3. 犯罪手法的类似性

惯犯因形成犯罪习惯，反复犯同一类罪行，在犯罪手法上难免无意中表现出类似性。

4. 犯罪行为的频发性

惯犯犯罪行为较为频繁，犯罪间隔时间相应较短。

5. 犯罪习惯的稳固性

与一般行为习惯一样，犯罪习惯一旦形成，比较稳固，难以矫正。

(二) 惯犯的心理特征

惯犯的心理特征与累犯的心理特征有相似之处，但惯犯有其独特的地方，尤其表现在以下两个方面：

1. 犯罪动机的功能独立

所谓动机的功能独立，是指一种动机自动化的现象。行为是由动机支配的，但某一行为反复多次实施后，原有的动机渐渐失去了对该行为的支配作用，行为的支配力量就由行为实施方式本身来取代，又称"自主动机"。最初在某种外部作用下实现了的行为，由于多次重复，可能自行变成了一种需要。

惯犯的犯罪动机具有功能独立的特征。犯罪行为在他们身上已成为一种下意识的、具有自动化特征的行为。犯罪对于惯犯不再像初犯那样只是作为满足私欲的手段，而是作为调整、平衡内部生理活动的手段，犯罪本身成了一种需要。惯犯犯罪时缺少初犯所具有的那种不安感、危险感。

2. 性格特征的内倾性

惯犯性格的一个最显著的特点就是比较内倾。惯犯中很少见到性格外倾的。事实上，也只有性格比较内倾的人才容易沦为惯犯。有犯罪学家认为，如果说犯罪是一种职业，那么由性格内倾的人来从事这种职业则是最适宜不过的了。确实如此，孤僻、忧郁、与社会联系面窄等性格特点最有利于长期作案而不被外界注意和发现。因此，国外许多心理学家已经开始着重注意那些平时表现不突出、沉默寡言的青少年，并对其进行心理研究，以防他们犯罪。这些性格内倾的青少年一旦作案，其能耐、能量远比平时表现外倾、调皮捣蛋的青少年要大得多，并容易堕落成惯犯，难以自拔。

第五节 共同犯罪心理

一、共同犯罪的概念和形式

共同犯罪的概念源于《刑法》总则第 25 条规定："共同犯罪是指二人以上共同故意犯罪。"共同犯罪作为多人结伙犯罪，犯罪学界又称其为群体犯罪。

在具体的共同犯罪案例中，共同犯罪又表现为多种形式。刑法学界对此进行了各种划分。其中，从"有无组织形式"这一标准，把共同犯罪分为"一般共同犯罪"和"有组织共同犯罪"。从量刑而言,这样划分比较概括,但对于研究共同犯罪的心理基础及形成规律而言,显然不够。一些犯罪心理学教科书称共同犯罪为团伙犯罪,过于简单,不能从心理上真正有效地分析共同犯罪的心理原因及规律。本书把共同犯罪分为四种形式。

(一)合作式共同犯罪

合作式共同犯罪是指二至三个犯罪人为达成某种犯罪目的而纠合在一起,彼此协助进行的犯罪。这种形式的共同犯罪又称一般共同犯罪,其犯罪主体之间的关系比较简单,不存在特定的组织形式,是无组织共同犯罪中的常见犯罪形式,也是共同犯罪的主要形式。从犯罪活动的次数看,又分为两种:一种是事先纠合,长期勾结,反复实施同类犯罪活动,例如夫妇合作开黑店,男女合作拐骗贩卖妇女等;另一种是指为实施某一特定犯罪而临时纠合,在该特定犯罪完成后这种纠合即告结束,例如,有夫之妇与第三者通奸,为达到长期相处的目的,与第三者合谋共同杀害亲夫。

(二)团伙式共同犯罪

团伙式共同犯罪是介于一般共同犯罪与犯罪集团之间的一种特殊的共犯形式,是以青少年犯罪人为主体的、体现其年龄特征的犯罪形态。具体来说,就是指一些地区相近、年龄相仿的青少年在共同利益和兴趣的基础上自发地纠合在一起进行的犯罪。这种形式的共同犯罪又称团伙犯罪。与集团式共同犯罪相比,团伙式犯罪的犯罪目的并不明确,经常处于变动之中,往往盲目地实施各种犯罪,常见的犯罪行为有聚众斗殴、抢劫、盗窃等;团伙比较松散,其结构呈团型而且以"滚雪球"的方式发展,具有一定的开放性,因此团伙成员不固定,处于经常性的变动中;不具备明确的团伙规范,但有一定的默契。虽然团伙式共同犯罪是一种结构比较松散的群体犯罪形式,但是,团伙一旦形成,团伙成员在交互感染和作用下,犯罪心理会逐渐得到强化。特别是青少年正处于思想道德、情感意志尚不成熟和稳定的阶段,具有极大的盲从心理,容易被暗示,如果被恶性极深的犯罪分子教唆引诱,势必在犯罪的道路上越走越远,很可能发展成惯犯、累犯,整个团伙也会逐渐地向有组织、有领导、有计划、有纪律、结构严密、层次分明的犯罪集团形式发展,甚至演变成黑社会性质的有组织犯罪。

(三)集团式共同犯罪

集团式共同犯罪是指多人以一定的组织形式进行的有组织犯罪。这种形式的共同犯罪又称有组织群体犯罪,通常有严密的组织结构和组织形态,其组织结构呈宝塔形,由头领、骨干、主要成员以及一般(外围)成员层层缔结而成。在集团式共同犯罪中,有正式的集团目标、规范和组织纪律,等级分明,控制严密,成员分工明确,活动计划周密,较之一般共同犯罪具有更大的社会危害性。常见的犯罪集团有危害国家安全集团、走私集团、贩毒集团和黑社会组织等。

（四）聚众式共同犯罪

聚众式共同犯罪是指在某种特定的情境中，因某种较明显的外在刺激的激发，通过人们之间的心理互动、模仿和感染而创造出适合于共同犯罪行为的气氛和意向，从而迅速聚集起来的一种群体暴力性和破坏性的犯罪。这种形式的共同犯罪，由于在实施犯罪行为之前和实施犯罪过程中始终没有形成犯意接触和犯罪沟通，又称无通谋的群体犯罪；由于其犯罪形式均为实施暴力，又称"群体暴力"。例如，一些农村发生的宗族间的大规模斗殴，观看足球比赛中发生的暴力事件等，都属此类犯罪。此种犯罪中，人与人之间的关系较为混乱，无稳定联系。

由于共同犯罪是二人以上共同实施的，因此它比单独犯罪具有更大的危害性和破坏力量。

二、共同犯罪的心理动因

从犯罪心理学角度而言，个人在实施犯罪行为时总有逃避社会规治和隐匿个人行为的心理。相对于群体性的活动而言，单个人的行为活动空间小，行为单一，影响面窄，犯罪后有利于逃避司法机关的追捕。这决定了在一般情况下，犯罪人实施犯罪会以秘密的单独个体的形式出现。但是，人类社会自有犯罪以来，共同犯罪始终是犯罪的一种表现类型。那么，犯罪人采取结伙的方式进行犯罪的心理动因，也就是不同于单个犯罪人进行犯罪的特有的心理动因是什么呢？从人的趋利避害的本性分析，可以将其归纳为以下两个方面：

（一）有共同的（或相似的）需要和欲望且只有通过共同犯罪才能实现——趋利

人有许多需要和欲望，为了满足这些需要和欲望，人总是会通过各种方式从事各种活动，包括符合社会规范的活动和违反社会规范的活动。人作为一种社会动物，当其需要和欲望与其他人相同或相似时，往往会谋求与他人合作共同达成需要和欲望的满足。特别是在复杂的社会环境中，人的许多欲求和需要仅靠个人的力量难以满足，因此，人们形成了各种社会关系，产生了种种互助行为。当人们产生某些强烈的需要和欲望而又无法依靠自身的力量达到满足时，或者在其所遭受的挫折和焦虑超越了自身的耐受力、容忍力时，对于能适应其需要和欲望的群体和团伙组织的向往就会变得非常迫切。

同样，对于犯罪人来说，当他们的需要和欲望相同（或相似）时，当他们企图通过非法手段达成需要和欲望的满足的动机相同（或相似）时，往往会有结伙的想法。尤其是当其感到要想达到个人的犯罪目的，满足个人各种需要和欲望，光靠个人力量难以实现时，结伙的心理倾向就更为强烈。于是，为了共同的私欲，这些犯罪人就会纠集到一起,拉帮结派,或组成一定的团伙,共同进行犯罪活动。

(二) 因共同犯罪而带来的罪责扩散感——避害

所谓罪责扩散感,是指共同犯罪人在犯罪时,因多人共同实施犯罪行为所产生的一种犯罪后果由多人共同造成,犯罪责任应由多人分担,自己不必负全部责任的心理感受。这种心理感受往往会使共同犯罪人在犯罪时有一种解脱感,减轻受惩罚的顾虑和良心的谴责,从而增加犯罪安全感和作案的勇气,犯罪时更加胆大妄为,动力十足,甚至光天化日之下也敢在交通要道、街头闹市公开进行打砸抢、杀人防火、侮辱妇女等共同犯罪行为。在共同犯罪中,来自犯罪群体的群体性支持力量,容易使共同犯罪人产生这种作案责任分担的罪责扩散心理,犯罪意志会变得坚决、持久。

犯罪人在实施共同犯罪时,之所以自我罪责感能够减轻,主要基于以下原因:

(1) 犯罪人认为自己实施的犯罪行为是犯罪群体的意志和决议,自己不应该对此承担责任,即使承担也应该由他人和自己一同承担,这样的想法无疑会淡化犯罪人主观上的罪恶感和惧怕法律制裁的恐惧感。

(2) 共同犯罪往往是有计划、有组织、有分工的多人配合协同作案,这不仅会减轻犯罪人的心理压力和紧张感,而且也会使犯罪人克服在孤立个人犯罪时常常遇到的无助感,产生作案易于成功、易于逃避惩罚的侥幸心理。

众所周知,犯罪是违反国家法律、应受刑事处罚的行为。对于任何神智正常的犯罪人来说,犯罪的法律后果是清楚的,因而犯罪人在单独犯罪时就不免会有一种恐惧感和罪责感。而多人合作、共同参与犯罪,就使犯罪人感到不仅可以满足自己的私欲,而且还会罪责分担、作案安全。在共同犯罪中,由于人多势众、相互壮胆、彼此解脱,犯罪人的心理状态就有别于单独犯罪,犯罪的吸引力和诱惑力就更大。这也是导致共同犯罪的一个重要的心理动因。

三、共同犯罪心理的基本特性

共同犯罪有其不同于单独犯罪的特有的心理动因,与此同时,共同犯罪心理也有不同于单独犯罪心理的特有基本特性。这些基本特性在不同形式的共同犯罪中又有其特殊的表现。

(一) 共同犯罪心理的共向性和互动性

所谓共同犯罪心理的共向性,是指共同犯罪人之间存在的一种心理相容、关系融洽、配合默契的共向心理倾向。具体来说,共同犯罪人有着共同的需要和欲望、共同的心理志向和兴趣爱好、相同和相似的人文社会环境以及社会经历等。这种共同的心理倾向往往使共同犯罪人凝聚在一起,自愿归属于犯罪群体,共同实施犯罪行为。

所谓共同犯罪心理的互动性,是指共同犯罪人因为具有共同的心理倾向而产生的心理上的共鸣和互动。共同犯罪人的共同心理倾向使得他们之间极易产生心理互动,达到信息、情感和经验等心理因素的交流,进而指导外部行为动作的交流。心理互动的过程是共同犯罪人相互理解、接受和认可的过程,同时也是犯罪信息的生成、发展以及意义的明确和扩展的过程。通过心理互动,犯罪群体以及共同犯罪行为逐渐呈现有序和协调,形成群体特有的凝聚力。同时,共同犯罪人的心理互动也会反过来促成共同犯罪人共同的心理倾向的深化。

共同犯罪心理的共向性是吸引犯罪人走到一起的重要的心理基础。这种共向性主要体现在犯罪人志向的相同性和在其他方面的相近和相似性。对于集团式共同犯罪来说,吸引共同犯罪人走到一起的是志向的相同性。苏联心理学家彼得罗夫斯基认为,在团体中,真正的集体与松散的组群(又称松散的团体)有原则上的区别。其区别在于:松散的团体中人与人的关系是直接发生并直接相互作用的,在直接的关系中,吸引人们聚到一起的是感情方面的内容;而在集体中,人与人的关系则具有间接的性质,是一种结构式的联系,维系集体团结的力量是共同的活动目的、任务和价值,即活动的内容。这一观点正好可以用来说明团伙式共同犯罪与集团式共同犯罪的区别。集团式共同犯罪就属于后一种情况。犯罪人之所以以集团的形式共同犯罪,首先在于这些犯罪人都有共同的犯罪目的和志向,从而使他们组织起来,互相配合,以最佳的方式达到他们共同的犯罪目的。许多犯罪集团组织结构复杂,实行单线联系,人与人之间的关系多为间接性的,加入同一犯罪集团的人往往彼此不知底,但是他们又同属于一个集团,实施目的相同的行为。

对于团伙式共同犯罪来说,吸引共同犯罪人走到一起的是相近和相似性。社会心理学的研究表明,由于相近和相似,人与人之间很容易产生吸引,结成各种亲密关系。

相近,是指人们在生活、工作和活动的空间距离上的邻近性。在人际交往的初期,邻近性因素往往起着重要作用,因为我们常常是从与距离较近的人开始建立起各种关系的。相近的人较易结成亲密的人际关系。相近因素的作用首先在于生活空间的邻近能使彼此接触频繁,故较易熟悉和了解。其次,邻近性可能产生对继续友好相处的期望。这种期望使得人往往以较友好的态度对待对方,这样相互之间都能较多地察觉到对方的友好表示,彼此之间就有较大的吸引力,从而结成友好的、亲密的关系。

相似因素包括文化背景、民族、年龄、学历、修养、社会地位、职业、思想成熟水平、兴趣、态度、观点、某方面专长等各方面。这些方面的相似,都能在一定条件下不同程度地增加人们的相互吸引,进而促进交往,产生亲密感。相似性之所以会增进人际吸引,原因有两个方面:一是具有相似态度与兴趣者,多趋于参加同类活动,参加类似活动既多,自然将增加彼此认识沟通的机会,从相识而相知,进而建立进一步的感情;二是凡是年龄、学历、兴趣、信仰等各方面相似者相交往时,彼此间的意见容易沟通,而在意见沟通交流的过程中,由于个人的见解引起对方共鸣,满足了人们心理上对平衡或协调关系的需求,从而产生相互吸引。

这种因相近和相似所产生的吸引容易形成小群体。许多犯罪团伙的产生也是如此。特别是对于处于青春期前后的青少年来说,更是如此。青少年正处于意欲摆脱家长、教师的束缚,同时又缺乏自主能力的时期,这时的他们往往向最接近的、又有同感的同龄人中寻找依靠和知己,而寻找的标准就是感情上的好恶,依靠这种标准必然导致"同类相聚"。

一些品德不良、有劣迹行为的青少年,由于自身在性格脾气和行为习惯上存在某些缺陷和不足,与社会主流道德意识有所违背,他们往往不被社会接纳或认同。对于他们的一些不良言行举止,人们会批评指责,甚至唾弃漫骂;而他们的一些优点,又常常得不到人们的关注,甚至被怀疑和误解。他们非常渴望与尊敬或赏识他们的人聚集在一起,获得一种新的认同感和尊严感。这就很容易使他们"扎堆",形成"异常小群体"。这种群体无明显的组织形式,没有严格的结构层次,其中只有自发的或公认的头头、核心成员。维系他们之间关系的就是彼此的好恶、义气和崇拜。所以,团伙常见于某一街道、某一楼群或某一学校,甚至在未成年犯管教所中也可以见到以地区划分的团伙。总之,团伙的形成、产生是出于情投意合,其关键在于他们之间能直接接触,有同感和共鸣。

(二)共同犯罪心理的坚韧性和依赖性

在共同犯罪中,犯罪群体的利益追求和目标动机相同,成员之间的情绪情感交互感染,因此,共同犯罪人的犯罪意志和犯罪行为表现出极大的一致性(即犯罪行为的实施无论是直接还是间接与犯罪结果发生联系,都是对犯罪结果的期待和追求)。这种一致性使得共同犯罪心理表现出相当强的坚韧性。

同时,共同犯罪心理的坚韧性又是建立在共同犯罪人对犯罪群体的依赖之基础上的,也就是说共同犯罪心理还具有依赖性。这种依赖性体现在两个方面:一是在共同犯罪中能使犯罪人体验到在单独犯罪中体验不到的备受瞩目的成功感和刺激感;二是共同犯罪的成功需要共同犯罪人彼此之间的协助和配合,特别是能力互补方面的协助配合,这在合作式共同犯罪中表现得尤为突出。吸引犯罪人进行合作式共同犯罪的心理基础就是他们在犯罪能力上的互补性。社会心理学的研究表明,当交往双方的需要和满足途径正好成为互补关系时,双方之间的喜爱程度就会增加。人们往往选择具有某些需要和特征的人为友,而这些需要和特征能够补充(而不是符合)人们自己的需要和特征。对于某些犯罪活动来说,犯罪人如果单靠自身的生理和心理条件很难达到犯罪目的,而由一些在犯罪能力上具有互补性特点的人一起实施某个犯罪活动,获得成功的几率就会增加。如拐骗妇女,如果直接由一名男性出面,可能会引起对方的戒备和警惕,而由女性出面,则同性别之间戒备心理就会相对减弱,犯罪容易得逞。所以,许多拐骗妇女案、骗婚案、开家庭黑店等犯罪活动,都是男女合作共同实施的。此外,女性由于体力上的弱点,难以实施暴力性犯罪,她们实施某些犯罪也要借助于男性犯罪人的帮助。

(三)共同犯罪心理的从众性和服从性

所谓从众,是指个人基于社会群体的压力,放弃自己的观念和行为,采取与群体中多数人一致的观念和行为,以获得安全感、归属感和认同感的现象。就共同犯罪而言,犯罪群体在人员构成上的相同或相似会给每个成员带来比较强烈的自我认同感和归属感,这无疑是一种诱惑,这种诱惑会促进他们的从众性;同时,偏离群体的强烈的恐惧感也会促使他们产生从众心理,因为几乎在任何群体中都有强大的压力要求一致性,不服从的人就冒有很大的危险。当某人不赞同群体其他人的意见时,其他人会尽一切努力迫使他服从。因此,一旦加入犯罪群体,即使起初的行为是违背个人意愿的,但因为群体行为的一致性和从众心理的存在,会使个体缺乏自信心和独立性,个体的观念和行为会逐渐地向群体靠拢并逐渐形成一种行为上的习癖性。在犯罪群体中,成员之间或成员与群体之间的意见分歧和利害冲突势必会削弱犯罪群体的内部凝聚力,危害到犯罪群体的利益甚至生存,因此,犯罪群体通常都会存在有形或无形的群体权威和行为规范。加上犯罪群体中等级观念的存在,个体势必受到来自群体的压力,与犯罪群体的意志和目标背道而驰的结果往往是被排斥、打击和制裁。这无疑增强了共同犯罪心理的从众性和服从性。

(四)共同犯罪心理的感染性和爆发性

与单个人犯罪相比,在共同犯罪中,共同犯罪人之间的情绪交互感染效应相当明显。共同犯罪人的情绪情感较多地受到来自犯罪群体其他成员和犯罪群体自身的影响和干扰。在共同犯罪中,由于群体意识的整体效应和共同的犯罪利益需要,个体被迫放弃自己的兴趣、目标、认识等,甚至不需要有独立的个性和自我意识,而必须融合到狂热的群体意识中。个体的情绪情感需要放置在群体中重新进行整合,即需要和其他成员进行情绪情感的感应交流,最终达成相应的群体情绪情感。在群体情绪情感的支配下,群体意识产生,个体极易被施加于群体的外界刺激和不良行为所激惹,产生激情冲动,并且这种激情冲动极易在群体间得到迅速的响应,由一人传染到另一人,很快便发展成群体性的激情和冲动;这种群体性的情绪情感又反过来施加给每个群体成员,进一步强化他们的犯罪冲动。正是由于这种不良情绪情感的传染和强化作用,一些共同犯罪人会实施一些在个人单独实施犯罪时不可能采取的暴力行为。情绪情感的交互感染还会使个体理性部分或完全丧失,使群体呈现出疯狂的状态,行为的实施往往不计后果,整个犯罪过程呈现出短时性、爆发性和难以控制性。

共同犯罪心理的感染性和爆发性在聚众式共同犯罪中体现得特别明显。聚众式共同犯罪往往由某个特定的情景或刺激所引起。这种情景或刺激激起了人的某种情绪(或喜悦,或愤怒),同时在场的众人的情绪交互感染——彼此都产生"兴奋信息"(包括语言、表情和动作),又彼此接受"兴奋信息"。这种共同的情绪信息传入在场每个人的大脑后,引起大脑皮层动型的巨大变化,导致人出现激情状态。这时,人的行为主要受情绪支配,意识的控制作用相对减弱,有的甚至失去自我控制。在这种情况下,人常常会做出缺乏理智的行为,甚至是违法犯罪的行为。

同时,在聚众式共同犯罪中,群体成员往往表现出"无个性化"的特点,即主体性的丧失。群体成员越无个性特征,作为个体的差异性越小,自我特征的感觉就越弱,他们的行为方式也就越无责任。群体使个体丧失了个性特征,同时也相应的为个体提供了保护,使法律的运用遇到困难,这就是通常所说的"法不责众"。由于每个人的行为隐藏在许多人的行为当中,不会明显地暴露出个人行为,所以众人即使做出了残忍的行为,也会产生一种"大概不会知道谁是负责人"的心理作用,加之确信只要隐藏在许多人当中就可以避免处罚,还会产生由于人多自己本身也具有强大力量这种想法。正是这些原因导致了他们不负责任的行为。

第六章 变态心理与犯罪

与精神状态正常的人相比，心理变态的人在实施犯罪的心理原因以及实施犯罪的方式、手段等方面，均有其自身的特点。因此，为了有的放矢地预防和惩治变态心理者的犯罪，必须全面准确地了解变态心理的机制以及变态心理与犯罪的关系。

第一节 变态心理概述

一、变态心理的概念

变态心理系偏离常态的心理，是指由于大脑机能或精神活动超出正常范围，导致对客观事物的认知、情感、意志等心理活动和行为表现的不同程度的异常。狭义的变态心理主要指"变态人格"或"人格异常"，广义的变态心理则还包括精神病。本书采广义。

"变态心理"一词在不同的研究领域有不同的名称。例如，在临床医学、精神病学领域习惯用"精神障碍""精神疾病"，而在心理学领域又习惯用"心理异常""心理疾病"等。它们的内涵和外延都是基本一致的。根据心理变态的严重程度，从患者本身的心理功能角度出发，可将变态心理分为三大类：第一类包括焦虑症、体化症、解离症、性心理异常和情感症，它们的共同特征是患者虽在生活上适应困难，心理上感到痛苦，但在病情上并未达到必须住院治疗的地步。第二类则是变态人格，此类心理变态患者虽然在客观上显示出生活适应困难的迹象，但就其本身主观而言，并不像第一类患者一样会因自己行为的偏差而感到焦虑不安，而且与精神病患者相比，人格变态者虽有异常的人格特征，但却未脱离现实，反倒是善于利用现实以达到其自私自利的目的。第三类是精神病，是各种心理变态者中最为严重的一种，患者之异于其他心理变态者，主要在于其心理失常已经恶化到精神分裂的地步，在人格结构上也已脱离现实，且丧失了自主生活的功能，必须住院进行治疗。

心理变态者由于心理活动异常，辨认力、自知力和自制力差，因而在变异或荒诞的心理支配下，常会做出危害社会的行为。但变态心理与犯罪两者之间并无必然联系。绝大多数违法犯罪的行为人，神志清晰，精神正常；心理变态者（包括精神病人)也并非一定会做出违法犯罪行为。因此,本章的目的并非要引导人们从变态心理的角度,为某些违法犯罪行为开脱或对这些行为人进行"谅解",更不企图用变态心理的眼光对犯罪原因进行解释。恰恰相反,本章的立足点在于通过研究变态心理,使法律的适用更为准确和科学,对犯罪的改造更有成效,预防犯罪更有的放矢。

二、界定变态心理的原则

对变态心理的判断和界定常因民族、地域的不同以及研究者所持标准的不同而具相对性。但界定变态心理的原则通常是一致的,这主要表现为以下三个方面:

(1) 看人的心理活动与客观环境是否统一,所作所为是否符合其所处的特定环境对其提出的要求,其言行能否被一般人所理解,有无明显离奇和出格之处。

众所周知,人的心理现象是外部世界的反映,是自然、社会、人际关系等客观存在的反映,一个人的心理现象必然适应或反作用于客观存在。因而,正常心理活动的特点,首先在于它是主观与客观、精神与物质相互协调统一的。如果缺乏这种统一性,人的心理无疑是偏离常态的。

(2) 看人的心理活动本身是否完整和协调,认知、情感、意志活动这些心理过程在强度、内容、形式和时间方面是否保持和谐、平衡。

一般来说,随着对外部世界的认知,人会出现相应的情感过程和意志行为。如果一个人的思想或对客观事物的认知不是产生相应的与之协调的情感和意志行为,而是相反,在知、情、意三者之间出现分裂现象,则可认为出现了变态心理。

(3) 看人的心理特征的总和即人格是否相对稳定,亦即人的个性特征在各种心理过程中是得到正常的稳定的表现,还是病态的偏离和波动。

除了上述三方面的原则外,对变态心理的界定还要根据某种行为出现的频度、持续时间和强弱程度以及人适应环境的能力、对待困难和紧张的态度、与人相处的情况等进行综合判断。

三、变态心理形成的原因

变态心理的形成一般认为是先天的遗传缺陷和后天的不良环境相互影响、相互作用的结果。变态行为的发端几乎都以某种境遇中的偶然事件为契机。

从先天因素来说,心理变态者中有些人有遗传缺陷,在精神病患者中这一点表现得尤为明显。精神病血缘关系越近,患病率就越高,变态人格亦是如此。

从后天因素来说,变态心理与变态心理者所处的环境以及特定的成长背景紧密相联。问题家庭中的角色期望不良、不健康的父母榜样、家庭文化背景不良、童年期的创伤、挫败和人际关系的疏远；社会环境中的政治、经济和文化的变迁及都市化现象（拥挤、噪音、贫困、歧视、犯罪等），个人生活历程中的重大变故和生活落差（丧偶、离异、坐牢、失业、举债等）都会诱发变态心理。

第二节　变态人格与犯罪

一、变态人格的概念

变态人格，又称"精神病态""人格障碍""病态人格"，指人格在发展和结构上的明显偏离正常，以致不能适应正常社会生活的一种心理缺陷。

人格与"个性"是同义语，是一个人与其他人能够区别开来的全部心理特征的总和。人格或个性应包括一个人的智能、性格、兴趣、爱好、社会价值观念和倾向性以及理想和情操等许多方面，其中又以智能和性格为最基本的人格构成因素。人皆有人格缺陷，只是到了一定程度，即本人适应社会的能力明显不良或是达到了造成他人一定的痛苦的程度时，才形成了人格变态。

变态人格一般在十岁左右便可表现出某些迹象，到青春期即有明显的人格缺陷表现，男性可以更早发生。变态人格具有相对稳定性，一旦形成就较恒定，不易改变，矫正困难。但到了中年后，有的由于阅历丰富、精力下降，可以部分或全部地自动缓解；有的在变为正常后，仍遗迹难消，紧张时又会暴露，有病时又易加重，患者在不顺利环境下易产生反应状态和疾病发作。

变态人格并非精神病，因为它不符合精神病发生、发展的规律，只是人格表现超越正常范围，变态人格者没有完全丧失辨认事物和控制自己行为的能力；变态人格不具有中枢神经系统或其他器官的功能障碍，无疼痛或不适，也不是精神病或神经症造成的后果；变态人格既无疯癫也无智力缺陷。但是，从变态人格的特征看，它也不是精神健全的正常人的表现，可以说变态人格是介于精神病人和正常人之间的一种中间状态，并非轻度的精神病或精神病的早期表现，但精神病愈后可留下人格变态。

二、变态人格的特征

（一）缺乏良心或良心不足

这又分为两个方面：第一，变态人格者不能将社会道德标准运用于他的行为，不重视社会和文化环境所"允许做"和"禁止做"的事；第二，缺乏罪恶感。罪恶感是任何高尚良心的一个重要部分，一个正常人违反了道德准则时就会有罪恶感,他会为自己的不良行为而感到郁郁不乐,并谴责自己。除了这种情感体验外,罪恶感还能起警告作用或防止作用。人们都极力不违反道德准则,以避免经受痛苦的体验,因为如果他们做了违背道德准则的事,就会有罪恶感而感到不快。罪恶感对于变态人格者来说是个未知体验,这使得他随时继续其反社会行为,直到周围的人或有关部门决定对他进行控制。当遇到要和他对质谎言或揭发他不诚实的行为时,他常常会想方设法把自己的行为说得合情合理,花言巧语地提出许多理由为其行为辩护。

(二)情感不成熟——自我中心

幼儿几乎完全只顾自己,无论何时何地、何种情况下都只顾自己的需求。他是以自我为中心的,他在自己世界的中心,他所考虑的一切就是自己欲望的满足。一遇到挫折,他就对他的周围冲动起来。如果没有满足他眼前的要求,他甚至会痛打他最亲近的人。当幼儿成长起来时,他就渐渐变得社会化了,学着如何使自己适应一个充满人群的世界,学着推延满足他欲望的时间,并且愈来愈意识到有时会有与自己的需要发生冲突的别人的需要;他学着作出让步,并且认识到不能老待在自己世界的中心,对别人的需要和情感也必须加以考虑;他学着服从社会规范和法则,他认识到,如果每个人都以自我为中心,会是什么后果;这样,自我中心就会遭到摒弃,而一个比较以社会为中心的定向就会取而代之,这是孩子成长中的一个规律。

变态人格者在这方面永远不会成长起来,他的身体、智力成长起来,但情感却始终不会成长起来,他仍然是以自我为中心的。换言之,他只顾满足自己眼前的需要和欲望。由于他像幼儿一样,不能忍耐需要满足的延缓或推迟,所以当他的欲望受到环境阻挠时,就变得极端灰心丧气,再不然他就冲动起来继续为所欲为,以得到他想要的东西,而不顾别人的死活。而且,如上所述,当他这样做的时候,不会受到良心的谴责。但是,变态人格者不同于幼儿,他的身体已经成熟,并已学到许多重要的技能,他可以利用它们对付他的环境。因此,他可以把已经成熟的许多东西,去为满足他幼儿似的需要和冲动服务;或者,在受到挫折的情况下,他可以利用它们去对抗阻挡他的道路的人。

还应说明的是,变态人格者自我控制能力较弱。一般人由于社会化过程的结果,自我控制的能力较强。一个人如果违反社会准则,就要受惩罚。这一经验,通常能使人提高警惕,以使违法行为及其惩罚后果都得到避免。然而变态人格者却不能从他的经验中吸取教训,因为他的自我控制力较差。所以,他还会继续犯他前一两次受过惩罚的同一罪行。过去的经验无论如何也影响不了他未来的行为。他幼儿似的需要是强烈的,他的控制机能是微弱的。结果是,他的行为仍然受前者操纵,而不受后者支配。

（三）无生活计划和长远打算

变态人格者基本上受情景所制约。当他需要时,他立即就要他所要的东西,而不能把自己的欲望推迟到将来去满足。他基本上还不能为将来着想或为将来作出计划。既然变态人格者的生活受情景所制约,他就显示不出任何制订生活计划或为将来作准备的迹象。

对变态人格者来说,生活是一种飘忽不定的东西,由一系列冲动行为构成。冲动行为使他不能订出某项事业的长远计划,不能达到社会所期望的目的,不能获得社会、经济和情感状态的稳定。虽然他有时为了自己的将来也决心遵守一定的计划,但这种计划实际的执行,总是半途而废。眼前临时的诱惑太多,阻止着他实现他所选定的长远目标。变态人格者干起工作来可能也很成功,但是由于他缺乏责任感,任何工作都不能坚持长久。

（四）缺乏爱和忠于爱的能力

变态人格者不能建立和维持纯真的感情关系和人际关系。上已提及,在情感上他还是一个以自我为中心的、易于冲动的幼儿,他主要只顾自己的需要及其满足。他是自己世界的中心,绝不让别人沾他的光,对别人也没有真情实意。

变态人格者没有真正的友谊,尽管人们会给他大量的爱和感情,容忍他的许多古怪行为,但他根本无动于衷;尽管别人为他作出许多牺牲或让步,但他却不能为别人作出任何牺牲或让步,缺乏移情作用和自居作用的能力,他不能为别人设身处地着想,不能为别人的感情和感受着想,对他人麻木不仁和冷淡无情都是他的特性。

对爱也是如此,他对别人不可能有纯真的爱和专一的爱,他可以海誓山盟,正像他向别人表示忠诚于友谊一样,但这全是虚情假意,因为他的"真正爱情"是朝秦暮楚。他信誓旦旦的爱情和友谊,虽然也会流露出丰富的情感、迷醉和钟爱,但这都是不纯真的东西,而是表面的,是用来达到一定自私目的的手段。

三、变态人格的类型

（一）偏执型变态人格

表现为固执己见,不计后果。有的自我评价过高,狂妄自大,好把自己的意见强加于人,当自己的意见遭到反对时,就疑心别人嫉妒他、迫害他,甚至会产生报复型暴行;有的敏感多疑,心胸狭窄,好嫉妒,如对人有意见,会逐渐认为别人跟他过不去,是恶意刁难他,从而寻机泄愤;有的坚信自己正确,为了捍卫自己的正确,可能采取各种形式的斗争,甚至采取严厉的报复手段,其中有些人会发展成"诉讼癖",成为"诉讼狂",由于坚信自己的利益受到侵犯,而无休止地进行"缠讼"。这种类型的变态人格者难以与人相处,易发展为偏执型精神分裂症,但无思维和知觉障碍,多见于男性。

(二)情绪不稳定型变态人格

表现为情绪极不稳定,喜怒无常。他们有时狂喜狂怒,失去控制,毁物伤人;有时则相反,对事对人过于细心,谨小慎微,往往无故焦虑、胆怯,或起悲世之感、厌世之念。这类人情感变化多端,激惹性较高,微不足道的琐事能引起强烈的情感冲动,在暴怒状态下可出现粗暴行为和破坏性的冲动,甚至不顾一切后果而进行殊死的斗殴,事过后悔,但之后又会再发。

(三)意志薄弱型变态人格

表现为优柔寡断,对任何事都无法做主,即使偶然作出决定,也不能持久;意志不坚定,工作无计划,做事虎头蛇尾,有始无终,缺乏坚持性,对外界事物特别敏感且易受影响,常想变换工作,精神衰弱,多愁善感,总是感到自己能力低下,不自信,工作缺乏主动性;但长期的抑制和过度的紧张,也会突然转化为兴奋而做出攻击、破坏行为;由于意志薄弱,缺乏抵抗力,易受人诱惑,甚至一再受骗而执迷不悟,一旦违法犯罪极易反复再犯。

(四)冲动型变态人格

表现为一遇微不足道的精神刺激即陷于暴怒和冲动之中,完全不能控制自己,往往实施暴力和破坏行为,尤其在醉酒后,更易产生冲动,做出毁物、伤人、杀人等行为。

(五)轻浮型变态人格

表现为举止轻浮,爱好嬉笑,缺乏羞耻、名誉、怜悯、同情等高尚情感,爱编造谎言,以使人上当为乐趣;虚荣心极强,为讨人喜欢,常不顾羞耻、不惜夸张,什么低级下流的事都做得出来。这种类型的人若犯罪,多为财产犯罪和性犯罪,且难以矫正。

(六)强迫型变态人格

表现为非常小心、谨慎、认真,拘泥于小节,古板、僵硬地按规矩办事,怕犯错误,追求完善,遇事优柔寡断,难以作出决定,同时对非常琐细的事情总是念念不忘,反复思虑,因此常常焦虑、紧张和苦恼。

(七)怪癖型变态人格

表现为有异常顽固的嗜好,最严重的和常见的有纵火狂和偷窃狂。纵火狂以纵火为最大乐趣,尽管并无明显破坏或报复的目的,却千方百计寻找纵火机会,明知后果严重,但又难以克制这种强烈的欲望。偷窃狂以偷窃财物为乐趣,经济目的反在其次,即使令其写检查、受处分或被拘留,过后仍难改正。有的偷了别人的东西又送还主人,下次再去偷回;有的偷了张三的东西送给李四;有的则将偷来的东西弃之一隅或登记并妥为保存。

(八)性变态型变态人格

也可算怪癖的一种,它与一般变态人格既有联系又有区别。这类人的身心素质大多有改变,表现为寻求性欲的对象和满足性欲的方法与一般人不同。常用一些奇特的方式方法求得性欲的满足,人格有明显的缺陷。但他们在一定的约束条件和环境下可以控制自己,这是他们不同于一般变态人格的地方。这类变态人格包括异装癖、恋物癖、露阴癖、窥阴癖、施虐癖和受虐癖等。

需要说明的是,性变态的性犯罪人和心理(人格)变态的性犯罪人是有区别的。性变态的性犯罪人之所以犯罪,是由于他被一种恐惧或无法摆脱的情绪所驱使而实施出某种性行为,这种驱使他犯下罪行的恐惧或情绪,特别表现在性方面或与性行为相联系的方面。而心理(人格)变态的性罪犯之所以会犯(性的或非性的)某种罪,则是因为他被一种恐惧或无法对付的情绪所驱使而公然对抗某种公共习俗或法律。因此,心理(人格)变态的性犯罪人,会因为怕自己软弱和"无男子气"而敌视别人,从而采取各种手段去偷窃、纵火或犯某种性方面的罪,如强奸妇女。

四、变态人格者的犯罪特点

变态人格者虽然智能良好,思维及联想过程无异常,能料理自己的生活,一般情况下没有完全丧失辨认事物和控制自己行为的能力,表面上看也能正常地从事一些学习、工作,但他们不能像正常人那样,经常或始终地用理智驾驭自己的行为和合情合理地处理日常事务。在异常人格的影响下,有些严重的变态人格者在很小诱因或偶然的动机下就可实施后果严重的犯罪行为,他们这时的精神状态、对事物的辨别能力和自制能力都不是健全的,而是弱化的。加上这类人自私、好记仇报复且残忍,故常引起伤害、抢劫、凶杀等刑事犯罪。在世界各国,尤其在西方国家,变态人格者犯罪已成为严重的社会问题。

目前,西方一些学者往往把犯罪与变态人格联系起来进行研究,甚至把小偷、流氓、盗匪、妓女、吸毒、酗酒等都视为变态人格所致,这是不适当的。犯罪人中有变态人格者,但并非所有的犯罪人都是变态人格者;一般人中也有许多变态人格者。

变态人格者受其人格缺陷的影响,在激发犯罪的动机上与正常人有别,在犯罪行为特点上也与正常人有别,具体表现为以下几个方面:

1. 犯罪动机较模糊

以杀人犯罪来说,常态情形下的杀人行为往往因果关系明确,杀人行为有清晰的内在逻辑联系,杀人经常源于过度强化但还算正常的情绪,像愤怒、怨恨和爱等,犯罪人与被害人往往都有明显的矛盾和纠葛,因而出现所谓的财杀、情杀、仇杀等。但变态杀手不同,在其变态人格的影响和控制下,杀人行为的动机往往晦暗不明,缺乏犯罪的因果关系,甚至匪夷所思,令人难以理解。多数变态杀手往往表现出为杀人而杀人的特征,因为在杀人的过程中,他们体验到了在正常的社会生活中所得不到的满足和快乐,他们所要的是操纵、支配和控制,这是让他们感到生命完整和充分的关键因素。在杀人的过程中,他们想得到的是控制生命、征服生命的快感,控制一些在正常状况下所无法控制的事情的快感。刺激变态杀手的是一种对权力和控制的渴望,这种渴望来自一种使他们感到无能为力和失去控制的背景。至于被害人是谁,为什么要杀他,则是次要的,甚至是无所谓的、完全不在乎的。不按牌理出牌是这些人最大的特征,由于精神上的极端怪异,使得他们以杀人作为除去痛苦、获得快乐的手段。在纵火和强奸案件中,也体现出这种特点。纵火是变态犯罪人在生命中获得权力、控制与成功感的途径,是生命里唯一的、真正的成就。[①] 变态的强奸犯罪人往往从强奸犯罪中寻求、重获自己的权力或能力,将强奸作为支配和控制的手段,而不是一般的性满足。他们的满足源于折磨和支配他们的被害人。他们也有可能通过性侵犯来表达自己对某一个或一群所仇恨的女性的狂怒和愤懑,他们的动机不必根植于一件真实或合理的得罪他们的事。他们的强奸行为具有高度的象征性,且往往以杀人告终。

由于这样的一种动机倾向,使得变态杀手的行为方式表现出极端的非理性。许多变态杀手在实施杀人行为时往往取人性命速度不快,像欣赏杰作似的,慢慢将对方弄死,让被害人在极度痛苦中缓慢死去。而他们本人则在这凌虐的过程中借由对方的痛苦而获得满足。当他们听到被害人求饶时会更加兴奋。因此,变态杀手在杀人手法上极度冷酷且冷血,而为了不使被害人在短时间内断气以免"破坏雅兴",他们会仔细注意着被害人,若是对方即将咽气,他们就会马上松开套在被害人脖子上的绳索,让对方有苟延残喘的机会。可是过一会儿,他们又会"上紧发条",逼迫得被害人喘不过气来。另外,在强暴的过程中,急需被害人有畏惧或被动的言行出现,要被害人绝对顺从其旨意。如果对方反击的话,他们的攻击行为就会升级。操纵、支配、控制——这是所有变态杀手的口号。

与此相联系的是,变态杀手往往会在犯罪现场取走被害人的个人物品(皮包、珠宝首饰、戒指、衣服或相簿等)甚至身体某个部位。这有可能是为了让警方找不到证据,但更多的是把它们当纪念品,因为多数情况下他们拿的这些并不是什么值钱的东西,即使是拿走珠宝首饰,也不是为了它们的价值,最主要的是这

[①] 参见〔美〕约翰·道格拉斯、马克·奥尔沙克:《动机剖析》,张向珍、史大晓译,海南出版社2001年版,第36页。

些东西能让他们"睹物思人",能让他们随时在需要的时候回味当时的经历。不仅如此,这些东西也是他们犯罪后幻想的寄托以及表示对自己"成就"的肯定,心中那股愉悦是旁人无法体会的。同样,当他们看到自己脖子上的项链时,也会对自己的罪行产生快感,而且被害人与犯罪经过都会鲜活地留在其脑海中。他们在犯罪现场也许会照相或录像,这也是为了同一目的,以便让这个时刻一遍遍地重演,以此作为享受。一旦他们的记忆不再能为他们提供这种享受,他们就会再次开始杀人。

2. 犯罪目标不明确

与上述动机倾向相应,变态人格犯罪人在选择作案对象时往往没有明确的目标。他们的犯罪目标要么是身体所处相近的人,要么就是某一类对他们来说具有象征和符号意义的人,而不是具体的某一个人。有些变态犯罪人甚至还会以对方对自己的态度来确定是否加害。随时发现,随时起意,体现出作案对象的不特定性。

3. 犯罪方式幼稚

变态人格犯罪人不仅暴力性犯罪多,智能性犯罪少,而且在犯罪行为方式上也有特殊之处:第一,犯罪手法不甚隐蔽,作案手段原始、简单,缺乏自我保护。第二,犯罪后果往往损人不利己,或害人又害己,甚至对自己的损害更大。如偏执型变态人格的缠讼、轻浮型变态人格的不顾羞耻的行为等。第三,一般是单独作案。变态人格者的偏执自私使之难以与人相处,加之思维怪异,犯罪少预谋,使他难以与其他犯罪人合拍,故多是单独进行犯罪活动。第四,被抓获后往往供认不讳,毫不掩盖,但又不承认是犯罪行为。有些甚至不怕被捕,不惧刑罚。

4. 犯罪具有连续性

变态人格犯罪人在犯罪过程中体验到犯罪的快感,犯罪后会回味那种快感。但回味只是暂时的。一旦这种回味消失了,他们还会寻找新的"猎物",寻找像上次一样"好"的经历,重温他们的快乐和满足。所以,变态人格犯罪人会多次作案,甚至虽经惩罚也难以改变,往往是一犯再犯。

从变态人格者的犯罪行为过程本身以及他们在犯罪后的表现来看,他们实际上是具有一定的辨别事物、控制冲动、考虑自己行为后果的能力的。因此,从精神病鉴定标准来看,他们并不是精神病患者,不存在明显的精神活动紊乱和行为紊乱,具有责任能力。因此,他们所实施的违法犯罪行为,一般应根据不同的情况负相应的刑事责任。

第三节 精神病与犯罪

一、精神病的概念

精神病就是人的大脑机能活动发生紊乱,导致认知、情感、意志和行为等精神活动障碍的疾病。

精神病与犯罪并无必然联系,不是每个精神病人都会发生违法犯罪行为,然而在司法精神病的鉴定实践中,确实证明有不少精神病人在各种严重的精神异常状态下失去意识和控制力,大多在病理性幻觉及妄想的支配下,在各种怪诞心理的支配下,实施了伤害、杀人、诬告、纵火、流氓等行为。因此,我国《刑法》总则第 18 条对此作了专款规定:"精神病人在不能辨认或不能控制自己行为的时候造成危害结果,经法定程序鉴定确认的,不负刑事责任。"刑法对精神病人的危害社会行为,基于"不能辨认"和"不能控制"的特殊精神状态前提下,作了与一般犯罪人不同的处理。国外有些学者称这种行为是"不算犯罪的犯罪"。在我国的司法实践中,由于精神病常识不够普及和法制不够健全,曾出现过对精神病犯处理不当的情况,造成不良后果;也存在着公安部门与精神病鉴定部门意见难以统一的状况,影响了法律的公正执行。因此,对精神病人实施危害社会行为时的特殊心理状态以及如何识别并采取相应措施作必要的研究,是有其实践意义的。

二、精神病的主要症状

精神病的主要症状,表现为各种精神异常,如认知过程、情感过程、意志过程和行为方面的异常。精神异常不仅由精神疾病的病理变化所决定,同时,患者的社会地位、文化程度、思想品质、生活经历、个性心理特征、性别、年龄以及身体素质对其也有一定的影响。这些因素会给症状的表现形式与内容带来许多变化。在临床中常见的精神病症状,主要有下列几种:

(一) 感知异常

1. 感知觉过敏和迟钝(缺失、抑制)

感知觉过敏是指对一般强度的刺激感到非常强烈甚至达到难以忍受的程度。如怕日光、嘈杂声,甚至对音乐也感厌烦,轻触皮肤即疼痛难忍,以及常常过分地对人作出反应等。感知觉迟钝是指对强烈的刺激感知轻微或不能感知。

2. 错觉

错觉是人的大脑对客观事物的一种歪曲的不符实际的知觉。常人也有错觉,但它是生理性的,当引起错觉的条件消除或凭着以往的经验便能很快得到纠正。精神病患者的错觉是病理性的,不能主动加以纠正并对错觉确信无疑,这常与意识障碍有关,极易导致危害社会的行为。

3. 幻觉

幻觉是指在没有客观刺激物的情况下,主观产生的虚幻的知觉状态。但在精神病患者的意识中却似真的一般,包括幻听、幻视、幻嗅、幻味、幻触、本体(内脏)幻觉等。

(二)思维异常

1. 思维过程异常

具体有三个方面:一是抽象概括水平下降或歪曲地进行抽象概括;二是联想过程障碍,包括过度联想、联想贫乏、联想错乱;三是思维逻辑障碍,包括逻辑倒错(在没有前提条件下作出结论,无根据情况下设置前提,倒果为因,倒因为果,缺乏逻辑关系)、象征性思维(把两类毫无联系的事物或概念生硬地联系起来)、语词新作(生造新词、新字)。

2. 思维内容异常

以妄想为主。妄想是指患者确信某种不存在的事物,即使对其反复解说或以科学事实证明,亦无法改变这种病理性的歪曲认识(与偏见、迷信不同)。但是,患者在其他方面的认识与活动都可以完全是正常的,意识清晰,同时能正常生活和工作。因此,他们在触犯刑律后,常被作为一般犯罪人按一般诉讼程序进行审理,即使发现犯罪人作案动机异常,经鉴定为精神病后,刑事司法工作人员中也有一些人不相信他们是精神病人,故有必要厘清各种妄想的特征:

(1)被害妄想。无端坚信某人、某集团对他进行打击迫害、监视跟踪,往往从怀疑而发展成被害妄想,从而产生防卫或报复性暴力行为。

(2)嫉妒妄想。无端猜疑配偶有外遇,对其不忠不贞。常对其配偶盯梢追迹、跟踪偷听、终日纠缠;无休止盘问,甚至通宵不让睡觉,逼其坦白交代,及至闹离婚;甚至伤害、杀死对方。

(3)关系妄想。将周围环境中本来与己无关的人、现象、情境或偶然巧合的事物,都认为与己有关,是针对着他的。

(4)罪恶妄想。也叫自罪妄想,表现为无端地认为自己犯有不可饶恕的罪行,以致连累家人、危害国家、社会,应受惩罚,因而拒食、自残或自杀,以此来赎罪。有的还主动前去自首,伪造犯罪事实或故意伤害别人以求一死。

(5)疑病妄想。坚信自己的躯体患有不治之症,虽经诊断无此病,仍认为别人在骗他,常引起医疗纠纷,易导致自杀或攻击行为。

(6)钟情妄想。坚信某异性在爱恋自己,对方的一言一行、一举一动都是在向自己表示爱情,于是经常写情书献殷勤,若得不到答复,则认为异性在考验自己,或认为别人从中作梗并对其实施报复行为;如遭对方严词拒绝,则认为对方不好意思表态,"打是亲、骂是爱";如发现对方有了朋友或结婚,则往往报复行凶或实施强奸。

(三)情感异常

(1)情绪高涨。常表现为欣喜若狂、眉飞色舞,甚至恶作剧或对异性采取非礼行为。

(2)情感抑郁。常表现为忧心忡忡、长吁短叹、悲愁、少动作、少言语、自卑自悔、自责自罪、有自杀冲动。

(3)情绪不稳。常表现为喜怒无常。

(4)病理性激情。表现为突然、强烈、短暂的情感爆发,在暴怒、恐怖、绝望状态下伴有意识狭窄和冲动性暴行,控制力降低,且行为极残酷凶狠,事后不能回忆。

(四)意识异常

个体对客观环境和自身状态缺乏清晰正确的认识,患有意识模糊、狭窄,常产生片断性的错觉、幻觉和妄想,极易实施攻击性、伤害性行为。

三、精神病人的危害社会行为的特点

精神病有多种类型,包括精神分裂症、躁狂症、偏执性精神病等,各种类型在实施危害社会的行为时各有其不同的特点。但总体上,精神病患者在实施危害社会行为时均有以下特点:

(1)危害社会行为主要为杀人、伤害、纵火等冲动性行为及发表一些反社会政治言论;

(2)危害社会行为的动机不明或离奇、不近常理,或根本讲不出任何理由和动机,多来自于幻觉或妄想;

(3)危害行为的被害人多为行为人的亲朋好友;

(4)危害行为往往极端残忍,不合惯常情理;

(5)危害行为常常在光天化日之下或大庭广众之下进行,具有突然性、冲动性特点,缺乏自我保护意识。

四、精神病与刑事责任能力

精神病与刑事责任能力之间,往往呈现出错综复杂的关系。精神病的重要特征是知觉或认识与事实不相一致、认识或意志与行为不能相互统一,而这些恰恰是否定行为的刑事责任的主要依据。可以说,严重的精神病患者,事实上已经基本或完全丧失了对自己行为的认识能力或控制能力,属于典型的无责任能力

人。但是,精神医学上所谓的精神病,存在着不同的类型,每一种疾病的发病状态和严重程度又千差万别。所以,并非所有的精神病都必然导致认识能力或控制能力的完全丧失。也就是说,刑法所称的精神病与精神医学所称的精神病并非完全相同的概念。在精神医学上被确诊为精神病的患者,并非绝对地丧失刑事责任能力。如果在精神医学上行为人已经被确诊为精神病患者,那么还需要在心理学和法律学的依据上再作进一步的分析,即相关的行为是否发生在行为人完处于不能辨认或不能控制自己行为的无责任状态。也就是说,只有当特定的行为人被确定患有医学标准上的精神病,并且同时被认定其疾病符合刑法所规定的心理条件,才能最终确认该行为人无需对相关的危害社会的行为承担刑事责任。

(一)不负刑事责任的精神病人

通常,行为人是否患有与刑事责任能力有关的精神病,需要通过专门的程序由专业的精神鉴定人员加以判断。判断的重点在于患者是否真正患有导致行为辨认能力或行为控制能力完全丧失的精神疾病。经过法定的鉴定程序,如果行为人被确认患有不能辨认或不能控制自己行为的精神病,那么其发病期间实施的危害社会的行为不被认为是犯罪,刑法不要求其承担任何刑事责任。

(二)限制刑事责任的精神病人

患有一定程度的精神疾病、尚未完全丧失辨认行为或控制行为能力的自然人,属于限制刑事责任的精神病人。限制刑事责任的精神病人实施危害社会的行为,触犯刑法的,构成犯罪,需要承担刑事责任。但是,由于其责任能力相对减弱,故应当从轻或减轻处罚。行为人是否患有导致刑事责任能力限制的精神疾病,也需要通过专门的程序由专业精神鉴定人员加以判断。

(三)完全负刑事责任的精神病人

行为人所患的精神病已经痊愈,或者所患的疾病属于间歇发作的精神病,如果其实施的危害行为处于痊愈之后,或者处于未发病期间或疾病缓解期间,则应当认为该行为人正处于精神正常时期,具有完全的辨认或控制自己行为的能力。其行为如果已经触犯刑法,同样构成犯罪,行为人应当对自己的犯罪行为承担全部刑事责任。

第七章 侦查心理对策

侦查活动的顺利进行、侦查任务的圆满完成必须以侦查人员对犯罪人犯罪行为和心理以及反侦查行为和心理的全面把握和科学研究为前提。

第一节 犯罪人的反侦查行为及心理

"今天的罪犯一般来说,他们不但知道自己的所作所为和能力,而且清楚警察在干什么和能干什么"[①],自我保护意识大为增强,在对犯罪活动进行精心策划时,越来越注重把逃避打击和制裁放在第一位。因此,作为犯罪对立面的侦查活动必然要紧随犯罪现象的新形势,侦查人员要认真、深入地研究犯罪人反侦查行为的概念、构成、类型、特点以及产生的心理原因,以便能够迅速识破犯罪人的反侦查行为,提高侦查破案的数量和质量。

一、反侦查行为的概念及特征

一般来说,反侦查行为是伴随着犯罪行为的发生而发生的,是犯罪行为的伴生物。并且,在许多犯罪案件中,反侦查行为往往与犯罪行为相互交融在一起,难以严格区分开来,比如当前的一些"设计型犯罪"和"智能型犯罪"案件中,犯罪人所采用的作案手段就具有实现犯罪目的和隐蔽自己、逃避侦查的双重作用。大多数的相关文章和著作中,都将反侦查行为的内涵界定为:犯罪人在进行犯罪活动过程中,为了掩盖其犯罪行为,逃避侦查和法律的制裁,而采取的一系列措施和手段。对于反侦查行为的具体内容,有着不同的理解和解释。大多数人认为,凡是犯罪人在犯罪前、犯罪过程中和犯罪实施以后以及在被侦查机关审讯期间所采取的,旨在使侦查工作无法进行或者误入歧途的行为,均属于反侦查行为的范畴。

在当前阶段,科技的飞速发展和普遍运用,侦查机关的严厉打击和侦查能力的不断提升,犯罪人的对抗程度也在不断提高,反侦查行为的能力迅速增强,呈现出许多新的特点,主要表现为:

---

① 〔美〕彼得·格·李:《国际警察破案记》,刘舟、朱泽生译,解放军出版社 1989 年版,第 17 页。

（一）反侦查行为成为犯罪行为的重要组成部分

"犯罪行为可以分为两大体系，即目的性行为和反侦查行为。其中以目的性行为体系最为复杂和多元化，它包括了所有为实现犯罪目的而施展的各种行为；反侦查行为相比之下就显得比较单一些，它仅包括对实施犯罪过程中所暴露出来的各种迹象加以伪装、掩盖、清除等。"[①]显然，在一次具体的犯罪活动中，目的性行为处于基础地位，反侦查行为只是充当辅助成分而已。但通览当前社会的犯罪形势，预谋性犯罪越来越多，犯罪人对得失的计算越来越理性、精确，因此，在犯罪活动中使用反侦查行为已经成为一种普遍现象，并且反侦查行为频繁地出现在犯罪活动的各个阶段。

（二）反侦查行为的目的趋于进攻性防御

趋利避害的本能使得犯罪人在实施犯罪、满足自身欲望和需求的同时，又想要逃脱法律的制裁和惩罚，这就促使他们针对侦查机关的强势活动想方设法采取各种各样的防御性自保行为。这些行为既包括罪后躲避、潜逃等消极性的防御行为，也包括一系列的积极行为，如案前踩点、设计案情，案中制造假象、掩盖清除现场痕迹，案后销毁犯罪工具、转移隐蔽赃物或者及时销赃，并密切关注后续的侦查活动，针对侦查活动中查获的不利证据积极采取对抗性的措施，如重返现场取回、销毁证据或者整容改变体貌特征等。

信息社会中，信息种类的纷繁爆炸、获取手段的便捷多样为犯罪人反侦查行为的习得和改进提供了更多的可利用资源。对侦查活动的关注和对侦查知识技能的学习，以及国内国际犯罪亚文化群体之间的交流和自身经验的积累，使犯罪人的反侦查能力大大增强，在犯罪活动中尤为倾向于采取积极的防御行为，消除现场痕迹并制造种种假象，布下迷局，割断自己与犯罪活动的联系，以达到干扰和阻碍侦查活动的正常进行从而逍遥法外的目的。

（三）反侦查行为重视科技性和智能性

事物的发展具有两面性，科技的发展虽然推动了社会的进步，促进了人类的文明，但同时，先进的科学技术也为犯罪人所用，使得犯罪手段、犯罪方法不断趋于科技化、现代化。高科技武装的犯罪活动一方面提高了作案的成功率，另一方面也增加了作案的隐蔽性，使犯罪人的反侦查能力大大增强，从而加大了侦查机关识别和破获此类案件的难度。尤其是在经济犯罪案件中，犯罪人往往利用自己掌握的先进技术，采用高科技含量的仪器设备进行作案，给侦查机关的侦破活动带来种种困难，并且这类案件往往涉案金额巨大，无法侦破就会给国家和个人财产造成重大损失，并会对民众对社会安全稳定的心理评估产生消极影响。

---

① 苑军辉等：《反侦查行为研究》，群众出版社2003年版，第36页。

除了用高科技支持犯罪行为外,犯罪人还懂得用知识武装自己的头脑,研究侦查机关的侦查手段、方法和思维模式,然后"反其意而用之",摸索出自己的作案方法和反侦查手段,与侦查机关周旋。这种智能型的犯罪在作案经验丰富的惯犯身上表现得尤为突出,其反侦查行为在学习研究和经验积累的基础上不断翻新,如在作案时间上积极寻找时间差,以获得当时不在场的证据;在作案地点上异地作案、流窜作案,作案后迅速离开,逃避侦查;在作案工具上购买新的、随处可见的工具,作案后及时抛弃、销毁或者使用别人的工具并故意留在现场;在遗留物方面采取多种措施隐藏自己的指纹、脚印、衣物纤维、毛发、精斑等现场痕迹和微量物质,并将别人的物品或痕迹故意留在犯罪现场;在作案时,进行身份伪装、体貌伪装、改变声音和惯常的行为特征或者模仿他人。如果不能有效识别这些欺骗性的反侦查行为,侦查人员就会被犯罪人牵着鼻子走,导致侦查工作误入歧途,久侦不结。

二、反侦查行为的类型

不同类型的犯罪人在不同性质的犯罪案件中所采取的反侦查行为类型是不同的,而且即使是同一犯罪人,在犯罪的不同阶段所实施的反侦查行为也是种类多样、各有侧重的。根据侦查实践,我们可以对犯罪人的反侦查行为进行如下分类:(1)依据犯罪的不同阶段,可以分为犯罪预谋阶段的反侦查行为、犯罪实施阶段的反侦查行为、犯罪实施后的反侦查行为和审讯阶段的反侦查行为;(2)依据犯罪案件的不同性质,可以分为盗窃案件的反侦查行为、抢劫案件的反侦查行为、杀人案件的反侦查行为、强奸案件的反侦查行为、爆炸案件的反侦查行为、纵火案件的反侦查行为、走私案件的反侦查行为、贩毒案件的反侦查行为以及各种经济案件的反侦查行为等;(3)依据犯罪案件的构成要素,可以分为在作案时间上的反侦查行为、在作案地点上的反侦查行为、在作案工具上的反侦查行为、在作案主体上的反侦查行为、在作案客体上的反侦查行为以及在作案动机上的反侦查行为等;(4)依据犯罪人的数量,可以分为个体犯罪的反侦查行为和有组织犯罪的反侦查行为;(5)依据犯罪人的主体情况,可以分为逃避型的反侦查行为和进攻型的反侦查行为、掩盖型的反侦查行为、破坏型的反侦查行为和伪造型的反侦查行为、激情型的反侦查行为和预谋型的反侦查行为以及男性犯罪人的反侦查行为和女性犯罪人的反侦查行为等。

本书主要根据犯罪的不同阶段具体分析犯罪人的反侦查行为。

(一)犯罪预谋阶段的反侦查行为

侦查实践表明,目前,预谋型犯罪案件越来越多,犯罪人在实施犯罪活动前都倾向于进行充分、周密的酝酿和准备,对每一个步骤都进行详细、具体的安排,

以达到稳妥可靠、万无一失。这一阶段,犯罪人的反侦查行为主要包括:

1. 选择作案时间

作案时间是犯罪案件的构成要素之一,任何案件的发生、发展都必然要占据一定的时间。时间具有不可停顿性和不可逆转性,一个人在某一时间内只能处于一个空间位置上,因此,是否具有作案时间往往成为侦查人员排查犯罪人的一个重要依据。于是狡猾的犯罪人在作案时间上千方百计、绞尽脑汁地设计制造自己当时不在犯罪现场、没有作案时间的假象,以逃离侦查人员的视线。

犯罪人在作案时间上的反侦查行为,概括起来主要有:

(1) 通过拨快或者拨慢现场的钟表等计时工具,使在场的人误以为在某一时刻犯罪人是与他们在一起的,因此无意中给犯罪人作了伪证。

(2) 犯罪人故意大张旗鼓地离开犯罪目标所在地很远,然后乘坐高速交通工具远程奔袭,潜回犯罪目标所在地作案,之后迅速返回原地,出现在人们面前。因为中间间隔时间较短,难以引起周围人的怀疑,也往往给侦查机关造成错觉,即行为人不可能在如此短的时间往返两地并完成犯罪活动。

(3) 在爆炸案件或纵火案件中,一些技术型的犯罪人会利用特殊材料和专业技巧设计制造延时装置或者定时装置,然后远距离遥控引爆,制造不在场的证据。

(4) 犯罪人自己不作案,而是雇用他人作案,幕后指挥;或者寻找替身,在自己作案时,让替身冒充其在某一场所活动,较为常见的是犯罪人在作案时安排替身在自己的房屋内活动,并弄出很大的声响引起邻居的注意,以证明自己不具备作案时间。

(5) 犯罪人在作案前,故意制造要外出的声势,作各项相关准备,通知目的地的亲人或朋友等接站,并在有证人的情况下登上交通工具离开。之后,在途中下车换乘其他更快的交通工具回来作案,作案后立刻返回,追上离开时乘坐的交通工具,从而使两地都有证人证明其没有作案时间。

2. 选择作案地点

犯罪人设计犯罪时,在作案地点的选择上往往会反复斟酌,既要考虑有利于犯罪目的的实现,又要防止被发现,能够在作案后迅速逃离现场。犯罪人对作案地点的选择会受很多因素的影响,既有个体的主观因素,又有外在的客观因素。一般而言,犯罪人会选择自己比较熟悉的地方。在多选一中,犯罪人会比较备选地点周围的社会环境、防范措施、作案条件以及侵害对象或目标的特点等,在综合比较后,治安状况比较差、人员流动性比较高、交通便利、犯罪活动得逞后获利比较多、能够迅速逃离的地点会成为最佳作案地点。此外,犯罪人的经验也会在很大程度上影响作案地点的选择,例如"三不"原则(不近、不远、不重复)①即是在作案地点的选择上犯罪亚文化的体现。当然,犯罪人也会采取反常规的思维。

由于我国地域辽阔、人口众多,通常按照行政区域的划分实行分区域管理,一个地方的侦查机关只能管辖本辖区内犯罪案件的侦破,因此有些犯罪人会利用这种管理模式下的漏洞,选择异地作案或者流窜作案,作案后迅速离开,返回原居住地或者逃往其他地方,增加侦查机关的侦破难度。

3. 选择作案工具、作案手段

作案工具和作案手段的选择是犯罪活动策划中的重头戏。就目前的犯罪案件看,犯罪人越来越重视犯罪工具和犯罪手段的选择,这是因为他们知道,侦查机关在案件的侦破过程中,通过对案发现场的勘验和分析,能够从作案工具以及现场留下的物品、痕迹和微量物质上面发现犯罪人的信息。

因此,在作案工具的选择上,犯罪人会使用新的、随处都可以购买到的工具和凶器作案,作完案后马上抛弃或者销毁,致使侦查机关在现场勘查时,不可能从作案工具的出厂日期、购买途径、磨损程度以及附着物等方面获取犯罪线索和有关犯罪人的信息。此外,犯罪人也会选择就地取材,"特别是在某些杀人案件中,犯罪人往往是趁被害人没有防备的情况下,使用被害人家里的菜刀、斧头、锤子、棍棒等物,作为凶器杀害被害人"②。有些多次作案的犯罪人会使用盗窃来的工具和凶器作为此次作案的工具,用后故意丢弃在作案现场以迷惑侦查人员。

为了不被被害人或者其他人看到自己的真实形象或者防止侦查人员通过现场勘查获得自己的有关信息,一些犯罪人会事先准备好口罩、墨镜、头套等物,甚至进行性别、语言、口音、行为特征等方面的伪装;购买新鞋或者窃取他人的鞋,这些鞋有时会与犯罪人双脚尺码不同或者是异性的鞋;或者将事先准备好的塑料布、报纸等物铺在作案现场犯罪人将要行走的路线上,防止留下脚印。此外,有的犯罪人也会事先将十指指尖或者双手、双脚包裹,防止在作案中留下痕迹。有些预谋嫁祸他人的犯罪人还会在作案前设计好对现场的伪装,并窃取他人相关物品预备留在作案现场或者按照他人的相貌特征化装。

(二) 犯罪实施阶段的反侦查行为

犯罪亚文化群体内的经验交流和犯罪人对侦查活动、侦查手段的掌握和深入研究,使得犯罪人越来越狡猾,在实施犯罪时,他们施展各种反侦查伎俩,或者伪装现场,或者破坏现场,阻碍侦查机关的侦破活动。

犯罪人对作案现场的伪装、破坏包括很多种,或者是掩饰自己的体貌特征,

---

① 参见苑军辉等:《反侦查行为研究》,群众出版社 2003 年版,第 78 页。
② 同上书,第 88 页。

尽量少留痕迹；或者改变甚至模仿他人的体貌特征，留下他人的痕迹，迷惑、误导犯罪对象、侦查人员或者其他可能在案发现场看到他的人；或者作完案后对现场进行重新设计，改变案件的性质；或者对现场进行暴力或者非暴力的破坏，消灭对其不利的证据，使侦查机关无迹可循。具体表现为：

1. 通过一些化装手段，比如戴假发，改变面色，在脸上画痣、画伤疤、贴胶布、蒙纱布等改变面部特征；或者戴眼镜、口罩甚至面罩将面部特征遮盖。选用既不会影响作案速度又不会留下痕迹的材料对手脚进行包裹，并在犯罪现场行走时，刻意改变步伐的大小、行进的方式。例如，有些犯罪人实施犯罪时倒穿鞋，中间换穿鞋、脱鞋，或者两人穿同样的鞋。

2. 有模仿能力的犯罪人，在作案过程中必须要说话或写字时会对声音、口音、笔迹等进行伪装。

3. 有些犯罪人在一些特殊的案件中，会对自己的身份加以伪装，常见的是在一些金融犯罪案件中，犯罪人会伪装成正派的商人或银行家，在合作的名义下进行违法活动。也有一些能够很好地随机应变的犯罪人，在盗窃过程中有人进入时，会在很短的时间内正确地分析出来人的身份并迅速作出应对方案，比如，当有外人敲门时，会坦然地开门，伪装成户主的亲属或朋友。

4. 有些犯罪人在作完案后会仔细地清理痕迹，重新布置现场，改变案件的性质，掩盖自己的作案动机和目的。比如将内盗伪装成外盗，他杀伪装成自然死亡、意外事故或者自杀，将熟人之间的报复杀人伪装成盗窃杀人、抢劫杀人或者强奸杀人，或者杀人后将尸体运到高速公路或者铁路上，伪装成交通事故。

5. 有些犯罪人会对案发现场进行破坏，比如清扫、冲洗、覆盖现场留有痕迹的部位或者在现场喷洒酒精、汽油、胡椒粉等有刺激味道的液体、粉末或者将煤气阀门打开破坏嗅源，甚至纵火焚烧灭迹。

(三) 犯罪实施后的反侦查行为

"犯罪案件实施后的反侦查行为是指犯罪人实施完犯罪，逃离现场之后，为了逃避缉查、对抗侦查而实施的一系列活动"①。其大致的手段是通过误导、干扰、对抗侦查机关的侦破工作，来隐蔽自己，甚至暴露其他无关人员。具体包括几下几种主要手段：

1. 对犯罪现场进行伪装或破坏。如果犯罪活动实施完毕后，犯罪人通过回想犯罪过程或者听到外界的报道、议论发现或者感觉现场有疏漏或破绽，就会潜回现场或者指使他人回到现场对其进行补救。有时，"犯罪人会鼓动好奇心重、不明真相的大人、小孩涌入现场，自己混入其中趁机进行补漏；或者利用职务之

---

① 苑军辉等：《反侦查行为研究》，群众出版社2003年版，第166页。

便及各种关系或编造各种理由进入现场,利用他人没有察觉的机会实施补漏行为"[①]。

2. 主动报案。按照常规思维,犯罪人作案后会立即逃离现场,并且越远越好,但是,有些狡猾的犯罪人偏偏反其道而行,主动去报案,以此蒙蔽侦查机关和身边的其他人等。也有些犯罪人既不逃离也不报案,而是改变装束后混在现场围观人群中,暗中观察了解侦查人员对现场的勘查情况,偷听群众的议论和反映,并可能在窥视打探的同时,散布一些谣言,故意歪曲事实真相。

3. 靠近侦查人员。在对企事业单位内部或者涉及范围较小的案件的侦破中,当侦查人员因为不了解、不熟悉情况而向单位内部人员或者当地群众调查访问时,有些犯罪人就会利用这个机会,伪装积极,主动靠近侦查人员,向其提供有关信息,解除侦查人员对他的怀疑,在获得侦查人员的好感和信任后,还会趁机打探侦查情况或者提供其他线索误导侦查方向。

4. 杀害同伙。一些首要分子为了保护自身和其他团伙成员的"安全",在某种情况下,会将某个已经暴露或者可能暴露的成员杀死,防止一个被抓、牵连全体。

5. 采取各种伪装措施。犯罪人会通过各种伪装手法改变衣着打扮、行为习惯甚至是整容、毁容、破坏指纹、损毁肢体等,尽可能使侦查机关掌握的可用信息无用化。

6. 抛弃、损毁作案工具,分散、隐匿或者及时销售、处理赃物,伪造没有作案的人证、物证或者在共同犯罪、团伙犯罪中订立攻守同盟。此外,犯罪人也会选择隐藏逃匿来躲避侦查,虽然是一种"此地无银三百两"的自我暴露行为,但是,也会因为犯罪人的不到案,使得后续的侦查工作无法进行,而且犯罪人也存有侥幸心理,希望能够就此销声匿迹,获得重生。

三、反侦查行为产生的心理及其识别

犯罪人的反侦查行为是伴随着犯罪行为的产生而产生的,因此,反侦查心理即是犯罪心理的衍生物。趋利避害是人的本能,同样,"逃避法律制裁也是犯罪人普遍存在的心理活动,尽管有的犯罪人作案极其猖狂,但仍存在着对法律的恐惧"[②]。因此,犯罪人往往会采用各种积极或消极的防御行为逃避侦查机关的追查和法律的制裁,希望能够侥幸逃脱。此外,有些经常作案,并因为犯罪得逞、逃脱成功而得到心理和行为强化的犯罪人会在犯罪活动的各个环节主动地运用反

[①] 苑军辉等:《反侦查行为研究》,群众出版社2003年版,第171页。
[②] 宋晓明等主编:《犯罪心理学》,中国人民公安大学出版社2005年版,第488页。

侦查手段。由此可见,犯罪人的反侦查行为是受趋利避害、逃避法律制裁的心理所支配,其反侦查心理是一种趋利避害的心理、防御心理和侥幸心理。

虽然不同案件、不同犯罪人的反侦查行为是不一样的,甚至是千差万别的,但是,个人行为的定型化、特征化以及外在行为与内在心理的呼应性、一致性的心理学理论表明,就"具体案件中特定的犯罪人而言,其反侦查行为及心理是有一条相对稳定的心理轨迹和内在规律的"①,并且在犯罪活动的各个阶段有不同的、特定的具体表现。因此,侦查人员可以根据犯罪人常见的反侦查心理对案件侦破过程中犯罪人实施的反侦查行为进行识别,并对个案中的独特现象、反常现象有针对性地进行心理分析和推断,提高识别的准确率。例如,1997年8月,湖北省破获的一起八年前的绑架杀人案件,就是利用犯罪人行为定型化的特点识破其反侦查行为并据此破案的。案中,犯罪人为了尽量避免暴露个人信息,将字条的内容压缩为16个字:过桥,顺墙根,向右,见一亭,亭边一倒凳,其下有信。但是,他疏忽了一点,即文字愈短愈能显现一个人的文化功底,而且这16个字中动词的选择、结构的运用充分说明书写者是一个长期阅读古文、有写旧体诗习惯的人。正是从这一点出发,侦查机关迅速锁定了侦查范围,并很快破了案。

另外,物质存在的客观性也可以帮助侦查人员识别犯罪人的反侦查行为。犯罪人的反侦查行为是与犯罪行为相伴而生的,只要实施了一定的行为,就必然会在时间、空间上留下一定的运动、发展轨迹,因此,侦查人员只要集中注意力,仔细观察对比,并善于思考、分析判断,就一定能够发现细微之处,从而识破犯罪人的反侦查行为。例如,犯罪人为了掩盖留在现场的痕迹,会用布或者其他特殊物品将其擦掉或破坏,但是,新的行为会留下新的痕迹,在一个线索消失后犯罪人又无意中为侦查人员提供了另一个线索。有些杀人案件中,犯罪人作案后会伪装现场,将他杀伪装成自杀或意外事故,但是,新的行为不能掩盖旧的行为,比如生前溺水和死后入水、生前烧死和死后焚尸的生理反应是不同的,打晕、掐死后推下楼和自杀坠楼或意外坠楼的身体痕迹是不一样的,犯罪人之后的伪装是抹杀不了之前已经形成的痕迹的。况且,犯罪人在作案时,必然会有或多或少的紧张心理,要做到不留痕迹是不可能的,总会有疏漏之处。如伪造笔迹,即使有些犯罪人对笔迹的伪造可以达到难辨真伪的程度,但不可能做到天衣无缝,总会在细微之处不经意地流露出自己的书写习惯和运笔特征。另外,微量物质,如人体分泌物、排泄物、脱落物,如汗滴、毛发、皮肤屑、衣物纤维、泥土等的洒落和沾染是犯罪人难以控制的。

此外,无论多么逼真的反侦查行为,它所制造出来的始终是一种假象,虽然

---

① 苑军辉等:《反侦查行为研究》,群众出版社2003年版,第30页。

可能暂时迷惑侦查人员,将侦查工作引入歧途,但是,假象毕竟是假象,它的不彻底性、暂时性和反常性必然会被细心的侦查人员识破。比如,盗窃现场犯罪人的足迹显示为一脚深一脚浅,可能有腿部残疾,但是,通过对外围环境的勘查发现犯罪人的双脚足迹力度相同。这样,犯罪人的反侦查行为不仅没有起到迷惑侦查人员的作用,反而暴露了自己有一定作案经验的特点。由此看来,假象也是本质的反映,只要善于观察分析,还有助于侦查人员更深刻地认识案情的真相。

综上,观察和推断是最基本的侦破方法,但是,它需要以渊博的知识、敏锐的洞察力、丰富的实战经验为指导,只有这样才能在案件的侦破过程中创造奇迹,从那些最不引人注意的细微之处发现反常现象。福尔摩斯曾说过,"没有材料,就会使判断产生偏差",因此,观察和推断要以一定材料为基础,这里的材料即是运用科学手段、高精尖的仪器对现场物品、痕迹和微量物质的收集和检验。因此,侦查人员在识别反侦查行为的过程中,要学会综合运用法医学、法化学、法精神病学、法人类学、法物理学、法会计学、法昆虫学、警犬学以及物证技术学等相关方面的知识和鉴定手段,辅助案件的侦破。

第二节　犯罪现场勘查、分析

犯罪活动必然发生在一定的时间和空间内,犯罪现场是指"犯罪人实施犯罪的地点和遗留有同犯罪有关的痕迹或物证的一切场所"[①]。对于已经成为过去的犯罪,犯罪现场自然成为侦查人员获取犯罪活动的相关证据,发现侦查线索的重要宝库和遗址。因此,接到报案后,侦查机关要迅速组织相关人员奔赴现场,开展工作。

一、保护现场

侦查人员到达犯罪现场后,首先要对现场加以保护,因为自案件发生以后到侦查人员对犯罪现场实施勘查,一般都会有一段或长或短的时间间隔。在这段时间内,由于各种人为因素或自然因素,犯罪现场极易受到影响,改变其原始状态,导致物证、痕迹的毁损、侦查线索的淹没。比如,杀人案件现场,医务人员为了抢救被害人而进出现场,移动、改变被害人的位置,可能会遮盖、毁坏犯罪人在现场及在被害人身上留下的微量物质和痕迹,改变现场物品的摆放位置。在盗窃案件现场,事主急于清点财物的心理和行为也会在无意中抹掉犯罪人遗留在现场的手印、脚印等痕迹,或者使其他有利物证散失。还有的现场因为有群众围

[①] 苑军辉主编:《犯罪现场勘查》,中国人民公安大学出版社2005年版,第1页。

观,如果不加以保护,一些好奇心重又不明事理的人或者犯罪人会趁机进入现场,不仅会造成犯罪痕迹、物证的破坏,还可能将现场的物品带走,或者把本来不属于现场的物品遗留在现场,增加与犯罪无关的痕迹。对于发生在室外的犯罪现场,则会因为风、霜、雨、雪等自然现象的影响或者动物的侵害等原因而改变原貌,甚至毁掉相关证据。比如,大雨会冲刷掉犯罪人留下的足迹、手印、工具等痕迹,以及唾液、汗滴、血液、衣服纤维等微量物质。

总之,时间间隔越长,不利因素就越多,犯罪现场遭到变动和破坏的可能性就越大,也就越不利于后续勘查工作的顺利开展,甚至会因为缺乏材料使得侦查工作就此搁置。因此,保护现场意义重大。同时,保护现场还有助于保留一些只有犯罪人才会知道的信息,据此可以鉴别犯罪人的口供,准确认定犯罪人。此外,通过对现场的保护还可以封锁侦查人员获得的勘查信息,使得在一定的时间和范围内,侦查人员掌握着案件侦破的主动权。

二、现场勘查

现场勘查是各种犯罪案件侦查的一个重要环节,也是刑事侦查中使用最多、最普遍的一项侦查措施。"刑事案件的侦查工作在大多数情况下都是'由案到人'"[1],侦查人员为了破获案件,就要深入案发现场,详细勘验、检查并提取、分析存在于现场与犯罪行为有关的所有物证、痕迹,同时访问、调查被害人和知情人等,从而发现由于犯罪行为而引起的各种变化,为综合分析、判断案情、确定侦查方向和侦查范围提供第一手材料。一般来说,现场勘查获取的信息越多、越客观全面,对案情的分析判断就会越准确,对犯罪人的人身形象和其他个人特征的刻画就越具体、全面,侦查方向和范围的确定就越精确。

现场勘查工作分为现场勘验检查和现场访问调查两部分。"现场中的犯罪线索和证据,是犯罪行为的物质属性所反映出来的行为信息。它不仅存在于特定的客体物中,以形象痕迹表现出来;也存在于了解案情的人员头脑中,以印象痕迹表现出来。"[2]前者是现场勘验检查的指向,后者则是现场访问调查的指向,都是为了收集犯罪证据和侦查线索。

现场勘验检查是项技术性很强的工作,犯罪现场要收集、保存的证据是很繁杂的,包括犯罪痕迹、犯罪物品、尸体和人身四类,每一类下又有很多具体分类。比如,犯罪痕迹主要包括反映人体特征的痕迹、反映犯罪凶器和破坏工具的痕迹、反映交通工具的痕迹以及其他痕迹;而其中反映人体特征的痕迹又有很多,

---

[1] 苑军辉主编:《犯罪现场勘查》,中国人民公安大学出版社 2005 年版,第 49 页。
[2] 同上书,第 97 页。

犯罪现场最常见的有手印、脚印、牙印、唇印、额印、耳郭印、关节印等。因此,侦查人员首先要了解和熟悉各种痕迹、物证的形态、特点,以及如何运用科技手段去寻找、显现和提取,并要防止不合规范或者超过证据存在的有效期收集而导致证据变形、变质或者消失,失去原有的价值。此外,侦查人员还要有逻辑而理性的头脑、丰富的实战经验和敏锐的洞察力,知道犯罪现场的什么位置可能有什么样的证据,并能够观察捕捉到尽可能多的证据和线索,尤其是容易被忽视的蛛丝马迹。比如,在入室盗窃案件的现场勘验检查中,侦查人员要以这类盗窃案件特有的规律为指导,寻找犯罪人的出入口和中心现场。因为犯罪人通常要采取一定的手段、方法(撬锁、破窗等)排除障碍才能进入室内;虽然之后寻找财物的过程中各处都可能留下痕迹和物证,但是在财物集中的中心现场是犯罪人活动最频繁的地方,也是犯罪人遗留的痕迹、物证最多的地方,能够直接反映作案状况;最后犯罪人达到目的离开时,一般会选择进入口为出口,但也有例外,如因为满载而归在出口处会影响动作的灵活性,因此犯罪人在这里也会留下较多的痕迹和物证。有时在勘查中,侦查人员会发现犯罪人采取了反侦查行为——戴了手套、脚套之类的隔离物,现场很少有指纹、手印、脚印等痕迹,但是,不要因此泄气,要根据犯罪人的心理特点推断犯罪人的活动。比如,当犯罪人发现了财物集中的中心现场,尤其是巨额财物存放的地点后,必然会喜极而一时昏头,无意中留下一些痕迹、物证;此外,在鉴别或者拿取嵌在盒子里的戒指、项链等珍贵饰品时,戴手套往往不够灵巧,这时犯罪人可能会在求财心切的心理支配下警惕意识有所下降,不觉中摘下手套留下了指纹、手印。在出口处,犯罪人急于逃离或者因为携带赃物过多,可能会一时糊涂大意舍弃脚套、手套等妨碍快速行动的物品而在出口处或者逃离路线上留下不利痕迹和物证。

通过现场的勘验检查,侦查人员要达到以下目的:首先,要查明犯罪现场的性质、数量、地理位置及其周围的环境,犯罪人在现场周围的活动情况、来去路线,分析犯罪人是否熟悉现场周围环境,这里是否是他的落脚点;其次,要查明犯罪人侵入现场的方式和进出路线,使用的工具,现场有何变动和破坏,犯罪人留下了哪些物品和痕迹,带走了哪些物品,以及哪些物品、痕迹是与犯罪无关的,从而分析犯罪人的动机、目的以及个人特点;最后,如果有被害人,要查明被害人的伤亡情况和伤亡原因,由此分析案件的性质以及被害人与犯罪人可能具有的关系。

现场访问调查是一项特殊的询问方式,它是发生在现场勘查过程中的,与现场紧密相关。为了获得尽可能准确而丰富的有关犯罪活动和犯罪人的信息,侦查人员应抓住发案不久,被害人或者其他知情人记忆犹新的有利时机,及时开展现场访问工作,以便迅速获得有关犯罪人人数、体貌、衣着、赃物和其他物证的特征,以及犯罪人逃跑方向和路线、乘坐的交通工具或者可能藏匿的地点等情况,从而为及时采取围追堵截、搜索检查、控制销赃等紧急侦查措施提供依据。现场访问获得的关于案情、现场以及被害人的情况能为侦查人员快速划定勘验范围和确定勘验重点提供依据,并且通过与现场勘验收集的信息相互补充、印证,有利于侦查人员及时发现矛盾,进行复查、复检,从而获得更多的线索和证据,提高分析认定案情的准确率。此外,通过现场访问中侦查人员的提醒,还可能获知案发前后的疑人疑事,比如,"案发前后是否有人在现场徘徊、逗留、窥视或打听有关情况;案发后有无可疑人员言行举止反常;在现场周围有无发现或捡到过可疑物品;有无人员处理过现场损失的物品或者有无人员散布谣言,打听过与案件有关的消息等"[①]。这些都可能成为侦查人员侦查破案的重大线索。

现场访问的对象不同,每个访问对象与案件的关系不同,个人的品质、性格特点、道德观念、社会观念不同,对询问的反应也会随之不同,因此,侦查人员在进行现场访问时,要先有一个与访问对象接触、进行心理沟通的过程。当访问对象对侦查人员有了一定的信任感并产生谈话兴趣后,侦查人员要根据访问对象的年龄、性别、与案件的关系和之前了解的关于访问对象的心理特点、心理状态及问题的性质,选择合适的地点、适当的提问方式和引导方式,使访问能够顺利进行并获得有用信息,又不会因此而影响访问对象的情绪,给访问对象,尤其是被害人造成一定的心理伤害。比如,任何人的情绪都会受到周围环境一定程度上的影响和干扰,因此,对被害人的访问,侦查人员选择的地点要尽量避开案发现场,以免触景生情。就涉及隐私的案件中有关知情人及被害人进行现场访问时,侦查人员应该采用含蓄式的提问方法,但是也要注意不要把婉转含蓄变成含糊不清。而对于那些试图包庇犯罪人,不愿陈述真实情况的访问对象,侦查人员要根据这类访问对象的心理特点和状态,采取迂回式的提问方法,先就外围问题提问,分散访问对象的注意力,并使其认为这些问题无关紧要,于是碍于侦查人员的身份以及之前双方的心理沟通形成的微妙关系而如实回答。但是待一步步深入到核心问题时,访问对象就会发现自己的退路已被完全堵死,没有任何编造的机会,只有选择如实回答。

三、现场分析

现场勘查基本结束后,侦查人员要将获得的材料进行整理、分类和汇总,对犯罪人及犯罪活动进行一次比较全面、集中的综合分析和推断,这就是现场分析阶段。我们将这一阶段定义为现场分析,并不是认为在其他阶段就不存在分析

[①] 苑军辉主编:《犯罪现场勘查》,中国人民公安大学出版社2005年版,第105页。

推断,相反,整个侦查阶段都要运用逻辑思维能力进行严密的分析和推断,现场勘查中不论是勘验检查痕迹、物证还是调查访问相关人员,都要进行分析判断,否则不仅浪费时间和人力、物力,还不利于案件的侦破。现场分析不是分析的开始,也不是分析的结束,只是对收集到的证据进行的一次阶段性的集中分析和总结,是对现场的全面、系统的认识,是对案件性质的初步确定,是对犯罪过程以及犯罪人人数、体貌特征以及相关个人信息的推断,并由此确定侦查方向和侦查范围。

前面已经介绍过现场勘查过程中获得的证据可以分为有形的物品、痕迹和存在于相关人员头脑中的印象痕迹,它们可以通过不同的手段获得。实际上,在各类犯罪现场还会留下犯罪人的心理痕迹,这是侦查人员运用心理学原理,对现场勘查获得的证据进行心理分析而获得的,反映了犯罪人的犯罪心理及其犯罪活动的过程,包括犯罪动机、犯罪心理状态、犯罪人的个性特点、行为习惯、年龄特征、犯罪的知识经验和技术、与侵害对象的关系状况及熟悉程度、作案的预谋情况以及当时的现场情境等。心理痕迹与有形的物质痕迹及无形的印象痕迹之间存在着一致性的特征,可以相互印证。这是因为,人的一切行为活动及其模式都是受个体心理条件和心理状态支配、调节的,并为其相对稳定的个性心理特征所制约。犯罪行为同样受犯罪人犯罪心理的制约,是其犯罪心理的外部表现。而犯罪心理同人的正常心理一样,有其特殊性和相对稳定性。因此,侦查人员可以由犯罪现场获得的证据逆向推断出犯罪人在现场的心理痕迹,并且,通过运用犯罪心理痕迹—犯罪行为活动—犯罪人的心理活动及其心理状态—犯罪人的主体状态及现场情境—犯罪人及基本案情这一思维模式,确立犯罪人的范围。

近年来,犯罪人的作案手段日趋智能化、科技化,反侦查意识和反侦查能力也不断提升,这使得侦查人员在犯罪现场能够勘验检查到的物质痕迹越来越少。但是只要有外在的有意识的行为,就不可避免地会留下心理痕迹,因此,犯罪人在作案时间、空间的选择上,在进出路线、进出方式的选择上,在侵犯对象和手段方式的选择上,乃至在犯罪活动的整个过程中,必然会反映出其犯罪心理活动的特点,这些特点能为侦破工作提供有效信息,成为侦查人员破案的依据和线索。有些狡猾的犯罪人不仅不留痕迹,还伪造痕迹,试图干扰侦查人员对案件性质的认定和对侦查方向、范围的确定。对于优秀的侦查人员来说,这些伪造的痕迹只会泄露更多的秘密,因为犯罪人越狡猾,他的心理活动就越复杂,心理特征就越明显,当然留下的心理痕迹就越突出。此外,通过对现场心理痕迹的分析研究,还有利于串并案组织开展侦查工作。心理学认为,人具有习惯性思维,倾向于使用某种固定的思维模式处理同一类事情。这一现象同样存在于犯罪人的犯罪行为中。犯罪人在首次作案成功后,其行为方式会在大脑中建立起条件反射,在以后遇到相似的条件和情境时,就会用相同或相似的手法继续实施同一性质的犯罪活动,连续的成功会使行为得到强化,继而形成稳定的作案手法和特点,这种相对稳定的个性特征体现在各个犯罪现场上,就呈现出犯罪人心理痕迹的共同性。侦查人员可以通过现场分析、查对犯罪情报资料档案,寻找此案和彼案的相似或相同处,组织串并案研究和侦查,达到破一案带一串、破现案带积案的效果,有效快速侦破犯罪人的流窜作案和系列作案。

犯罪现场的痕迹有很多,不同的痕迹反映了犯罪人不同的心理特点。例如,在一桩盗窃案里,通过现场勘查,侦查人员发现犯罪人先撬了出纳员的办公桌,继而撬保险柜,最后又撬了另一个财会人员的办公桌,找到了保险柜的钥匙,从而打开保险柜。其中,出纳员的办公桌先被撬这一行为表明犯罪人作案是经过计划和考虑的,认为按照常识保险柜的钥匙应该在出纳员那里,撬办公桌要比撬保险柜更容易些。在犯罪人发现出纳员的办公桌里没有钥匙时,转而硬撬保险柜,这时犯罪人的心理就发生了变化,冲动性占据了主导地位。硬撬保险柜未果,犯罪人并没有就此停止犯罪活动,后续的行为显示,犯罪人在连续受挫的情况下并没有选择放弃,而是进行了自我调节,经过冷静的思考和分析后重新选准目标继续实施犯罪,并最终完成了犯罪活动。这里另一个财会人员办公桌被撬的痕迹就表现出犯罪人犯罪心理的定型化和犯罪意志的顽固性及冷静、理智的心态。虽然现场每一单个的痕迹都反映着犯罪人一定的心理因素,但是只有将这些单个的痕迹有序地串联起来形成痕迹群,在此基础上展开分析和推断,才能形成上述例子中对犯罪人在案发现场发展变化的心理过程的描述,而这样的描述相对而言才是最接近事实的。因此,在现场分析中,侦查人员不仅要认识单个痕迹反映的行为和心理因素,还要对这些痕迹进行整理归类并加以鉴别,形成痕迹群,在此基础上复现犯罪人当时的犯罪过程和心理活动。这样的工作就是对作案现场的再现。

"由于每一起案件的具体情况各不相同,通过现场分析所要解决的问题,也不会完全一样。但是,任何案件的形成,都必须包括人、事、物、时、空五要素。按照案件构成的这些要素,侦查人员对案件现场情况的分析,可以分为若干个方面的具体内容,主要是:案件性质,作案时间,作案地点,犯罪人数,作案工具和手段,作案动机、目的,犯罪人在现场的活动情况,以及犯罪人的个人特点,确定侦查方向和范围等。"[1]通常说来,现场分析首先要解决的问题就是现场反映的事实是否构成犯罪案件,是何种性质的犯罪案件。比如,在一盗窃案发现场,侦查人员经过勘查发现,作案的出入口设在被打碎玻璃的窗户上,然而,有出入口却

---

[1] 钟书栋:《刑事犯罪现场分析》,辽宁人民出版社1990年版,第27页。

没有出入痕迹，就连窗框上的蜘蛛网都完好无损，这就充分说明案件的性质是监守自盗伪装成被盗。

分析判断作案时间，既是现场分析的重点，也是难点。因为时间具有的一维性和排他性，使它成为侦查人员缩小侦查范围、肯定或否定嫌疑对象的重要依据。但实际办案中，大多只能推断出大体的作案时间段。对作案时间的分析和推断可以通过被害人或其他知情人的回忆获知，也可以根据现场能够反映出作案时间的物品(比如停走的钟表)推断。较为复杂而先进的是运用技术检验法推断，可以通过对现场遗留的脚印、血迹、精斑、唾液、烟头等的检验来确定作案时间，对于被害人死亡的案发现场，可以通过检验尸体内部发生的变化来确定，这些变化同时还有助于证明是他杀还是自杀。

此外，确定作案时间还可以为侦查人员进一步分析犯罪人的动机、发现侦查线索提供帮助。例如，在一纵火案中，侦查人员在全面勘查现场后，综合各方面的材料首先得出一个疑点：犯罪人为什么会在这样的时间放火？在进一步的访问调查中，侦查人员掌握到上级有关部门即将来检查账目这一情况，结合该单位的大量账目被烧毁的事实，越发显现出了犯罪时间的特殊意义。侦查人员利用这一线索初步划定了侦查范围，经过一系列的侦查活动，终于查明犯罪人系该单位一财会人员，其犯罪的动机在于掩盖贪污、涂改账目的罪行。

作案地点是犯罪人实施犯罪的主要场所，是犯罪活动的中心，因此也是案情分析材料的主要来源。"通过对作案地点的分析判断，侦查人员可以进而研究作案活动的全过程，研究犯罪人与现场地点、周围环境、犯罪时间、作案目的之间的联系，判断犯罪意图。"[①]对于发案地点不是作案地点的案件，要注意研究两个地点之间的联系。在杀人碎尸抛尸案件中，要注意从碎尸的方式、尸块的大小、完成这一行为所用的时间分析犯罪人作案场所的性质，从抛尸地点分布的特点研究抛尸地点与作案地点之间的关系，并进一步确定作案地点与犯罪人的关系，从这些关系(居住关系、工作关系、知情关系、省属关系)中推断犯罪人的大致身份、生活范围。比如在一连续入室强奸案中，侦查人员发现作案地点基本上分布在一条线上，且均距某电车沿途各站不远，分析系列案件中发案时间的规律和特点后，侦查人员初步判定犯罪人是专乘该路电车，并利用上下班时间沿途作案的，因此推断在该路电车的始发站及终点站应分别有犯罪人的家和工作单位。由此，侦查人员通过分析犯罪人与作案地点间的关系，为侦破工作指明了方向。

通过现场勘验、检查和访问，侦查人员可以获得有关犯罪人数、作案手段和工具的信息，这些信息在现场分析中经过对比、筛选、认定，可以推断出犯罪人的

---

① 钟书栋：《刑事犯罪现场分析》，辽宁人民出版社1990年版，第39页。

个人信息。个人的行为及其效果主要取决于他的生理状况、智力水平、职业技能和行为习惯等,犯罪人在作案过程中对犯罪工具和手段的选择无疑也透露出他的身体状况、社会职业、犯罪经验、技术特征和行为习惯等个人特征。如一起入室盗窃案中,犯罪人打碎玻璃翻窗入室,经勘查碎玻璃上有橡皮膏的痕迹。这说明犯罪人事先将橡皮膏贴在玻璃上,然后将玻璃打破进入,反映出犯罪人具有一定的防声响方面的知识,极有可能是惯犯。而使用化学药品,比如氢化物杀人,则表明犯罪人对此类化学药品有一定的认识,并有接触、使用的途径。因此,侦查人员据此推断犯罪人具有获得并能熟练地使用这类化学药品的能力,其从事的职业可能与此相关。

此外,长期从事某种稳定的职业,会使人养成特有的职业心理,并形成动力定型,即使在一些非职业活动中,也会按照习惯性动作进行。犯罪人为了迅速完成犯罪活动、实现犯罪目的,熟练的职业技能自然是最佳选择。即使刻意避免,犯罪活动的特殊性、事态发展的不可预料性也会在某一刻使犯罪人出现紧张的心理状态,这时犯罪人的决策就不再受理性支配,而是在情绪或内隐认知的影响下无意中采取习惯性的动作。侦查人员就可以由此推断出犯罪人的职业和行为习惯,缩小侦查范围。

对犯罪人犯罪目的、动机的分析判断是一项细致、谨慎的工作,稍有误差就会干扰侦查方向,尤其是在多发性刑事案件中。在这一类案件中,犯罪现场同时会存在几项犯罪结果,"犯罪动机一个接一个相继发生或交错发生,连续实施的犯罪行为形成非常紧张的情绪和气氛,急剧产生复杂的生理心理反应。犯罪人这一系列心理活动和行为活动,都会不同程度地以各种形式反映在现场痕迹上。因此多发性刑事案件的犯罪痕迹多而且复杂"[①]。侦查人员可以通过排列犯罪行为的发生顺序,识别犯罪人的动机及其变化过程。对于作案的中心目标及目的物比较明确、作案过程比较简单的犯罪活动,侦查人员可直接判定犯罪目的,然后再推测犯罪人为什么要达到这样的目的。比如,火车上的盗窃活动案发后,侦查人员发现一装有军用精密仪器的皮箱消失,在停靠站沿线的搜查中,于一枯井中发现,由此推断犯罪人的动机只是谋财。

有些狡猾的犯罪人了解犯罪动机的准确判断在破案中的重要作用,往往在作案手法上加以伪装,将仇杀伪装成财杀或奸杀,将复仇动机支配下的盗窃伪装成单纯的图财盗窃,企图诱使侦查活动误入歧途。因此,侦查人员要注意从犯罪对象的工作性质、政治态度、经济状况、社会关系以及生活作风等方面发现被侵害的因果关系,要注意从犯罪现场的蛛丝马迹中准确地判明犯罪人的真正动机。

---

① 徐功川:《侦查心理学》,重庆出版社1984年版,第78页。

侦查人员在对案件进行现场分析时,不仅要对每一个问题进行具体、独立的研究,还要注意将这些问题联系起来进行综合分析,再现犯罪人在现场的活动过程,这样,既可以避免出现单独认定之间的矛盾,又有利于对犯罪人及其行为的全面认识,并据此划定侦查方向和侦查范围。在对侦查方向和范围的判定中,确定犯罪人的条件,也就是所谓的给犯罪人"画像",对于缩小、锁定犯罪人的范围具有重要意义,同时也是现场分析要实现的最终目的。只有锁定了犯罪人的范围才能展开后续的侦查、搜捕工作。

对犯罪人的反常表现的发现、分析和利用也是侦查人员摸排犯罪人的重要依据之一,主要是在现场访问和调查阶段进行。

心理学认为,需要是有机体为了延续生命而对客观事物的一种要求。人的需要状态一般经过七个过程,周而复始,直至机体停止活动。其基本模式为:人们对某种客观事物产生需要—心理紧张—产生动机—目标导向—目标行动—需要满足、心理紧张解除—产生新的需要。人类的任何一种活动都是与满足某种需要紧密相联的。由于具有某种需要,个体会受到驱力的推动而增强心理活动的积极性,并产生一种紧张的情绪,打破心理的平衡状态。如果不采取行动,这种紧张的情绪就会渐趋激烈,而无法自动消除。但是,当需要满足以后,紧张的心理就会随之消失,内心又回复到平衡状态。特别是当人们完成了一项有重大意义的行为而满足了其需要之后,不但可以消除紧张的心理,而且还会产生一种满足感。

但是如果个体的需要得到某种满足的手段是不正常的,或者是违法的,那么即使其得到了满足,也会因为对行为本身道德评价、法律评价的否定性和对社会制裁的畏惧而产生另一种心理紧张,无法实现内心的重新平衡。而上述这些内心的情绪变化会同时导致个体行为发生相应的变化,出现与同样情境下绝大多数人截然不同的行为特征,同时又与其自身的性格和行为习惯不相符合的现象。比如,个体犯罪意向的形成虽然隐蔽于内,属于心理活动,但内心的冲动、不同观念的斗争势必会外显为面部表情淡漠、感觉迟钝、注意力涣散、精神恍惚、干活时动作不协调、无法完成平时能够完成的工作和学习任务等。这些通常会被其家人或者好友察觉。

形成犯意后,为了顺利达到犯罪目的而又不被发觉,犯罪人会秘密地进行准备工作。例如,无合理原因而经常逗留、徘徊在作案现场附近;突然对侦探类小说和报告文学感兴趣;打听被害人的生活规律和其他情况;进入商店貌似购物,视线却不停留在商品上,只注意顾客的拎包和口袋;在拥挤的车厢里或热闹场所挤来挤去;私下制造凶器或者购置和收集可以作为凶器和毒药的物品等。犯罪人作案时一般都会选择利于作案又不易被发现的地点,因此这一阶段的反常表现不易被旁人看到。

犯罪人在作案后的反常表现相对来说最容易被人们识别。这是因为,一方面,犯罪人刚刚实施完犯罪行为,紧张情绪达到最高峰,一般难以完全控制自己的表情和行为,容易出现明显的反常表现;另一方面,案发后人们会自觉观察周围人的行为举止,容易发现反常行为。这一阶段的反常行为主要有:情绪表现反常,工作或学习的表现反常,对案件的关注程度反常,对被害人的感情反常,对周围人的态度反常,对自身遭受的侵害、损失反常,对金钱的使用反常等。

犯罪人作案前后的反常表现会储存在一些人的记忆中,虽然可能没有将它与犯罪行为联系起来,但在案发后,通过现场访问调查,这些人会把留在头脑中的印象或感觉述说出来。这类信息收集得越多、越详细,就越有利于侦查人员迅速圈定犯罪人。因此,侦查人员要善于根据犯罪人在现场活动的情况选择访问对象,善于根据不同访问对象的特点选择合适的提问方式和引导方式。不过,在收集信息的过程中,要注意访问对象的记忆的真实性、准确性问题。此外,不同个性的犯罪人的反常表现是不同的,即使是同一犯罪人,其反常表现也不会保持不变。一般而言,作案到案发的时间间隔越长,犯罪人的反常表现就越少;犯罪人离现场的距离越远,其反常表现就越少;侦查活动越声势浩大、越逼近犯罪人,犯罪人的反常表现就越强烈;社会舆论对犯罪人的谴责越强烈,犯罪人的反常表现就越明显。另外,犯罪人对自己行为的认识也会影响其反常表现,即,如果犯罪人并没有意识到其行为属于犯罪,那么他就不会或很少有反常表现。由此看来,侦查人员还要掌握影响、制约犯罪人反常表现的因素及其规律。最后要注意的是,在利用反常现象识别犯罪人时,要学会区分犯罪人的反常表现和非犯罪人的反常表现。比如,有的人员虽未作案,但过去犯过错误或有其他罪行,并且在发案期间没有人能证明他不在现场,因此担心侦查人员将其与案件联系起来时有口难辩,产生反常表现,这就是非犯罪人的反常表现。

第三节 缉捕心理

在证明确实发生了犯罪行为并确定了侦查方向和范围后,缉捕工作便成了现场勘查和分析的逻辑发展,同时,它也是审讯的前提。因为只有犯罪人到案后,侦查人员才能有效地查清犯罪事实,获取犯罪证据,并将其交付法庭审判,接受应有的惩罚。但是,一般情况下,潜逃中的犯罪人还是处于暗处,因此,侦查人员有必要全面了解缉捕对象的心理,准确掌握其逃跑方向和路线。

一、案发后犯罪人的心理分析

犯罪行为发生后,犯罪人的心理变化是很强烈的。这种变化可以从认知和动机两个角度进行分析。从认知角度看,犯罪人在犯罪活动中,其认知的内容主要是如何迅速完成犯罪并不被发现,对其行为后果的联想虽然可能涉及罪行败露、受到法律的严惩,但主要还是集中在犯罪取得成功、满足自我需要上。当犯罪实施完毕,犯罪人的目的达成,自我需要得到满足后,作案时占有绝对优势的信息就会随之消失,这时,影响认知指向的主要是关于法律的惩罚以及与之有关的联想。从动机角度看,个体任何有目的的行为都是在动机的支配下进行的,而人类最原始、最强烈的动机即是趋利避害。犯罪人虽然在作案中表现得不顾一切,但当他有所"得"后,避"害"的动机就会直线上升占据主导地位控制他的行为。这样,无论是从认知角度还是从动机冲突角度分析,犯罪人在得到满足后,一般都会随之产生疲倦、麻木、懒散无力的感觉或者惊恐、心虚、试探打听的心理表现甚至罪责感。在案发后,犯罪人的心理变化会更强烈。

不同的犯罪人案发后的具体心态是不一样的,一般而言,影响其心理变化的因素主要有以下几种:

(一)犯罪性质

犯罪性质是犯罪事实的核心,直接影响到犯罪人可能被判处的刑罚种类及其轻重,因此,对犯罪人的心理变化有着重要的影响。一般情况下,犯罪性质越严重,法律制裁就越严厉,对犯罪人的心理影响也就越强,即使是累犯,也免不了提心吊胆。但是,如果犯罪性质并不严重,考虑到即使是最坏的后果也只是可以忍受的法律制裁而已,那么犯罪人在案发后心理的紧张和恐惧程度就会有所降低。

(二)犯罪过程

犯罪活动的紧张性、激烈性和特殊性,导致犯罪人在作案后,对犯罪过程的记忆非常深刻,经常会自觉或不自觉地回想整个犯罪过程,或者是通过对犯罪过程的再现获得心理上持续的满足,或者是为了分析作案时现场是否留有痕迹、露出破绽。犯罪人对自己作案过程的评价不同,案后的反应也会有所差别:认为犯罪过程不够完美,得到的满足不够强烈和持久,犯罪人就会变得懊恼、沮丧甚至狂躁,渴望再一次作案;反之就会表现得较为平静,沉寂下来。如果犯罪人认为作案过程中漏洞百出,遗留下可能对自己不利的证据,就会极度慌张、恐惧,总是猜测、联想着种种不利后果,忙于补救或者逃逸;而自认为作案手段高明的犯罪人则表现得满足而悠然自得。

（三）犯罪经历

犯罪经历不同，犯罪人对外界的反应也会不同。偶犯和初犯由于缺乏犯罪经验或者没有犯罪亚文化群体的感情支持，案发后极其敏感且极易夸大外界刺激的作用，甚至会把一些与案件毫不相干的外界刺激也同自己的犯罪事实结合起来，因而惶惶不可终日。而犯罪经验丰富的犯罪人生存在犯罪亚文化包围的心理环境中，很难受外界的影响，且自控力强，可以若无其事地对待外界的刺激，并很快适应它。

（四）侦查活动

侦查活动直接指向犯罪人，其目的就是要查找出犯罪人并使其接受应有的法律惩罚。因此，犯罪人的罪行会不会得到揭露很大程度上取决于侦查机关侦查工作的进展状况。如果侦查活动没有指向犯罪人，或者犯罪人以为自己并没有被怀疑时，其紧张、恐惧情绪就会有所缓解；反之，如果犯罪人预感到自己已经成为嫌疑对象，或者侦查人员开始对其进行公开的调查访问，则其心理活动就会变得激烈起来，而且随着侦查工作力度的加大、速度的加快，其心理波动就会越来越激烈。

（五）人际交往

人际交往也会影响到犯罪人案发后的心态。在面对重大问题时，个体的倾诉欲望、求助欲望会变得强烈起来。通过与他人的交往，犯罪人可以满足以下需要：了解案件的侦查情况，以便采取相应的行动；了解他人对犯罪活动的看法，得出对自己行为的评价。如果他人对犯罪活动持否定态度并加以强烈谴责，那么犯罪人对自我的认知就会产生矛盾，出现冲突。这是因为，一般人都对自己持肯定态度，认为自己是聪明的并具有理性、良知和有原则的人，其所做的事情也都是有着充分的原因和理由的，犯罪人也不例外。当这种否定性的评价来自犯罪人的家人、好友等最为亲密的生活圈时，犯罪人的自我认知矛盾就更为剧烈。这时，为了协调这两种截然相反的对自我的认知，犯罪人会通过改变其中一种认知来协调冲突，实现内心的平衡，结果或者是受他人的影响，对自己及其行为作出否定性的评价，内疚、悔悟并产生强烈的罪责感；或者是否定他人的评价，进而疏远这一生活圈。但不论什么结果，犯罪人一定都经历了激烈的内心冲突和斗争。相反，如果犯罪人作案后得到了家人、好友的容忍、原谅甚至是鼓励和包庇，那么其心理就会趋于平静，很少有剧烈变化。

（六）个性特点

最后，也是最为根本的，就是犯罪人的个性特点。犯罪人的性格特征不同，对外界刺激的认识和反应强度、反应方式也会不同。此外，意志和情绪的强度、稳定性、持久性以及占主导地位的心理状态也会对犯罪人案发后的心理变化产生重要影响。

二、犯罪人的潜逃心理及其行为

案发后,犯罪人的心理变化不同,外在的行为表现也会不同,他们或者束手就擒,自首服法;或者主动出击,嚣张对抗;或者小心谨慎,静观其变;或者避害心切,走为上策。那些积极对抗的犯罪人,最终会因双方力量的悬殊而败下阵来;而那些暗中打探、静观其变的犯罪人不可能做到不露痕迹,所谓"暗中""不露"只是一厢情愿。因此,这两类犯罪人最后还是要在自首和潜逃之间作出抉择。从侦查实践看,主动自首的犯罪人是少之又少的。于是,了解犯罪人的潜逃心理及其行为成为后续缉捕工作的重中之重。

一般而言,不同类型的犯罪人,其潜逃心理和潜逃行为是有差别的。本书主要探讨以下几种类型:

(一)初犯和累犯

初犯由于犯罪心理和行为以及潜逃心理和行为都未定型化,缺乏犯罪经验和反侦查经验,因此案发后心理变化剧烈,处理问题的能力和心理承受力都迅速下降,一时不知该如何应对。如果选择潜逃,他们一般都会求助于关系密切或者较好的亲人、朋友,藏匿在其居住地附近。有些犯罪人会因为内心的慌乱而四处逃窜,但孤寂、无助和恐慌的情绪会使他们在逃窜一段时间后,返回能让他们感到安全和放松的地方寻求心理慰藉和物质帮助。

对于累犯,尤其是家庭观念淡漠,社会经验、犯罪经验丰富并具有很强的社交能力和适应能力的累犯,其反缉捕经验的积累会使他远离居住地且特意避开平时交往较多的亲属、朋友或者其他社会关系,采取长途流窜潜逃方式对抗侦查人员的缉捕工作。在流窜潜逃过程中,这些累犯还会建立起新的社会关系,寻找多处藏匿地点,根据侦查人员的活动情况及时变更藏匿地点和潜逃方向。

(二)预谋犯与非预谋犯

非预谋性犯罪行为是犯罪人在某种特定的外在情景刺激下,临时决意而为的。这种急剧的心理状态和生活状态的变化使得犯罪人在潜逃初期,"由于思想上和物质上缺乏应有的准备,往往会朝着交往密切、感情深厚、利益相关的社会关系投奔而去,企图在那里获得喘息的机会,以便从思想上和物质上为继续的逃窜作好准备"[①]。当犯罪人在思想上有了比较充分的反缉捕准备,物质上也有了一定程度的补充后,就可能开始有计划的逃窜了,并会选择适当的隐匿方法和处所。

[①] 徐功川:《侦查心理学》,重庆出版社1984年版,第127页。

与非预谋性犯罪行为相反,预谋性犯罪行为是在犯罪人有目的、有步骤的犯罪思想指导下进行的,其犯罪后的潜逃方向和具体路线是整个犯罪计划的一部分,在犯罪人拟订犯罪计划时就已经形成了。由此可知,预谋性犯罪人的潜逃行为是建立在系统的思想准备和一定的物质储备基础之上的,而且在犯罪前,犯罪人就已经有目的地建立起相关的社会交往系统,以便在潜逃时寻求帮助。因此,预谋性犯罪人的潜逃地、落脚点一般都较为隐秘,而且可能突破常理,不易被发现。

(三) 区域犯与流窜犯

区域犯,顾名思义是指在一个地区或一定地域内进行犯罪活动的犯罪人。这类犯罪人的生活环境比较稳定,社会关系相对集中,社会经验也由于区域的局限导致其对生活范围以外的事物了解甚少,反映在潜逃心理和行为上就表现为:如果犯罪人"平时的活动范围大,或者活动范围内的情况比较复杂,那么其潜逃心理就可能在多种形式间游移变化,其行为倾向也比较散乱"[1];如果犯罪人"平时的活动范围小,或者活动范围内的情况比较单一,那么其潜逃心理就容易朝着较为稳定的方向发展,行为倾向也较为稳固"[2]。

与区域犯正好相反,流窜犯一般在多个地区或者较广的范围内进行犯罪活动,其生活环境不稳定且经常变换,社交面广而复杂。生活经历和社会经验的丰富多样使得流窜犯的潜逃心理和行为更为复杂。另外,流窜犯还有一个显著的特点:建立了较为广泛而隐蔽的社会交往关系。这些社会关系中既有积极的又有消极的,他们以不同的方式为犯罪人提供多种方便,如寄宿、窝赃、销赃、刺探侦查情报。这一切都有意无意地为流窜犯的潜逃心理和行为创造了条件,提供了支持,尤其是流窜犯运用狡猾伎俩骗得社会守法公民的信任后所建立的社会关系,对其反缉捕行为更为有利。

虽然不同类型犯罪人的潜逃心理和行为是有差别的,但是,影响其潜逃心理和行为的因素是相同的,例如,犯罪人的个性特点、生活经验和社会经验、社会交往关系以及适应能力等。此外,社会治安状况、地理与交通环境以及不同地域的民俗风情也会对犯罪人的潜逃心理和行为产生影响。例如,有些犯罪人会逃往山区、森林等地,利用其人烟稀少、便于藏匿的优势逃避侦查人员的追捕;有些犯罪人则"大隐隐于市",利用大城市人口稠密、流动性大、交通便利、生活便利的特点作为藏身之地,而且社会控制力弱、治安条件差的区域更具吸引力。

---

[1] 徐功川:《侦查心理学》,重庆出版社 1984 年版,第 133 页。
[2] 同上。

三、侦查人员的缉捕措施

缉捕是侦查人员在侦破犯罪案件过程中采取的一项强制措施,可以大致分为五个步骤:收集信息,判断缉捕对象的状态,制订缉捕方案,实施缉捕方案,总结缉捕活动的经验和教训。

与其他侦查活动相比,缉捕活动具有以下特点:首先,缉捕活动的开展要以准确、及时而又充分的情报收集为基础;其次,双方的互动性和犯罪人的警惕性使缉捕过程具有突发性和随机应变的特点;最后,缉捕活动是双方的正面冲突,犯罪人的孤注一掷和侦查人员紧追不舍使其充满危险性,侦查人员的生命安全可能会受到严重威胁。因此,侦查人员在制订缉捕方案、拟定缉捕路线时要注意以下几点:

(一)熟悉个案中的犯罪人

缉捕措施一定要在准确判断的前提下进行,不然,不仅会打草惊蛇、无功而返,使得犯罪人更为嚣张,还会造成人力、物力的浪费。侦查人员的缉捕工作都是针对个案中真实、具体的犯罪人的,因此,缉捕措施的选择要依据犯罪人的潜逃心理而定。在具体拟定缉捕方案时,侦查人员还要对犯罪人的生活背景有全面的了解,根据其在现实环境中习得的经验和能力推测和判断出犯罪人可能选择的潜逃方向、路线和寻找的隐匿地点。总之,侦查人员对相关信息的判断和推测越准确,缉捕工作的进展就越顺利。

(二)了解犯罪人的社会关系

"有调查显示,60%的潜逃犯罪人潜藏在案发原籍地周围,或在亲友、其他社会关系的家乡四周活动,20%的潜逃犯罪人跨地区活动,少数犯罪行为特别严重的犯罪人以及惯犯、累犯等才会选择流窜潜逃的方式。"[1]因此,了解缉捕对象的社会关系以及与这些社会关系的密切程度和联系方式对于缉捕路线的制定至关重要。侦查人员可以采取公开调查或者秘密调查的方式了解这些情况,前者主要是通过周围群众、相关基层工作人员、已知的社会关系获得犯罪人的生活习惯、行为规律和近期动向等信息,后者则是侦查人员依靠秘密的观察、跟踪等手段,在确保不被犯罪人察觉的情况下完成。此外,侦查人员还要注意调查了解犯罪人的社会联系方式,对于较为明显的联系方式,周围的邻居、同事和某些旁观者一般都会有一定的印象,这有利于查明犯罪人的潜逃方向;对于比较隐蔽的联系方式,虽然周围的人们不可能提供什么信息,但是这也说明犯罪人的藏匿地点很可能与他们相关或者他们属于知情人,侦查人员对此可以采取秘密的调查活动获知此类信息。

---

[1] 王渤、朱营周主编:《侦查心理》,中国人民公安大学出版社2001年版,第116页。

（三）正确合理配置缉捕力量

一般而言，缉捕力量的配置有两种基本类型，一为直线式，一为包围式。在明确缉捕对象并掌握其藏匿地点时，侦查人员应采用直线式缉捕措施，执行任务时，人员力求少而灵活，行动务必迅速、勇猛。当缉捕对象不明确或者其藏匿地点不明确时，适合采取包围式的缉捕措施，具体范围的大小要视地形复杂程度及目标的暴露程度而定。当然，这两种方式需视具体情况而定，而且有时还须结合使用。例如，如果直线式的缉捕措施失败，目标转移或者消失，这时侦查人员就需要冷静全面地分析情况，采取包围式的缉捕措施，待缉捕工作有所进展，犯罪人暴露目标后，再迅速出击，采取直线式的缉捕措施，将犯罪人一举擒获。

（四）搜寻疑点，随机应变

缉捕犯罪人是一项十分复杂的工作，往往犯罪人在暗，侦查人员在明，稍不注意，侦查人员就有可能放过犯罪人。所以，侦查人员一定要注意在复杂的情况下搜寻疑点，发现异常，快速捕获犯罪人。例如，我国幅员辽阔，民族众多，各地的风俗习惯多有差异，有时犯罪人会选择偏远地区的少数民族聚居地为藏匿地点，并入乡随俗对自己进行一系列的伪装。但是，要在较短的时间内从外表到语言，乃至行为习惯与当地人完全一样是很困难的。因此，在这种情况下，只要侦查人员保持敏锐的注意力和洞察力，就会发现疑点，查获犯罪人。

缉捕活动的复杂性还表现为经常会发生预料不到的情况。因此，侦查人员要有充分的心理准备，善于随机应变，根据犯罪人的突发行为及时调整方案。

（五）创造情景，智谋取胜

缉捕活动中，侦查人员和犯罪人力量对比的悬殊，使得犯罪人潜逃中的主要心态表现为紧张、恐慌、急躁和犹疑、动摇，且经常会有激烈的思想斗争。在侦查人员紧追不舍、犯罪人走投无路的情况下，犯罪人的心理和行为会向两个截然相反的方向发展：一是筋疲力尽，缴械投降；一是孤注一掷，顽抗到底。这时，侦查人员就要根据犯罪人的心理特点和现实情景对其可能的反应加以推断，并利用心理刺激，创造条件促使其心态和行为朝着有利于缉捕工作的方向发展。当犯罪人出现第一种心理和行为倾向时，侦查人员一定要及时、适时地加以强化，使这种可能变为现实；反之，如果犯罪人出现后一种心理和行为倾向，而且攻心战术并不能促其转变时，侦查人员就要审时度势，果断处置，确保自身的人身安全。

第四节　犯罪人特征描述

在侦查中，通过各种已经掌握到的痕迹对犯罪人进行特征描述，可以帮助侦查人员缩小犯罪人的范围或者使侦查人员找到新的侦查方向。研究表明，每个人都会有自己的行为模式,从而带来特定的识别标志性动作,一个具有异常行为模式的人会有更多的识别标志性动作。通过分析犯罪现场所发现的各种线索,可以对犯罪人的人格或识别标志加以认定。如何对犯罪人进行特征描述,是侦查心理学的一个重要课题。

一、犯罪人特征描述概述

关于犯罪人特征描述存在不同的观点,有的人认为它是"指通过收集犯罪现场的信息以及从已被定罪的犯罪人身上获得的信息来推断特定犯罪人最可能具有的特征的过程"[1];有的认为它是"建立在对犯罪现场的心理和统计分析的基础上的过程,是用以确定最可能的犯罪人的一般特征"[2];而我国台湾地区学者杨士隆则认为,它"是运用社会及行为科学的资讯和策略对某一特定暴力犯罪类型进行犯罪心理痕迹检视、剖析的罪犯辨识技术"[3]。

虽然犯罪人特征描述具有一定的科学依据并接受了实践的检验,为一些疑难案件的侦破提供了重要线索,但是由于犯罪心理的复杂性,有些案件,比如由于特定的情境才产生的犯罪或者很大程度上受心理过程影响的犯罪,可能就不大适用犯罪人特征描述。霍姆斯等人认为:"像伪造支票、抢劫银行、劫持人质这样的犯罪,就不适合进行特征描述。某种单纯的杀人行为,特别是如果这种犯罪行为是自发产生的,那么,解释这样的犯罪行为,就比解释具有类似行为或者类似地点的一系列犯罪要困难得多。"[4]而"Ronald等人认为犯罪人特征描述研究的焦点一直是在系列犯罪和性侵害方面,90%的犯罪人特征描述都涉及谋杀或强奸"[5]。此外,格伯思等人经过汇总分析研究,列出八种适合进行犯罪人特征描述的犯罪:"虐待、折磨的性攻击行为;摘出内脏的凶杀案件;死后深砍与肢解行为;缺乏动机的纵火案件;色欲及切断手足的谋杀案件;仪式主义的犯罪;强奸案件;恋童癖。"[6]

因此,犯罪人特征描述被看做帮助侦查人员提供某些类型犯罪人信息的一种经验性尝试,是对犯罪人的行为模式、趋势和倾向进行的个人传记性的简要描

---

[1] 转引自李安等:《侦查心理学——侦查心理的理论与实践》,中国法制出版社2005年版,第138页。
[2] 同上。
[3] 同上。
[4] 转引自〔美〕劳伦斯·S.赖茨曼:《司法心理学》,吴宗宪、林遐等译,中国轻工业出版社2004年版,第78页。
[5] 转引自李安等:《侦查心理学——侦查心理的理论与实践》,中国法制出版社2005年版,第139页。
[6] 转引自〔美〕劳伦斯·S.赖茨曼:《司法心理学》,吴宗宪、林遐等译,中国轻工业出版社2004年版,第78页。

述,但并不能准确提供犯罪人的具体身份。

从上述国内外专家的界定来看,犯罪人特征描述具有以下明显特点:(1)建立在某种决定论的假设之上,即个人的思维方式指导和决定着个人的行动,个人的心理特征决定了个人的行为特征,并且个人的性格和特征以及行为方式是相对稳定的、不易改变的;(2)运用心理学、社会学、法医学及统计学等多学科的知识;(3)是一种经验性的判断与推论;(4)目的是提供犯罪分类或犯罪人生理和社会性特征及心理特征,以缩小侦查范围,及早缉拿犯罪人,并为后续的审讯工作提供心理学对策,使警方能够尽早侦破案件。

二、犯罪人特征描述的方法

侦查中对犯罪人的特征描述存在两种倾向:一是对犯罪人共同特征进行的描述,另一种是根据犯罪现场进行个案犯罪人特征描述。前一种主要是考察犯罪人的早期经历或者利用心理测验对犯罪人进行人格描述,以发现实施了类似犯罪的犯罪人之间在人格、背景和行为方面的一致性,以便于进行犯罪预测和犯罪人分类。后一种根据犯罪现场进行的个案犯罪人特征描述是本书将要介绍的重点。

个案中犯罪人特征描述主要是通过对收集到的信息的组织、解释或侦查性理解提出假设性的意见,其中包含了大量的逻辑推理。显著的行为是每个人都看得见的,但是,犯罪人特征描述的全面化和准确性要求我们更要关注常人不易察觉到的细节,把自己训练得能够看见被别人所忽略的那些东西,并把这些细节逻辑地联系起来,用来刻画犯罪人的轮廓。正是对犯罪人特征描述的高要求和其对侦破案件的推动作用,吸引了诸多司法心理学领域的专家和学者进一步深入探索和研究,并总结出了一些规律和方法。

(一)犯罪现场分析法

犯罪现场分析法,即通过对犯罪现场的事物或者曾停留在现场的人头脑中关于犯罪的印象的收集和分析,推断罪犯的心理状况,描述罪犯的行为特征,并重建犯罪现场,人工或电脑合成犯罪人的特征和分类。

1978年,美国FBI成立了犯罪行为部(BSU),主要按照以下六个阶段对犯罪人进行特征描述[①]:

(1)信息输入阶段。即搜集所有的证据,包括在犯罪现场发现的证据和一切源自犯罪现场的证据。

---

① 参见李安等:《侦查心理学——侦查心理的理论与实践》,中国法制出版社2005年版,第146—147页。

(2) 决策过程模型。将前述犯罪信息加以分析,区分成各种类型和问题,比如,这起案件是否属系列案件的一部分,被害人具有哪些共同特征等。

(3) 犯罪评估。将犯罪现场的证据组织起来,重建犯罪现场,由侦查人员判断犯罪实施的过程,在犯罪情境中犯罪人与被害人的互动过程,以及犯罪工具的使用顺序。

(4) 犯罪人特征描述。结合前三步的工作并深入考虑犯罪人的动机、体态特征以及犯罪人的人格特征,对犯罪人进行描述。具体分为五个步骤:① 对犯罪行为的性质和过去实施过类似犯罪的犯罪人类型进行综合研究;② 仔细分析犯罪现场;③ 深入考察一名或多名被害人的背景和活动;④ 描述卷入犯罪的各方行为人可能具有的动机因素;⑤ 根据犯罪现场和过去的犯罪人行为的明显特征,对犯罪人进行描述。

(5) 犯罪侦查。犯罪人特征描述的书面报告以及带有数据的结论将在这一阶段交给侦查人员以认定犯罪人。如果找不到犯罪人或者出现了新的信息就要重新进行特征描述与分类。

(6) 抓捕阶段。在确定嫌疑人之后,嫌疑人将被审讯、搜查、与特征描述结论比照。如果侦查人员相信嫌疑人就是犯罪人的话,就会获取对嫌疑人的逮捕令。

在美国,这种描述主要用于凶杀案中,其程序与方法可概括为"两种描绘、三条途径和三种内容"。"两种描绘"是指计算机描绘和人工描绘;"三条途径"指分析犯罪现场、分析受害方、分析犯罪人;"三种内容"即主要通过对犯罪的计划与准备、付诸行动及案后行为三个阶段状况的分析,描绘出罪犯的特征。依据心理学与行为科学理论,罪犯在现场留下心理痕迹的过程一般是:犯罪人—犯罪心理—犯罪行为—现场事物或人—现场痕迹与当事人印象。相应的,侦查人员可以通过回溯性的方法现场勘查和分析了解犯罪行为中犯罪人的主观心态,并由此推断出犯罪人的心理特征。具体说来,侦查人员进行现场心理痕迹检验的顺序为:收集现场资料—单项分析—综合分析(进行"犯罪再现")—得出心理痕迹检验结论—调查验证。在一般案件中表现为:现场物质痕迹分析—心理痕迹分析—再现犯罪—犯罪人特征描述。①

值得注意的是,犯罪人特征描述的实现依赖于其技术指标体系的完善,即,只有根据较为长期的系统研究确立犯罪人特征描述的技术指标体系,才能以此指导侦查工作。美国联邦调查局从 20 世纪 70 年代开始就专门立项进行犯罪人

---

① 参见李安等:《侦查心理学——侦查心理的理论与实践》,中国法制出版社 2005 年版,第 151—152 页。

特征描述的研究,取得初步成果后又长期不懈继续探索。目前,这项研究已发展得相当完善,在诸如亚特兰大系列杀童案、安克拉治系列残害妓女案等一大批重大案件中,犯罪人特征描述为侦查工作提供了正确的犯罪人范围,甚至精确到犯罪人特征,包括性别、种族、年龄、婚姻状况、兵役、职业、智商、教育程度、犯罪记录、性格、交通工具颜色、问话形式等各个方面,大大推动了侦查工作的顺利快速进行。

(二)行为证据分析法

行为证据分析法是由加利福尼亚州的一名司法科学家、私人心理特征描述专家布伦特·特维(Brent Turvey)提出的。他强调心理特征描述必须根据现场的各种证据,运用演绎推理的方法,通过对行为进行分析而得出。在运用这一方法时,我们需要掌握以下方面的知识:犯罪分析,洛卡尔物质交换定律,批判性思维,逻辑性分析,证据动态变化,被害人研究,犯罪现场特征等。[1]

这一方法具体分为以下四步[2]:(1)刑事和行为证据分析。在进行犯罪人特征描述之前,必须根据所有的物证对案件进行全面的刑事分析以确保分析的被害人和犯罪人行为及犯罪现场特征的完整性。(2)被害人研究。即要对被害人特点进行全面的研究分析,了解被害人的所有信息,并根据被害人的特点推断出犯罪人的动机、惯技及犯罪人幻想行为的决意等。被害人研究的部分内容是风险评估。犯罪人特征描述专家不仅要评估被害人日常生活中的生活方式所具有的风险系数,而且还要对被害人遭受袭击时的风险系数及犯罪人对被害人实施犯罪行为的风险系数进行评估。(3)犯罪现场特征。主要涉及现场进入方式、攻击方式、对被害人的控制方法、场所类型、性行为的类型和顺序、器械的使用、言语活动及犯罪准备行为等。犯罪现场特征可以从刑事证据和被害人研究当中明确地找到。根据犯罪现场特征能推断出犯罪人的精神状态、计划、幻想和动机,这将帮助犯罪人特征描述人员区分出犯罪人的惯技行为和标记行为。(4)犯罪人特征。在前三步的基础上推断犯罪人的行为特点和个性特征,主要包括种族、职业、婚姻状况、特殊技能、犯罪经历、体态特征等。

与传统的归纳式的犯罪人特征描述不同,布伦特·特维的刑事和行为证据分析法主要依赖于演绎推理,并建立在以下理论假设基础之上[3]:(1)不存在没有动机的故意犯罪行为,尽管有时动机可能只有犯罪人本人知道;(2)由于每个

---

[1] 〔美〕布伦特·E.特维:《犯罪心理画像——行为证据分析入门》,李枚瑾等译,中国人民公安大学出版社2005年版,第42—44页。

[2] 李安等:《侦查心理学——侦查心理的理论与实践》,中国法制出版社2005年版,第148页。

[3] 〔美〕布伦特·E.特维:《犯罪心理画像——行为证据分析入门》,李枚瑾等译,中国人民公安大学出版社2005年版,第44页。

犯罪人都有自己独特的行为、动机,因此应该根据具体案情开展侦查工作;(3) 不同犯罪人由于完全不同的原因可表现出相同或近似的行为;(4) 考虑到个人行为的天性、人的相互作用及环境的影响,没有哪两个案子是完全一样的;(5) 随着时间的推移和犯罪行为的反复实施,特定犯罪者的犯罪手法也会不断变化;(6) 同一个犯罪人在实施多起犯罪行为的过程中乃至在实施一起犯罪行为中都可能具有多种动机。

由此可知,犯罪重建是进行演绎式犯罪人特征描述的基础。犯罪重建重在解决"发生了什么"以及"它是怎么发生的"等涉及犯罪行为过程的问题,而犯罪人特征描述则以此为前提,重在回答隐藏在行为过程及其特征背后的犯罪动机和罪犯的人格特征,即"犯罪为什么会发生"和"是什么人实施了犯罪行为"的问题。犯罪人特征描述只有在对犯罪过程进行准确、全面重建的基础上才能有效进行,否则,其结论就会因为缺少客观的事实前提而丧失价值。[①]

(三) 两者的比较

简单来说,犯罪现场分析法属于归纳性的犯罪人特征描述,而行为证据分析法偏向于演绎式的犯罪人特征描述。即,前者对一个具体案件中犯罪人的特征描述是根据对一系列的犯罪人的特征总结归纳而成,是将某一类犯罪的行为人的一般性特征运用于未知的犯罪人身上。比如在 18 岁女孩 Ginger Hayden 被谋杀案中,被害人的尸体是在自己的公寓里被发现的,身上被刺了 56 刀。[②] 于是,Gordon 根据现场分析法对犯罪人进行了犯罪人特征描述。我们这里仅举其中的两项:凶手是 17—24 岁的男性;凶手的脾气暴躁。毫无疑问,关于凶手年龄和性别的描述是归纳性的论证,它所给出的凶手的年龄范围是根据其他类似案件中凶手年龄的统计所得出的接近值,性别亦是如此。但是,对这些特征的推断并没有相关证据的支持,因为现场没有令人可信的目击证人,而且在现场没有发现 DNA 或者精液之类可以证明凶手性别的物证,或者存在但是没有被侦查人员发现。对于凶手脾气暴躁的描述仍是归纳性的推断而且极易令人误解,因为这样的推断存在一个前提假设,即,被害人伤口很多就意味着犯罪人脾气暴躁。但是,这是不可信的。日常生活中,即使是一直被认为很温柔、充满爱心的人,当其内心的愤怒或者怨恨经过长期一点一滴的积累,在某一时间、某一情景下遇到刺激时会突然爆发的,而且通过残忍的暴力行为来发泄也是一种可能的甚至是极为可能的方式。

---

① 参见李安等:《侦查心理学——侦查心理的理论与实践》,中国法制出版社 2005 年版,第 154 页。
② 参见〔美〕布伦特·E.特维:《犯罪心理画像——行为证据分析入门》,李枚瑾等译,中国人民公安大学出版社 2005 年版,第 30—31 页。

如此看来,运用归纳性的分析方法得出的这种预先推测结论有可能会妨碍侦查工作的进行,比如,上述关于犯罪人特征的描述就会导致侦查人员不去考虑女性或者17—24岁之外且脾气温和的男性。这意味着真正凶手可能因此而逃脱,至少在侦查初期会游走在侦查人员的视线之外,相反,无辜的嫌疑人则可能遭受以正义为名的伤害。此外,归纳性分析法对犯罪人特征描述结论的前提信息来自于之前收集的同类案件中对犯罪人共同特征的筛选、概括和总结。因此,参考信息的有限性和收集者在选择时受个人主观因素的影响性都会影响到个案分析的准确性,并且,一般特征并不一定适合未知的犯罪人,更不适合于特殊案件。

演绎性的犯罪人特征描述法虽然不能被认为是纯粹地运用演绎方法,但是一般来说,其逻辑思路基本遵循从一般到个别且强调根据侦查工作中收集到的经过验证的物证和行为证据对犯罪人进行分析,并注重分析现实案件的个性(犯罪现场的个性和犯罪人的个人特征)。最重要的是,演绎性的犯罪人特征描述只是过程而不是结果,只是辅助性的参考而不是预测性的结论,它会随着新证据的发现、相关案件的发生进行相应的修改,它一直处于动态中,对自己始终持质疑态度。因此,它对个案中犯罪人特征描述推论的准确性依赖于更多、更完整的侦查工作,依赖于分析人员专业知识水平的不断提高。与此相比,归纳性的分析法就显得比较简便了,对数据库的依赖不仅使其分析人员不必花费时间和精力接受针对犯罪行为、犯罪人进行调查研究所必需的刑事专业知识的教育或培训,而且分析人员也不用花费很大的力气,在相当短的时间内就可得出结论。

不过,归纳性的犯罪人特征描述来自于从大众所熟悉的、少量已知的在押犯罪人中概括推论出的行为特征,它不能完全准确地用来解释目前仍逍遥法外的凶手,而且事实上,归纳性犯罪人特征描述也没有将多数智能性犯罪或者有技能犯罪人的特征纳入,因为他们成功地并多次逃脱。

总之,两种分析方法各有利弊,演绎性的犯罪人特征描述虽然具有极高的理论和实践价值,但不可否认,它并不能代替全面的犯罪分析;而归纳性的犯罪人特征描述虽然有诸多不完善,但是,它根据一定的犯罪规律进行犯罪预测和犯罪分析的思想恰恰是前者所缺乏的。此外,对犯罪现场和犯罪行为的共性的认识尽管对勾勒个案中犯罪人的具体人身特征帮助不大,但却有助于形成类型的或一般性的人身特征。

三、犯罪人特征描述的评述

犯罪人特征描述不完整,最终可能误导侦查,还可能导致侦查人员惰性的形成——以为已经有答案了,不用再全面进行详细的侦查了。因此,我们不能把犯罪人特征描述作为解决案件的唯一途径，毕竟它只是一种经验性的假设，而且这种假设不一定完全正确。虽然我们总是被记述历史的人所诱导，错误地记下了所有关于犯罪人特征描述的神话。

因此，在运用犯罪人特征描述方法进行刑事侦查时，要注意案件的选择。比如，杀人案件可以分为有预谋、有理智的杀人和激情冲动下的杀人或者伤害致死。在预谋的杀人案件中以及具有精神病态的人实施的杀人案件中，尤其是系列性的杀人犯罪活动中，进行犯罪人特征描述的效果可能会更好，因为现场会留下相对更多的识别性标记。

在实践中，侦查人员总是希望从犯罪人特征描述中获得更多的、更具体的信息，甚至直接锁定目标，如同广为流传、已成为经典的布鲁塞尔博士对纽约炸弹狂的特征描述一样。但实际上，犯罪人特征描述只能得出一个模糊性的结论，因为，太具体了意味着可能增加遗漏真实犯罪人的风险。但是，正是这种模糊性又产生了符合所描述特征的人的多数性、不确定性和案件中犯罪人的特定性、具体性之间的矛盾。

综上，侦查人员在运用犯罪人特征描述破案时，要注意案件的性质，注意克服一般的对犯罪人特征的刻板描述，要注意选择相同文化背景或生活背景下收集的数据库。此外，要有批判性的思维，不能固执于某一特征描述的结论，而应将犯罪人特征描述与其他事实证据结合起来，将犯罪人留下的心理痕迹与物质痕迹结合起来，综合地确定侦查范围。

第八章　审讯心理对策

　　审讯也称为预审,是侦查工作的继续和发展,是侦查人员为了确证或者查明案件事实而对犯罪人进行的讯问活动。审讯中,审讯人员面对的是千差万别的案件和各种各样的犯罪人。要使审讯活动顺利进行,达到理想目的,审讯人员不仅要全面了解犯罪事件的发生、发展过程,还要研究审讯对象,分析审讯对象的心理状态和自我意识,把握审讯对象的心理特点和个性特征。只有这样才能正确处理双方关系,减少不必要的冲突和矛盾,有效地选择、制定和运用审讯方法及策略,始终控制审讯中的主动权,高效地完成审讯任务。

第一节　犯罪人在审讯中的心理和行为

　　审讯是审讯人员与犯罪人双方面对面的攻心与斗智,其全部活动都是围绕审讯人员追讯罪责与犯罪人逃避罪责而展开。不同的犯罪人在审讯中的表现是千差万别的。一般而言,犯罪人在畏罪心理、侥幸心理和抗拒心理的支配下会有三种选择:或是一进入审讯阶段就认罪服法,彻底如实供认罪行;或是直至侦查终结仍顽抗抵赖,死不认罪;或是先心存侥幸、抗拒审讯,后幻想破灭,被迫供罪。在审讯实践中,前两种情况都是少之又少的,选择第三条道路的绝大多数被审讯人就是本章要研究的重点。在审讯过程中,犯罪人的心理和行为各有差异,而且随着审讯的进展,还会呈现出纷繁多样的变化,但是,这些变化并非捉摸不定,而是具有一定的特点和规律。即,在审讯活动中,犯罪人趋利避害的心理会使其从心理到行为经过以下四个变化阶段。

一、试探摸底阶段

　　试探摸底是审讯过程中对立双方共有的心理现象。对于审讯人员来说,为了在审讯的一开始就掌握主动权,顺利获取犯罪人的口供,就要设置有利情境了解犯罪人的个性特点和应讯态度。只有知己知彼,才能百战不殆。对于犯罪人来讲,在被拘留或逮捕后,不仅个人身份地位的落差、生活状态的骤变打破了其内心的平衡,而且陌生的关押环境以及与外界的隔离和生活起居的不自由使得他对侦查工作的进展情况、证据暴露的程度、共同犯罪中同伙是否被缉拿归案或供认、家人的生活状况等重要信息都无从知晓。急切渴望却又求之不得,导致犯罪人的心理更为混乱，表现得焦虑不安、心烦意乱，甚至寝食难安。因此，在这种情况下，犯罪人通常都急于了解侦查机关侦破案件的经过、掌握证据的情况、同伙被捕与交代罪行的情况、家人朋友或者知情人是否讲述了相关案情并提供了对其不利的证据、审讯人员的审讯重点及意图、审讯人员的审讯方法等，以便决定该如何应对。

试探摸底阶段是犯罪人与审讯人员的初次接触，犯罪人一般都会高度集中注意力，留意审讯人员的仪表，看其是严肃干练、咄咄逼人，还是随和豁达、和蔼有加；观察审讯人员的态度，看其是积极认真、谨慎细致，还是例行公事、马虎草率；评判审讯人员的发问，看其是成竹在胸、句句切题、正中要害，还是仓促上阵、毫无主次、不着边际，从而逐步揣摩、推测自己的罪行是否暴露以及暴露的程度。

在这一阶段，犯罪人，特别是一些初次受审的犯罪人，一般都不敢公开进行对抗，而是以静观动、以虚代实，试图先赢得审讯人员的好感，缓和审讯气氛。表现为：有的采取投石问路的计策，先向审讯人员供述某一次要罪行或案件中的某一次要情节，观察审讯人员的反应以探听虚实，并以此决定交代与否以及交代的程度；有的以假乱真、谎供、乱供、故意提供虚假证据或者真真假假、假假真真，观察审讯人员的态度，从其态度上推测审讯人员对案件的了解程度；也有的对审讯人员的提问避重就轻或者绕过主题，向审讯人员询问家属、亲友是否被控制以及被害人的近况，或者通过虚假供述拐弯抹角地打探审讯人员是否了解犯罪人的数量以及同伙的情况。

某些恶性极深、胆大妄为、反审讯经验丰富的累犯则会反诘发问，变被动为主动，公然指责审讯人员没有证据随便抓人，宣称自己没有实施任何违法犯罪行为，向审讯人员索要证据，企图利用激将法干扰审讯人员的情绪，使其一时失策过早地抛出证据。有些谨慎的犯罪人会选择静默的策略，在审讯过程中少言寡语，不答或者很少回答审讯人员的问题，防止露出破绽而被审讯人员所利用。即使在审讯人员的攻势之下或是在证据面前不得不供述时，也会十分注意用词，字斟句酌，尽量轻描淡写地为自己开脱，以掩饰罪行或者推卸罪责。但是，其平静外表下的内心却极为警觉，十分注意审讯人员的言语特点和态度表情，并对其加以分析和推断。也有的犯罪人先是沉默不语，促使审讯人员为了打开局面而过多地讲话，把注意力全部集中在审讯人员的言语上，一旦发现审讯人员的丝缕破绽，就一反沉默，狡辩反扑，以干扰、破坏审讯人员预先设计的审讯方案和审讯程序，使审讯人员自乱阵脚，而自己也得以暂时蒙混过关。

针对犯罪人的试探心理，审讯人员要特别注意自己的言行举止，始终表现得严肃认真，具有威慑力，给犯罪人一定的压力，促其紧张，使其没有足够的注意力试探摸底。同时，应注意不要随便表态或将喜怒哀乐等情绪轻易流露出来。在遇到问题时要不动声色,沉着镇静,不让审讯对象探出虚实,寻找可乘之机。

二、对抗相持阶段

随着时间的推演,犯罪人开始适应周围的环境,能够很好地调节和控制自己的心态和行为;而且通过前一阶段对审讯环境和审讯人员的接触,犯罪人自认为对审讯人员的性格特点、能力经验以及审讯人员掌握的证据和了解的情况有了一定的把握,已经做到心里有底,因此侥幸心理膨胀,对抗意识有所上升。另外,经过初审的摸底,审讯人员的提问开始涉及犯罪人所犯罪行的实质,这就直接关系到犯罪人的切身利益,自然,犯罪人的对立情绪会达到顶点。这时便进入了对抗相持阶段,表现为:一方面,审讯人员穷追不舍,步步紧逼,要全力攻破犯罪人的心理防线;另一方面,犯罪人狡辩抵赖,猖狂对抗,一心要抗拒到底,逃避法律的制裁。于是,双方的激烈交锋在此达到顶点。

这一阶段,犯罪人在对抗心理的支配下会采取各种抗审伎俩。有些犯罪人面对审讯人员的审讯,不管证据确凿与否,一概矢口否认、百般抵赖,不让审讯人员拿到任何口供。有些犯罪人或者对审讯人员嬉皮笑脸,答非所问,不予合作,或者公然顶撞、辱骂、污蔑审讯人员。不管何种方式,其目的都是要有意激怒审讯人员,使审讯人员情绪失控,以达到其对抗的目的。有的犯罪人还会针对审讯人员随和善良的特点,装出泣不成声、悲痛欲绝的样子,制造伤郁心理感染,破坏审讯人员的心绪,使其停止审讯,将注意力转移到对犯罪人的安抚上,从而降低审讯的强度,给犯罪人以喘息之机。也有的犯罪人会凭借沉默不语、装聋作哑的姿态消极对抗审讯人员,动摇审讯人员的决心和毅力。此外,值得注意的是,有些狡猾的犯罪人会表现出积极配合的态度,审讯人员问什么,他就答什么,甚至还会主动交代罪行,一副诚恳认罪的态度。但实际上,这类犯罪人交代的可能都是一些小案轻罪,或者提供的都是虚假的供述,企图以积极合作的表象蒙蔽审讯人员,变被动为主动,使审讯人员中断审讯或者跟着他的供述走,达到掩盖真实罪行或是更严重罪行,以逃避应有的惩罚和制裁的目的。

对抗相持既是审讯双方智力的比拼,也是意志的较量,因此也是整个审讯过程中最精彩也最为艰难的阶段。如果审讯人员在互动的较量中缺少智谋,又缺乏自制力和毅力,那么犯罪人的对抗心理就会更加顽固,使审讯进入僵持状态;如果审讯人员能针对犯罪人的具体心理因人施谋,同时从意志上和耐力上压倒犯罪人,那么就能有效战胜对方,使犯罪人的心态尽早向下一阶段转化。

三、动摇反复阶段

在对抗相持阶段的心理较量中,如果审讯人员实施的审讯策略奏效,那么经过多次的审讯,在强有力的攻势下,犯罪人会渐渐疲惫。随着犯罪事实逐渐清晰、暴露的证据越来越多,犯罪人的心理防线也会渐渐崩溃,侥幸、对立心理趋于瓦解,抗审意志开始减弱,出现犹豫、动摇的矛盾心理。

在这一阶段,犯罪人的心理特点主要表现为:思想斗争异常激烈,想重整旗鼓、顽抗到底,一时却想不出更好的招数,而且害怕因此而受到更为严厉的法律制裁;想逃避、摆脱审讯的缠扰,使紧张的情绪得以放松,但又无法抵挡审讯人员接连不断的追讯;想如实供述,早日消解忐忑、恐慌的心理,但又怕刑事政策不能兑现,交代越多刑罚越重,而且同伙的报复也是时刻笼罩在其心头的阴影。因此,犯罪人总是在权衡利弊,在供述与反击中摇摆不定,难以抉择。

这种矛盾、紧张、混乱的心态必然会引起一系列的生理变化,并表现出明显的表情和动作。例如,坐立不安,明显增加了许多诸如搓手、挠头、摸耳朵或下巴等小动作;觉得口干舌燥,总是舔嘴唇、吞口水或是向审讯人员要水喝;某些过度敏感、忧虑的犯罪人还会出现面部肌肉不由自主地抽搐等现象。此外,犯罪人的应讯态度也会发生明显变化[①]:或是由硬变软,面带惭色,露出要交代罪行的口风;或是低头沉思,欲言又止,唉声叹气,或是畏畏缩缩,极力回避审讯人员的目光等。有些犯罪人在此阶段会提出交代罪行的条件和要求,试图讨价还价。例如,有的提出在交代罪行后先不要公开案情,以免同伙报复;有的要求先见家人或者朋友一面,消解其思念之心或是了解家人的生活状况以免担忧;有的要求先让其回监房,缓解一下矛盾的情绪,以便好好回想案情经过、赃物、作案工具等罪证的存放地点;有的要求如实交代后能够给予从轻、减轻处罚或者免除处罚。对此,审讯人员要正确对待和处理,以强化其供述心理,促其尽早供述。但是,要注意认真分析犯罪人的真实动机,比如对于犯罪人回监考虑的要求,审讯人员应该看到这多属缓兵之计,而且极易在个人反复考虑和同监室犯罪人的消极影响下回到对抗相持阶段,因此一般应不予同意。而对于犯罪人提出的希望从轻、减轻或者免除处罚的要求,审讯人员不能为了达到使犯罪人供述的目的而作无原则的许诺对其进行欺骗,而是要真诚地表示会根据其实际表现向上级或者人民检察院反映,使其感到前途有望,即使对于罪该重处的犯罪人,也应让其感到有一线希望。

在这一阶段,犯罪人的动摇心理会随着审讯人员审讯内容、态度以及审讯气氛等情境因素的变化而瞬息万变,并且其消极心理并未完全消除。因此,审讯人员要善于通过犯罪人的外部表现捕捉其内心的微妙变化,及时抓住时机施以有效刺激,扫除其残存的供述障碍。否则,一旦出现不适当或者消极的外部刺激,

---

[①] 参见云山城:《侦查讯问学原理》,中国人民公安大学出版社2004年版,第114页。

如因审讯人员的一时疏忽暴露了所掌握证据的底细,或者在犯罪人决定妥协供述时审讯人员因为等得不耐烦而态度大变,就会强化犯罪人残存的畏罪、侥幸、对立等消极心理,使犯罪人重新建立起防御体系,开始公开或秘密地对抗审讯人员。

四、认罪供述阶段

经过双方的反复较量,当犯罪人深感其防御体系已经崩溃、再无继续对抗的顽强意志时,会在趋利避害心理的影响下认为继续隐瞒罪行有害无益,而使审讯活动进入最后的认罪供述阶段。

在这一阶段,罪行较轻的犯罪人会彻底如实供述,争取从轻、减轻或者免除处罚,早日走出铁窗回归社会,与家人团聚,重新开始正常的生活。而对于大案、要案的犯罪人来说,虽然等待他的会是很重的刑罚,但当犯罪人认为犯罪事实清楚、证据确凿、大势已去时,也会为了争取宽大处理而全部如实供述。[①]

需要指出的是,不同的犯罪人其如实供述的原因和动机是千差万别的。有的是经过政策攻心,在法律的震慑和政策的感召下,出现负罪、内疚心理而彻底供述;有的是在确凿的证据面前,趋利避害被迫交代;有的因为同案犯罪人破坏"攻守同盟"而变被动为主动积极交代罪行,供出同伙;有的则因为审讯人员特别的行为和感情而被打动,开始如实供述罪行。因此,审讯人员要具体分析犯罪人供述的原因和动机,因为原因不同会影响供述的彻底与否。即,这一阶段,犯罪人的供述心理虽然占主导地位,但是仍有残存的侥幸心理和畏罪心理,尤其是一些惯犯和累犯,心存幻想,还在作最后的挣扎。因此,虽然他们迫于证据老实交代罪行,但却不完整,或者绕开细节只作轮廓交代,或者避重就轻企图侥幸逃脱,或者虽然低头认罪,但却推卸罪责、隐瞒赃物罪证或者包庇同伙,总是能不交代就不交代,能少交代就少交代。此外,有些初犯虽然由于没有反审讯经验,经过几次审讯就会如实供述罪行,但是复审时,受同监犯或者其他人的教唆指导可能会拒不承认以前的供述,将自愿的供述说成是刑讯逼供的结果,出现反复现象。

这一阶段,审讯人员一定要做好犯罪人的思想教育工作,指出彻底交代与否和从轻、从重处罚之间的关系,并在恰当时机施以一定的谋略,使犯罪人感到审讯人员确实了解其全部罪行并掌握了充分的证据,现在只是在看其态度而已,以更为准确地向上级或者人民检察院反映犯罪人的主观恶性。

虽然我们这里将犯罪人在审讯中的心理变化发展过程分为四个阶段,但实际上这四个阶段并无明确界限,并且由于犯罪人各自的具体情况不同,审讯人员

[①] 参见张晓真主编:《犯罪心理学》,中国政法大学出版社 2005 年版,第 227 页。

审讯的方式方法有别,这四个阶段的先后顺序也不是一成不变的,持续时间上也可能长短不一。此外,犯罪人在审讯中心理的发展变化不是自发产生的,需要审讯人员保持积极稳定的心态进行大量细致而艰巨的工作。

以上是对于有罪的人在审讯中的心理与行为的描述。但在审讯实践中,接受审讯的人既可能是有罪的,也可能是无罪的。因此,审讯人员的审讯不应以证实犯罪为唯一目的,也要重视澄清嫌疑,还无罪之人以清白。事实上,一些冤假错案的发生就是因为审讯目的的单一性和审讯人员的惯性思维所致。由是,审讯人员应该有这样的观念:如果经过审讯,证实了犯罪,扩大了战果,自然是成功的审讯;但如果经过审讯,否定了嫌疑,释放了疑犯,也是理想的审讯。要使审讯达到这样的目的,审讯人员就需要了解和掌握无罪的人在接受审讯时的心理和行为特点。

总的来看,无罪者在受到审讯时,其心理状态是极为复杂的。对国家司法的激愤、埋怨,对个人遭遇的迷惘、困惑,对正常生活的渴望以及孤独、无助等心理交织在一起,使其外在的表现,从言辞、态度到行为都有很强烈的杂乱感,缺乏一致性。因而,与有罪者相比,无罪者在审讯中的心理是截然不同的,大致可分为否认—承认—乱供—翻供四个阶段。

一般说来,无罪者在最初接受审讯时,总是否认指控,对自己被列为犯罪人感到愤愤不平或困惑不解,多极力否认,想尽快洗刷自己的嫌疑。但情况往往是,无罪者越否认,审讯人员越认为其是在狡辩抵赖。如果审讯人员已掌握了"有罪证据",又面临较大的破案压力时,就会自觉或不自觉地将这个压力转嫁到被审讯的无罪者身上。这时,如果被审讯的无罪者承受不了审讯人员施加的压力(这种压力可能是刚性的,如刑讯逼供,也可能是柔性的,如诱供、骗供;可能是现实存在的,也可能是想象中的),他就会被迫承认自己是犯罪人。这种承认即"证实"了审讯人员最初的有罪判断。而要做到证据"充分",还需要更为详细的对犯罪情节、作案手段、作案动机等方面的供述。于是,被审讯的无罪者便开始进入胡乱供述的阶段。一方胡乱供述,另一方不满这种供述,于是施加更大的压力,对其进行诱导,使被审讯的无罪者能够"自圆其说"。但这些都是一种表面现象,就无罪者而言,这些都是不得已而为之的,是为了逃避现实的压力和痛苦。然而,对每一个人来说,还自己清白的愿望都是既强烈又持久的。因此,一有机会,无罪者就会推翻原来的供述。一般而言,审讯环境变化时、审讯人员更替时或者诉讼程序升级时,很容易出现无罪者翻供的现象。因此,作为审讯人员,在了解有罪嫌疑人在审讯过程中的心理和行为特点时,也不能忽视无罪嫌疑人的心理和行为特点。

第二节 犯罪人供述真伪的判断

人的行为是在心理活动的影响和支配下发生的,通过观察人的行为表征洞察其内心秘密,早已被人们所熟知和运用。不只是医生、精神病学家、心理学家等专业人员认识到通过分析、评判人的行为作出心理诊断的价值,就连产品推销员、小商小贩等也会通过观察顾客的行为表征,分析他们的消费心理,并充分地加以利用。①

在审讯领域内,我国先秦时期就提出了"以五声听狱讼":一曰辞听,谓观其言,不直则烦;二曰色听,谓观其颜色,不直则赧然;三曰气听,谓观其气息,不直则喘;四曰耳听,谓观其听聆,不直则惑;五曰目听,谓观其眸子,不直则眊然。

现代心理学研究证明,"五听"是具有心理学依据的。社会道德观念对每一个人所进行的教育都是:人要诚实,要对自己的行为负责。但是,对犯罪人来说,讲真话的代价却是犯罪所得利益的丧失、自由的损失以及未来收益的减少及社会评价的降低等;相反,说谎却可能使其保有所有上述既得利益。于是,一方面,社会会对说谎的行为加以谴责和惩罚,另一方面,说谎却可能使犯罪人得到犯罪行为的"报酬",这就使犯罪人陷入了两难境地。

当犯罪人为了逃避真实陈述带来的法律后果最终选择说谎时,他会因为说谎而引起内心冲突,因为社会对诚实的要求和赞赏已经成为其内在的根深蒂固的信念。随之,这种内心冲突引发了挫折感和焦虑感,并在外部表现为一定的生理反应和异常行为。但是,如果把这些作为断案的唯一依据,则是不科学的。因为认知的不同会影响内心冲突的程度,而且人的心理活动,虽然都会在外部表露出来,并且有些表征是能用肉眼观察到的,但是,即使是同一具体的心理活动,不同的人在不同的情境下会有千差万别的行为表征;而且对于相同的行为表征,也会因为是不同的人在不同的情境下做出的,反映着不同的心理活动。此外,行为也是可以伪装或者控制的。因此,审讯人员只能把它们作为判断犯罪人诚实与否的倾向性的依据,即使某些行为表征在审讯人员看来非常明确。此外,审讯人员也不能孤立地看待任何一个行为表征,而应把犯罪人所有的行为表征综合起来评断,这是非常重要的。

一、语言反应

语言反应包括声音语言和作为替代语言的动作,如表示"是"和"不是"的点

---

① 参见王怀旭主编:《侦查讯问学》,中国人民公安大学出版社 2004 年版,第 103—104 页。

头和摇头。此外,还包括诸如语调、语速、音高和吐字清晰度等语音特征。

一个善于倾听的人不仅能够准确地理解说话者话语的表层意思,而且还能根据他说话的声调、速度、音量和清晰度等准确判断其话语的深层意思、强调之处和内在的心理活动。语言行为的心理学原理和审讯实践都表明,犯罪人在审讯中说真话和说假话的语言反应是不同的,主要表现在以下几个方面:

(一)对提问作出语言反应的时间

"对提问作出语言反应所间隔的时间长短大概是判断诚实与否的第一个标志。"[1]一般来说,对于审讯人员的同一问题,说谎的犯罪人作出语言反应的时间会比诚实的犯罪人更长一些,尤其是对于审讯人员突然提出的、让犯罪人出乎意料的问题。因为犯罪人要当场编造谎言,并确保谎言的合理性、完整性和连贯性,或者要回忆以前的供述,确保前后供述的一致性,这都需要时间。但是,这并不是说立即回答审讯人员问题的犯罪人就一定是诚实的,因为犯罪人,尤其是具有反审讯经验的犯罪人会事先预测审讯中审讯人员将要提出的问题,并准备貌似可信的虚假答案。

(二)是否直接从正面回答提问

对于审讯人员提出的有关犯罪事实的敏感问题,如果嫌疑人不作直截了当的回答,显得犹豫、躲闪,就可能是在说谎。例如,当犯罪人被问到是否是作案人时,他的诸如"是我?我一整天都在家里"的回答就不是正面的,而是躲避性的回答。这种回答常常是虚假的,是犯罪人企图用一种与回答目标无关的评论回避正题的做法。有些犯罪人会保持沉默、拒绝回答,这可能是他用来避免因公开说谎而造成内心焦虑的做法,而且沉默也可以避免说漏嘴所带来的不利后果。

(三)回答的用语

当问及犯罪事实时,诚实的犯罪人一般会使用简洁直白的语言回忆并陈述犯罪经过,这是符合人们的语言习惯的。而说谎的犯罪人则会十分谨慎,注意在陈述时加上表示自己无恶意、不可能与犯罪有关的修饰词或限定词,如,"当时我很友好地朝他笑了一下,轻轻地推了他一下","要不是他首先打我,我绝不会动手的"等。此外,使用修饰性的词语可以延长犯罪人的思考时间,比如说谎的犯罪人会以"如果我没有记错的话,事情是这样的"开头,这一方面可以增加反应时间,确保他的回答中不会有太多的停顿,显得相对自然、流利一些;另一方面又会给审讯人员一个错觉,即,犯罪人是合作的。总之,说谎是一个复杂的认知任务,在相当短的时间内编造一个可信的、前后一致而且与审讯人员知道或可能发现的证据不相矛盾的谎言不是一项轻松的任务,陈述虚构的案发现场要比陈述真

---

[1] 〔美〕弗雷德·英博等:《审讯与供述》,何家弘等译,群众出版社1992年版,第57页。

实的案发现场更为困难。证据已经表明,与诚实的犯罪人相比,说谎的犯罪人回答问题时的语速会更慢,停顿更多。但是当说谎的内容比较简单、容易编造时,犯罪人可能会使用更少的修饰语,说话也更加流利。

(四)回答问题的清晰程度、语气和音调等

诚实的犯罪人在回答审讯人员的问题时不仅直截了当,而且清楚易懂。而说谎的犯罪人则常常会有以下表现:说话含糊不清,出现口吃、口误;语速极快或者极慢;在声音的语气或音调上变化不定;伴有不自然的干笑或假笑。

声音具有很好的信息交流能力,这是我们都知道的,并且常常不自觉地加以运用。比如,在谈话中,要强调某事的重要性或者表明正在说的事情是很严肃的,抑或要求他人按照我们说的方法去做某事时,我们会自然地提高声音。由此可见,声音是可以控制的。如果说话者注意到这些并经常加以练习,那么他就能熟练地控制声音,避免在说谎时出现一般人常有的自然反应。但是,这可能会使说话者的声音听起来特别流畅,像演讲一样。而对大多数人来说,讲话中有语病是很正常的。因此,说谎者在消除一个异常反应时又制造了一个异常现象帮助审讯人员发现其说谎的迹象。与声音不同,声调对于个体而言是很难控制,这是因为,在高压力下声音特征是由自主神经系统控制的。因此,审讯人员还可以利用声调的反常变化识别说谎的犯罪人。

(五)对刺激性词汇的反应

诚实的犯罪人不怕使用那些刺耳且明确的词汇,如盗窃、强奸、杀人、砍伤、抢劫等,但是说谎的犯罪人则往往回避这类词汇。这是因为,说谎的犯罪人在听到与自己的犯罪事实有关的词汇时会不自觉地联想到自己的犯罪行为,但在可视的外部表现中,他必须给审讯人员这样一个信号,即他与该案无关,他所说的话都是真实的,他的表现是一个诚实的、合法的公民所应该有的表现。这样,内外截然相反的表现会导致内心冲突的产生,为了避免这一冲突,说谎的犯罪人会自觉或不自觉地回避与犯罪行为有关的词汇,减少外在刺激,以减轻自己的罪责感。

不同个体对同一词汇的刺激—反应程度是不一样的。这是因为,人的行为反应除了与客观刺激有关外,还与自身的生理因素和心理因素有着直接的关系。这就是为什么在审讯实践中,有些说谎的犯罪人即使听到刺激性不是很强的词汇,语调也会出现变化,而有些犯罪人在听到与犯罪有关的词汇时却没有什么显著的变化。因此,审讯人员在运用这一指标时要注意个体的差异性。

除了上述这些形式上的表征外,审讯人员也要注意从犯罪人供述的内容上判定其是否说谎。对供述内容真实与否的评定主要是看犯罪人的口供是否合乎一般情理,犯罪人是否有直接了解事实的可能性,嫌疑人陈述的各部分是否存在冲突和矛盾。需要强调的是，审讯人员在识别供述内容的真伪时不要忘记参照之前已经掌握的证据，毕竟证据是粉碎谎言的有力武器。

二、非语言反应

非语言反应包括身体动作和位置的变换、姿势和手势、面部表情和目光交流。一般而言，非语言反应比语言反应更能泄漏人们想要隐瞒的信息。因为"情绪与非语言反应之间存在某些自动连接"[①]，但与说话的内容没有自动连接关系。比如，当感到害怕时，人的身体往往会以一种几乎自动的方式突然向后躲，脸也变得扭曲，然而，却不一定会自动地说出某些话。

在交流中，人们总是倾向于注意自己的语言而忽视行为。这就给审讯人员通过观察犯罪人的非语言反应来识别其是否说谎创造了条件。

（一）目光

目光的接触是非语言行为表征中最重要的传递信号。因此，可以通过观察犯罪人与审讯人员保持目光接触的程度来识别犯罪人陈述的真伪。说谎的犯罪人一般都避免直视审讯人员的眼睛，他们或者盯着地面，或者盯着天花板，总之，将目光注视在审讯人员以外的地方。因为这样说谎比较容易，而且可以减轻犯罪人因为说谎而产生的焦虑、不安和负罪感。审讯实践也证明，说谎的犯罪人会增加注视的转移。有些狡猾的犯罪人也会反其道而行，直直地盯着审讯人员，但他们的注视一般会显得有些不自然，充满了紧张和戒备，有的还会流露出挑战姿态和敌意。

一般而言，一个不敢与审讯人员对视的犯罪人可能是不诚实的。但是，具体判断时，应该考虑到个案中犯罪人的生理心理因素和生活背景，以明确犯罪人躲避与审讯人员目光接触的原因。比如，生理上的因素，如眼睛伤残、目光无力，心理上的自卑情结或情绪波动等，都可能导致犯罪人躲避目光接触或者虽有目光接触但因为生理的缺陷没有被审讯人员意识到。此外，有些宗教要求信徒保持谦卑的姿态，不能直视位高者，那么当犯罪人具有这种宗教信仰时，在审讯中也会不自觉地回避与审讯人员的目光接触。

目光注视的地方不同，犯罪人的心理状态也会不同。一般而言，专注于自己讲话内容的人会保持目光朝下。而飞瞥、快速眨眼、快速的眼球运动则说明犯罪人很紧张、很兴奋或者很焦虑。如果犯罪人的双眼长时间凝视某个地方，很有可能他对审讯人员的提问十分专注，但也不排除是犯罪人倔强心理的表现。而交替注视则说明犯罪人处于回忆之中，或者对审讯人员的说话内容很感兴趣，或者

[①] 〔英〕维吉：《说谎心理学》，郑红丽译，中国轻工业出版社2005年版，第27页。

很满足。

为了有效地从目光接触中识别出说谎的犯罪人,审讯人员要注意不能挑战地要求犯罪人看着自己的眼睛。因为目光是可以控制的,很多说谎的犯罪人都会接受这一挑战,并能很好地做到这一点,甚至在整个审讯过程中都可以一直保持积极的目光接触。这样一来,审讯人员就会丧失很多可能使说谎的犯罪人表现出有意义的行为反应的机会,降低审讯的效率和成功的几率。此外,审讯人员也不能目不转睛地盯着犯罪人,而应在看似随意的目光接触中观察对方的眼睛和其他行为表征,这样可以避免使犯罪人感到不自在或者因为有所察觉而更加注意控制自己的行为。比如,随意地扫一眼犯罪人的眼睛,然后很快地与犯罪人的目光接触一下,就是一种很有效的观察犯罪人眼睛活动情况的方法。[①]

(二)面部表情和身体姿势

面部表情在人的相互交流中是十分重要的,通过脸部所表现出来的喜怒哀乐等微妙复杂的表情,我们可以更为准确地表达个人的思想和情感,实现人与人之间的信息传递。因此,相对于身体,人们更为重视脸部动作,不止经常运用还会通过刻意的练习去熟练地控制它,以更好地表达个人对外界的反应。我们都知道,当一个人说真话时,他的表情和神态是自然的,因此,说谎的犯罪人为了给审讯人员留下诚实的印象,会更努力地去保持面部表情的"自然"。但是,这是不容易的。他们必须很好地抑制由于害怕谎言被识破而产生的紧张情绪,掩盖能够表明其在努力思考、编造谎言的证据,知道如何才是自然的反应,并将其表现出来。事实证明,很多说谎者是很难表现出他们说实话时的自然反应的,无论怎么努力,一些行为还是会暴露谎言的。这是因为,细微的面部表情是他们无法控制的。愤怒会导致嘴唇的抿紧,眉毛随之降低;恐惧会使一个人的上眼皮抬起,下眼皮绷紧。[②]

这时,情绪几乎是自动地激活脸上的肌肉活动的,尤其是当犯罪人发现审讯人员所了解的情况比他想象的要多得多时,出乎意料的情绪体验会使他根本无法控制脸上的细微表情。但是,"这些表情出现后的1/25秒内人们就能够抑制它们了"[③],这是很快的,会被轻易错过。因此,审讯人员要具备专业水平,保持高度的注意力。

犯罪人可以选择沉默,但是不能使他的身体保持沉默,人的身体总是倾向于做一些必要或不必要的动作。有些说谎的犯罪人也注意到身体的动作会暴露他

[①] 参见〔美〕弗雷德·英博等:《审讯与供述》,何家弘等译,群众出版社1992年版,第64页。
[②] 参见〔英〕维吉:《说谎心理学》,郑红丽译,中国轻工业出版社2005年版,第48—49页。
[③] 同上书,第49页。

们的谎言，于是在说谎时，会控制他们的身体动作和姿势，并将其已经设计好并演练过的"自然"反应表现出来；也有的说谎犯罪人为了制造出诚实的印象会十分注意他们的举止，尽量避免不必要的动作。但是，在自然情况下，人们不必要的动作是很多的，甚至可以说是杂乱无章的，于是，说谎的犯罪人的努力往往会走向另一个极端，导致动作异常地僵硬和被抑制，反而给人一种不自然的感觉。

此外，研究表明，认知任务的繁重会导致人对肢体语言的忽视。在审讯室这种严肃、紧张、压抑的气氛中，迅速编造出一个完美的谎言可以说是一项繁重而艰难的任务。在这样的情况下，说谎的犯罪人是很难两者兼顾的，如果注意力集中在谎言的编造上，那么身体语言必然会被忽视掉。另外，说谎会影响到脑部的感觉中枢和运动中枢，造成二者之间的不平衡、不协调，而这两个区域的不平衡和不协调又会使机体丧失对自觉运动的控制。① 因此，审讯人员可以很好地利用被说谎的犯罪人所忽视或者无法很好控制的肢体语言判断其供述的真伪。

有时，说谎的犯罪人不仅掩盖其真实的非语言反应，而且会伪装出其根本没有体验到的情绪。但是，不同的情绪体验外显出来的面部表情和身体动作是不同的，有时甚至是截然相反的。比如，害怕时人们会很自然地抬高眉毛，生气时会不自觉地降低眉毛。当有罪的犯罪人被审讯人员指控为犯罪人时，面对充分的证据，他会感到害怕，但是为了逃避罪责、欺骗审讯人员，犯罪人要装出一副被冤枉、很生气的样子。于是，他要让不经意中抬高了的眉毛做相反的运动，对大多数人而言，这种肌肉运动做起来难度是很大的。

除了语言和非语言的反应外，犯罪人的说谎行为，甚至是说谎的念头都会直接造成中脑区域功能紊乱，引起某些生理参数的变化，而且，这些生理参数通常只受植物神经制约而不受大脑意识的控制。因此，审讯人员还可以通过仪器精确地测定这些生理参数的变化，来判断犯罪人是在说真话还是在说假话。这点我们将在本章第五节里专门介绍。

综上，识别犯罪人供述真伪的方法很多，审讯人员在解释犯罪人的外部反应时要注意可能导致错误判断的因素，比如，药物的使用、精神疾患、智力、社会责任感和成熟度以及情感状况等个体差异。此外，谎言的复杂性、说谎者的动机以及审讯人员的反应也会影响到犯罪人的外部表现。在判断时，审讯人员应该注意对照犯罪人平时言行举止的特点，并留意在听到敏感性问题时和回答这一问题时犯罪人出现的目光、表情和动作姿势等的变化，以及这些特殊反应出现的次数和持续的时间。同时，审讯人员也要意识到犯罪人同样可以利用上述原理进行反识别和反利用。

---

① 参见邱国梁主编：《犯罪与司法心理学》，中国检察出版社1998年版，第112页。

第三节 审讯的一般心理对策

审讯的目的,简而言之,就是为了使沉默的犯罪人作出供述,使愿意供述的犯罪人如实供述,从心理学的角度说,即改变被审讯人的态度。所谓态度,是指个体对某一特定事物、观念或他人的稳固的心理倾向,由认知、情感和行为倾向三个成分组成。在审讯中,认知是指犯罪人对审讯人员和他所收集掌握的证据的心理印象、相关的法律知识以及最为关键的即对自己的罪行能否被发现等的心理印象,认知是具体态度形成的基础。情感是指犯罪人对审讯人员、审讯过程的肯定或否定的评价以及由此引发的情绪变化。情感是态度的核心与关键,既影响认知,也影响行为倾向。行为倾向是指犯罪人对审讯人员及审讯活动的反应具有准备性质,主要表现为供述或者拒绝供述。但行为倾向并不等于外显行为。由此可见,我们可以通过一个人的态度预测其行为表现。犯罪人是否供述即取决于其对态度目标(供述)肯定或否定的评价,当知觉到态度目标(供述)会给自己带来更多的肯定效果或较少的否定结果时,犯罪人就可能选择供述;反之,则会拒绝供述。总之,犯罪人对态度目标(供述)所带来的利益与代价的评估是决定其是否供述的认知基础。

犯罪人的评估主要依据两个因素:审讯人员掌握的对其不利的事实与证据是否充分;犯罪人供述后能否得到减轻处罚以及减轻处罚的程度。此外,审讯场所或审讯过程给犯罪人造成的压力的大小以及犯罪人自己保守秘密的强度也对犯罪人的具体评估结果有一定的影响。概括起来,影响犯罪人评估结果的因素既有外部的利害关系,又有犯罪人自身的承受能力。对于审讯人员而言,其主要任务和目的就是要在充分了解犯罪人个性特点的基础上,有效利用已有的证据,通过改变或者创造外部情景因素促使犯罪人的认知或者情感发生变化,并最终实现行为的转变。

一、改变犯罪人(审讯对象)的认知

认知过程是人最基础的心理过程,包括感知、记忆、思维、想象等。现代心理学认为,人的认知是信息对主体的刺激和主体对信息的选择相互作用的结果,即人对信息的选择、贮存以及形成观念会受到各种主客观条件的制约。在审讯中,审讯人员可以利用认知活动规律,从人的感知、思维等各个角度影响犯罪人,给其输入一定量的信息,对其认知加以控制和影响,从而使犯罪人消除侥幸、畏罪、疑虑等消极心理,在法律与政策的感召下,如实交代罪行。但是,审讯人员主观目的的实现要建立在对具体的犯罪人个性心理的正确认知基础上。

为了改变个案中犯罪人的认知,审讯人员可以针对犯罪人的心理特点,利用暗示的方法,提供某种信息,使其产生错误判断,从而改变认知中不利于供述的内容。一般来说,人对外部信息的接收是有选择的,总是倾向于接收与自己有关的或对自己有利的,或者符合其需要、期望的信息,犯罪人同样如此。据此,审讯人员可以利用审讯语言,也可以利用已有的证据,或者利用特殊的审讯情景引起犯罪人的自我暗示。例如,某一杀人案的犯罪人希望被害人没有死,以便获得从轻处理,在审讯时,审讯人员就可以说诸如对被害人尽力抢救等话并引用被害人生前所写的信件或所说的话,使犯罪人产生被害人没有死亡的错觉,从而如实供述。而对于那些自以为作案手段高明、犯罪证据难以被发现且设计了周密完整的防御计划的犯罪人,其侥幸心理和对抗意识是极其强烈的,因此可以针对其以为审讯人员"难为无米之炊"的错误认知,有选择地连续出示一组或几组强有力的证据,配合以有效的审讯方式,给犯罪人造成巨大的心理压力,使其丧失对抗信心,形成有利于供述的观念。有时,审讯人员并不需要直接出示证据,只需通过问话给犯罪人以有力暗示,即犯罪证据已被审讯人员掌握,审讯人员之所以不点破其罪行或拿出证据,是为了最后给他一个坦白供述、从轻处罚的机会,达到使犯罪人如实供述的目的。当然,这样的语言暗示是需要极具智慧的策略性语言的。

综上,改变犯罪人认知的策略有很多种,关键是在运用中要以一定的犯罪事实和证据为基础,不能随心所欲地胡编乱造,否则,一旦犯罪人发现为审讯人员所骗,就会抛却对其信任,影响审讯工作的正常进行;或者虽然审讯工作按照审讯人员的意图进展顺利,但是因为假事实、假证据的问题,可能会造成假口供,从而出现冤假错案。另外,在使用暗示方法时,审讯语言一定要含蓄、简洁,引导犯罪人在趋利避害的心理影响下自己作出错误的判断,从而如实交代犯罪事实,这样就可以避免收集到的证据因为涉及审讯人员的欺骗和圈套问题而难以被法庭认定。

二、控制犯罪人(审讯对象)的情绪

情绪对于人的活动具有动机作用。犯罪人在审讯中的情绪对其如实供述既有促进作用,也有干扰作用。审讯中,适当的情绪兴奋,可增强犯罪人的心理活动能力,驱使其如实供述罪行;适当的紧张和焦虑,能促使犯罪人积极地思考和解决其认知上的问题,从而如实供述;适当的悲伤,可促使犯罪人产生恻隐之心或悔罪心理,或者良心发现,下决心交代罪行、接受惩罚,以解除心理上的负罪感。如果没有这些情绪,就会阻碍犯罪人如实供述罪行的动机的形成,延长审讯的时间。因此,审讯人员努力的目标就是减弱、缓和以至消除那些不利于犯罪人

供述的消极情绪,建立、增强有利于供述的积极情绪。

对于侥幸心理严重、公然挑衅、气焰嚣张的犯罪人,审讯人员可以在他们狂妄自大、毫无防备的情况下,突然出示有力证据,并伴以义正词严的审讯,指出其所犯罪行的严重性和其恶劣态度的后果;或者通过加快审讯强度和速度,缩短犯罪人考虑如何回答审讯的时间,使其思维活动难以跟上审讯节奏,从而使其情绪紧张,形成供述的积极情绪。但是,也有些犯罪人由于在审讯中顾虑重重,或者因为审讯气氛和环境以及对将要受到的惩罚的恐惧而产生巨大的心理压力,情绪极度紧张,导致思维活动紊乱,出现供述障碍。这时,审讯人员应采取措施,消除其紧张情绪,使犯罪人的心理恢复到稳定和平衡的状态。比如,审讯人员可以减缓审讯的强度、速度,转换审讯语言并缓和审讯的语气,改变之前审讯过程中形成的气氛,通过营造平和、放松的外部环境扭转犯罪人的心态。对于某些因为自己的犯罪行为而在相当程度上遭受精神痛苦、悔恨或内疚折磨的犯罪人,审讯人员要施以心理同情,或者为犯罪人提供一个从道德上可以为其犯罪行为开脱的理由;或者尽量减少其罪行的道德责任,使其感到自己在道德上应负的责任要小于案件事实本身表明的责任;或者通过说明任何人在相似的情况下都有可能做出同样的行为来宽慰犯罪人;或者通过指责他人或者被害人表示对犯罪人的同情。通过这种方法,使犯罪人获得情感支持,进而产生积极情绪,出现供述的行为倾向。

制造紧张情绪与消除紧张情绪不是对立的,它们的目的都是形成有利于犯罪人供述的心理环境。因此,审讯人员要注意针对犯罪人的具体情况作具体分析,或者采取反面的激将法,或者采取正面的激励法。

具有反审讯经验的犯罪人往往能够事先推测出审讯人员的问题,并为此编造合理的口供。这时,出其不意、攻其不备,改变其稳定心理和轻松自如的心态是促其供述的必要条件。对此,审讯人员可以通过突然提出之前未涉及的问题或犯罪人意料之外的问题,出示或提及犯罪人认为审讯人员不可能掌握的证据或情况等方法达到上述目的。有时,有些狡猾老练的犯罪人会玩弄花招故意激怒审讯人员,等待审讯人员上钩后自乱阵脚,从而使自己变被动为主动,达到逃避或对抗审讯的目的。这时,审讯人员应该保持清醒的头脑以识破犯罪人的伎俩,保持良好的心理素质以合理控制自己的情绪,同时减缓审讯的强度和速度,使犯罪人自我调动起来的活跃情绪因为缺乏外界的积极反应而突然悬置,进而由于失望、懊恼、沮丧而败下阵来,重新回到其被动地位。

总之,在审讯过程中,犯罪人的情绪不是一成不变的,会随着审讯活动的进行而变化,因此,审讯人员要根据犯罪人的个性特征掌握其情绪变化的因果联系,然后利用或创造有利的外部情境影响其内在情绪,使其情绪转变到有利于供述的状态,进而主动交代犯罪事实。

三、影响犯罪人(审讯对象)的注意

注意是人的意识对周围事物的警觉性和选择性的表现,它是主体对一定对象的指向和集中。犯罪人在审讯过程中所关注的焦点主要是审讯人员究竟对犯罪行为了解到何种程度和掌握了多少对他不利的证据。因此,审讯人员可从具体案情出发,根据审讯的需要施加不同的心理影响,促使犯罪人的注意力集中、分散或转移,以实现审讯目的。

作为社会性的动物,人在孤独的心境下,总会设法与外界交流以保持心理平衡,犯罪人同样如此。他们受到拘押与外界隔绝后会感到孤独、寂寞或者空虚、无助,希望有人与其交谈,但审讯过程中紧张的气氛和审讯人员敌对的态度又容易使犯罪人感到压抑、紧张,产生戒备心理。因此,审讯人员可以暂时放弃正面强攻,选择犯罪人感兴趣或者愿意交谈的话题,通过心理接触缓解、消除犯罪人拘束、压抑的心态和紧张戒备的心理,这样有助于转移犯罪人的注意力,并有可能因此使犯罪人萌生对审讯人员的好感或信任心理。如果审讯人员注意其言语的感染力和针对性,就可能使犯罪人产生主动或继续交谈的兴趣,甚至忘记了身处的环境和审讯人员的身份,在交谈中透露出审讯人员希望获得的信息。但是,这只是理想状态,要转变为现实就需要审讯人员具有建立良好的心理接触基础的能力和巧妙高明、不动声色地引导交谈方向的策略。

审讯实践中,绝大多数犯罪人都想逃避罪责,对重要的犯罪事实或者关键的情节极力隐瞒、闭口不谈,但是,审讯人员的穷追猛攻又使其不得不作出反应,于是犯罪人会不得已交代一些次要的问题以表明自己老实认罪的态度,希望审讯人员能够因此减轻对其施加的外在压力。这时,审讯人员不仅不能点破犯罪人隐重示轻的企图,还要顺其心意,转向次要问题发起进攻,追问细节,或者探究起表面看来与主要罪行毫无关系或者没有太大关系的情节,借此顺水推舟,隐蔽主攻方向,麻痹犯罪人的思想,使其察觉不出审讯人员的真实意图。待犯罪人的注意发生转移,对主要罪行或犯罪的关键情节疏于防范时,审讯人员即可抓住时机扭转主攻方向,针对其防御漏洞,重拳出击,使犯罪人猝不及防,只有招供之力。此乃声东击西之策,审讯人员在运用时要注意选准"声东"的方向,看准"击西"的时机。

有"声东击西",自然就有"全面出击",这一策略是用来对付那些为逃避惩处而不分罪行大小、情节轻重一概加以否认的犯罪人的。这类犯罪人因为要建立起全面坚固的防御体系,其注意力会时时处于高度集中和戒备状态,对此,审讯人员可以四面出击,围绕整个犯罪行为随意提出问题,使犯罪人无法准确地推断

审讯人员的意图和审讯规律,只能被审讯人员牵着鼻子疲于应付,难以形成稳定而有效的注意中心,在防御时必然会顾此失彼,漏洞百出。这一策略的要点是,审讯人员要事先选取一组跨度较大、没有规律和重点的问题,在审讯时,通过加快审讯的节奏和缩短留给犯罪人思考和回答的时间营造出紧张压迫的气氛,使犯罪人的心理高度紧张,并因为穷于应付而最终导致注意力的高度分散。这时,审讯人员再集中力量,拿出有力的证据,选准突破口予以攻克。这一策略成功的关键在于保持审讯的强度和速度,使犯罪人无法集中精力进行防御。

研究和掌握审讯对象的个性规律,是审讯人员审讯前要做的必要准备工作,也是审讯成功与否的一个重要因素。由于个性对人的心理和行为有很大的影响和支配作用,因而在审讯过程中,审讯人员的同一话语或行为会使具有不同个性特征的审讯对象产生各不相同的反应。要使审讯的策略和方法产生预期的效果,审讯人员就必须通过心理接触或者其他渠道事先了解个案中犯罪人的个性特征及心理状态,掌握其心理特点,利用他们个性中的积极因素或消极因素对症下药,以突破犯罪人的心理防线,使其主动交代罪行。

综上,不论采取何种审讯策略,其有效性都依赖于审讯人员和犯罪人双方心理接触的建立和保持,只有这样,审讯人员才能对犯罪人施以心理影响,从而改变其态度,产生供述动机。

第四节 审讯的特殊心理对策

由于个案的特殊性和具体犯罪人的差别性,上节所述针对犯罪人共性心理的一般审讯心理对策只能为具体审讯方案的制订提供一个大致的引导和指向。为了顺利完成任务,审讯人员必须针对每一个案件的具体特点,尤其是区别于其他案件的独特之处,制订出相应的心理策略。这样,不仅可以使审讯工作最终达到预期目的,还能将审讯工作中可能出现的冲突和障碍尽量最小化。因此,审讯人员在详细分析案情和证据时,还要将重点放在具体的审讯对象上,分析他们的年龄、性别、气质特征、生活背景、社会经历、犯罪经历等因素对其在审讯中的心理和行为的影响。

一、对不同年龄犯罪人的审讯心理对策

(一)对未成年犯罪人的审讯心理对策

未成年人由于其年龄特点,社会经验有限,对事物的认识往往停留在表面上;自我意识较强,情绪起伏大,缺乏调控能力。未成年犯罪人在审讯中常有以下表现:(1)对事物的认识具有片面性,不能透过现象看本质,容易形成偏激的判断,因此对犯罪情节常常简单地予以肯定或否定;(2)情绪波动大,反应较为强烈,受暗示性强,容易冲动行事;(3)逻辑思维能力不强,供述内容缺乏系统性,较为粗糙,如果犯罪人对审讯采取防御措施,则其防御体系结构也很脆弱,欠周密,经不起审讯人员的多次审讯;(4)不成熟,轻信"哥儿们义气"和攻守同盟,并且对审讯和处罚结果以至自己的犯罪后果,抱有天真幼稚的想法。

  针对未成年犯罪人的上述心理特点,对其犯罪原因、犯罪行为进行分析后,审讯人员应采取以下对策:(1)初审中,针对其情绪波动、反应激烈的特点,可以暂时绕开主题,先就其个人情况、家庭情况、学校情况等话题进行交谈,待其情绪稳定后,再谈及犯罪问题。但是,要注意避免使用刺激性词语,防止其情绪再次波动影响审讯进程。(2)未成年犯罪人的情感总是倾向于在两极跳跃,有强烈的自尊心,但受到打击后往往急转为强烈的自卑感;对自己的朋友、同伴会极其热情,对其他人则明显冷漠。因此,审讯人员要通过语言、表情尤其是行为关怀、感化未成年犯罪人,当他们对审讯人员有了好感和信任感后,再对其进行思想教育和法制观念的教育,促其认识自我、正视现实,并对其未来加以肯定的构想,唤起其对美好前途的向往。(3)由于未成年犯罪人容易出现逆反心理,审讯人员要注意对审讯方式及具体审讯语言、语气、语调等的选择,表现出尊重其人格的诚恳态度,并采取启发式的诱导教育,运用生动形象的案例使其认识到犯罪的后果和如实供述的正确性。此外,审讯人员还要留心犯罪人的变化,对其在认罪态度等方面哪怕是非常小的进步,也要给予鼓励,并对其过去曾有过的好的表现加以肯定,通过认同和强化促使未成年犯罪人主动配合,如实供述。

  (二) 对成年犯罪人的审讯心理对策

  个体成年后,逐渐步入职业生涯、婚姻生活和社会活动中,社会角色的多样化和社会生活的多变性使其心理结构、个性特点以及人生观、世界观、价值观等逐渐定型。成年人的这种特征延伸到审讯中,便呈现出以下特点:(1)认知的成熟、稳定性使成年犯罪人考虑问题周到而仔细,并能够正确地进行判断和预测。如果他们已形成偏执的反社会意识,那么强烈的侥幸心理和对抗心理会使其在审讯中建立起较顽固的防御体系,还会以种种手段试探摸底。(2)成年犯罪人意志的相对坚定性、不易受外界影响的特点,会使其在认为审讯人员没有掌握确凿证据时,顽强抵抗,拒不供述。(3)成年犯罪人往往都有事业和家庭的双重负担,他们在被拘捕归案后,往往诸多顾虑,心事重重,致使其在是否交代问题的抉择上摇摆不定,难以下定决心。

  因此,对成年犯罪人的审讯,尤其是对多次犯案、形成稳固的反社会意识的犯罪人的审讯应做到以下几个方面:首先,在审讯前,审讯人员要吃透案情和案件材料。在审讯中,利用手中掌握的证据,由远而近、由外围到中心步步逼近,这样可以避免直入主题对犯罪人产生的刺激,导致其抗拒心理强化,使审讯活动陷入僵局。审讯人员也可以视情况选择问题,进退自如,始终掌握主动权。其次,在具体审讯中,针对成年犯罪人侥幸心理和抗拒心理方面的特点,审讯人员要避虚就实,选择有把握的问题击溃其心理防线,改变其抗拒心理。此外,审讯人员可以针对成年犯罪人家庭观念重的特点,对其进行情感强化或者请家属协助规劝,促使犯罪人在对家庭的利弊权衡中消除顾虑,正视现实,坦白交代。

(三) 对老年犯罪人的审讯心理对策

"老年犯罪人一般指60周岁以上的男性犯罪人和55周岁以上的女性犯罪人。"[①]老年人一般都具有丰富的人生经验,但生理功能的日渐退化和社会活动的减少、对新生事物在接受和感知方面的迟钝使其在面对瞬息万变的社会时显得固执而偏狭,或者盲目自信、轻率而为。在审讯中,其主要的心理特点表现为:(1) 人生阅历丰富,认知内容广泛,自以为老于世故,因此在审讯中常常倚老卖老,对年轻的审讯人员持轻蔑态度,对其提问爱理不理,固执己见或者较为圆滑,很难对付。但是,一旦因为审讯人员对其的不尊重而被激怒,老年犯罪人便会明显对立,或以沉默相对抗,形成审讯僵局。(2) 丰富的社会经验、对人对事的老成持重使老年犯罪人显得老谋深算,在审讯中会运用各种手段试探摸底,并据此建立起较为完善的防御体系。在侥幸心理的支配和控制下,老年犯罪人的抗拒意志也较为坚定,很难轻易认罪。(3) 老年犯罪人一旦想到自己垂暮之年锒铛入狱,前后生活的反差和他人对其的评论就会使其显得情绪极不稳定,既畏罪又悲观。因此在审讯中,不管审讯人员进行情感引导还是政策教育,犯罪人都不肯轻易供述,或者无理取闹或者闪烁其词,企图拖延时间,转移审讯目标。(4) 老年人由于体力和精力的衰退,会普遍出现精神和记忆力减弱的现象,因此,在供述中可能难以准确回忆新近发生的犯罪事实。此外,感知觉的衰退,会使老年犯罪人对审讯人员的提问及周围环境的变化,不能及时作出正确的反应,因而疑心较重,不会轻易信任审讯人员。

针对老年犯罪人在审讯中的特点,审讯人员在审讯中首先要注意审讯的方式方法,不能采取强硬态度,并要尊重老年犯罪人的人格。其次,根据老年人的反应特点,审讯人员要放慢审讯的速度,缓和审讯中紧张、压抑的气氛,保持审讯语气的平和和审讯语言的简单明了。此外,针对其抗拒心理,要把说服教育和使用证据结合起来,打消其不切实际的幻想。并要善于从老年犯罪人丰富的生活经验入手,列举社会的道德规范和正反两方面的典型事例,唤醒其罪责感,引起犯罪人对犯罪行为及其后果的悔恨及自责,促其如实供述。

---

① 邱国梁主编:《犯罪与司法心理学》,中国检察出版社1998年版,第125页。

二、对不同性别犯罪人的审讯心理对策

这里我们主要探讨女性犯罪人。女性犯罪人由于性激素对生理机制的制约作用,以及长期传统习俗和社会环境的影响,其心理与男性犯罪人有很大的差异。她们表现在审讯中的心理特点主要有以下几个方面:(1)一般来说,女性的情感具有易感性、丰富性和深刻性等特点,尤其是在特殊生理周期会更加敏感、不稳定和缺乏抑制;此外,与男性相比,女性更偏重于形象思维和直觉判断,这就使女性犯罪人及其行为具有很强的情绪色彩,在审讯中内心比较复杂且体现强烈,并很容易受审讯环境和审讯人员的影响,引起多种联想。(2)女性特有的依附心理和易受暗示性,使其对人对事较为犹疑、软弱。体现在认知上,表现为容易受他人暗示而改变观点,在审讯中会出现供述反复的问题;在情感上,由于环境的巨变和心理的孤独、恐惧,使女性犯罪人极其渴望得到他人的认可和同情,因此,会积极从同监犯或者审讯人员那里寻求情感支持;在意志上,对审讯人员的抗拒意志较男性薄弱,较少公开顶撞,在证据面前往往容易承认犯罪事实,但事后感到问题严重又会很快地加以否认。

审讯女性犯罪人,尤其是审讯处于经期、孕期和更年期的女性犯罪人,审讯人员先要耐心细致、循循善诱地与其建立起良好的互动关系,给其一定的情感支持,缓和犯罪人波动的情绪。之后,要环环相扣、步步稳妥地诱导其转变思想,认识到犯罪行为的危害性和抗拒法律的严重后果,以接近审讯主题,促其如实供述。在对其进行教育和引导时,审讯人员可以充分利用女性特有的丰富而细腻的感情和直觉式的思维,但是要注意正确而恰当地利用女性犯罪人易受暗示性的特点,防止恐吓和诱供或者审讯语言不明确使其在联想时产生误解,作出错误的供述。此外,在供述时,针对女性犯罪人供述反复的特点,审讯人员要一再强调供述必须真实、彻底,并适时运用证据揭露其虚假供述,打击其侥幸心理。最后,在具体的审讯语言和审讯方式的运用上,审讯人员要针对女性犯罪人敏感、自尊心强、感情丰富和顾虑较多的特点,审讯节奏要缓和,态度要冷静、温和,注意文明用语,多做耐心感化和疏导工作,切忌简单、粗暴。

三、对不同气质类型犯罪人的审讯心理对策

(一)对胆汁质(兴奋型)气质类型犯罪人的审讯心理对策

偏于这种气质类型的人,属于外向型心理,具有强烈的兴奋过程和较弱的抑制过程。在审讯中,胆汁质的犯罪人主要有以下特点[①]:(1)易兴奋,反应快,对

[①] 参见魏鹏主编:《侦查讯问》,中国政法大学出版社2003年版,第47页。

审讯人员的问题往往不假思索就予以回答,甚至不等审讯人员问完就急于回答,且言语直率,不善掩饰。(2) 情绪外露,容易冲动且自控力差,一旦爆发往往不计后果。(3) 有很强的自尊心和自信心,桀骜不驯,"吃软不吃硬",敢于硬顶硬抗,不服输。(4) 缺乏耐性,一般不愿意忍受较长时间的审讯,喜欢直来直去,就事论事,反感委婉含蓄的提问方式。(5) 思维粗糙,反应不灵活,因此虽有防御计划却不完善,且体系结构脆弱,在审讯中常常显得顾前不顾后,自相矛盾,漏洞颇多。

针对上述特点,审讯人员在审讯时可以采取以下对策:(1) 针对胆汁质犯罪人情感易冲动且难以抑制的特点,在其顽固抗拒时,可有意加快审讯的速度,增加审讯的强度,造成紧张气氛,以此加重其心理压力,即运用激将法使其在冲动之下暴露罪行;当其开始供述时,要从言语上、态度上放慢审讯速度,降低审讯强度,缓和审讯气氛,减轻其心理压力,使其情绪张力得以松弛,从而为其铺设好交代的道路。① (2) 针对此类犯罪人思维粗糙、防御体系不严密的特点,可以重复审讯以发现其前后供述中出现的矛盾,并利用其反应不灵活的弱点,加大语言表达的强度,不失时机地迎头痛击,使其无法自圆其说。(3) 由于胆汁质犯罪人喜欢直来直去,就事论事,审讯人员审讯时要"态度明朗,提问直截了当,说话直爽,表达干脆,不宜运用迂回式和试探式"②的审讯方法,也不要纠缠于细节问题。在促其转变思想时,也宜采取正面教育的方法。(4) 针对该类犯罪人吃软不吃硬的特点,可以反其道而行,对其加以尊重和关怀,以柔克刚,促其感情用事,如实交代。

(二) 对多血质(活泼型)气质类型犯罪人的审讯心理对策

具有这种气质类型的人具有较快的适应性和较强的应变能力,属外向型心理。在审讯中,多血质的犯罪人有以下主要特点:(1) 适应性强且快,能够很快地适应审讯的节奏、气氛和环境,并对审讯人员的个性特点及时进行分析和推测,在审讯中善于察言观色,猜测审讯人员的意图,通过双方的互动揣摩判断审讯人员对案情的了解程度和对证据的掌握底细。(2) 具有很强的理解力和应变能力,能言善辩,因此能够及时发现并补救自己供述中的漏洞,随着审讯的进程适时修改防御计划。但是,多血质的犯罪人好表现自己,因此,还是会在夸夸其谈中不自觉地暴露出漏洞来。(3) 多血质的犯罪人情感外露,情绪变化大,供述会带有随意性,且由于缺乏持久性,往往容易转移审讯话题。

审讯人员在审讯这类犯罪人前,要有充分的准备,态度要严肃沉着,语言要

---

① 参见金瑞芳编著:《审讯心理学》,杭州大学出版社1990年版,第225—226页。
② 魏鹏主编:《侦查讯问》,中国政法大学出版社2003年版,第48页。

周密严谨,以防暴露审讯意图。在审讯中,审讯人员可以利用其善于防御但注意力容易转移的弱点,声东击西,从看似与主题无关的问题谈起,使其产生审讯人员暂不打算追问其主要罪行的错觉,从而转移防御的注意力。之后,审讯人员要抓住时机突然回转锋芒,直击要害。审讯人员也可以采用迂回渐进式的审讯方式,绕开犯罪人的心理防线,递进式地接触要害问题,或者采取跳跃式审讯的策略使其摸不着头脑,无法充分发挥其察言观色、能言善辩的长处。在具体细节上,审讯人员要注意以下几点:策略地控制审讯的快慢节奏,以麻痹其思想,干扰其情绪,扰乱其注意力;使用含蓄、概括的语言,扰乱其试探、揣摩审讯人员审讯意图的心理,暗示其审讯人员已掌握了充分的证据,动摇其侥幸心理和对立抵赖心理;通过调换审讯地点、人员,加快审讯速度、强度等制造紧张气氛,对其施以心理压力,从耐力、毅力上击垮其防御心理;点滴使用证据,击破其谎言,使其毫无准备。

(三)对粘液质(安静型)气质类型犯罪人的审讯心理对策

粘液质者一般具有较强的抑制力和忍耐力,属内向型心理。在审讯中,这种类型的犯罪人会有以下表现:(1)在审讯中情绪变化慢且不易外露,显得沉着冷静,对审讯人员的提问反应缓慢,并循规蹈矩,不轻易打乱审讯过程。(2)多血质的人一般言语不多且大都经过考虑后才说出,因此,在审讯中,这类犯罪人对审讯人员提出的问题并不轻易作答,而他所作的供述也都是经过再三的思考后才形成的。(3)犯罪人虽较少公开顶撞,但其防御体系比较稳固,一旦作出决定即很难改变,会按部就班,步步为营,并以软磨硬泡、无理纠缠等办法对抗审讯,具有一定的韧性和耐力。(4)珍视感情,有时会因为审讯人员所给予的信任和尊重而如实供述,但自尊心也很强,如果被审讯人员激怒,常常会怒不可遏,难以平息,并强化其抗拒心理。

对此类犯罪人,审讯人员首先要根据其行动迟缓、反应不快的特点,控制审讯的速度和节奏,使其和犯罪人的反应速度相适应。同时,从一个问题过渡到另一个问题时不易过急过快,应考虑到犯罪人的反应能力,并给其一定的思考时间。其次,针对犯罪人防御体系上的特点,审讯人员一方面要向其灌输政策法律知识,以坚定的立场、鲜明的观点施以攻心战术,另一方面要施加一定压力,促其兴奋、紧张起来,并在适当时机运用证据出其不意、攻其不备地直击其防御体系中的薄弱环节。最后需要强调的是,粘液质的犯罪人对问题的反应较为迟缓,因而审讯人员不要对其轻易作出抗法赖罪的结论,防止引起或强化犯罪人的抵触情绪。

(四)对抑郁质(抑制型)气质类型犯罪人的审讯心理对策

具有这种气质的人具有高度的敏感性,表现为性格内向,比较孤僻,多愁善感,不善言谈,顺应性差,行为迟缓。在审讯中,这类犯罪人会表现出以下主要特点:(1) 十分敏感和多疑,戒备心强,常对环境的微小变化和审讯人员的言行举止无端猜测,并对审讯人员的语言内容持怀疑心理和戒备心理。(2) 对审讯人员的问题反应迟缓,叙述刻板,问一点答一点。对于快节奏的审讯,则会因为其顺应性差而反应冷漠,会固执己见甚至产生抵触情绪,使审讯陷入僵持局面。(3) 多愁善感且情感较为脆弱,因此,顾虑较多,思想负担较重,如果审讯人员有不当的语言或过分的举止,一般会引发其紧张情绪,有时,犯罪人还会因为受不了审讯人员的外在压力和内心的罪责感而产生恐惧和绝望的情绪。

针对这类犯罪人的特点,审讯人员可以采取以下对策:(1) 进行心理接触,针对犯罪人冷漠、戒备且紧张的心理特点,审讯人员应先从符合其兴趣、爱好、特长或者犯罪人可能愿意谈及的话题开始,调动其谈话的兴趣,以消除其上述消极心理,为进一步的审讯创造条件。(2) 开始正式审讯后,针对犯罪人喜欢猜疑和臆想以及敏感、怯懦等特点,适时运用证据和事实,打消其不切实际的幻想,使其内心体验和客观事实统一起来,因为怯懦而如实交代罪行。(3) 针对犯罪人多愁善感、感情脆弱以及家庭观念较重的特点,审讯人员可以适当运用情感刺激使其产生内疚心理,进而认罪服法,如实供述。同时,审讯人员要防止犯罪人出现悲观绝望的消极心理,要通过耐心的说服教育、情感支持以及政策法律的宣讲增加其正视现实的勇气。

四、对不同犯罪经历的犯罪人的审讯心理对策

(一) 对初犯的审讯心理对策

初犯在这里是指初次犯罪或犯罪经历较短、初次受审的犯罪人。由于没有被关押、审讯的经历和经验,初犯在审讯中往往会对审讯的环境、气氛感到压抑、紧张甚至恐惧,畏罪、悔罪心理突出,心理压力也较大。因此,面临审讯会表现得惊慌失措、心神不安,在供述时语言表述也显得杂乱无章,缺乏条理性和逻辑性。即使采用抗审伎俩,建立起防御体系,也会因为没有经验且抗审意志不够顽强,使其在应答时漏洞颇多,且经不起审讯人员的步步追逼,内心活动容易暴露。并且,这类犯罪人一旦决定供述,一般都较为彻底。此外,有的初犯会产生悔恨和悲观厌世的心理,于是自暴自弃,心理不稳定,情绪波动剧烈且反复性大。

对初犯的审讯,审讯人员要善于利用其表现出来的情绪色彩采取相对应的策略。[①] 当犯罪人出现紧张、恐惧感时,审讯人员要先发制人,针对其要害发起进攻,使其在紧张和恐惧中露出破绽,再抓住破绽步步紧逼,促其被迫交代。当

[①] 参见金瑞芳编著:《审讯心理学》,杭州大学出版社1990年版,第224—225页。

犯罪人在这种恐惧状态下出现供述动机时,审讯人员要适时缓和气氛,从态度、语言等方面消除其紧张、恐惧情绪,使其能够平静地交代,确保供述的完整性和逻辑性。当犯罪人出现悔恨心理时,审讯人员要趁热打铁,指出其罪行给家庭、社会尤其是被害人造成的伤害,强化其悔恨心理,进而对其进行政策、法制和思想教育,鼓励其认罪服法,痛改前非,重新做人。在审讯人员对犯罪人的悔恨心理加以强化时,要防止过度,避免使犯罪人转为消极绝望心理。此外,某些文化程度低、缺少法制观念的初犯会认为自己的罪行不大,算不了什么,交代了就可以释放回家。对于这类犯罪人,审讯人员要不厌其烦地对其进行法制教育和伦理教育,使其认识到其罪行的严重性,消除幼稚的幻想。

(二)对累犯的审讯心理对策

累犯"有过多次犯罪和受审的经历,也受过司法机关的打击,因而具有反审讯的经验"[1],对审讯中可能出现的情况甚至可能的问话都有一定的心理准备,且有一套反审讯伎俩,表现在审讯中,即是能够通过对审讯人员提问方式、内容的分析,对审讯人员态度以及年龄、能力、个性等方面的观察,揣摩审讯人员对案情的掌握情况,以此决定交代与否及交代的程度。同时,随着审讯的发展,累犯会不断地适时调整其防御计划和抗拒办法。累犯一般具有比较严重的侥幸心理,对抗意识也较为强烈。因此,在审讯中,这类犯罪人往往情绪较为稳定,显得沉着冷静、无所畏惧,并竭尽狡诈之能事:或者以静待动,伺机反扑,打乱审讯人员事先设计好的审讯方案;或者谎供、乱供,扰乱审讯人员的思维;或者百般抵赖,故意激起审讯人员的急躁情绪,造成僵局;或者保持沉默,即使偶尔的回答也要字斟句酌,唯恐出现纰漏,使审讯人员的目标无法顺利达到。

各种审讯对象中,累犯的防御意识和反审讯经验最为丰富,因此,审讯人员要事先从案到人作好充分的准备,要深入分析和研究审讯对象的经历、作案特点和个性特征,要对审讯中将要采取的策略,出示的证据以及何时出示、怎样出示,审讯中可能出现的情况及应对措施,甚至审讯用语都要有所准备,力争在审讯中做到稳、准、狠。所谓稳,即要掌握好审讯节奏,根据需要调整强度和速度,控制住审讯环境;所谓准,亦即使用审讯策略,出示证据要做到准确、及时、恰当;狠,并非采取刑讯或暴力威胁手段,而是说审讯人员采取的措施、出示的证据要能够对犯罪人产生强有力的心理影响。根据这一要求,审讯人员审讯时,可多采取迂回包抄、循序渐进等方法稳扎稳打,出示证据要有利于消除犯罪人赖以抗拒的侥幸心理,政策法制教育要言之有物、持之有据。实践证明,累犯亦并非顽固不化,只要方法正确,有的放矢,其心理防线同样可以被突破。

---

[1] 梅传强主编:《犯罪心理学》,法律出版社2003年版,第373页。

除了上述主要因素外,还有很多因素会影响犯罪人在审讯中的心理和行为,比如,文化知识、职业和家庭背景等。

第五节 心理学的审讯方法

心理学的审讯方法有很多种,例如,问答法,自由陈述法,联想反应审讯法,复述审讯法,九步审讯法,填词、删词审讯法,影响情绪法,影响注意法,暗示法以及测谎器审讯法等。在具体的审讯中究竟采用哪种方法以及是否有效,取决于审讯人员对被审讯人心理的掌握和了解程度,以及当时的客观情景和审讯人员的主观状态。有些审讯方法在前面的章节里已经有所介绍,因此这里重点介绍以下几种。

一、联想反应审讯法

联想反应审讯法的心理依据是,人存在联想而且这是一种不可抗拒的心理活动。联想是根据事物间的客观联系进行的,这些客观联系表现为下述四个规律[①]:接近律、相似律、因果律和对比律。当两个事物在空间或时间上具有相互接近的特性时,对其中一个事物的接触就很容易引发人对另一个事物的联想,这就是接近律;相似律是指两个具有相近或相似特性的事物容易引起人由此及彼的联想;因果律涉及两个互成因果关系的事物对人的联想的作用;而对比律则是指当两个事物的性质或特征具有相互对比的关系时,容易使人产生联想。

联想虽然是一种心理活动,但可以通过言谈举止表现出来,因此,我们可以通过它揭示人的内部心理状态,以及这种心态所体现出的事物间的联系。根据这一原理,国外的应用心理学家采取联想反应的方法探知被告人陈述的真伪。

具体说来,联想反应审讯法首先要由审讯人员预先挑选出两类言语,一类是与案件无关的普通性言语,一类是与案件有关的刺激性言语,然后将其混杂在一起。其次,审讯人员向被审讯人发问,并要求被审讯人将其联想到的第一个词语迅速说出来,然后根据他的反应判断其是否有罪或供述是否真实。对于普通性言语,无论是无罪被审讯人还是有罪被审讯人都不会觉得困难,所产生的反应无明显差异。比如,对于同一生活背景或文化背景下的人,说到"天",一般都会首先联想到"地";说到"男生"时,多数人头脑中反应出来的第一个词会是"女生"。而对于刺激性的言语,无罪被审讯人和有罪被审讯人会出现截然相反的反应。例如,"学校"这个词,对于无罪被审讯人来说,会由此想到"学生"或是"老师",但

---

① 参见张保平编著:《犯罪心理学》,中国人民公安大学出版社2003年版,第382页。

是,对于在学校里刚刚盗窃过的被审讯人,他首先会想到他所得利的那个学校的地点或者名称,或者盗得的赃款或赃物,或者是他的同伙等让他记忆较为深刻的事物。这时有罪被审讯人就会出现两种反应:因犯罪心理痕迹的强烈干扰,会联想起与犯罪有关的人和事,从而脱口而出;但同时,被审讯人也会突然意识到所联想的事物与案件存在内在联系,可能会暴露犯罪事实,于是为了掩盖罪行、躲避可能的危险,对答案予以否认,并绞尽脑汁寻找别的他认为不会引起自身危险的词语作为答案。这就使得在同一个问题上,有罪被审讯人反应的时间会比无罪被审讯人长一些,而且在这一过程中会出现一些异常反应。

由此,我们可以初步得出这样一个结论:如果被审讯人是无罪的,那么他对于这两类语句,不管是与案件有关还是与案件无关,其反应的时间、方式、表情等方面都是一致的,正常的。如果被审讯人是有罪的,那么他在进行联想时,会出现某些异常反应。一方面,被审讯人对与案件有关的刺激性语句的联想反应时间长于对与案件无关的普通性语句的联想反应时间;另一方面,被审讯人在听到与案件有关的刺激语句时,可能感到自己的犯罪事实已经暴露,因而由于紧张、恐慌而产生情绪波动,表现出面红耳赤、手足无措、反应吞吐、举止慌张等异常反应。

但是,在运用联想反应审讯法时,审讯人员发现有的无罪被审讯人由于害怕无辜涉嫌、受冤枉而出现紧张情绪,致使其对刺激性言语会产生类似于有罪被审讯人的一些反应。因此,联想反应审讯法的效果并非绝对可靠。

为了使联想反应审讯法更为有效,审讯人员需要选择合适的刺激性语句,并对被审讯人进行重复试验。比如,对于"天"这样的普通性词语,有罪被审讯人第一次联想到"地",第二次也可能会联想到"地",作出一样的回答。因为,这是他记忆中最为强有力的联想。而对于刚才的"学校"这一与案件有关的刺激性词语,有罪被审讯人可能在第一次审讯试验中压制下其对犯罪的强有力的联想,回答"学生",但第二次,他可能会忘记前一次的答案,因为"学生"对他来说并不能引起强有力的联想,所以会作出其他不同的回答。同时,审讯人员还要注意与上次相比有罪被审讯人这次反应的时间以及在反应过程中出现的微小变化。这样,审讯人员便可对被审讯人的陈述诚实与否作出判断。

二、复述审讯法

审讯的目的在于获取被审讯人的口供以进一步了解案情、判断其是否是犯罪人。但是,如果被审讯人不配合,一直保持沉默或者信口开河,那么审讯人员是无法达到目的的。于是,有的学者便设计了一种与联想反应有关的复述审讯法。

复述审讯法的心理基础是联想和暗示。其方法是,审讯人员首先编造一个与案件相类似的故事,即,"审讯人员在这个故事中预想犯罪的经过,再加以改头换面,变更其中的某些细节"[①],然后将故事口述给被审讯人,并令其复述出来,或者审讯人员根据故事提出问题要求被审讯人回答。对于无罪的被审讯人,因为在审讯过程中通常不会有太大的压力,因此会比较认真、轻松地听审讯人员的讲述,并会较为完整地把故事复述出来或者较为准确地回答审讯人员的提问。而有罪的犯罪人则往往会在复述故事或者回答问题时,无意识地将自己的犯罪过程以及某些细节加进故事中,暴露其犯罪的真相或者线索。这是因为有罪的犯罪人在被审讯时,内心活动较多,注意力往往集中在对自己作案经过的回忆或者防御体系的设计中,无心倾听故事,导致对故事的细节茫然无知,因此在复述故事或回答故事中的问题时难免会首先联想到自己最为熟悉的犯罪经过,在无意识中,将自己的犯罪经过补充于故事情节之中,或者将所听到的故事与自己的犯罪经过相混淆,从而泄露其秘密。此时,审讯人员只要把握时机,对其暴露出的与故事不符之处加以详细追问,就有可能查出犯罪人的犯罪真相。

复述审讯法的效果取决于审讯人员所编的故事是否与犯罪事实的主要情节、经过相符,并把握住该犯罪行为中的特别之处。如果审讯人员所编的故事得法,并含有犯罪人的作案动机等心理细节,那么,即使是针对反审讯经验丰富的有罪被审讯人,虽然其能准确地复述故事或者回答问题,但情绪却会受到或多或少的影响。因为他从故事中会联想到自己的犯罪经过,并因此担心审讯人员已经掌握了证实其罪行的证据。于是,审讯人员可以根据被审讯人在复述故事和回答问题时的情绪变化,推断其犯罪的可能性。

三、九步审讯法

九步审讯法是对付有确证犯罪人的审讯策略和方法,由美国的约翰·E.雷德等人根据多年的审讯实践经验而提出。所谓有确证犯罪人,是指审讯人员有理由认定该被审讯人是有罪的,并没有依法裁定的含义。

审讯方法的选择在很大程度上取决于犯罪人的个人特征、犯罪的种类、实施犯罪的可能动机以及被审讯人最初的行为反应。在此基础上,可以将犯罪人概括分为情感型犯罪人和非情感型犯罪人。前者是指那些因为自己的犯罪行为而在相当程度上感受到精神痛苦、悔恨或内疚的犯罪人,情感接触法对其最为有效;后者则是指那些一般不会受到良心折磨的犯罪人,他们也可能有情感反应,但其程度要低于情感型犯罪人,对这类犯罪人,比较适合运用事实分析法,促其

[①] 金瑞芳编著:《审讯心理学》,杭州大学出版社1990年版,第316页。

认罪供述。但是,无论多么凶残冷血的人都是有一定的感情的,因此,虽然在具体审讯中两种方法各有侧重,但在审讯实践中二者还是经常被综合运用的。九步审讯法即是对这两种方法的一种综合和改进。此外,九步审讯法并不会使无辜者承认有罪,因为它每一步的设计都是符合法律规范和道德规范的。

九步审讯法并不意味着每个案件的审讯都必须依次经过九个步骤,实践中,许多案件常常只需其中的几个步骤就可以解决问题了。同时,运用这个方法时,审讯人员必须注意信息反馈,每运用一个步骤时,都要认真分析犯罪人的具体反应,以确定下一具体步骤。九步审讯法的具体步骤如下:

第一步,直接正面告知被审讯人,他已被视作本案的犯罪人。审讯人员此时应停顿一下观察被审讯人的反应,然后将说过的话再重复一遍。重复的性质和语调取决于被审讯人对第一次告知的反应。如果犯罪人的反应消极,那么第二次告知应具有同等甚至更强烈的语气。但必须注意表达明确,以免任何误解。如果被审讯人第二次的反应同第一次一样消极,这一事实本身就是不诚实的迹象。但是,如果被审讯人面对审讯人员的第一次指控就相当直接且强硬地加以否认,那么审讯人员的第二次告知可以在性质和语调上有所减弱,而且应当进入审讯的第二步。

在第二步中,审讯人员要说出自己对犯罪人实施犯罪行为的原因的推测,从而给其提供一个可以在道义上为自己开脱的理由。为达到此目的,审讯人员应努力把犯罪的道义责任转嫁到其他人(如共同犯罪人)、被害人或某种特殊情况(如嫌疑人为养家糊口而急需一笔钱)之上。如果被审讯人看来是在认真倾听推测的"主题",或者慎重考虑着"主题",哪怕只是很短的时间,这一反应也是很强的有罪迹象。反之,如果被审讯人在刚刚听到这种推测时便表现出愤怒和不满,那么他可能是无罪的。

此时,有罪者和无罪者都会否认自己有罪,于是审讯人员应开始第三步,它包括对付首次否认有罪的人可以采用的方法。这一步的基本策略是打断被审讯人对自己无罪的重复或详细说明,并回到构成第二步的道义借口"主题"上。无罪者不会允许他人打断自己的这种否认有罪的解释,他们甚至会或多或少地试图"抢过发言权",而不是消极地顺从审讯的进行。与此相反,有罪者通常会停止自己的否认,或者减弱自己的否认,并会顺从审讯人员回到前面的主题。

第四步的任务是驳倒被审讯人关于第二步中提出的道义借口的说明。这种说明的内容可以被人们视为被审讯人的"异议",其表现形式是被审讯人解释自己为什么没有或不能实施该犯罪行为。这通常是有罪被审讯人的反应,特别是当他们在经历了审讯的否认有罪阶段之后作出的反应。因为,这种通过不太大胆的声明间接地说明自己为什么没有或不能实施调查中的犯罪行为的"异议"与公开直接地否认有罪的抗议相比所引起的内心焦虑要小得多。

第五步的目的是获得并保持被审讯人的全部注意力,离开这一点,审讯只能是徒劳无效的。在第五步中,审讯人员要清楚地表现出对自己所讲的话的认真诚恳态度。为此,审讯人员可以不断地缩短自己与被审讯人座位之间的距离,使被审讯人感到他们之间是公平的、开诚布公的。审讯人员还可以采用一些动作取得这种效果,如拍一拍被审讯人的肩膀,或者当审讯人员与被审讯人都是女性时,轻轻地握住对方的手。

第六步是对付被审讯人的消极情绪。当被审讯人变得沉默、表现出只听不说的倾向或竭力回避审讯人员的目光时应采用这一步的方法。在这一过程中,表示出被审讯人"投降"的身体迹象可能开始出现,审讯人员应加强与被审讯人的目光接触程度。

第七步是使用一组选择性问题——建议被审讯人在关于犯罪的某个"可以接受"和"不能接受"的问题上作出选择。这种选择应以问答的方式进行。例如,"这是第一次,还是过去已发生很多次了?"无论被审讯人选择哪个答案,都等于承认了自己有罪。

在选择问答之后,第八步是让被审讯人口头讲述有关该犯罪事实的各个细节,这将最终服务于对其有罪的法律上的认定。这些细节可以包括丢弃凶器的地点、隐藏赃款的地点和实施犯罪的动机等。

最后,即第九步,将被审讯人的口头供述转为书面供述,由审讯人员制作书面供词,这可以避免被审讯人事后推翻其口头供述。这是诉讼制度规定的需要。

九步审讯法运用了心理学的基本原理,包含了丰富的心理学内容,是一个具有普遍性的心理学模式,体现了很强的规律性和策略性。它是建立在对审讯中犯罪人深入的心理分析基础上的,反映出被审讯人在审讯中的心理变化和发展是有规律可循的。同时,九步审讯法又明显地体现了审讯过程的对策性,审讯人员的每一步措施都是针对个案中被审讯人的具体反应而采取的,具有互动性。

四、测谎仪器审讯法

"如同人类很早就会说谎一样,测谎的历史也十分悠久。据考证,人类社会使用测谎手段最早可追溯到公元前 900 年"[①],不管是在古老的中国还是在古印度、古希腊,法官用来判断嫌疑人诚实与否的方法可谓举不胜举。美国是人类历史进入文明、科学时代以来最早进行测谎技术研究和推广的国家。早在 1917 年,哈佛大学的心理学者就提出了测谎器的测验。1921 年,美国心理学家拉森

---

① 李安、房绪兴:《侦查心理学——侦查心理的理论与实践》,中国法制出版社 2005 年版,第 178 页。

和基勒开始使用"多电图描记仪"对嫌疑人进行测谎试验,并取得了成功,掀起了测谎的热潮。现在,测谎器已为世界上许多国家所使用,成为刑事犯罪侦查中重要的辅助武器。我国也于1981年从国外引进测谎器,逐步开展了测谎器的测验,并于1991年经公安部正式审定通过了我国自行研制的PG-I型心理测试仪,经反复实践和实战检验作了五项技术升级完善后,1995年更名为PG-A型心理测试仪。

心理测试技术主要由测谎仪、测试人员和测试题三个方面组成[①]:(1)测谎仪。测谎仪也叫多道心理生物记录仪,它是一种生理参数综合测试设备,在医学、生理学领域中有广泛的用途。在测量的众多参数上,皮肤电反应、呼吸波、脉搏波(血压)这三项是测谎心理测试的基本指标。其中,皮肤电反应是反映人的交感神经兴奋性的最有效、最敏感的生理参数;呼吸波则是通过深呼吸、屏气、呼吸节律加快或变慢等反映个体心理变化的重要生理指标之一;脉搏波是指人的情绪和心理在紧张状态下引起心血管活动发生相应变化的生理反应指标。(2)测试人员。测试人员的选择很重要,他的相关能力对测谎的准确性有很大的影响。因为测谎的有效性在很大程度上取决于测试人员测谎前与被试者的心理接触,测试时营造的氛围和对提问间隔、时机的把握,提出问题时对自身语言、神态和行为的控制以及对被测行为表现的准确判断等。因此,测试人员必须具有较高的素质,拥有相关学科的丰富知识,经过专门的训练并具有一定的实际经验等。(3)测试题。虽然测谎仪的运用是测试技术的核心,但是,测试题的有效编制则是成功的关键,否则测谎仪是无法发挥其作用的。测试题一般有中性问题、主题问题、准绳问题和题外问题之分。中性问题一般是与案情无关的、已知的、不需隐瞒的问题,主要测试被试者在测试过程中的正常反应;主题问题是明确涉及案情的问题,是测试的核心与要害问题;准绳问题是明知被试者会说谎或很有可能说谎的问题,常用来测定被试者的心理压力,它是测谎心理测试的关键和难点;题外问题是测查主题问题外的问题,可以用来发现被试者是否还有更为严重的问题。

自测谎仪测试技术在西方出现以来,人们就开始对其结果的准确性进行研究。通过两类研究方法(实验室研究和现场研究)的评估后,发现他们的测试都存在一些问题(试验环境下,谎言刺激的有限性和后果非严重性;现场环境下,结果的无法证实性或难以证实性),无法给出测试仪效度的准确结果。于是,褒贬不一的评论至今未消,其中对其批评最多的心理学家是"戴维·莱肯(David T. Lykken,1981,1985,1988,1998)。他的一部分批评集中在这样的一个观点上,

---

① 参见张晓真主编:《犯罪心理学》,中国政法大学出版社2005年版,第219页。

即,测谎仪会给人造成紧张并且会侵犯他人。而且,他注意到,测谎检查员往往是用欺骗的手段使被试者相信,这种测验是准确的"[1]。此外,有观点认为,"生理指标并不能直接地测量说谎,它的变化只能反映情绪反应性的变化。因此,任何关于说谎的结论都是一种推论"[2]。把用记录的扫描波纹显示出来的生理反应转化为量化指标时的工作不可靠,因为"这些分数是根据对图表数据进行肉眼检查之后凭主观印象得出的,肯定会有误差"[3]。此外,把什么样的分数定为绝对的标准,在这一领域中仍是有争议的。

就测试实践而言,测试主体、测试客体、试题编制、环境设置等因素在个案中是不会完全相同的。因此,虽然是在同一理论的指导下,但个案测试结果的准确性是不同的,甚至会截然相反。因此,美国法庭对测谎检查结果采纳与否的态度并不一致。

---

[1] 〔美〕劳伦斯·S.赖茨曼:《司法心理学》,吴宗宪、林遐等译,中国轻工业出版社2004年版,第114页。
[2] 同上书,第111页。
[3] 同上书,第112页。

第九章　审判心理对策

审判过程是审判机关在被告人和公诉机关的参与下,依照法定程序对刑事案件进行审理、对被告人进行定罪量刑的过程。这是整个刑事诉讼过程中最具决定意义的阶段,具有极其重要的地位。在这一过程中,由于立场、个性等因素的差异,各方诉讼参与人会表现出不同的心理特征。随着审判过程的推进,其心理特征还会不断变化,呈现为一个动态过程。对控辩双方而言,需要针对对方的心理状态和特点,围绕如何参与诉讼、陈述观点,如何使得自己的观点得到审判人员的采信和认同,而在不同阶段采用不同的诉讼方略。对审判人员而言,则需要把握各方诉讼参与人在审判中的心理状况,并采取相应对策,从而更好地查明事实真相,准确定罪量刑。这些都有赖于对各方在审判过程中心理特征的充分了解。因此,审判心理学是整个司法心理学的重要组成部分,对刑事审判实践工作具有重要的指导意义。

第一节　被告人在审判过程中的心理

在审判过程中,法律规定了公诉人、被告人、审判人员、证人等不同角色的性质。被告人这一角色必须接受法庭对其所涉案件的审理以及对他的判决。审判的过程决定了被告人是否会被定罪判刑,实际上也决定了他的前途命运。因而在这一过程中,被告人的心理一直处于被法律强制的状态中,受到主客观方面诸多因素的影响,并且随着审判程序的展开,一般会发生较为剧烈的变化。

一、影响被告人心理的因素

在审判过程中影响被告人心理状况的因素主要有以下几个方面:

(一)被告人的主观恶性程度

被告人的主观恶性程度对被告人在审判中的心理状况有重要影响。一般而言,被告人的主观恶性程度越深,在审判过程中就越不轻易认罪,会想尽各种方法为自己开脱、推卸责任、否认自己的罪行,尤其是一些实施有预谋犯罪的被告人,大多自以为犯罪行为计划周详、手段隐蔽而不可能被完全发现,故极力否认犯罪事实;主观恶性较小的被告人在审判过程中大都倾向于主动承认罪行,并为自己的罪行多感羞愧、后悔。基于义愤实施犯罪行为的被告人一般敢作敢当,勇于承担责任。而被错误追诉的无辜被告人面对被审判的窘境,其心理状态具有一定的特殊性,一般会对错误的指控表现出极大的反感和愤怒,甚至出现情绪失控的现象,尤其是在其一再辩白但得不到采信的情况下。

(二) 被告人是否有犯罪前科

刑事审判过程庄严肃穆,尤其是庭审,能给人以心灵上的震撼,对于犯罪人而言更具有一种威吓的作用。因此,初犯、偶犯在审判过程中往往更容易受到环境的影响,感到十分紧张、恐惧,一般会诚实供述,即使翻供、掩饰罪行,也会欲盖弥彰;而有过犯罪经历,被判处过刑罚或受过类似处分的被告人,特别是惯犯、累犯,对刑事审判程序和法庭气氛已经有所熟悉,甚至积累起一套庭审中对付公诉机关和审判机关的经验,一般能够在审判过程中表现得沉着冷静。

(三) 被告人对法律的认识水平

具备一定法律知识的被告人一般会对自己犯罪行为的严重程度作一番估量,对可能的判决结果心中有数,因此情绪相对较为稳定;对法律只有一些模糊认识或不具备法律常识的被告人则容易因为心中无底而在整个审判过程中惴惴不安;也有少数法盲,全然不知自己的行为已触犯刑法,或是抱有"不知者无罪"的错误认识,而对审判毫不畏惧。

(四) 庭审状况

庭审状况对被告人的心理有直接的影响。公诉人对被告人的罪行的当面揭露,证人、被害人的当庭作证,法官的当庭审讯都会给被告人造成心理上的压力。当被告人发现各方面的证据、法庭辩论的形势都有利于自己时,情绪一般会较为积极;当庭审的形势不利于自己、各项证据都指向自己犯罪时,又会出现沮丧、懊恼甚至愤怒等消极情绪。因而,被告人的心理状态是随着庭审状况的变化而处于不断发展变化之中的。

二、被告人在审判过程不同阶段的心理

根据审判活动的特点,在此主要以公诉案件的第一审程序为例,简要介绍有罪被告人的心理状态及其随着审判过程的进行发生的起伏变化。整个庭审过程大致可以分为开庭阶段、陈述和质证阶段、辩论阶段、最后陈述阶段和判决阶段。

(一) 开庭阶段

被告人在被带上法庭,站上被告席,面对审判人员、公诉人员及旁听公众会时,由于情境和侦查起诉阶段的不公开审讯完全不同,并且想到自己的罪行将被公之于众,会感到十分羞耻。在经过了侦查、起诉阶段公安、检察人员的审讯和教育后,多数被告人一般能或多或少地认识到自己行为的危害性,加上进入审判阶段后初步体验到当庭受审的痛苦,往往会懊悔自己当初的犯罪行为。庭审场

景的庄严肃穆和将关系到今后命运的审判结果,令大多数被告人尤其是初犯、偶犯在感到羞耻、懊悔之余,还会感到紧张、恐惧和矛盾:一方面惧怕完全如实交代罪行会"言多必失",使自己获罪更重;另一方面害怕自己若有所保留,又会因为认罪态度不好而被重判。被告人在此过程中不断进行心理斗争,不知如何是好。

共同犯罪的案件开庭审判时,被告人的心理状况具有一定的特殊性,一般分为两种状况:一是被告人之间的共同犯罪阵线从内部瓦解,被告人为求自保而相互推诿罪责,或是愤恨同伙将自己供出来,于是不断揭露同伙作为报复;二是被告人之间的抵抗阵线得到巩固加强,通过在庭审见面时的暗示,共同被告人众口一词否认犯罪事实,或相互包庇。

(二)陈述、质证阶段

被告人听到公诉人宣读公诉词并陈列证据以后,一般会对公诉人产生敬畏感;同时,对公诉人对自己罪行的掌握情况有所了解,从而对自己的辩解策略作相应调整。被告人大多会承认证据确凿的犯罪事实,不再作无理抵赖,但会就自己的犯罪目的、动机和原因展开辩解,以争取获得审判人员的同情,同时对其认为公诉方尚未完全掌握的犯罪事实为自己进行开脱。

在这一阶段,被告人的辩护律师要从保护被告人合法权益的角度出发,宣读辩护词,提出辩护的论点。被告人在听到自己的辩护人提出被告人罪轻或无罪的有力论点、论据后,往往会为之振奋,为自己进行辩解、提出反证的勇气和信心大大增强。但若辩护人没能够提出被告人罪轻或无罪的有力论点,而只作简单辩护时,被告人会对辩护人的表现大为失望,部分被告人甚至会认为刑事辩护只是程序上的形式而已,没有实质意义,从而对辩护人、刑事司法制度甚至整个社会产生憎恶。

被告人在这一阶段面对审讯可能产生两种截然不同的心理状态:一是经过前面诉讼阶段的教育已经能够认识到自己的罪行,在听取了公诉词之后,更深刻地认识到自己的犯罪事实证据确凿、无可辩驳,因而如实进行供述,希望通过良好的认罪态度得到审判人员的宽恕;另一种是仍然怀有侥幸心理,在庭审中作最后一搏,拒绝供述或是编造供词推翻以前的供述,希望能蒙混过关,争取脱罪。

公诉方和辩护方的证据要在这一阶段提供给法庭并且经过质证。被告人在看到有利于自己的证据被提出并经过质证有很大的可能性被法庭采纳时,会感到欣慰并且信心倍增;相反,如果是不利于自己的证据确凿,被告人的心理压力会大大增加。当目睹证人当庭作出不利于自己的证言时,对自己的罪行没有正确认识的被告人在沮丧之余会对证人产生仇恨感,甚至萌生要报复证人的念头。

(三)辩论阶段

在这一阶段,公诉方和辩护方会就公诉词和辩护词涉及的案情焦点进行辩论,被告人的心理在这一阶段处于高度紧张状态,随着控辩双方的表现不断变化:当公诉方的论据充分、居于优势时,被告人会感到焦虑、沮丧;当辩护方说理更为充分时,被告人会深受鼓舞,增强对判决结果的信心。当被告人目睹公诉方在辩论中不断揭露其罪行、反驳辩护人提出的辩护观点时,甚至可能仇视、憎恨公诉人。

(四)被告人最后陈述

庭审此时已近结束,这是被告人表达观点和意愿的最后机会。由于自己的前途命运即将被决定,被告人此时往往十分紧张,表现各异。有的被告人认为审判大局已定,自己再多说也是枉然,会放弃最后的陈述机会;有的被告人真正认识到自己的罪行,以此机会表达自己的悔恨之情,向被害人和社会表达歉意;有的被告人抓紧最后的机会,在承认罪行的前提下,将自己犯罪的根源归咎于客观原因,尽可能博取审判人员的同情;也有部分被告人在最后陈述中否认犯罪事实,假借提出新的事实,使庭审恢复到调查阶段而拖延甚至扰乱庭审。

(五)判决前后

当法庭宣布判决之时,因为关系前途命运,被告人的情绪处于高度紧张的状态。在判决宣布以后,被告人的心理状况根据判决内容而各异:被告人在判决前对自己可能的判决结果有过预期并且实际判决结果和预期相近的,会感觉罪刑适当,情绪一般比较稳定,少数可能会抱着侥幸心理上诉;如果判决结果明显重于预期,被告人在听到判决后往往会发生愤怒、怨恨等抵触情绪,通过叫冤、咒骂甚至报复证人、办案人员等方式表现出来,多数被告人会通过上诉期望改变原判,也有被告人认为"官官相护"或害怕上诉加刑而放弃上诉;而判决结果要轻于预期的被告人则往往暗自庆幸。

判决以后,接受判决的多数犯罪人开始调试心态,为面对现实、接受刑罚作好准备。在此时,悔恨是犯罪人一般所共有的心理,大多数犯罪人到此时已经能够认识到自己的罪行,认识到犯罪的社会危害性,于是后悔自己的所作所为给被害人、自己和自己的家庭带来的危害;也有的犯罪人后悔自己如实供述罪行或是后悔自己的犯罪手段还不够高明以致被发现。在前一种心态的支配下,犯罪人会将刑罚的执行过程看成是自己赎罪的过程,而认真接受矫治;而后者往往会在刑罚执行中产生抵触情绪,以积极或消极的方式抗拒矫治。

第二节 公诉人在审判过程中的策略

公诉人在审判过程中承担着代表国家向被告人追诉的责任,在庭审中,公诉人除了提起诉讼以外,主要是向法庭陈述并证明被告人的犯罪事实。在举证、质证和法庭辩论的过程中,为了能够使自己的主张得到法庭的认同,公诉人需要根据庭审过程各个阶段的不同,有针对性地制订一系列诉讼策略。

一、法庭调查阶段的心理策略

公诉人在法庭宣读完公诉词之后,庭审就进入了法庭调查阶段,这一阶段的主要内容是举证和质证。举证、质证在整个庭审过程中居于举足轻重的地位,这是因为案件事实需要通过证据证明,审判机关正是基于其所采纳的证据认定案件的法律事实。要让审判人员一开始就能认同公诉方的意见,举证就应当充分切实、重点突出,能够用事实说话,使案情一目了然,从而使公诉方在整个庭审过程中居于主动地位。相反,如果公诉方的举证不成体系、没有重点,其主张就失去了支持,令审判人员感到不知其所云,所提出的主张也无从采信。因而,举证策略在庭审中显得尤为重要。

(一) 庭审前作好充分准备

公诉人需要在庭审之前作好充分的准备,制订出一套系统、完整的出庭计划。计划的内容要包括:己方论证的重点;举证的时机、顺序和重点;讯问被告人的方式;询问被害人和证人的方式。计划应对证据进行分类,根据不同的证明需要将证据进行组合,全面考虑证据的运用策略。除了准备己方的计划外还要对辩方可能采取的战术作好预测,并设想可能发生的状况,例如,辩方有新的证据提出,被告人突然翻供等,以提前准备好应对措施。

(二) 有计划地进行举证

在正式庭审中,公诉人按照已制订的计划有目的、有步骤、有针对性地进行举证,同时应当注意,举证要为下一步展开的辩论作准备。出示证据应当做到实事求是,保证证据材料所表述的内容完整,而非断章取义。若庭审的进行超出预期,公诉人应当冷静面对,把握突出重点的举证原则,调整战术,随机应变,逐步将庭审形势引入正轨,争取主动。

(三) 有策略地展开讯问或询问

讯问被告人和询问证人同样需要讲究策略。公诉人的问题应当围绕重点展开,针对案情关键,应当问得细致到位。问话应当注意方式和语言,一方面避免给被问者造成心理压力;另一方面避免问话出现漏洞被辩方利用。

(四) 关注辩方举证

公诉人在辩方举证的过程中不能松懈,对辩方的证据和证人证言从证据能力和证明力方面进行质证。注意抓住辩方问话中的漏洞和自相矛盾之处,对于辩方对证人的干扰应当及时向审判人员提出。

二、法庭辩论阶段的心理策略

法庭辩论较举证、质证过程更具技巧性,尽管庭审是以事实说话,但对证据事实需要通过技巧性的辩论排除异议,使审判人员认同并接受公诉意见。在罗大华教授主编的《刑事司法心理学理论与实践》一书中,将公诉人进行法庭辩论的心理技巧作了如下一些总结:①

(一)公诉人进行辩论的心理技巧特征

1. 谋略性

公诉人应当在庭审以前制订辩论方案的谋略。谋略的制订应当注意以下几点内容:(1)吃透案情,熟练运用法律规定,分清主次。避免在辩论中由于一些辩护人避重就轻、渲染枝节问题而被其掌握了主动权。(2)缜密权衡各种条件,对论辩方式作出最佳选择。要根据现有条件,权衡利弊,充分论证,抓住重点,预测可能的辩论焦点问题和辩方人员的心理特点。(3)运用心理学基本原理和技能,力求事半功倍。如对辩方提出的枝节问题不予回答或以简洁的语言驳斥,用证据事实作出回答。

2. 主动性

公诉人要在庭审中掌握主动权,积极主动地洞察辩方人员的心理。公诉人的主动性主要表现在观察问题细致、反应问题迅速、归纳能力强、善于随机应变。

3. 巧妙性

公诉人还应当巧妙运用心理技巧,用灵活的语言、适当的表达方式,对法庭上的其他人产生深刻的印象或影响,从而阐明自己的观点,取得良好的论辩效果。

(二)公诉人法庭辩论心理技巧的具体运用

1. 主动出击,先发制人

在法庭举证、质证期间,已经充分用事实证明了要论辩的内容,在事实清楚、证据确实充分的情况下,辩护人往往会在无关紧要的问题上做文章。对此,公诉人在公诉词中要注意把全案的基本观点讲透,主动出击,先发制人,形成雄辩的气势和强烈的感染力,突破对方的心理防线,改变对方心理定势的作用,以控制局面。

2. 细听勤思,后发制胜

对于争议较大、定性有疑难的案件,辩方可能提出较强的辩护观点,公诉人对此类案件可在公诉词中作一般阐述,引而不发,仔细听取辩方意见,寻找漏洞,

---

① 参见罗大华主编:《刑事司法心理学理论与实践》,群众出版社2002年版,第239—242页。

思考对策,之后再针对其主要论点或漏洞进行辩驳,达到欲擒故纵、后发制人的目的。

3. 围绕中心,抓住重点

公诉人在法庭辩论中,要始终抓住辩论的中心,把握辩论的焦点,抓住重点进行辩论。辩方提出的问题可能不着边际,公诉人不能听之任之,应当根据不同案件的具体情况,掌握主动权,抓住重点。

4. 避其锋芒,反面论证

公诉人有时需要避开辩方的论点,从反面和侧面论证,以达到釜底抽薪的效果。

5. 依法论理,以情感人

公诉人以事实为根据,以法律为准绳,表达观点"动之以情,晓之以理",感染和打动听者。

6. 利用矛盾,借言答辩

公诉人针对被告人、辩护人的意见,借用他人之言反驳辩方意见。一般有以下两种形式:(1)利用共同被告人各自述说自己罪责时形成的矛盾,或共同辩护人之间意见不一致形成的矛盾进行答辩,造成"鹬蚌相争,渔人得利"的效果。(2)利用被告人供述前后不一、与事实不一致的矛盾,抓住时机,进行答辩。司法实践中,被告人供述的矛盾主要有:供述前后不一、供述与证据不一致、供述与历史事实不符,供述与自然条件不符,供述与某些规章制度不符,供述与某些科学常识相违背。法庭辩论中,公诉人为了充分利用这些矛盾,对虚假供述不要急于批驳,待其充分暴露再抓住"马脚",以收到更好的效果。

7. 掌握分寸,适可而止

公诉人在辩论中切不可忘乎所以只逞口舌之快,偏离主题。在阐明主要问题和道理后,即停止辩论,审时度势,适可而止。

8. 实事求是,合理纳言

公诉人应站在公正的立场上,实事求是地分析问题,对于辩方确实合理的观点,应当予以采纳或听信。

第三节 刑事审判心理与策略

尽管审判人员在刑事审判过程中应当始终保持中立、客观,但作为普通人,其心理状态不可避免地会受到各种因素的影响。而要对案件事实作出尽可能客观的评判,又要求审判人员必须摒弃一些与案件事实无关因素的影响。在庭审中,审判人员对诉讼参与人的心理状态的把握能够帮助其查明案件事实。此外,审判人员在引导庭审活动的正常进行和维持法庭秩序的过程中,都需要运用一定的心理策略。

一、影响审判人员心理的因素

尽管审判活动的进行必须严格遵守"以事实为根据,以法律为准绳"的原则,但不同的审判人员在同一项原则的要求下往往会作出不尽相同的判决,这是由于审判人员作为不同个体之间的差异性而造成的。

(一)审判人员的性格特征

个体间性格特征上的差异主要体现在态度、意志、情绪、理智等方面。不同的性格特征可能导致不同的审判人员面对类似案情时,会有不同的反应。例如,有的审判人员在意志上十分坚韧,在审判过程中能够坚持己见,不容易受外界因素的干扰,但又可能会过于主观、固执己见;有的审判人员情绪强度大、难以自控,在审判过程中就容易感情用事,容易受自己在审判当时的情绪影响或是被诉讼参与人的情绪所感染,作出不够冷静的决断。

(二)审判人员的法律修养

审判人员尽管大都受过专业的法律教育,但是在法律职业水平上仍可能存在差距;或者尽管水平相当,但对于同样的问题会有不同的价值取向,例如有的审判人员重视判决对社会秩序的影响,而有人则更在乎当事人的合法权益,这也可能导致判决的不同。

(三)审判人员的个人经历

审判人员人生经历的不同可能导致审判人员的性格特征、价值取向的不同。另外,随着人生阅历的逐渐丰富,同一个人对同样问题的看法也会不同。例如,社会阅历尚浅的年轻审判人员往往严格遵循法学理论判案,勇于在审判中坚持自己的观点,抵制外界的压力,但容易冲动,对各方面因素考虑不全;而社会经验丰富的老审判人员则情绪相对稳定,能够权衡各方面的利弊,作出折中的判决,但容易过于保守。

(四)审判人员的执法动机

尽管审判人员应当始终代表社会的公平和正义,但其毕竟是由普通人担当的,因而不能排除在不良动机的驱使下造成审判失当的情况。审判人员有可能出于私心枉法裁判,例如,不正当的交易,徇私报复等;也有可能迫于形势压力,例如,屈服于外界的压力,顾及司法与公安、检察机关的关系等。

(五)以往判例的影响

尽管我国并非判例法国家,但是在具体的司法实践中,判例也起着重要的作用。一方面,因为我国的刑法分则所规定的量刑幅度较大,在具体刑罚的适用上,需要参考判例以保持一致;另一方面,审判人员在长期的工作中会积累一定的审判经验,在遇到类似的案件时,首先考虑运用经验得出结论。这样一来,案件具体情况中的一些细节差别,就容易被忽略,从而可能导致定罪不准、量刑不当。另外,如果养成一贯参照自己的判例或是地区内判例的习惯,会导致地区间的司法误差,不利于保证司法的公平、正义。

(六)社会舆论的影响

当案情比较重大、影响比较广的刑事案件发生以后,往往会引起群众强烈的情绪反应。群众可能会就案件的判决结果作出符合其道德观的设想,这种情况对案件审判人员的影响很大。有的审判人员为了平息民愤、照顾公众情绪,会在审判中盲目采纳公众的主张。尽管公众舆论可能在一定程度上反映出社会公共道德价值观,反映出公众对正义的需求,但并不能够成为刑事审判的依据。一方面,公众对于具体案情可能并不了解,只是通过道听途说加上个人发挥而来,另一方面,公众在激情之下的主张并没有经过深思熟虑,更多掺杂了个人的情感。此外,公众之中可能有些人是出于自己的利害关系而制造舆论,也有部分人只是人云亦云。故而,公众情绪并不一定反映出社会正义。在刑事审判中,审判人员还是应当严格按照刑法规定,自觉抵制公众舆论给审判带来的消极影响。

二、审判策略

刑事审判的过程是审判人员运用庭审的方式,在公诉人、被告人及其辩护人、其他诉讼参与人的共同参与下,通过法庭调查,控辩双方举证、相互质证并进行当庭辩论,查清案件事实,从而根据法律确定被告人的行为是否构成犯罪、是否适用刑罚的活动。刑事审判过程主要分为三步:认定案件事实、定罪和量刑。每一阶段对于审判人员有不同要求:

(一)审判人员在庭审过程中应注意的问题

审判长是整个庭审过程的组织者,因此必须能够驾驭整个庭审过程,引导控辩双方按程序进行诉讼活动,尤其在法庭辩论阶段,审判长肩负着引导控辩双方展开辩论、控制辩论局势、维持法庭秩序的责任。为了充分发挥庭审组织者的作用,审判长应当注意以下一些问题:

1. 明确职责

审判长必须明确自己不是对被告人的刑事责任的主动追究者,不同于侦查和公诉机关。作为居中裁判者,审判长是法律公平、正义的象征,因此必须始终保持中立。在审判之前不应当对案件有任何先见,而应当认真听取控辩双方在庭审过程中的发言、辩论,并通过审查证据认定案件事实,对被告人定罪量刑;在庭审中也应当以查明案件事实为己任,不受双方发言、辩论时的气氛所影响,必须真正做到不偏不倚。

2. 尊重诉讼参与人

在被定罪之前,被告人不是犯罪人,仍是普通公民,享有公民的一般权利,审判长应当在庭审中给予其充分的尊重,保障其正当权利不受侵犯。

3. 引导辩论

法庭辩论需要在审判人员的引导下有目的地展开,审判人员应有意识地控制法庭辩论,使论题紧紧围绕案情的关键,限制控辩双方偏离正题,以保证审判人员能够通过法庭辩论准确把握案情,作出公正的判决。

(二)审判人员在认定案件事实的过程中应注意的问题

我国的刑事审判程序是由公诉机关向审判机关递交起诉书并移交侦查机关制作的案卷开始的,也就是说,在庭审以前审判人员不仅通过起诉书了解了基本案情,还对侦查、公诉机关认定事实所依据的证据有所了解。这实际上就使得审判人员在最初接触到案件时,通过对起诉书和案卷中描述的案情以及各项证据的感知和推理产生了对案件的基本看法,作出了一系列对案情的假定,再通过审判过程中的法庭调查和控辩双方的举证、质证以及法庭辩论对这一假定进行验证、确认。问题在于,无论是公诉机关还是侦查机关,实质上都站在追究被告人的立场;而审判人员必须不受控辩任何一方的影响,居中作出裁判。审判人员在受思维定势的影响下,依照控诉一方所认定的事实对案件产生先入为主的印象,就会在庭审时忽略法庭调查过程,产生主观臆断。因此,应当学习国外的"起诉书一本主义",审判人员在庭审以前只需要通过起诉书大致了解被告人情况以及案情概要,尽可能避免参阅案卷了解案情和证据的细节,使审判人员彻底摆脱庭审前的"先见",而完全根据控辩双方在法庭上的陈述、举证、质证、辩论过程,从经过质证的证据所展示的内容出发,经过判断、推理、分析、综合,认定事实,居中作出最后的裁判。

认定案件的法律事实的过程关键在于对证据的认定,在此过程中应主要着眼于以下两个方面:证据能力和证据的证明力。

1. 对证据能力进行分析

证据能够被采用并据以认定事实,首先必须具备证据能力,证据能力主要通过对证据的客观性、关联性、合法性的审查进行。证据的客观性要求证据必须是客观真实,不以人的意志为转移。各种以物理形式存在的证据的客观性可以通过科学的鉴定手段予以验证,证人证言则主要依靠审判人员根据客观规律并运用逻辑推理予以验证。证据的合法性要求证据必须通过合法的程序取得,否则无效。例如,在违背证人意愿的情况下通过暴力、威胁、欺骗等手段所取得的证言无效。证据的关联性包括两方面:一方面是指证据必须与待证事实相关。例如，需要证明被告人实施了某项犯罪行为时，仅能说明被告人存在行为不端的证据就是与案件不具关联性的。另一方面，该证据应当与其他证据相关联，不能依靠"孤证"认定事实。除了通过以上"三性"审查外，各项证据所证明的内容之间还应当能保持一致、相互印证，否则就说明存在着不实的证据；并且，作为证据的材料所表述的内容应当完整，不能"断章取义"。

这里重点介绍运用心理学原理对证人证言的客观性进行审查的策略。

证人在作证过程中可能会受到多种因素的影响，例如，其本身的性格特点、与当事人的关系、是否存在恐惧心理或记忆错误以及环境、舆论因素对其的影响等。正因为证人会受到以上诸多因素的干扰而使证言可能无法完全表达事实，故而，在审判过程中，审判人员必须留意证人的表现是否符合常理，并对证人的证言进行分析、判断，以确定能否予以采纳。

对证言进行判断需要根据证言的内容进行：对于内容涉及时间、空间的证言，受证人个人的心理因素影响较大，对证言进行审核时必须注意。证人在对于时间的长短作证而又没有参照时，审判人员必须考虑到其当时的情绪因素。证言内容涉及空间时，应当注意证人的空间感受能力。空间感受能力除了与视力有关以外，还与某些专业有关，例如长期从事测量的工作者的空间感受能力一般会优于常人。对于其他内容的证言，也都需要根据心理学的相关原理，参考正常人的感受阈限进行判断，同时还需要注意是否存在心理暗示对证人证言的干扰作用等。因此，审判人员在判断证据的真实性时，应当注意证人的个人情况以及证言作出的相关背景等诸多因素。

对证言的审查具体主要通过以下途径进行：首先是对证言的形成过程进行心理分析，考查证言是否符合客观规律和基本的心理学原理，从而判断其真实性；接着应对证人的作证心理进行分析，了解证人的证言是否是证人出于某些原因，如利益、恐惧等因素而违背事实作出；要对证言和案件之间的关联性作出分析，排除与案件无关的证言的影响；再通过将证言同其他证据进行比对，判断其真实性。总之，通过审核确保所采纳的证言内容必须符合人类的基本感知规律；证人的心理状态应当符合基本健康标准；对同一事实的证言应当基本一致；证言即便前后不一致，其更改也应当符合人类正常的心理意识。

2. 对证据的证明力进行分析

在同样具备证据能力的证据中，还要区别其对于案件事实的证明作用的大小，即证明力。证据的证明力需要通过审判人员的逻辑分析确定。一般而言，直接证据的证明力大于间接证据，间接的物证、书证、视听资料的证明力大于间接的人证。

（三）审判人员在定罪量刑中应注意的问题

1. 定罪

定罪是在认定案件法律事实的基础上，根据刑法判断被告人的行为是否构成犯罪的行为。认定被告人的行为是否构成犯罪必须严格按照刑法，注意被告人的行为是否符合刑法分则所规定的构成要件，主客观是否统一，防止仅根据主观或客观一方面进行归罪或将刑法作类推解释。

2. 量刑

量刑是在定罪的基础上，按照刑法分则的具体规定，裁量决定对被告人适用怎样的刑罚。我国刑法中规定的法定刑并不是绝对确定的法定刑，而是对具体犯罪规定了可供选择的量刑幅度，由于量刑幅度跨度较大，如何具体适用存在着一定问题。在具体实践中，同样的罪行在不同的地区可能被判处不同刑罚。因此，对于量刑，一方面要求审判人员有良好的法律素养和工作经验，另一方面需要依靠最高人民法院的司法解释以及适当参考判例给予司法实践以指导。

第四节　刑罚心理效应

对罪犯判处刑罚的根本目的在于预防犯罪。预防犯罪分为一般预防和特殊预防两方面，它们的对象分别是普通公众和已犯罪的个体。与刑罚预防犯罪的两方面功能相适应，对犯罪人适用刑罚所带来的心理效应也有两种，即个体心理效应和社会心理效应。刑罚的心理效应同时又可以根据其社会意义区分为正面的积极效应和负面的消极效应。

一、刑罚的正面心理效应

（一）刑罚对犯罪人个体的正面心理效应

刑罚对犯罪人个体的正面心理效应主要是指因为刑罚适用得当，对犯罪人产生积极影响，令其选择改过自新，而不再实施犯罪。

1. 积极改造

刑罚通过限制或剥夺犯罪人的自由、没收其一定数量的财产给犯罪人造成痛苦，从而体现国家权力对其犯罪行为的否定评价。因此，犯罪人对于被判决、执行刑罚，心理上的反应首先是痛苦。痛苦一方面刺激犯罪人在服刑期间反思自己为何会受到如此惩罚，继而反思自己的罪过，反思自己的犯罪行为给他人和社会所带来的危害；另一方面，痛苦会使得犯罪人急切想摆脱这种状态，促使他们积极配合犯罪矫治，自觉接受改造，争取能够减轻痛苦并且尽快结束这种痛苦的状态。

2. 预防再犯

能为人所预感的痛苦能够引发畏惧,刑罚的适用将导致罪犯失去自由、钱财,将损失荣誉乃至家庭、事业,更为严重的罪行还将导致生命被剥夺,这些能够被预知的痛苦都能使犯罪人产生畏惧心理,并因此放弃再次选择犯罪。

部分罪犯自知罪孽深重,心甘情愿接受重刑的惩处,他们把受刑作为自己赎罪的方式。得到法律的公正处理后,他们在服刑期间接受教育,真正认识到自己的犯罪行为的危害性。他们通过矫治回归社会后,会深感国家法律的公正威严,感激法律给予其改过自新、重回社会的机会,他们会遵守法律,不再重蹈覆辙。

(二) 刑罚对社会的正面心理效应

刑罚对社会的正面心理效应是指由于适用刑罚得当,对社会公众的心理所产生的积极作用。

1. 引导公众价值观

国家通过适用刑罚惩处犯罪人告知公众一个界限——什么样的行为为社会所容忍,什么样的行为是不被容许的,引导公众建立起一套符合社会秩序的价值观体系,从而能够明辨是非,确定自己的行为界限。

2. 预防作用

在辨别的基础上,刑罚用痛苦告诫公众,一旦做出跨越刑法所规定的界限的行为,将受到怎样的痛苦。公众惧怕自己也受到那样的痛苦,故而必须遵循法律。

3. 安抚作用

对犯罪人适用刑罚对犯罪的受害者以及其他普通公众来说是宽慰,这让人们感受到社会的公平和正义。

4. 安全作用

对造成社会危害的犯罪人进行惩治能够使社会公众在感受到社会的公平正义的同时,也感受到安全。他们能够看到国家对犯罪的否定、追究和惩罚,从而可以安心地生活工作。

二、刑罚的负面心理效应

1. 刑罚失去预防作用

当刑罚过轻或者犯罪人是惯犯、累犯,有过多次被适用刑罚的经历,一定程度上对服刑生活已能适应,犯罪人不再感觉到刑罚带来多大的痛苦时,刑罚就失去了威慑力,犯罪人在服刑过程中不会产生心理压力或是压力过小,也就不会积极配合矫治工作,回归社会以后一般也仍然会重操旧业。社会公众,尤其是潜在的犯罪人也就不会从服刑罪犯的身上吸取教训,在利益驱使下他们仍然敢于以身试法。

2. 对刑罚抵触

刑罚过重或是长期使用严刑峻法,会引起犯罪人对刑罚、对法律甚至对国家的抵触情绪,这样的抵触情绪将会严重影响矫治效果。社会公众看到国家对罪犯因为较轻的罪行而被判重刑,会产生对罪犯的怜悯情感,也会对国家法律产生抵触,这不利于国家、社会的安定团结。

3. 对刑罚失望

当不能准确、及时地对犯罪人处以刑罚,刑罚对犯罪起不到抑制作用时,社会公众会对刑罚产生失望情绪。这会引发社会公众丧失安全感,社会生活受到严重影响;公众对国家失望,遇到刑事损害不再依靠公力救济,而用私力解决,这将造成极大的社会混乱。

三、充分发挥刑罚的正面效应

对于如何尽可能地发挥刑罚的正面效应,避免其负面效应,应当注意以下两方面:

(一)罪刑相当

如上所述,刑罚过重或过轻都会增加刑罚的负面效应,只有找到刑罚的恰当程度才能够最大地发挥刑罚的正面效应。刑罚的恰当程度应当根据刑罚所带给罪犯的痛苦和罪犯能够从犯罪行为中获得的好处相比较确定。人都有趋利避害的本能,因此,只有使刑罚的痛苦不小于犯罪行为所能带来的好处,才能使人放弃选择犯罪行为,否则就会鼓励侥幸。如果刑罚的痛苦远大于犯罪所能带来的好处,虽然能够迫使人们放弃犯罪行为,但是刑法苛厉又将导致社会公众的对立情绪。因而,刑罚最恰当的程度就如贝卡利亚的观点,即只要能够阻止人们选择犯罪行为,也就是要做到罪刑相当。

(二)处刑准确、及时

刑罚的威慑力除了刑罚本身的痛苦外,还在于一旦犯罪就会被处以刑罚。如果犯了罪,但由于国家公安机关的原因,只有很小的可能性会受到追究,即使受到追究,也要拖沓到很久以后,那么人们对刑罚的畏惧就会降低。因此,必须准确、及时地对犯罪人处刑。刑罚的及时、准确能够加深人们对于有罪必罚的印象,建立起犯罪和刑罚痛苦之间的条件反射,从而实现刑罚预防犯罪的目的。

第十章　证人心理及其对策

　　诉讼是裁判者根据一系列的相关证据所证明的案件事实,对当事人之间的权利义务作出裁决的过程。如果没有证据,诉讼就无法进行;如果没有真实的证据,诉讼就会错误地进行。因此可以说,诉讼的核心问题就是证据的真实性问题。证据的真实与否不仅关系到诉讼能否揭露真相,而且事关诉讼当事人的权利义务如何分配,在刑事诉讼中,甚至是关乎人命的大事。然而证据无法自我呈现,从客观存在到具有法律意义的证据之间,证据必须依赖于一定的载体和形式。在这个呈现的过程中,证据的真实性和合法性会受到各种因素的干扰,发现、收集、提供证据材料并对其去伪存真,是诉讼过程一项无法回避的重要工作。作为我国民事诉讼、刑事诉讼和行政诉讼中最重要的证据形式之一,证人证言更加需要辨别其真实程度。

　　证人证言是证人就其所了解的案件情况向公安司法机关所作的陈述,也就是证人对相关案件情况通过感知、记忆和理解等主观加工后,再进行回忆,主要以语言表达的方式再现出来的一种证据形式。证人证言作为案件发生时的客观情况在证人头脑中的反映,是案件事实在发生过程中所留下来的精神痕迹,这一精神痕迹的再现涉及一系列内隐性的心理问题。如证人的作证动机是什么,证人的感知、记忆是否有误差,证人的陈述水平如何,证人的情绪如何,对证言的可靠性是否产生影响,证人是否作伪证,证人为何拒证,证人翻证的原因是什么等。虽然证人心理具有内隐性、复杂性和运动性,不容易把握,但是同时证人心理又是客观的、可知的,具有一定的规律性。掌握这些规律,有利于判断证人所提供的证言的准确性,有利于对案件真相作出正确的判断和审理。因此,证人心理学作为一门理论学科发展起来。国际心理学界开展证人心理的研究已经多年,并且在实验室基础上形成了比较系统的思路。在我国,证人心理学也已经引起一些法律与心理学研究工作者的重视,且取得了一些研究成果。但是,这些研究大多是质的分析研究,定量的实验研究很少,总体水平不高。虽然国外一些成熟的经验可以为我们所借鉴,但是我国证人与国外证人在相似的情境下,其反应的差异还是比较大的,因此在我国开展进一步的证人心理研究显得尤为迫切。

　　根据我国的司法实践,诉讼活动一般有刑事诉讼、行政诉讼和民事诉讼,基于本书研究的对象是犯罪心理学,本书所研究的证人心理特指刑事诉讼活动中的证人心理。

第一节 证人的积极作证心理

根据心理学的观点,动机是行为的内在根据,而行为则是动机的外在表现。一定的行为总是建立在一定的动机之上,作证行为同样也总是在证人动机的支配下做出的。所谓证人动机是指支配、推动证人积极作证、应付作证、拒绝作证或者翻证的内心起因。证人动机在证人证言中具有重要的作用,这种内心起因决定了证人在面对公安、检察、法院工作人员的询问时如何行为,是主动作证、不愿作证、拒绝作证还是翻证。因此,证人的作证动机是证人心理学研究的重要对象之一。每个证人都有作证动机,如果以证人动机是否有助于推动作证行为为标准,证人的作证心理可以分为积极作证心理和消极作证心理。具有积极作证心理的证人一般是出于正义感、责任感和良好的法律意识、友情等良好动机,因此这种证言的可靠程度一般比较大,但也可能在正义或友情的感染下夸大证言或作伪证。消极作证心理一般总是出于不良的心理动机,或者是在报复、嫉妒、私利等动机下主动作出伪证,或者由于法律意识淡薄、出于利益考虑、胆小怯懦等动机拒绝作证或者翻证。这些动机本身就是在强烈的情绪支配下产生的,因而在这种动机支配下的行为也往往带有很浓的感情色彩,这种证言的可靠性就比较小。证人的作证动机作为一种社会性动机具有复杂性,并不是单一的,往往同一个证人同时具有几个动机交错。证人的消极作证心理将在第二节中展开,本节将对证人的积极作证心理及其积极作证心理状态下可能产生的误证现象的心理根源作一阐述。

一、证人的积极作证动机

证人的积极作证动机是指能够推动证人主动作证并且证言的可信度较高的动机。具有积极作证心理的证人,其作证动机主要有:

1. 正义感。证人出于对犯罪的憎恶,对被害人的同情,为了伸张正义、揭露犯罪而主动作证。这种证人动机高尚,不畏权势,刚正不阿,可信度高。

2. 正确的法律意识。证人具有明确的法律意识,懂得公民作证的义务及证人证言在诉讼过程中的重要性,以作证的实际行动遵守法律,主动作证。

3. 出于友情。有的证人与被告人或被害人有深厚的友情,即使有所顾忌,仍然主动出面作证,作有利于被告人或被害人的供述。

4. 满足自我需要。有的证人为了自我显示,满足自己表现的虚荣心而主动作证;有的证人企图从作证中牟利,出于私利、名利、欲望的需要而积极作证。这种证人虽然能够积极作证,但其证言不免会出现真中有假、实中有虚的成分,甚至可能无中生有。与前面三类作证动机相比,在这种动机影响之下所产生的证言的可信度就要打折扣。

5. 借机报复。有的证人与被告人或被害人曾经有仇怨,恰好又同时了解了对被告人或被害人不利的案件情况,出于报复的动机,也会主动作证,作出不利于被告人或被害人的陈述。严格来说,尽管在形式上与前面四种情形一样,证人也会积极作证,但由于其是出于挟私报复的动机,在证言的可信度上要大打折扣,当然并不能排除证言真实的可能性。因此,从严格意义上说,这种情况下的作证心理是主动作证的心理,但却不能说是积极作证心理。

二、误证的心理根源

有意作伪证者、拒绝作证者固然不可能提供可靠的证言,而善意的证人由于各种因素的影响也可能提供不可靠的证言,其中主要的影响因素就是证人的心理功能。我国《刑事诉讼法》第60条规定:"凡是知道案件情况的人,都有作证的义务。生理上、精神上有缺陷或者年幼,不能辨别是非、不能正确表达的人,不能作证人。"可见,作为证人,必须具有正常的心理功能,在年龄、智力发育等方面达到相应的心理要求,有正常的感知、记忆和陈述能力。心理学的研究表明,在案情的感知阶段、记忆阶段和陈述阶段都有可能产生失真现象,从而造成误证的大量存在。但这并没有引起某些司法机关工作人员在诉讼过程中的足够重视,事实上,对于诉讼而言误证所可能带来的不利影响并不比伪证带来的小。这就要求司法人员在办案过程中运用各种知识审查、判断证言的真伪,对可能产生误证的根源进行研究。

(一) 证人在感知方面的失真

感知是感觉和知觉的统称,是指客观事物通过人的感觉器官在人脑中的直接反映,是刺激物作用于大脑并在大脑中留下痕迹的过程。因此,正常的感知必须具备正常功能的感觉器官和神经系统、合适的刺激强度和性质以及感知者要有一定的知识或经验。人的感知能力有很大的差异。如果人的感知能力有缺陷,就会导致感知不完全,甚至完全不能感知。

影响感知能力的因素主要有以下几方面:(1) 遗传因素。即先天素质不同。(2) 环境因素。环境中刺激过多会降低感知敏锐性。(3) 年龄因素。一般而言,感觉能力随年龄增加而下降。(4) 训练因素。专门的训练可提高人的感知能力。(5) 伤病因素。感觉器官和脑外伤会降低甚至完全剥夺人的感知能力,患病时人的感知能力也会下降。在对证言进行鉴别时,必须考虑到证人的感知能力是否有缺陷。但是,即使证人在具备正常感知条件的情况下,仍然可能出现对客观事物片面的或歪曲性的感知反应,其原因是多方面的。心理学的研究表明,证人目睹犯罪行为的发生,犯罪过程通过证人的感觉器官在证人的头脑中留下映象,证人对犯罪过程有了感知。在这个过程中,证人的感知会发生错误和感知不全,导致感知失真,其原因可以从证人本身的主观因素和证人以外的客观因素两个方面寻找。

人类的感知活动有其自身的特点和规律,最重要的特点有:(1)感觉的适应现象。感觉器官在刺激持续作用下感受性逐渐提高或降低,以适应当时的环境,这种现象称为感觉的适应。当人从亮处走到暗处,开始时什么也看不见,之后会慢慢看清周围的事物,这是视觉适应最明显的例证。其他感觉几乎也都有适应现象。如果有证人说他一进入黑暗的山洞,就看见地上躺着的死尸,这种证言是违反常理的。(2)感觉对比现象。同一感觉器官接受不同的刺激会使感受性发生变化。如一个中等身材的人站在一群矮个子人中间,看起来会显得更高些。在凝视红色物体之后,再看白色物体,该白色物体就会带有青绿色。这就是感觉对比现象。(3)知觉的选择性。人不可能对呈现在自己面前的客观事物全部清楚地感知到,只能有选择地以少数事物作为知觉对象,对它们的感知格外清晰,而对其余的事物则感知得很模糊,这就是知觉的选择性。在所有呈现在观察者面前的事物中,究竟什么会成为知觉的选择对象,这取决于观察者的观察动机、态度、兴趣、知觉经验以及对象与背景的差别。证人对案件有关情节能否有清晰印象,取决于当时这些有关情节是否被证人选择成为知觉的中心。(4)知觉的理解性。人在感知当前事物时,总是根据以往的知识经验理解它们,以自己已有的知识和实践经验加以补充,知觉的这一特性被称为知觉的理解性。由于理解,可以使知觉更为深刻。一方面,在知觉一个事物时,与这个事物有关的知识经验越丰富,对该事物的知觉就越富有内容,对它的认识也就越深刻、越精确。另一方面,如果在知觉时用错了经验,以自己的理解补充知觉,也会产生知觉的错误。有的证人知觉不完全,便以自己的理解进行猜测和补充,导致证言的失实。

感知规律在无形中支配着人们的感知行为,并形成感知惯性,成为人们的感知定势,而这种定势可能会导致证人感知过程中的一些错觉,从而造成证人感知的失真。

1. 证人感知失真的主观因素

证人感知失真的主观因素包括证人的逻辑完善机制、期望、心理状态、偏见等。

(1)感知的逻辑完善机制。所谓感知的逻辑完善机制,是指人在觉察事物的过程中根据主观的合乎逻辑的原则进行反应的能力,这是造成错误感知的一种主观因素。人的感知能力受到注意广度的限制,只能有选择地以部分事物作为感知对象。这种对感知对象的选择性特点决定了人们对接触到的外部世界不可能全部了解,总会有空白。这时,感知的逻辑完善机制就会起作用。证人为了使自己相信自己的观察,会自觉或者不自觉地选择一些材料与自己感知的情节联系起来填补这些感知空白,使感知的事件合乎逻辑。然而这个合乎逻辑的事件却是主观性的,往往与真实的过程并不相符。这类因逻辑完善机制而带来的知觉错误在证人处于兴奋状态时更易于发生;此外,在证人目睹混乱的意外事件时也是这样。

(2)期望。期望是感知者在感知活动前事先对感知对象所预定的希望达到的目标。期望是在被激活的图式的基础上产生的,当任何一定的图式接受到适合于它的环境输入时,即当一个图式被激活时,它便产生了对于下一步会发生些什么的一系列感知期望。完整的感知过程总是在不断修正的期望的指导下进行的,人们总是倾向于选择去看和去听我们期望看到和期望听到的东西。因此,感知受期望的影响很大,期望可以使感知者准确而迅速地对客观事物产生感知,但如果出现的刺激不是期望中的那种形式的刺激,那么对它的感知就会出现差错,造成感知失真。如由知觉对象的背景条件引起的错觉,从主体因素来说,就是由于期望而造成的,所谓的"两可图形"便是典型的例子。

(3)感知者当时的心理状态。案件发生时的心理状态是导致证人出现感知失真的又一主观因素。人总是带着一定的情绪认识事物的,人处在强烈情绪时,如过分紧张、恐惧、悲哀、高兴,往往不能对事物作出准确、全面的感知,甚至无法感知某种事物。心理学的实验研究表明,在人突然受到惊吓、处于惊恐状态时会产生比实际刺激更为强烈的知觉印象,往往会把引起恐怖的刺激物知觉得比实际状态更为强大。这在心理学上称为惊吓效应。如果证人突然遭到拦路抢劫或持刀者行凶,在惊恐状态之下容易将凶犯看得比实际上高大、强壮,在事后陈述时,有高估的倾向。此外,感知者在意识状态不清晰时便无法准确而清晰地感知。当人处于高度疲惫状态、刚醒来、欲入睡、患病发烧、喝醉酒、服用了毒品或某些神经类药物、受人催眠之时,意识便会变得模糊,无法准确感知外部事物,甚至还会出现错觉和幻觉。因此,弄清证人感知案情时的意识状态,对于判断其证言的可靠性有着重要的作用。

(4)偏见。偏见是造成感知错误的又一主观原因。所谓偏见,是指感知者对于人或事物所具有的不公正、不公平的片面态度,是感知者对于特定的人、特定事物的一种定型看法。如认为学习成绩差的学生品德也总是不好就是一种偏见。偏见常常比较顽固,容易造成证人感知的失真。西方一些社会心理学者对所谓被告人的外表吸引力和法庭对他量刑轻重之间关系的研究实际上也是指出了偏见在司法工作中的消极作用。实验室研究表明,被告的外表明显地与法庭确认他是有罪的人或是清白的人有关。①

2. 证人感知失真的客观因素

证人感知失真的客观原因包括感知时的环境因素和感知对象因素。

(1) 感知时的环境因素。环境因素是指证人感知时感知对象和证人所处的自然环境状况。影响感知结果的环境因素主要有以下几种：

① 气候。如在雨雾中感知对象朦胧，无法感知或无法准确感知。

② 光线。光线不足之时，尤其是对象处于相对暗处时便无法准确感知。

③ 地形。证人所处地形对感知不利时便无法正确感知。

④ 距离。证人与感知对象距离太远时便无法感知或无法清晰地感知。

⑤ 周围刺激物。证人所处环境中若有强刺激存在，如强光、巨声、强烈气味，由于遮蔽作用存在，便使感知不清晰或完全不能感知。

(2) 感知对象因素。感知结果还取决于感知对象的特点。例如：

① 感知对象出现时间长短。时间太短则无法感知或感知不清晰。

② 感知对象与背景事物的差别。差别越小则越难感知。

③ 感知对象与感知者的相对运动状态。只有处于相对静止状态才可能较准确地感知。

④ 感知对象的刺激强度。若刺激强度太弱则无法感知或无法清晰感知。

证人对案件的感知失真除了上述主观与客观原因外，证人本身的一些客观条件是否会对证人的感知失真造成影响，也是一个值得注意的问题。如证人的年龄、性别、职业等，会不会影响感知的可靠性？不同的证人具有不同的职业思维逻辑和职业习惯，不同年龄阶段的证人具有不同的感知能力，而不同性别的证人也会有不同的心理特征，这些职业、性别和年龄等因素所造成的个体差异必然会影响到不同证人的感知。但是具体而言，如何影响证人的感知以及在多大程度上造成证人感知失真等问题有待进一步的研究。

(二) 证人在记忆方面的失真现象

记忆是人对经历过的事物的反映。人通过感知得来的映象，在感知对象不再作用于感觉器官时，并不立即消失，而是在头脑中保持一定时间，在一定条件下还能在大脑中重现，这就是记忆。对于记忆的研究通常把记忆过程分为识记、保持、再现三个阶段，识记、保持是再现的前提，再现是识记、保持的结果。证人心理学对于证人记忆的研究集中在说明证人为什么不能恢复或使用信息的问题上，即证人记忆的失真现象。在记忆的任何阶段所发生的事都可能导致信息恢

---

① 参见乐国安、任克勤、金昌平编著：《证人心理学》，中国人民公安大学出版社1987年版，第45—46页。

复的失败,而信息恢复的失败意味着证人的遗忘或者证言的失真。

1. 影响识记的因素

识记阶段是记忆的第一个环节,在这个阶段,大脑接受信息并对信息进行编码加工,形成暂时神经联系。对于同一案件,证人对感知的信息未必都能记忆,而且不同的证人对同一情况也未必都能记忆一致。这是因为识记的效果受到多种因素的影响,而这些因素对不同的证人所产生的影响也是不同的。

(1) 无意识记的兴趣。心理学根据人在识记时的自觉性和目的性,把识记分为有意识记和无意识记。有意识记是预先有预定的目的,并经过一定的努力,采取一定的办法进行的识记。无意识记是事先没有预定目的,没有经过特定努力的识记。由于案件事实的产生对于证人来说具有偶然性和突发性,证人的识记大多是无意识记,有意识记并不多见。无意识记具有较大的选择性,证人在案件事实面前,往往是根据自己的兴趣爱好有选择地识记案件的某些情况,致使识记不全面、深刻,进而导致记忆的失真。

(2) 无意识记的积极性。在无意识记后,证人积极地采取一定的方法,给自己提出一定的任务,也会使无意识记转向有意识记,从而使初次获得的信息巩固下来。因此,证人识记后是否对识记持积极态度,对于识记的效果起着巨大的作用。如果证人持"事不关己,高高挂起"的态度,对于识记的案件事实漠不关心,那么也容易导致记忆遗忘或失真。

(3) 对识记信息的加工深度。心理学按照人们对信息理解的程度,将识记分为机械识记和意义识记。机械识记是在对事物没有理解的情况下,根据事物的外部联系进行的识记。意义识记是建立在对事物理解的基础上,根据事物的内在联系,并运用有关的经验进行的识记。以理解为基础的意义识记在识记的全面性、速度、牢固性和准确性上都比机械识记好。人们对识记的理解过程也就是对信息的加工过程,理解的程度就是对信息加工的深度。对于事物理解得越深,识记得就越牢,也就是说,对信息加工得越深,识记的效果就越好。因此,如果证人对于案件当事人陌生或者不理解事件的意义,那么就容易识记失真。

(4) 识记对象的性质。除了识记者自身的主观因素外,识记对象的性质也是可能造成识记失真的重要因素。识记对象的外在表现形式和特征是决定其是否容易识记的因素之一。一般而言,特征明显、与众不同,或者能激起记忆者强烈情绪反应的事物容易被记住,反之则不易。而识记对象对于识记者而言的重要性是又一个因素。由于案件事实对于识记者而言往往是在做其他事情的同时偶然发生的,案件相对于其他正在做的事情的重要程度就会影响识记者对案件的注意程度,进而决定识记的效果。

2. 影响保持的因素

保持同遗忘相对,是指将通过识记形成的暂时神经联系痕迹作为经验贮存于大脑的过程。保持的时间可因识记主体、识记内容的不同而形成瞬时记忆、短时记忆和长时记忆。

(1) 记忆材料的相互干扰。心理学研究表明,经验的保持不是一成不变的,证人在识记一事件之后到他作为证人回忆或者再认该事件这段时间中的活动会对他后来的再认或者回忆起干扰作用,使保持的信息在质和量上发生变化,从而导致记忆的失真。证人记忆材料的相互干扰存在两种形式:前摄干扰和倒摄干扰。所谓前摄干扰,是指原先识记过的材料对于后来识记内容的干扰。所谓倒摄干扰,是指后来识记的东西对以前识记内容的干扰。证人心理学对于倒摄干扰的研究较多,较多地研究了新的信息进入证人已有的记忆结构中从而丰富或改变这种结构的情况。

(2) 艾宾浩斯的遗忘曲线。德国著名心理学家艾宾浩斯是第一位对记忆进行定量研究的人。在多年的研究中,艾宾浩斯以无意义音节为识记材料,研究人的遗忘规律,得出了著名的"遗忘曲线"。

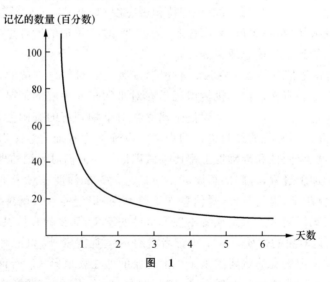

图 1

通过与其他材料的对比,艾宾浩斯又得出了不同性质材料的不同遗忘曲线,不过它们大体上都是一致的。

艾宾浩斯的遗忘曲线表示了人的遗忘规律:遗忘的进程不是均衡的,在识记后短时间内,遗忘进行得比较快,但是在经过了一段时间之后,遗忘进行得比较缓慢,到了相当长的时间后,几乎就不再遗忘了,这就是遗忘的发展规律,即"先快后慢"的原则。我们平时的记忆过程是这样的:输入的信息在经过注意过程的

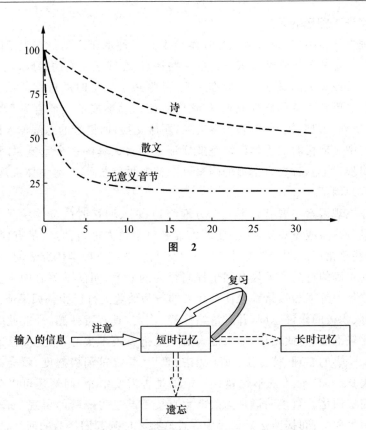

图 2

图 3

识记后,便成为了人的短时记忆,但是如果不经过及时的重复,这些记住过的东西就会被遗忘,而经过了及时的重复,这些短时记忆就成为长时记忆,从而在大脑中保持很长的时间。因此,根据艾宾浩斯遗忘曲线所揭示的遗忘规律,在记忆的保持阶段,如果证人识记的案件信息能在短时记忆时获得一定的条件及时重复,那么保持的效果就比较好,否则随着时间的推移,证人所保持的案件信息就可能会被遗忘,从而导致一段时间后的记忆失真。

3. 影响再现的因素

再现分为两种,一种是回忆,另一种是再认。通过识记获得对事物的映象,当这些事物已经不在眼前,而由于其他条件的作用,在人们头脑中可以重新出现,这就是回忆。当过去识记过的事物重新出现时,人们对它感到熟悉,并能认出,这是再认。证人证言是证人以回忆或者再现的途径通过证词的形式表现的证据,因此,影响证人回忆和再认的因素最终将影响证人证言的真实性和准确性。

影响证人回忆的因素

心理学研究指出,证人的回忆在本质上是一种重建活动。在识记时贮存的是案件的一定的关键性情节或事件的一些特点,在回忆它们的时候,把它们与和该事件有关或无关的其他知识放在一起,就形成了回忆时的重建活动。根据英国心理学家巴特利特的研究成果,回忆时重建活动造成证人证言失真表现为六种情形:遗漏;添加;主题突出;信息转换;顺序交换;回忆者的态度加入回忆出来的内容之中。回忆时的重建活动是造成证人证言失真的一个重要原因,造成重建活动出现以上六种失真情形的因素可以分为两个方面,一是主体主观因素,二是情境客观因素。

主体主观因素主要有以下几个方面:(1)证人回忆时的身体状况。证人在回忆时过分疲劳或身患疾病,会使证人难于集中精力进行回忆,虽有回忆,也回忆不全,甚至错误。(2)证人回忆时的情绪和态度。心理学研究表明,适当焦虑的情绪和正确的行为态度最有利于提高行为的效率,而漠不关心的冷淡态度和过于紧张焦虑等强烈情绪都会使行为者的行为效益大打折扣。如果证人回忆时是持良好、积极的作证态度,并且情绪冷静、稳定,具有责任感,一般此时证人的回忆就比较准确;与此相反,如果证人对作证抱着漠不关心、事不关己或者多一事不如少一事的心理,持冷淡、过于焦虑、恐惧、烦躁等消极态度,就会造成证人回忆的失真。(3)证人的追忆错误。根据是否需要中介,回忆还可以分为直接回忆和间接回忆。直接回忆是当前事物直接引起过去经验的再现,而不需要中介性联想的回忆;间接回忆是通过中介性联想才能唤起旧经验的回忆,中介性物质可能是物,也可能是时间和有关情况或者某个人。直接回忆的对象往往是证人记忆深刻的情况。在实践中,更多的证人需要依靠中介,利用联想、假想、推理等方法进行间接回忆。间接回忆中回忆者采取多种途径进行思维活动以便回忆时,称为追忆。在进行追忆时,自身情绪烦躁、对回忆缺乏信心、受到暗示等多种原因都可能使追忆发生错误,如把其他事件的情节放到本案事实中,在追忆中把案件发生的时间提前或推后。(4)压抑的记忆。临床心理学家指出,在一些严重的、长期的心理创伤案件中,证人如果与案件或者案件当事人有利害关系,可能有意或者无意地压抑记忆,不能记起创伤性事件,或者进行假记忆[①]。

情境客观因素主要有以下几个方面:(1)时间的延迟可能污染证人对于事件的记忆,因此经历了太长时间的案件,即使证人积极作证,由于经过了太长的时间,也会使证人的回忆失真。(2)询问的物理环境。一方面,询问环境安静与

---

① 假记忆不同于作伪证,假记忆是为了回避自己不愿意面对的真相,而在潜意识中把事实记忆成自己想象的情形。在假记忆情况下,证人本身意识不到自己的回忆是背离事实的。

否会影响证人回忆的质量,过于嘈杂,人员太多,周围所放置的物品富于刺激性等,都会分散证人的注意力和影响情绪,可能致使回忆发生困难。另一方面,回忆时的物理环境与识记时相同或者相似的程度会影响回忆的质量。如果回忆时的物理环境与识记时相同,则效果较好。(3)询问人员的态度。如果询问人员态度和蔼,可以使紧张的证人冷静下来,利于证人回忆;而如果询问人员的态度过于严肃,会造成询问气氛的紧张,使证人因紧张或不适应而导致回忆发生混乱或者困难。(4)询问人员的提问方式。不适当的提问方式会引起证人的反感而影响回忆;问话本身难以理解或有歧义,会使证人错误理解问话而难以回忆或无法回忆;不经意的暗示性提问可能会引导证人的回忆发生歪曲;问题的用词、形式也能使回忆出现偏差。[①]

影响证人再认(辨认)的因素

再认对证人来说,较之回忆要容易。证人不能回忆时,借助合适的中介往往能再认;而能回忆的,一般都可以再认。侦查机关在对作案嫌疑人进行侦查的过程中,常常需要采用辨认的措施。辨认是在侦查过程中,为了审查某个人是否与犯罪有联系,或者某个与犯罪有联系的物品是否属于某人所有,或者为查明无名尸体的身份,而将该人、物、尸体提供给被害人或者证人进行识别的一种侦查活动。运用得当的辨认是获得破案线索、取得重要证据、有效促进案件进展的重要途径。但是,有些专家的研究表明,正确的辨认率甚至没有超过机遇水平。[②] 所以,如果不掌握证人的辨认规律,不了解证人的辨认具有不可靠性以及这种不可靠性产生的原因,而一味相信证人的辨认,则有可能使侦查工作误入歧途,乃至造成冤假错案。

根据辨认的主体不同,又分为被害人辨认和证人辨认两种。被害人和证人与案件的利害关系不同,在案件中的身份地位不一样,因此影响被害人和证人辨认的因素有相同的因素,也有不同的因素,在证人心理学领域只研究证人的辨认。证人辨认的心理过程分为观察、回忆和识别三个心理活动阶段:(1)观察——证人对客体形象由认识、记住到牢记的形成阶段。这一阶段是证人对客体进行观察、分析和留下记忆形象的过程。(2)回忆——证人对以前曾感知过的与辨认客体类似的所有客体进行回忆的阶段。(3)将回忆所得的印象同客体进行比较并作出结论的识别阶段。辨认是否成功,主要取决于观察和回忆,即主要取决于对辨认客体特征的理解的准确程度和对以前曾感知过的客体进行回忆

[①] 例如,"你能告诉我在哪里发现了什么?"这样的一般陈述反映的问题比"你能描述他拿的枪的类型吗?"这样的涉及探究特殊知识的问题更容易产生较不完整的信息,但获得的信息可能更为准确。

[②] 1980年,一位名叫巴克霍特的美国心理学者在一篇题为《将近二千个证人都错了》的研究报告中显示了他所做的一个实验的有趣结果:证人辨认罪犯的正确程度没有超出机遇水平。

的准确、全面程度。一般来说,观察仔细、理解准确、回忆也顺利的话,证人是不难通过对此识别作出结论的。辨认过程中的许多因素都会影响辨认的真实性,审查辨认过程的影响因素,可以评价辨认证据的真实性程度。

影响识记、保持和回忆阶段的因素同样也会影响辨认结论的正确性,这三个阶段的影响因素上文已经作了阐述,这里不再重复。此外,辨认的结论还受到辨认程序中因素的影响,以下重点对这些因素展开讨论:

(1)证人进行辨认时的主体行为能力。证人进行辨认要对客体形象进行观察,对以前曾经感知过的与辨认客体类似的所有客体进行回忆,将回忆所得的印象同客体进行比较,并作出结论。因此,证人的感知能力、理解能力、记忆能力和逻辑抽象行为能力的强弱直接关系到辨认结论是否正确。

(2)证人的主观期望、已经形成的偏见、个性特征及其辨认时的态度和情绪状态等主观性因素同样也会对辨认结论产生影响。首先,证人在进行辨认时,其主观期望会对辨认产生消极作用。比如在列队辨认中,许多证人都希望自己能够识别出犯罪人,被害人则有更强烈的动机识别犯罪人。所以,当真正的犯罪人处在队列之中,这种追求辨认的动机会有助于证人辨认,提高识别犯罪人的可能性;但如果犯罪人不在队列之中,这种强烈的动机就可能促使证人将其他人作为犯罪人予以识别,增加了错误的概率。已有研究表明:当证人参与辨认时,他会从列队中选择最接近自己记忆的人作为犯罪人,即使在"目标缺失"(犯罪人不在列队之中)的情况下,证人似乎更愿意挑选出结果,而不愿承认辨认不出。[①] 其次,证人已经形成的偏见会对辨认结论产生消极影响。一些心理学研究表明,证人在从嫌疑分子中辨认罪犯时,常会倾向于把那些长相粗野、穿着不整洁、身高体壮的人辨认为罪犯。这显然是由证人的偏见造成的错误。辨认结论的准确性还与辨认人的个性特点紧密相关。不同意志、能力、气质、性格的辨认人,在其他辨认条件相同的情况下,因辨认人的个性差异而作出截然相反的辨认结论的事例很多。此外,证人辨认时的情绪状态、生理状态等也会对辨认结论产生影响。

(3)辨认对象的因素。证人辨认是在侦查机关组织一定数量与目标对象相类似的混杂物或者人的情况下进行的,在辨认过程中,证人要受到相似信息的干扰;并且,不同辨认对象的稳定性不同,而辨认对象的稳定性决定着辨认的难易程度,因此,辨认结论与辨认组织者精心提供的混淆视听的混杂物或者人的情况不无关系。辨认时,倘若辨认对象稳定性差,又混杂在为数较多、形态相似的同

[①] 参见李安:《辨认程序与辨认结论正确性的审查》,载《中国刑事法杂志》2004年第6期。

类物(人)之中，势必会增加证人作出辨认结论的难度，结论的可靠性也会降低。①

（4）辨认的方式，即是公开辨认还是秘密辨认。公开辨认是指被辨认人或被辨认物持有人知晓已处于被辨认状况下的辨认。反之，则为秘密辨认。公开辨认的情况下，容易造成证人的心理压力，从而降低辨认的准确性；秘密辨认的情况下，证人的心理压力则要小得多。

（5）辨认过程中可能产生的暗示作用。侦查人员在组织辨认之前，为了帮助证人辨认，总是会对证人进行事先的询问；在出示辨认客体后，为了帮助证人对辨认客体进行理解，侦查人员会向证人说明客体的有关情况，帮助证人仔细观察客体的全部特征；在证人的辨认与事先询问有矛盾时，侦查人员会作出提示，要求证人作出解释；在证人作出肯定结论或否定结论之后，侦查人员会要求其陈述作出结论的理由。证人在辨认时常会揣摩侦查人员的意图，如果感觉侦查人员对案情有了倾向性，证人很容易受到对方的发问或者表情动作的暗示，从而改变自己对案情的记忆印记，附和侦查人员的倾向性，使辨认的正确性受到影响。

因此，组织辨认的心理方法主要是排除影响证人辨认心理过程的不良影响因素，施加有利的心理影响，从而使证人能顺利进行上述三个心理活动。根据该原则，组织辨认的一般方法主要有：

（1）选择与被辨认的客体一起出示的客体。实践中，如果只出示需要辨认的客体，证人的辨认往往发生错误。这是由于缺乏较多比较，证人的选择余地较小，而其记忆也并非完全准确。因此，选择一些与被辨认的客体十分类似的客体混杂在一起提交辨认，应被看做辨认的一项重要原则。

（2）对证人进行事先询问。辨认前，应对证人进行事先询问，这样可以保持辨认的真实性和便于评价辨认结果。事先询问的内容应包括：证人感知某个客体的前后过程；证人对客体形象的描述；证人看到有关客体的各种情况，包括时间、地点、当时的光线和照明情况、距离、证人当时的心理状态和身体状况等。

（3）创造有利于证人辨认的心理条件。在对尸体和人的辨认中，由于辨认客体极富于刺激性，询问人员应努力使证人产生有利于辨认的心理条件。这项工作主要是消除证人的担心和恐惧，减轻证人的紧张和压力。

（4）帮助证人对辨认客体进行理解。在出示辨认客体后，询问人员应帮助证人对客体进行理解，包括向证人说明客体的有关情况，帮助证人仔细观察客体

---

① 因此，在组织辨认时，混杂物或者人的选择应考虑量的恰当，应把握其与案件相关近似程度的合理。混杂物或者人与案件相关物或者人的相似程度，无法量化，具有混沌决策选择的性质。至于混杂物或者人的数量多少合理，可以通过实践中准确率或错误率的统计方程曲线轨迹，界定数量的科学性下限。

的全部特征。但是应切忌暗示,说明解释应是客观的,不得加入询问人员的见解,不得作出暗示。

(5)提示。在证人的辨认与事先询问有矛盾时,询问人员应作出提示,要求证人作出解释。

(6)要求证人说明理由。证人在作出肯定结论或否定结论之后,可让其陈述作出结论的理由。

(7)注意事项:① 根据案件的具体情况,询问人员应考虑辨认是否公开进行;② 能用实物出示就不要用照片出示,如果已经出示照片,以后就不宜再出示真人或真物;③ 辨认时,同一客体通常只出示一次,因为再次出示难于纠正第一次辨认的错误;④ 作好记录。

根据辨认对象的不同,辨认分为对人的辨认、对物的辨认和对尸体的辨认。不同的辨认对象,也会对组织辨认有不同的要求。

(1)对人的辨认。对嫌疑人的辨认应当秘密进行,不应让嫌疑人有所察觉,只有在需要作为案件证据之一加以利用时才组织公开辨认。在组织对人的辨认时,应将被辨认的人混杂在若干个年龄、衣着、体貌大致相同的人当中,然后由证人逐个进行辨认。证人是多人时,应单个分别组织他们辨认,以免互相影响。条件有限,不能对嫌疑人直接辨认时,可用照片辨认的方法进行,但照片须是案件发生近期的。

(2)对物的辨认。需要辨认的物品最为常见的是赃物、犯罪工具和死者所穿衣服及随身携带的物品。与对人的辨认一样,询问人员应挑选出与被辨认物品相似的物品混杂其间,并可随便摆放。对物品的辨认应尽可能让人直接观察,实在有困难时,也可利用照片进行辨认。

(3)对尸体的辨认。对尸体辨认的错误原因与对人的辨认大体相似,但更可能是因为恐惧或者受到暗示所造成的。因此,在组织对尸体的辨认时,应尽量做好缓和恐惧心理的工作,如果尸体已腐败或面部遭到破坏而难以辨认时,可以由医生进行复原(整容);或者将死者的照片交证人辨认,但所出示的照片应是对死者整容后的照片。对尸体进行辨认时,应将死者所穿衣物、所携带的其他物品同时提交辨认,以便证人根据这些物品综合地作出辨认结论。

(三)证人在陈述方面的失真现象

陈述是运用语言或者文字传达某种思想感情的手段或过程。证人证言最终都需要以语言和文字的形式表现出来,只有通过这种形式,才能形成对证实案情有益的证据材料。陈述是证人提供证言的唯一手段。因此,即使证人对案件情节的感知和记忆是完全正确的,也不能保证其证言是可靠的,因为证人在进行案情陈述时仍可能会出错。影响陈述准确性的因素主要有:

1. 陈述能力

证人健全的陈述能力是使其陈述具有证明效力不可缺少的条件。证人的陈述能力包括领会能力和表述能力两方面。证人只有正确领会询问人员的问题，才能根据自己所了解到的情况，有选择地向询问人员提供他们所需要的信息。如果证人错误地理解询问人员的意图和要求，就会答非所问，不能提供有价值的证言。领会能力主要取决于证人的文化知识、生活经验和精神状况；表达能力分为口头表达能力和书面表达能力。一般而言，书面表达能力的高下与证人的知识文化水平有关。内向性格的人书面表达能力强于口头表达能力；外向性格的人口头表达能力强于书面表达能力。表达能力的高下也与证人的知识、生活经验和精神状况有关。

2. 陈述环境

证人是否能准确、全面地陈述他所了解的案件情节还与其陈述时的外界环境有关。如果现场噪声很大，人员进出频繁，室内布置杂乱，就会干扰证人的陈述，导致产生陈述错误。

3. 证人当时的状态

证人在作证时的身体状态、精神状态（包括情绪）和证人的作证心理准备会严重影响其所陈述证言的质量。因此，当证人身体状态不佳之时，精神状态不好、情绪反应激烈之时，和尚未作好作证心理准备之时，其陈述证言难免有许多遗漏和失真之处。

4. 证人的个性

证人的个性也会严重影响陈述的质量。有的证人个性谨慎，作证时斟词酌句，经仔细回忆、思索才作出简要的陈述，对认为自己没把握、尚存在疑问的情况闭口不言。而作风粗放、喜欢显示自己的证人则容易在陈述中掺进一些自己的想象。

第二节 证人的消极作证心理

出于某些心理因素，证人会消极作证，主要表现为拒证和伪证两种消极态度。拒证使侦查人员和审判人员无法全面掌握有关案件的情况，从而影响对案情的判断，阻碍案件的进展。伪证则会使侦查人员和审判人员获得虚假的信息，误导其对案情作出错误的判断，影响案件的公正处理。拒证和伪证都对会阻碍刑事诉讼活动的顺利进展，因此对于诉讼活动具有极大的危害性。而翻证具有两重性，翻证有很多具体不同的情形，其中，以新伪证推翻旧伪证、以新误证推翻旧误证、以伪证推翻真实证言和以误证推翻真实证言都会阻碍刑事诉讼活动的顺利进展。而以真实证言推翻伪证和以真实证言推翻误证,从最后结果而言固然有利于查明案情,但也同样影响了案件的顺利进展。总体而言,翻证对案件的进展主要是起到负面的作用。因此,本书拟将翻证与拒证和伪证放在一起,作为证人的消极作证心理进行阐述。

一、证人的拒证心理

拒证是指证人了解案件情况,但拒绝承认自己知道案件情况而不出庭作证。证人拒证是困扰立法和司法部门的一大难题,制约着新的庭审方式效能的发挥。陈光中教授指出:"据调查,全国三大诉讼中90%的案件证人是不出庭的,只是宣读证人证言。比如上海,刑事案件证人出庭率为5%左右。"[①]在司法实践中,司法人员常常发现,要收集证人的证言并不容易,参与诉讼活动而又没有司法权威的诉讼代理人、辩护人调查取证时,证人往往拒绝作证,不愿或不敢将其了解的案件情况向司法人员、辩护人、诉讼代理人陈述,尤其不愿或不敢出庭作证。证人拒证给诉讼的顺利进行造成了严重影响。证人拒证不是单纯的法律问题,而是一个复杂的社会问题。证人由于自身原因和犯罪行为人方面的原因,形成诸多拒证心理障碍,从而导致刑事诉讼活动难以正常进行,浪费司法资源,降低司法效能。因此,有必要分析造成证人拒证心理的深层次原因,只有深入了解证人拒证的心理原因,才能采取相应的对策,转变他们的拒证态度。在司法实践中,证人拒证的心理原因主要有以下几种:

1. 顾虑心理

这是证人拒证最常见的心理表现。我国对证人的司法保护制度还不完善,对作证的证人保护不力,多数证人害怕作证后会给自己和家属的生命健康和财产安全带来不利的影响,害怕遭到打击报复。因此,证人往往会拒绝出庭作证,甚至谎称自己不了解案情。

2. 和事心理

中国民间一直有"以和为贵"的传统,尤其是作为邻里乡亲的当事人之间,有了纠纷更愿意通过"私了"的方式解决,而不愿意诉诸法律,以诉讼的方式解决。这一传统同样使相当一部分证人不愿意作证。在这些证人看来,当事人打官司和证人出庭作证都会损伤和气。具有这种心理的证人为数不少,尤其在农村。实践中,如果证人与当事人有亲戚关系、朋友关系或者有其他利害关系,往往担心出庭作证会损害双方友好交往或影响自身特殊利益,因此拒绝作证。

---

① 转引自周国均:《刑事案件证人出庭作证制度研究》,载《中国刑事法杂志》2002年第2期。

3. 庇护心理

证人可能会出于两种情况,产生庇护心理而拒绝作证。一是有的证人与当事人是亲戚、朋友关系或者有利害关系,出于亲情、友情或者利益关系考虑,为了包庇当事人而拒绝作证;二是由于有些犯罪人在犯罪动机、平时表现、家庭情况等方面有着特殊性,引起了了解案情者的同情,他们便出于恻隐之心,不愿作证。

4. 避事心理

还有的证人虽然跟当事人之间没有什么特殊关系,也没有什么利害关系,但其以"事不关己,高高挂起"作为处世准则,缺乏正义感,认为多一事不如少一事,因此对司法人员询问持冷漠态度,明明了解案情,却谎称自己不了解案情,拒绝作证。

5. 敌视心理

证人由于敌视心理而拒绝作证一般有两种情况。一是有的证人富于正义感,同时看待社会问题又有些偏激,对于司法腐败现象容易以偏概全,对司法机关和司法工作人员不信任,抱着一种敌意对待司法机关和司法人员。因此,当司法人员调查取证,通知其出庭作证时,故意不予合作,拒绝作证。二是由于司法人员在调查取证过程中,工作方法粗暴,与证人思想沟通不够,盛气凌人,从而使证人产生反感情绪和敌视心理,拒绝作证。

6. 其他心理

除了以上五种比较典型的心理动机外,证人还可能出于其他心理动机而拒绝作证。如从众心理,一个案件有几个证人,有的证人没有自己做人的立场和原则,正义感不强,总是观望其他证人来决定自己是否作证,如果其他证人不去作证,他也会拒绝作证;报复心理,在某些特殊的案件中,恰好证人和当事人之间曾经有过矛盾,于是证人就借机报复,幸灾乐祸,对于自己所知道的有利于当事人的案件情况,拒绝作证;羞耻心理,有的案件涉及隐私,证人难以启齿,或者不愿意披露隐私,而拒绝作证。还有的证人则可能是被收买,出于经济利益等实际利益的考虑而拒绝作证。

以上是证人拒绝作证的主要心理动机,但现实生活是复杂多变的,在具体案件中,还可能有其他拒绝作证的心理动机存在,而且证人拒绝作证也往往可能是出于多个心理动机,而不仅仅是其中的某一种动机。因此,在不同的案件中,还需要根据具体案情具体分析,才能有针对性地矫正证人拒绝作证的心理动机。

二、证人的伪证心理

伪证通常指证人故意作出虚伪的证言。虽然伪证和误证都提供了不符合案情实际情况的证言,都可能导致公安、司法机关作出错误的判断,从而造成冤假错案,但两者在本质上具有根本的区别。误证与伪证在主观上是不同的,误证中证人在主观上并没有违法陷害他人的主观故意,往往是由于知觉、识记、陈述能力方面的问题作出了不符合事实的证言,证人本身并不知情;而伪证则是由于证人主观上有明确陷害他人或者包庇犯罪的目的,而故意提供虚假陈述。因此,误证与伪证的法律后果是不同的。伪证是一种违法行为,要承担法律责任,甚至是刑事责任。

尽管法律对伪证规定了相应的处罚措施,但在司法实践中,伪证仍然不是偶然现象。司法的灵魂在于公正,公正的基础在于准确认定案件事实,而认定案件事实必须依靠证据。证据若假,认定事实就不准确,司法公正也就成了无源之水、无本之木。伪证对司法之危害是显而易见的,司法人员在取证过程中必须深入分析证人伪证的心理动机,采取事先预防和事后对证言进行鉴别的措施。拒证是以消极的方式对抗询问,而伪证是以积极的方式对抗询问,所以大多数的拒证心理因素都可能导致证人的伪证,但这些因素在发生作用的过程中与拒证有所不同。从伪证的实际效果看,一类伪证是有利于被告人,而另一类伪证则不利于被告人,两者的心理动机并不完全相同。

(一)有利于被告人的伪证动机

1. 庇护心理

证人与被告人是亲友或者同伙,出于亲情、友情或者江湖义气,有心庇护被告人,为使被告人免受处罚或重罪轻罚,故意捏造、夸大或隐瞒犯罪的重要情节,以伪证的形式积极为被告人开脱罪责。

2. 贪利心理

证人受到被告人方面的收买,为了贪利,便按照收买者的意图提供伪证,不惜损害他人的名誉和利益。或者是证人与案件有利害关系,为了保全自己的利益而作出有利于被告人的伪证。

3. 恐惧心理

证人受到来自被告人方面的威胁,为了保全自己,在恐惧心理支配下根据威胁者的要求作伪证,歪曲案件情节。

4. 恻隐心理

有的案件当中,被告人平时人际关系良好,犯罪是基于某些特殊的原因,也许"情有可原",甚至是"大义灭亲",而被害人则具有过错,证人往往会对被告人产生怜悯、恻隐之心,隐瞒真相,提供虚假的证言。

(二)不利于被告人的伪证动机

1. "正义"动机

有的证人与被告人和被害人双方都无关系,甚至原来都不认识,但可能会出于最淳朴的"正义感"——对被害人的同情和对被告人的憎恨,希望利用作证的机会给予被告人严厉的惩罚,因而不顾事实真相,添油加醋,提供虚假证言。

2. 贪利动机

证人受到被害人方面的收买,为了贪利,便按照收买者的意图提供伪证,不惜损害他人的名誉和利益。

3. 报复动机

有的证人与被告人早就有私人恩怨,借机落井下石,假公济私,借国家法律之"刀"发泄个人内心的怨恨。

4. 私情动机

证人与被害人是亲友、熟人、相识者等,对被害人的遭遇和不幸感同身受,因而失去冷静理智的态度,站在被害人的立场,积极主动地作出不利于被告人的伪证。

由于具体的案情复杂多变,不同的案件中,证人作伪证的心理动机也是复杂多样的,以上只是比较典型的几种。在一些特殊的案件中,还可能出现其他动机。如报恩动机,有的证人受过被告人或者被害人的恩惠,借作证的机会以作伪证的形式报恩。证人还可能在并不针对刑事诉讼双方当事人的情况下作伪证,如出于对司法机关的敌对情绪,故意作出伪证,以扰乱司法机关的正常工作秩序。或者由于司法人员工作方法不当,急于获得证据,硬要证人提供其所不知道的情况,证人为了摆脱困境,也会捏造情节作伪证。有时,证人本来陈述正确,但询问人员不相信,认为他陈述不实,予以教育和警告,于是证人便违心地按照询问人员的意图作出陈述。又如有的证人基于羞耻感,会隐瞒一些下流、伤风败俗的事实和情节等。因此,对于证人作伪证的心理动机除了掌握基本常见的几种情形,还有必要结合具体案情具体分析,不排除特殊伪证动机的存在。一般情况下,伪证总是出于法制观念淡薄、品德不良或者受消极情绪、情感的影响而作出的。

三、证人的翻证心理

翻证是指证人推翻以前所作的证言,而提出与以前不同的证言,表现为证人否定自己过去所作的陈述、以前的辨认和以前所提供的物证或书证。翻证情况在刑事司法活动中并不少见,具体有很多不同的情况,可能是以如实陈述代替伪证,也可能是以新伪证代替旧伪证,或者是以正确的证言代替误证,也可能是以新的误证代替旧误证,以及用伪证和误证代替真实的证言等情况。不同情况下,证人有不同的翻证心理,应当根据案情具体分析。一般而言,主要有以下几种典型的翻证心理:

1. 反省心理

有的证人对于作证非常慎重,作证后会反省自己的作证过程是否有误,在反省过程中,遇特定的情形,记忆恢复,发现自己之前的证言由于追忆错误或错误理解询问人员的问话而出现错误,因此翻证。这种翻证可能是以正确的证言推翻误证,但也不排除是以新的误证推翻旧的误证。当证人在事后的反省过程中,追忆或者理解又发生了新的错误,或者受到新的暗示,也可能发生以新的误证取代旧误证的情况,而证人自己并没有觉察错误的发生,反而以为翻证是正确的。

2. 从众心理

有的证人性格优柔寡断,缺乏主见,独立性差,作证后发现自己证言所反映的情况与他人不一致,因此怀疑自己说错了,出于从众心理而推翻之前的证言。这种心理状态下的翻证并不是建立在对案情的客观了解的基础之上,而是由于证人本身的性格缺陷所造成的,虽然可以排除伪证的可能性,但仍然不能确定推翻旧证的新证是真实的还是误证。

3. 畏罪心理

有的证人虽然出于某些原因作了伪证,但是事后经过思想斗争、权衡利弊,由于害怕受到法律制裁而改变以前所提供的证言,作真实的陈述。

4. 道德心理

有的证人出于被威胁、个人私利、被收买等原因而作了伪证,但其良知未泯,尤其是迫于无奈作伪证的证人,难免会产生正义与邪恶、道德与不道德、守法与违法之间激烈的思想斗争。在这个过程中,正义、道德与法律占据上风时,证人会为了求得心理平衡、不受良心谴责而推翻伪证。

5. 恐惧心理

证人在出具证言后,受到被害人或者被告人一方的精神施压,甚至暴力胁迫,由于害怕事后遭被害人或者被告人一方的报复而翻证。有的证人则胆小懦弱,且缺乏必要的社会责任感和正义感,虽在法律威慑下于案发时勉强作证,但事后颇感后悔,怕引火烧身,在证据复核时推翻前证。

6. 贪利心理

在贪利心理的支配下,有的证人会在以下几种情况下翻证:(1)在作证后,被当事人一方收买,推翻前证,根据收买者的意思提供新的证言;(2)当初因接受他人收买作伪证的人,事后发现收买者并没有兑现他承诺的好处,于是推翻伪证以报复收买者;(3)一些与案件有利害关系的证人,怕"拔出萝卜带出泥",随着案情发展,个人、家庭及单位的政治经济利益受到损失,因而积极推翻前证。

7. 防御心理

有些证人在未经充分思考之下作了伪证,自己发现其中有漏洞无法使人相信,或者其证言的明显矛盾和荒谬之处遭到询问人员的驳斥或被告、被害人、公诉人、辩护人和其他证人的否定,会编造新的谎言代替原先的证言。

第三节 证人证言的可靠性

证人证言是司法实践中使用最频繁、理论研究所涉及的最复杂的法定证据之一。诉讼过程中,证人证言对于确定侦查或调查方向、认定案件事实、完成诉讼任务、实现司法公正等方面都具有非常重要的作用。作为法定证据之一,证人证言必须真实、可靠、客观、正确。但由于证人的作证过程受到各种主观因素和客观因素的影响,常常会出现证言与客观事实不符的情况。苏联法学家安·杨·维辛斯基指出:"证人的个人诚恳、诚实,以及在侦查和审判时对于证言的责任感,在这一问题上都不能起特殊的而且远非决定性的作用。最诚实和最诚恳的证人们时常陷入对于真实情况的矛盾之中,而且由于不善领会甚至错误领会他们所证明的事实而发生重大的错误。"[①]因此,即使证人在主观上如实陈述,证言也未必符合客观实际。我国《刑事诉讼法》第59条规定:"证人证言必须在法庭上经过公诉人、被害人和被告人、辩护人双方质证并且查实以后,才能作为定案的根据。法庭查明证人有意作伪证或者隐匿罪证的时候,应当依法处理。"作出这样的规定,正是出于尽量保证证人证言可靠性的考虑。导致证人证言失实的原因除了证人的作证动机和证人在感知、记忆、陈述案情时发生的错误以外,还与一系列其他因素有关。只有对证言的内容、证明对象、获得证言的经过、证人的情况进行详细的考察,才能对证言的可靠性作出鉴别。上一节已经从证人的积极作证心理和消极作证心理对证言的影响这一角度对证言的可靠性作了阐述,本节将从其他不同角度对证人证言的可靠性进行探讨。

一、不同种类证言的可靠性考察

(一) 检举证言和询问证言

以证言的取得方式为划分标准,证人证言可以分为检举证言和询问证言。

1. 检举证言

检举证言是证人主动向公、检、法或有关部门提供案件情况的证言。检举是一种主动作证行为。证人主动作证一般是出于以下动机:一是正义感,证人出于对侵害社会和个人合法权益的犯罪行为的义愤而主动作证;二是义务感,素质比

[①] 〔苏〕安·杨·维辛斯基:《苏维埃法律上的诉讼证据理论》,王之相译,法律出版社1957年版,第323页。

较高、法律意识比较强的证人将作证视为公民应尽的法律义务,出于遵守法律、履行公民义务的义务感而主动作证;三是感情因素,证人与被害人或被告人相熟,或为亲属,或为朋友,出于感情因素而主动作证;四是报复动机,尽管检举证言主要是出于正面的积极动机,但也不排除个别证人主动作证是出于个人恩怨和利益纠纷,乘机报复罪犯。

根据对检举证言的动机的分析,我们可以看出,检举证言主要是出于积极的动机,因此可靠性比较高,但也不排除有些是出于消极的动机。况且即使是出于积极动机,也有"好心办坏事"的可能。检举证言的不可靠性主要表现为夸大犯罪事实。无论是出于正义感、义务感,还是出于感情因素主动作证的证人,对犯罪总是带有强烈的否定情绪,因而对罪犯容易带有偏见,在主动作证时难免夸大事实,有意或者无意地添枝加叶。在个别情况下,检举证言会有缩小犯罪事实的可能。如当事件的个别情况或细节涉及证人本身利益时,证人会隐瞒这些情况。

2. 询问证言

询问证言是证人应当事人的要求或司法人员的调查取证,在司法人员询问时所作的陈述。询问中的证人是在被动的情况下作陈述,在对待作证的态度上相对消极。证人之所以没有检举作证,主要是基于缺乏正义感和义务感,受到胁迫或收买,对法律理解偏差,对事件的法律性质判断错误,或者与犯罪人有某种利害关系(如亲友、同事等关系),有庇护心理等动机。因此,询问证言若有失实,大多表现为降低犯罪的严重程度。证人或者出于对被告人方面的感情在作陈述时降低犯罪的严重程度,或者出于谨慎的个性不愿提供自己没把握的某些情况。但是对于询问证言的可靠性也不能一概而论,证人被动作证虽然有时持消极的态度,但如果询问人员的询问方法适当,则可能使证人如实作证。对愿意如实作证的证人来说,询问人员的适当提问和补充提问,还能使证人更全面地提供证言,克服检举证言中证人对某些问题在理解上的失误所产生的不足。所以,询问证言一方面受到证人消极作证态度的影响,另一方面又因询问人员不允许虚假陈述而具有较高的真实性和全面性。

(二)书面证言与口头证言

以证言的表现形式为划分标准,可以将证人证言分为书面证言和口头证言。

1. 书面证言

书面证言是证人用文字表达的形式向司法机关提供的证言。书面证言一般由证人本人所写,因此能较准确地表达他的意思。但这种证言要求证人有较高的文字表达能力。书写能力一般的人,会因为难以找到相应的词汇准确表达自己想阐述的内容而只得减少证言的内容,或者根据自己的理解用大致接近的词汇阐述,导致证言失真。书面证言若系他人代笔,则可靠性较差。代笔者往往会按照自己的理解书写。证人因文化程度低,看不出不符合自己原意之处,常会使这种书面证言出现较多失误之处。

2. 口头证言

口头证言是证人当面向询问人员所作的口头陈述。一般而言,口头证言的可靠性不如书面证言,主要有以下几方面的原因:一是口头证言要求证人在询问人员询问后即刻回答,因此在语言的逻辑上没有书面证言严密,容易造成误解,从而导致误证;二是口头证言是证人根据询问人员的询问当场作出的,证人容易受到询问人员的暗示作出误证而不自知;三是口头证言比书面证言更容易受证人情绪态度的影响,如果证人态度比较轻率、随便,在陈述时往往不假思索、信口开河,如果证人难以控制内心的紧张情绪,严重时会使意识陷于空白状态,在这种状态下往往陈述混乱,甚至不知所云,发生错误也不自知。

(三)目击证言与传闻证言

根据证言的来源不同,可以分为目击证言和传闻证言。

1. 目击证言

目击证言是证人根据自己亲身感受经历的案件事实所提供的证言。目击证言是原始证据,又是直接证据,是对案件事实的直接反映,因此可靠性比较高。但"眼见未必就实"。证人虽然是亲眼目睹或者亲身感受了案件的经过,但是由于证人本身在知觉、记忆、陈述的任何一个阶段都存在发生错误的可能,因此同样也有必要重视审查目击证言的可靠性。

2. 传闻证言

传闻证言是证人通过案件知情人(目击证人、被害人、犯罪人等)的描述而了解案情,在此基础上所提供的证言。传闻证言的证据意义并不低于目击证言,如果直接知道案情的目击证人死亡或者难以找到,传闻证言经过查证属实,构成完整的证据链,排除了合理怀疑,同样也可以作为定案证据。并且,发现目击证人或者发现侦查线索,往往是从获得传闻证言开始的。但是,传闻证言毕竟是间接证据,在经历了一系列中间环节的"加工式"传播后,出现失真的可能性非常大,从证据的源头到传闻证言证人之间的每一个环节都会降低传闻证言的可靠性。在实践中,传闻证言容易出现夸大案件情节的错误,因为描述者总希望能引起听者的注意和重视,在描述时容易添枝加叶,再加上自己的理解,使案情根据自己的理解完整化。所以,对传闻证言须作认真的考察和研究。

二、不同证明对象的证言可靠性考察

证明对象即证言所证实的事项。刑事司法实践表明,证明对象不同,证言的可靠性也不同。

（一）关于时间的证言

1. 关于发案时间的证言

一般说来，近期发生的案件，人们都能够回忆起来。因此，关于发案时间的证言可靠性比较大。但是对于历时已久的事情，如时隔数月、数年，除非该天对证人有特殊意义，否则大都记不住确切日期。证人对发案的具体钟点的感知反而比日期要更为准确和深刻，这是因为多数证人感知案件事实后往往容易把发案的时间与当时前后的活动联系起来记忆。因此多数证人对日期的回忆发生困难，而对具体钟点的陈述则较为可靠。

2. 关于案件过程长短的证言

证人对案件发生时间的长短往往不易准确感知，因为对时间长短的感知，不仅取决于时间观念的强弱，而且在不同情境下，还很容易受到当时情绪状态的影响。所谓"度日如年"和"光阴似箭"，就是在面对同样的时间时，由于情绪状态不同而产生的两个极端的反映。一般而言，在感知事件当时，快乐的那段时间往往会感到很短，而枯燥乏味、无事可干或令人感到痛苦难熬的那段时间往往会估得长些，但在事后回忆时恰好相反，有丰富活动内容的那段时间会估得长些，而活动很少的那段时间往往会估得短些。因此，犯罪者对犯罪所经过的时间趋向于少估；而被害人却趋向于多估。因此，考察案件过程长短的证言的可靠性时，必须充分考虑证人当时的情绪状态。

（二）关于人物形象的证言

对人物形象的描述是从多方面进行的，如性别、年龄、身高、面貌特征、衣饰、发型等，其中一方面发生错误，都会使证言失去可靠性。而各个方面可靠的程度有所区别，有些较为可靠，有些则不够可靠。

1. 年龄

一般而言，对儿童、少年人的年龄估计误差较小，而对中老年人的年龄估计误差甚大。这是因为儿童、少年处于成长期，不同年龄的孩子之间在人体特征等方面的差别比较大，因此不容易混淆；而中老年人由于生活经历、本身身体状况的影响，同样年龄的人会表现出比较大的区别，而不同年龄的人也可能差别不大。儿童对成年人年龄的估计很不可靠，因为儿童的社会阅历极浅，判断能力还不强。青年人容易高估老年人的年龄，而老年人则容易低估青年人的年龄，这跟不同年龄段的心态有关。

2. 身高、体型

一般而言，对人的体型的判断要比对身高的判断准确，社会对体型有个主流的基本标准，在判断体型时，证人总是以此为标准，而且人的体型一目了然，不容易伪装，因此对人的体型的证言一般较为可靠。而对人的身高的证言，其可靠性就要低得多,证人总是有意无意地以自己或当时周围的人为参照物判断一个人的身高。因此,证人一般对与其身高相仿的人的身高估计得较为准确,但往往容易高估比他高的人的身高,而低估比他矮的人的身高;而且对身高的估计还容易受证明对象本身体型的影响,产生视觉误差,对胖者的身高容易低估,对身材纤细者的身高容易高估,对躺卧者的身高也容易高估。

3. 面容

对人的面容特征的大致描述较为可信,尤其对于脸上与众不同的特殊部分,如刀疤、突出的大牙、大块痣疤等的描述更为可靠。但对于脸形、嘴形、眼形等,若非受过专门训练,证人很难描述,这与证人的经验有关,但在辨认时证人很容易识别。对于长相平常者,证人往往难以进行描述。

4. 衣着

对人的衣着式样的描述较为可靠,而对于衣着的花样、颜色、衣料品质的证言则容易出错。

5. 性别

关于人的性别的证言,一般可靠性很高,因为不同性别之间的差异非常明显,一般不会判断错误。但是在现代社会,由于审美观的变化,男女之间,尤其是年青一代在着装、发型上出现性别模糊化,再加上如果嫌疑人有意乔装改扮,同时还可以利用现代先进科技手段,就能达到混淆视听的效果。因此,对人的性别的证言也不能轻信,还是要注意考察其可靠性,排除错误的可能。

(三)关于距离和速度的证言

对距离和速度的目测证言,其准确性与证人的知识经验有很大关系。如司机和交通警察对速度的判断较为准确,而测绘人员、摄影师对距离的估计较准确。此外,需要估计的距离较长时准确性较低;远距离物体的运动速度容易被低估,而近距离物体的运动速度容易被高估;证人自身处于运动状态时,对物体运动速度的估计则更不可靠。

(四)关于颜色的证言

对于物体颜色的证言依靠于视觉,视觉形成的特殊性使关于颜色的证言的可靠性大打折扣。证人所看见的物体颜色不仅取决于其本身的固有色,还取决于证人的视力能力、证人与目标物体距离的远近、目标物体的背景和当时的光源。

1. 视觉能力

视力较差,不仅看不清对象的形状,而且对颜色的判断也会产生困难;而色盲患者,更是将颜色看错却不自知。

2. 距离远近

距离太远,证人往往看不清对象的颜色,如果距离较近,则证言可靠性较大。

3. 背景

背景物的颜色与目标物体的颜色相差较大,则证言的可靠性较大;反之,则可能与背景物的颜色相混,甚至受到背景物视觉后象的干扰而使证言失准。①

4. 光源

首先,光源的颜色会影响证人对颜色的判断,根据三基色原理,大多数的颜色可以通过红、绿、蓝三色按照不同的比例混合产生,而各种不同的颜色互相之间又可以合成新的颜色,因此光源的颜色必然会使目标物体的本色失真。②

其次,光源光线的强弱也会影响颜色证言的可靠性。只有光线充足,证人才看得清楚目标物体的本色,光线不足,不仅颜色看不真切,还容易产生错觉,将红色看成灰色或黑色;光线太强,又会使目标物体发生反光,看不真切,也会影响证人对颜色的判断。

(五) 关于声音的证言

关于声音的证言,通常因与时间和空间发生联系而在作证上具有重要意义。如以听到枪声的时间证明作案时间,以枪声的方位、远近判断案发地点。

环境因素经常制约声音证言的可靠性。周围的噪声会产生遮蔽作用,使证人辨不清较弱的声音;山谷和周围建筑物产生的回声又容易使证人弄错声音的真实方位。当声源位于证人头的中平面时,证人难以辨清声音方位。在未看见发声物体的情况下,证人容易混淆不同的声响。证人在听到声音时是否目睹发声物体也将影响声音证言的可靠性,如果证人同时耳闻、目睹,则证言的可靠性较高;如果证人仅仅是听到声音,则容易产生错误。

(六) 关于气味的证言

关于气味的证言通常不够可靠。这是因为,嗅觉的适应现象十分明显,所谓"入芝兰之室久而不闻其香,入鲍鱼之肆久而不闻其臭",当人处于某种气味的环境中,很快就会丧失对这种气味的敏感性。此外,气味属于无形的东西,很难用词汇加以描绘,而且气味感觉也很容易受暗示影响而导致判断错误。

---

① 视觉后象(Visual Afterimage)是指当光刺激视觉器官时,在眼睛内所产生的兴奋并不随着刺激终止而消失,而是在刺激停止后维持若干时间所留下的一种光感觉。视觉后象分为正后象和负后象两种。与外界刺激具有相同特征的后象为正后象。如在灯前闭眼三分钟,睁开眼睛注视电灯两三分钟,再闭上眼睛,此时可见一盏灯的光亮的形象出现在暗的背景上,这种现象就叫正后象。与外界刺激的特征相反或颜色互补的后象为负后象。如随着正后象出现以后,继续注视,会发现在亮的背景上出现黑色斑点,这就是负后象。如果用的是彩色刺激,例如注视一个红色的四方形一定时间以后,再把目光移到一张灰白纸上,那么在这张灰白纸上可以看到一个蓝绿色的四方形,这也是负后象,彩色的负后象是原来注视的颜色的补色。通常,一个强的视觉刺激引起的正、负后象是交替出现的。这种正、负后象的交替过程可能与基本神经过程的诱导作用有关。

② 如在水银灯下会将蓝色看成灰色,在彩色灯下感知对象的颜色就更难以辨别了。

三、不同证人证言的可靠性考察

影响证言可靠性的诸多因素中,证人的个体差异是不可忽视的。证人的个体差异表现在气质、性格、职业、性别和年龄等许多方面,这些个体差异构成了不同个体的个性特征,个性特征作为稳定的心理特征,直接或间接地影响着个体的心理活动和行为方式。因此,证人的个体差异也必然影响证人的作证心理和作证行为,从而影响到证人证言的可靠性。

(一)气质

气质类型的不同,会使证人的作证过程在感知、记忆和陈述方面都表现出不同的特点,从而在某一个或者某几个方面影响证言的可靠性。

(二)性格

不同性格类型的证人,所作的证言的可靠性不同。外倾型性格的人开朗、活泼、善于交际,这种证人虽有易于接受询问信息的一面,但在陈述上却有夸大的倾向;内倾型性格的人表现沉静、反应缓慢、适应环境困难,这种证人作证时往往不容易接受询问信息,并且容易受到暗示。理智型的人常以理智来衡量一切,并以理智支配自己的行动,因此理智型的证人感知案件情况较为全面,陈述时不易受到暗示;情绪型的人情绪体验深刻,言行受情绪影响较大,这种证人在感知时对有兴趣的情节感知较深刻,知觉的选择和理解受兴趣和当时情绪的影响较大,陈述时容易受到暗示;意志型的人有较明确的活动目标,行为具有主动性,这种证人比较自信,一旦拒证不易转变,陈述时不易受到暗示,但容易坚持错误陈述。

(三)职业

不同的职业要求不同的性格、能力和知识技能,反过来,从事一定的职业后,职业经验也会使从事该职业的人形成不同的职业技能、思维和职业心理特征。职业技能、思维和职业心理特征对人的心理活动也会产生很大的影响,因此不同职业的证人提供的证言的可靠性不同。一般而言,证人接受询问的事项如果与其职业有关,则证人的证言可靠性较高。如果证人所接受询问的事项与其职业无关,而证言的提供需要有专业知识或者技能时,证人的证言可靠性较低。总之,证人要证明的事项与其职业越相关、越接近其职业上的知识经验,证人所提供的证言可靠性就越高。

(四)性别

男性和女性之间不仅存在着生理上的差别,还存在着心理和行为方式上的差别。在感知兴趣上,男性一般热衷于事实的经过情况和主要情节,而女性则对某些富有刺激的枝节问题感兴趣;在思维方式上,男性重认识,而女性重评价;在记忆方面,男性擅长理解记忆,而女性擅长形象记忆;在情绪方面,男性相对冷静,女性更为敏感,情绪波动较大。对于这些区别,很难绝对地说孰优孰劣,但是当不同性别的证人对同一事项作证时,证言的可靠性会受到这些区别的影响,因此有必要结合证人的性别特征考察证言的可靠性。

(五)年龄

不同年龄段的人由于生理状态和生活经验的差别,在知觉、记忆、比较和判断及其动作和反应速度上都存在很大的差异。因此,不同年龄的证人所提供的对同一事项的证言,可靠性也是不同的。儿童的知觉能力强,擅长形象记忆,但比较和判断能力差,容易受到暗示。少年的知觉能力较强,判断能力比儿童要强,陈述能力也比儿童强。青年人的知觉能力较儿童和少年要差,但记忆能力和比较判断能力较强,善于形象记忆和理解记忆相结合,陈述较为可靠。中年人的感知和记忆能力下降,但比较判断能力较强,善于理解记忆,不容易受到暗示。老年人在感知、记忆和判断能力上均不如中年人,其陈述的可靠性较中年人要差。

个体差异的表现形式是多方面的,以上五点是个体差异的主要表现。此外,个体在智力、学识、生活经历等方面的差异也可能会对证人证言的可靠性产生或大或小的影响,此处就不再赘述。

四、暗示对证言可靠性的影响

暗示是指用含蓄、间接的方式对人的心理和行为产生影响,使人接受一定的意见或信念,或按一定的方式行动。暗示可以由人施授,也可以由情境施授,可以用言语的方式进行,也可采用手势、表情、动作或其他方式进行。人在感知、记忆、思维、想象、情感等活动中都可能受到暗示的影响,因此在刑事询问中,证人也可能由于受暗示而影响其证言的可靠性。证人所受的暗示可分为直接暗示、间接暗示和自我暗示,以直接暗示和间接暗示较为多见。

(一)证人所受的直接暗示

为达到一定的目的,主动给证人施加暗示是直接暗示,证人所受的直接暗示主要有以下情形:

1. 暗示性威慑

有些证人由于对问题缺乏独立思考,对法律本身缺乏必要的了解,在案件当事人或者利害关系人的暗示性威慑下,提供了与客观事实相去甚远的证言,这种证言的可靠性就比较低。

2. 询问暗示

询问暗示表现为询问人员提出带有暗示的询问,或采取其他方法直接影响证人的心理活动,使证人的心理活动向着询问人员所需要的方向发展。询问暗示一般有三种情况:一是向证人暗示其陈述不实,如用表示不相信的表情、摇头等向证人暗示;二是向证人暗示应如何陈述,如先将自己的意见陈述,再要求证人回答可否,或进行补充;三是向证人暗示与作证有关的情况,如暗示应如实回答,作伪证要负法律责任。询问暗示具有两面性,向证人暗示应如实陈述是具有积极意义的,可以转变证人的拒证、伪证等消极作证心理;但是在证人陈述前或陈述时,向证人暗示应如何陈述则会产生消极作用。询问人员往往由于破案心切,急于获得证人证言证实自己的推测而向证人暗示,证人受到暗示后,会不自觉地改变自己的证言迎合询问人员,从而导致证言的失真。因此,在询问过程中,询问人员要特别注意发挥暗示的积极作用,避免询问暗示可能造成的消极影响。

(二)证人所受的间接暗示

在有些案件中,尽管没有人有目的地主动对证人施加暗示,但证人在感知案件情况后,保持在头脑中的记忆痕迹不是一成不变的。证人在感知后到作证前的过程中,可能会受到社会生活经验的影响,使记忆痕迹在不知不觉中产生变化,甚至形成新的、与过去记忆痕迹完全不同的痕迹。受到这种暗示后的证人证言的可靠性就要大大降低。证人所受到的这种暗示就是间接暗示,具体表现为以下几种情形:

1. 暗示性从众

暗示性从众,又称"随大流"。证人出庭作证时,除了从律师那里受到暗示影响以外,还有可能从其他多数证人那里受到"一致看法"的影响。这种影响之所以产生作用,一是由于证人怀疑自己的观察不真实,二是由于受暗示力强的缘故,在某种情境下许多人将会一致相信一件实际并不存在的事情。

2. 自由交际的暗示

自由交谈虽然没有目的,但可以互通信息,使许多种不同的意见渐趋一致,这是自由交际的间接暗示的结果。如当某地发生犯罪案件后,该案件常常成为人们自由交谈的话题。证人在作证之前,大多就作证案件参与交谈过,这就使其难免受到亲友的暗示,以致修改了自己记忆中所保持的案情的印记,从而影响后来出庭证言的真实性。

3. 讨论的暗示

正式讨论不同于自由交谈,总是围绕一定的目的进行。讨论对与会者的暗示主要有两种,即讨论主持者的暗示与决议的暗示。主持者为了实现会议的目的,便随时提醒与会者注意某个讨论要点,这就是一种暗示。此外,作出决议后,与会者在无形中会将所决议的内容作为自己的意见。因此,证人在作证之前如果已参与有关案件的讨论,则讨论结果显然会对他以后的作证产生影响。这就要求办案人员在听取证人陈述时有必要先问明证人是否与其他人讨论过案情。

4. 权威的暗示

如果领导、知名人士或办案人员对案情有了倾向性,证人就可能受到权威的暗示,改变自己对案情的记忆印记,附和权威的倾向性,使陈述的真实性受到影响。

5. 旁听的暗示

有的证人在尚未作证前,可能已出庭旁听有关案件的审判,只是后来当事人提出让他作证时才被传唤作证。这种证人有可能受先作证之证人的暗示。

6. 流言的暗示

流言就是传闻的不实之言。一般说来,案件发生后很快会在一定范围内辗转相传,在传播过程中,传播者可能有意无意地添枝加叶,使案件的真实情节逐渐被歪曲。如果证人误听了有关案件的流言,就很可能使自己的记忆印记模糊起来,而不知不觉地附和流言,使其陈述的证言不可靠。

(三)证人的自我暗示

所谓自我暗示,从心理学角度讲,就是个人通过语言、形象、想象等方式,对自身施加影响的心理过程。这种自我暗示,常常会于不知不觉之中对自己的意志、情绪,以至生理状态产生影响。证人的作证也会受到自我暗示的影响。周围环境和询问人员本无意对证人施加暗示,但证人可能由于自身主观的心理因素,对客观环境和询问人员的非暗示性询问作出暗示反应,从而造成证言的失真。

第四节 询问证人的心理策略

询问证人是一项极其复杂的工作,是侦查人员与证人针对案件本身开展面对面调查的过程。随着"沉默权"等司法理念的不断推新,强化证据体系必将取代重口供、轻证据的侦查模式,这就必然要求侦查人员做好询问证人等取证工作,使证据形成完整的锁链,真正做到不枉不纵。通过前三节的分析学习,在了解了证人的作证心理、分析考察了证人证言的可靠性和了解了影响证人证言失真的种种因素后,我们知道,要获得准确、可靠的证言,就必须掌握询问证人的策略和方法。

一、询问策略的适用原则

询问证人的策略和方法必须遵循一定的基本原则。

(一)合法性原则

询问策略的构成有两个部分,一是直接以《刑法》《刑事诉讼法》等法律法规的规定为依据建立的,如询问证人单独进行,询问人员不应少于两人,询问时间的限制,询问人员对被询问者的权利告知义务等规定;二是在不违背法律原则的前提下,根据询问实践所总结的经验。证据要具有证明力,必须具备合法性、客观性和相关性。因此,作为重要证据之一的证人证言只有具有合法性才具有证明效力,而证人证言的合法性首先就要求获取证人证言所运用的询问策略应该是在法律允许的范围内。法律已经作了明确规定的,当然必须遵循,绝没有商榷的余地;而对于某些卓有成效的经验式询问策略和方法,法律没有也不可能作出具体规定,这些询问策略和方法在根本上也不能同法律原则和法律规定相抵触。合法性原则的重要性不仅在于能够保证证言的证明力,还有助于培养询问人员的法律意识,有助于维护法律的尊严。

(二)道德性原则

询问策略中不属于法律规定的部分,以及所有询问策略的适用过程,法律都不可能作出详细的规定。所以,询问策略在不违背法律原则的同时,还必须受到道德的制约,这个制约是对法律规定不足的合理补充。合法性原则与道德性原则在根本上是两个互相联系着的范畴。合法性原则从根本上包括了道德原则,道德原则又以准确执行法律为前提;任何违反法律规定的询问策略同时也违反道德,反之亦然。道德原则首先要求询问人员运用询问策略时以尊重证人的人格为前提;其次,询问人员运用询问策略时应当遵循法律职业道德。

(三)科学性原则

所有询问策略都必须有科学根据,建立在心理学、逻辑学、语言学、教育学、信息论、控制论等科学基础之上,并运用科学的思维方法加以论证和检验。科学性原则要求:第一,询问策略本身是科学的,不违反科学的基本原理和原则;第二,询问策略是经济的,询问策略的运用必须是最节省时间、收效最大的,策略的选择应当是最佳的;第三,询问策略应当是有逻辑的,彼此相互联系并且紧密围绕询问任务的完成;第四,询问策略是发展的,询问人员既要灵活地运用多种策略,又要创造性地运用询问策略,科学地发展询问策略的内容和运用方法。

(四)针对性原则

询问的根本目的是获取客观真实的证词。受询问的证人具有趋利避害的本能心理,而各个证人之间又存在着较大的个性差异,要排除获得客观真实的证言的障碍,询问人员就必须针对证人的个性心理差异选择合适的询问策略。个性心理差异是由于个人的性别、年龄、民族、学历、职业、职务、家庭及社会关系等的不同而形成的,表现为判断、分析、处理事物的观念、能力的差异。具有不同个性特征的证人在对询问策略的适应性上各有特色,在选择和使用询问策略时必须考虑到证人对询问策略的适应性,询问策略才能具有准确的针对性,从而获得理想的询问效果。

二、询问策略

对于询问策略的分类，可从不同的角度进行。从运用的条件上，询问策略分为对抗性和非对抗性两类，前者如政策法制教育、理智启发等，后者如帮助回忆、减轻压力、消除紧张、提示启发等。从内容上，询问策略分为影响证人情感的、影响证人理智的和给证人造成心理压力的等。从策略方法适用的时间阶段，可分为询问准备阶段、询问进行阶段、对询问和证言进行评价阶段。从询问策略的适用目的上，分为心理准备、建立良好的心理接触、转变对抗心理、帮助回忆和陈述、评价五种。本书以最后一种分类为标准，展开对询问策略的讨论。

（一）心理准备

询问前的心理准备包括熟悉案情、了解证人的心理和作好自我心理调节。

1. 熟悉案情

询问人员首先必须掌握案件的大致情况和发生、发展过程，要通过已掌握的材料有把握地推断出有哪些知情人、各知情人可能了解哪些情况、他们是怎样了解案件事实的以及他们掌握案情的程度如何，以便事先确定准备向证人询问的问题。

2. 了解证人的心理

询问人员还应当在询问前对证人的心理有所了解，尤其是要了解证人的个性、作证态度和作证动机、证人与被告人一方和被害人一方有无情感联系或利害关系、该证人的文字表达能力和口头表达能力情况等，以便询问人员制定有针对性的询问策略。

3. 作好自我心理调节

在询问前，询问人员应注意调节好自己的心理状态，使之适应即将开始的工作。询问人员应使自己的注意力和思维活动集中到询问工作上，排除无关的干扰，稳定自己的情绪，并在充分估计困难的同时保持必胜的信心。

（二）与证人建立良好的心理接触

取证工作是在询问人员与证人的相互交往中进行的，在交往过程中双方相互影响、相互了解，这就是心理接触。在证人与询问人员之间建立良好的心理接触是进行询问的必要条件。询问人员与证人之间建立良好的心理接触可以使双方都能认真地履行自己的权利和义务，使双方都能在良好的气氛和条件下完成询问和取证的任务。因此，心理接触的任务是创造有利于询问和从证人处获取案件信息的环境，其最终目的是获取证人的真实证言。

1. 与证人建立良好心理接触的目的具体如下：

（1）唤起证人对询问活动的关心和兴趣，把他们的注意力引到询问活动中来;(2)消除证人的紧张情绪,使其情绪平静下来并恢复正常;(3)使证人感到询问人员通情达理、和蔼可亲,取得证人的信任和好感;(4)在证人面前树立公正无私、精明强干、明察秋毫和认真负责的形象,树立询问所需的威信。

2. 与证人进行良好心理接触的方法具体如下:

(1)在开始询问前应首先向证人作自我介绍,出示身份证件,让对方了解自己;(2)询问人员应当简要说明询问的目的和要求,可简单介绍案件的有关情况,以引起证人的兴趣,但切忌详谈案情以免证人受到暗示;(3)当证人过于紧张时,询问人员可先采用与询问对象作无拘束的闲谈、请证人喝水等方法缓和紧张的气氛;(4)耐心听取证人的陈述,在任何情况下都不应表现出对证人回答上的满意或失望情绪,即使证人拒证、作伪证也不要粗暴地对待他们;(5)在询问中应努力表现出对证人陈述的高度兴趣,促使证人积极对待作证活动;(6)当证人认识到自己拒证或作伪证的错误时,不要过分指责证人,使证人感到询问人员的豁达;(7)注意不要让证人在等待传唤时等过长时间,询问人员也不能中途与他人交谈、打电话,浪费证人的时间;(8)询问结束应把证人礼送出门。

(三)消除证人的消极作证心理

有不少证人出于各种原因不愿意作证,或者对询问持冷淡态度,有的则对询问人员的询问持抵触情绪,甚至提供伪证。若不对证人的这些消极作证态度加以纠正,很难保证他们提供准确、可靠的证言。因此,询问人员询问这类证人时,首要任务是消除证人的消极作证心理,排除取证的障碍。消除证人消极作证心理的方法主要有改变认识和影响情感两个方面。

1. 改变证人的认识

证人对作证采取消极态度与其认识上的错误有关,因此要改变证人的态度,首先要改变他们对作证的错误认识。改变证人对作证的认识的方法包括以下两方面:

(1)进行法制教育。许多证人之所以拒证和作伪证,是因为他们不知道法律的有关规定,不懂得拒证尤其是作伪证应承担的法律责任。所以,结合一些作伪证被判刑的案例向他们讲明法律规定,可促使他们改变对作证的认识。

(2)提高对犯罪的认识水平。有些证人拒证的原因是以为自己与犯罪无关,一旦作证便会卷进是非中。还有些证人对要其作证的犯罪事件存在着错误的认识,认为犯罪人有理,从而包庇犯罪人。对此,询问人员应努力提高他们对犯罪行为危害性的认识,讲清犯罪的应受惩罚性,说明与犯罪作斗争的重要意义,启发证人自觉地揭发犯罪。

2. 影响证人的情感

证人的拒证和伪证行为与其情感有关。要改变其消极作证心理必须要影响其情感。

(1) 唤醒或改变证人的道德感。如果证人的道德感与社会主义道德要求的不一致,或道德感受到抑制,询问人员应设法唤起证人的道德感或改变其道德感。具体做法主要有以下几种:一是对证人讲述犯罪人作案手段的残忍,被害人被侵害的遭遇和目前的悲惨处境,启发证人对犯罪人的憎恶感;二是当证人与犯罪人有某种亲情关系时,应对其宣传社会主义的道德观和大义灭亲、法不容情的道德观念;三是讲述犯罪的危害性,启发证人的正义感和社会责任感。

(2) 唤醒证人的理智感。许多证人之所以拒证和作伪证,还与其缺乏辨别是非、利害关系和控制自己行为的能力有关。这说明证人缺乏理智感,不能理智地对待和处理作证问题。唤醒证人的理智感的方法主要有:一是消除证人的侥幸心理,询问人员要向证人讲明犯罪与证据的客观性,使其认识到犯罪行为必然会留下证据,诬陷和包庇都必将失败;二是向证人讲明作伪证和拒证对其的利害关系,使其感到自己拒证和作伪证的行为并不值得;三是打消证人的思想顾虑,向其说明在受到威胁或存在某种担心之时,只有积极揭发犯罪,求得司法机关帮助,才是摆脱困境的有效方法。

(四) 帮助证人进行回忆和陈述

许多证人在作证时,回忆和陈述会遇到困难和产生错误。询问人员应帮助证人回忆已遗忘的事情,引导他们正确地陈述。

1. 帮助证人回忆的策略

(1) 创造良好的回忆环境。询问地点的选择、询问环境的布置和安排要能有助于证人回忆。询问人员应努力避免可能的干扰,使证人能集中注意力回忆案件情节。

(2) 缓解证人的紧张情绪。在证人回忆发生困难时,询问人员不应强求证人回忆,而应与证人谈一些无关的事情,或令其陈述其记忆清楚的案件情节,让证人的情绪得到松弛,证人就可能在以后陈述时想起先前回忆不起来的情节。

(3) 提问要循序渐进。询问人员应把准备向证人询问的问题按时间顺序编排,逐个提问,这样有利于证人有条理地进行回忆。在证人陈述时,询问人员不要多插话,以免打断证人的思路。

(4) 利用联想唤起证人的记忆。在证人回忆出现障碍时,询问人员可利用时间和空间上的接近联想、相似联想和对比联想唤起证人的记忆。

(5) 将证人带到现场询问。在证人不能准确回忆重要的事实情节的情况下,可以将证人带至事件发生的现场让其陈述。事件发生现场的环境气氛能促使证人脑海中浮现出当时的情境,从而恢复其已遗忘的记忆。

(6) 展示与要证人回忆的案件情节有关的物证和其他证据材料。当证人看到他在感知案件事实时见到的物品或听到其他人对当时情境的某些描述时，就容易回想起案件事实发生时的具体情境，从而唤起记忆。

在唤起证人记忆时，应特别留心不要对证人施加可能会影响证人的暗示，尤其应当着重避免在案件的关键事实和情节上暗示证人应如何回答。

2. 帮助证人准确陈述的策略

（1）用通俗易懂的语言进行询问。为了避免因证人不能准确领会询问人员的问题而陈述错误，询问人员应尽量用通俗易懂的语言询问证人。

（2）减轻证人的作证心理负担。询问人员应始终保持和蔼、耐心、鼓励的态度，不急于取得证言，让证人仔细思索后再作回答。

（3）适时提出要求，引导证人如实回答。当发现证人有隐瞒、歪曲或夸大案件情节的倾向时，询问人员应婉转地提示证人应如实反映情况，不要受自己个人情感的支配。

（五）评价

评价是询问人员准确判断证言真伪和确定其证明力，以及反省整个询问活动的心理过程。询问中来自证人的信息有两种：一是证据信息，即证人陈述所包含的证据量；二是策略信息，即有助于询问人员判明证人心理活动和证言真伪以及制订下一步询问计划所需要的信息。要发挥询问策略的最佳效果并不断发展询问策略，评价这一询问策略是必需的。

1. 评价策略的意义

（1）评价是获取真实证言的重要手段。询问人员对证言真实性的确信，只能来自于对证言的审查、判断。只有当询问人员采取综合、比较、分析等各种消除矛盾的措施之后，才可能使证言与客观事实相一致，才能确定证言是否真实。

（2）评价为下一步的调查和询问工作提供策略上的依据。询问人员通过对证言的评价，可以在分析、研究证言的内容和已经运用的调查和询问措施的基础上，制定更为有效的调查和询问策略。

（3）评价是总结询问经验的有效方法。评价是检验询问策略是否成功、总结工作经验的重要途径。通过评价，可以发现询问的成功之处和漏洞，便于提高询问人员的询问水平，从而为下一步询问工作的顺利开展奠定基础。

2. 评价的方法

（1）证言形成心理过程分析法。证人证言的形成总是经历了感知、记忆和陈述三个心理过程，通过对这三个心理过程的分析，可以发现证言在形成过程中可能出现错误的地方。

（2）作证心理分析法。证人作证总是基于一定的动机和目的，证人的作证动机和目的直接关系到证言的真伪。因此，询问人员可在询问中结合案件具体情况,了解证人与案件当事人是否具有利害关系,与案件的处理是否也有利害关系,利害关系的程度和特点如何,以及证人的个性特征等方面分析证人作证的动机和目的。通过对作证心理的分析,可以评价证言的真伪。

(3)对比法。询问人员可以运用其他已经得以确证的证据材料与证人证言进行比较,判断证人证言是否真实。对比法的关键是,用来比较的证据材料必须是客观真实的。

(4)逻辑分析法。真实的证言在逻辑上应当经得起推敲,询问人员可以在询问证人后,运用同一律、矛盾律、排中律和充足理由律等逻辑规律对所获得的证言进行逻辑评价。

三、对不同证人的询问方法

询问任何证人都应当运用以上五项策略,但证人的个性差异和心理发展水平不同,使得他们对询问的适应能力和在询问中的心理状态也各具特色,所以,对不同的证人还应有不同的询问方法。

(一) 对不同年龄证人的询问方法

1. 对儿童证人的询问

儿童期是一个人心理急剧发展的时期,儿童智力的发展也非常迅速。一般来说,儿童在认识过程的心理活动上不及成年人成熟,但知觉能力较强;儿童的语言能力较差,因此对语言的理解和记忆能力较差;在思维上,儿童较易幻想,判断能力较差,在询问中极易受到暗示。

基于儿童的这些心理特征,对儿童的询问应以报告式的询问为主,让其充分自由地主动陈述。由于儿童有无意迎合他人的趋势,因此对儿童的询问应满足于其残缺不全的陈述,避免对同一问题进行反复和进一步追问提示,以免儿童受到暗示,或由于难以回答而根据幻想、兴趣等作出简单的肯定或否定答复。在询问语言上,应使用儿童所熟悉的语言,以免儿童难以理解提问或对提问作出随意理解而答非所问或难以作答。在询问态度上,询问人员应以和蔼可亲的态度,以长者的关怀取得其信任,并适当地多对儿童进行鼓励。需要时,可以安排儿童的父母或老师协助询问。

2. 对青少年证人的询问

青少年证人在智力发育上已经接近成熟或已经成熟,并处于智力发展的黄金时期。在感知和记忆能力上,青少年证人一般处于人生的最佳状态。在思维上,青少年证人的抽象思维占主导地位,能够对感知到的现象进行抽象概括;判断和推理的能力也得到发展,一般能准确判断和理解案件的有关情况。在语言能力上,青少年的语言组织和陈述能力已经能够较为准确地表述案件情况。但青少年心智还不成熟,情绪波动比较大,控制力较差,好胜心和好奇心都很强,社会经验不丰富,容易认识片面且固执。

基于青少年证人的这些心理特征,询问人员应扬长避短,充分利用青少年证人在感知、记忆上的优势,帮助他们准确、全面地回忆和陈述;掌握青少年证人的情感特点,努力建立同他们的心理接触,取得青少年证人的好感和信任;尊重青少年证人的人格,因势利导,矫正其对犯罪的片面认识,稳定其情绪,启发青少年证人的正义感和道德情感,排除消极心理因素的影响。

3. 对老年证人的询问

老年人由于生理上的衰退,引起心理上的变化,感知迟钝,记忆力减退,反应较慢。但同时,老年人社会阅历丰富,理解和判断能力较强,也因此容易在作证时加进自己的主观意见和判断。在陈述态度上,一般会出现两个极端,一类老年证人态度谨慎,逻辑严密;另一类老年证人往往容易唠叨,缺乏逻辑连贯性。老年证人还容易自负、固执,倚老卖老。

针对老年证人以上心理特点,询问人员在询问时应对其持尊敬态度,询问简单明了,时间不宜过长,应当放慢询问节奏,婉转用语,避免争论和打断论述。

(二)对不同性别证人的询问方法

女性与男性不仅在生理上有很大区别,在心理上也有较大的差异。在感情上,女性要比男性敏感;在知觉速度上,一般认为女性要比男性快;在记忆力上,女性比男性强,但在意义记忆上,男性要比女性强,而且女性容易由于过于关注细节而在回忆时欠完善;在情绪上,女性情绪波动较大,较容易受到暗示。女性证人在询问中与同性询问人员更易建立心理接触和信任,特别是当案件情况涉及隐私或者难以启齿时。此外,女性证人在特殊的生理期,其心理活动也会发生相应的变化,容易情绪波动、烦躁,回忆和反应均会受到消极影响。

针对女性证人以上心理特点,在询问时要注意尽量能够安排一定的女性询问人员参与,注意女性证人的情绪变化,理解女性证人的困难,仔细耐心。

(三)对不同气质类型证人的询问方法

气质不仅对证言的可靠性产生影响,而且气质不同的证人在询问中的心理活动、行为方式等也不相同,因此,根据证人的不同气质类型采取不同的询问方法是必要的。

1. 对胆汁质证人的询问

胆汁质证人情感外露,言语直率,敢于公开发表自己的观点和公开表示不愿意陈述;作伪证时则陈述草率,漏洞较多;情感冲动,自制力差;自信心很强,不易改变陈述内容,但一旦接受揭露和教育,转变也较干脆;自尊心强,易被"激将"。

在询问胆汁质证人时,应针对他们的心理特点,注意鼓励和教育,转变他们的对抗心理；证人有顾虑时，宜以激将法刺激其自尊心，使其打消顾虑；由于胆汁质证人陈述草率，漏洞较多，询问人员应注意加强补充询问，完善陈述；询问中还应注意此种证人易于冲动和暴躁的性格，用语婉转，以避免顶撞和冲突。

2. 对多血质证人的询问

多血质证人思维敏捷，反应迅速，能言善辩，好动，注意力不易集中，陈述难免粗糙，外倾型特点显著，心理活动外露，容易被询问人员所掌握。

因此，在询问多血质证人时，询问的速度和节奏可以较快，特别是证人有对抗心理时，应以更快的节奏和速度打乱其防御计划；因势利导，集中证人的注意力，使其对陈述和回忆发生兴趣，并且注意通过补充询问完善粗糙的证言。此外，要注意证人的夸大可能，不被其迷惑。

3. 对粘液质证人的询问

粘液质证人在询问中言行稳重，沉着冷静，反应较慢，控制力强，回答慎重、仔细，慢条斯理，感情内敛，十分顽固，不容易转变观点。

因此，在询问粘液质证人时，应针对其思维特点，循序渐进，控制询问速度和节奏，不宜太快，沉着耐心，给证人充分的考虑时间和陈述时间。在转变粘液质证人的对抗心理时，要将仔细耐心和施加压力结合起来，并且可以适时改变陈述方式，因粘液质证人更善于书面陈述。

4. 对抑郁质证人的询问

抑郁质证人往往多愁善感，行动缓慢、迟钝，优柔寡断，情感不外露，性格内倾，有较强的戒备心理，对提问很敏感，容易产生顾虑，陈述时固执己见，缺乏生动但较为准确，多有拒证或隐瞒。

询问抑郁质证人要有耐心，特别要加强心理接触，需要用较多的时间与其建立良好的信任关系，消除其紧张和顾虑。询问速度宜缓慢，启发证人的回答兴趣，并克服其陈述中可能存在的隐瞒。

其实，证人的气质类型除少数是以上四种典型类型外，多是介于两种或三种类型之间的混合气质类型，但在这些混合气质类型中，会有所倾向。因此，必须具体分析证人的气质类型，综合运用询问方法。

第十一章　罪犯心理矫治

刑事诉讼过程在被告人经过刑事审判,被确定有罪、判处刑罚并交付执行之后便告一段落,而刑事司法的任务并非止步于将犯罪人定罪量刑后投入监狱,预防犯罪和防卫社会才是其真正目的。如何实现有效的特殊预防,使这些曾经的犯罪人通过被执行刑罚的过程改变原来的恶性,转化为不再危害社会的普通人,就需要对罪犯的行为和心理进行矫正,帮助其重新适应社会。

要实现有效的矫正,必须针对罪犯的心理特点,使用不同的矫正方法。首先,在罪犯进入矫正过程之后应当及时对其心理特征以及不同阶段的心理状态进行了解;在此基础上,选择有针对性的矫正方法,切实有效地进行矫正工作。在矫正方法方面,长久以来,我国传统的罪犯改造工作主要限于劳动改造和统一的思想政治教育。这一方法曾有效地将一大批战犯和反革命犯罪人改造为拥护社会主义的劳动者,然而,在犯罪的种类和形势发生巨大变化的今天,单一的矫正方法已无法满足社会现实的需要。因此,在刑罚执行方式和矫正方法上进行革新,引进先进的矫正技术是十分必要的。

第一节　罪犯服刑期间的心理特点

要有针对性地开展对罪犯的矫正工作并取得成效,必须对罪犯的心理特征及其心理状态的发展变化有一定了解。我国在这方面的工作起步较晚,现阶段只有在一些发达地区的刑罚执行机构对罪犯定期进行一些心理测量,并以此为依据对不同心理状态的罪犯有差别地开展矫正工作。此外,我国罪犯档案的内容仅限于刑事诉讼过程中所涉及的基本情况,对罪犯的成长历程、犯罪心理的发生和发展、服刑期间的心理状况等情况缺少具体的记录,这使得了解罪犯的心理特征并以此为基础的矫正工作难以充分展开。

本节内容仅简单地从普遍情况出发,对罪犯在服刑期间的心理特征作一般性的描述。由于受到主客观方面各种因素的影响,具体罪犯的心理状况更为复杂,故实践中必须根据罪犯个人的具体情况,综合其在服刑前的生活经历、犯罪前后的心理状况和服刑过程中的表现以掌握其实际心理特征。

一、罪犯服刑期间的一般心理

由于刑法所规定的刑罚种类多样,被判处不同刑罚的罪犯的心理特征也有着巨大的差异;随着刑期的度过,罪犯的心理也会发生明显的变化。为了使表述尽量严密,有必要在探讨罪犯服刑阶段的心理特征之前,对研究对象的范围作限定。

(一) 研究对象的范围

罪犯是指经过刑事诉讼,被法院确定有罪,且被依法判处刑罚并交付执行的犯罪人。刑罚,包括生命刑、非监禁刑和监禁刑。生命刑即死刑,包括死刑的立即执行和死刑的缓期执行。死刑的立即执行由人民法院执行;非监禁刑一般由人民法院、公安机关负责执行,由基层单位配合执行;死刑的缓期执行和监禁刑主要由监所机关执行。非监禁刑包括缓刑、管制以及独立适用附加刑,被适用非监禁刑的罪犯一般主观恶性较小,被判处缓刑或管制的罪犯主要交给街道、社区等基层单位进行监督考察,由专门的社区矫正机构对其进行矫治;被独立适用附加刑的罪犯主要通过剥夺其一定的财产或一定期限的政治权利促使其改正;被判处监禁刑的罪犯的心理矫治任务则由监所机构承担。本章前三节主要探讨被判处监禁刑的罪犯的心理特点及监所机构的矫正对策,故以被判处并执行监禁刑的罪犯为研究对象,第四节将简要介绍被适用社区矫正的罪犯的心理矫治。

(二) 罪犯心理的形成

犯罪人经过刑事诉讼程序被判处刑罚,并随之进入刑罚执行阶段以后,其心理较之前也发生了相应变化。在判决确定以前,犯罪人对是否被判有罪、是否被判处刑罚以及被处刑罚的轻重不确定,忐忑不安导致情绪波动起伏大,产生恐惧、担忧;同时又怀有侥幸心理,希望自己的罪行不被发现,希望法庭对自己轻判等。但随着判决的作出并进入刑罚执行阶段以后,上述因素所造成的不稳定情绪已经消失,少数认为判决不公的此时主要是激愤、抵触;而大部分接受了判决结果的,则表现出接受现实的轻松、坦然和平静。由于监狱生活即将开始,犯罪人在心理上为适应监所环境以及生活方式,必然会作出一系列调整,从而逐步形成罪犯心理。

(三) 罪犯服刑期间的一般心理

罪犯这个群体由形形色色的人组成,且由于其个人经历和被处刑罚的不同,心理特征也各不相同。但同为服刑中的罪犯,在心理特征上又会有一定的共通之处。

1. 罪犯个性倾向性上的一般特征

个性倾向性是人进行活动的基本动力,决定了人对现实的态度以及对认识对象的趋向和选择。罪犯的个性倾向性主要体现在以下几方面的因素中：

（1）需要

需要是大脑对人的生理和精神上的需求的反映，是人进行心理活动、做出行为的内部动力。虽然罪犯被监禁于监所机构，失去人身自由，但其首先是作为人而存在，对其进行矫正必须建立在充分考虑到其正常需要的基础上。

① 基本的生理需要。人的生理需要包括了基本的温饱、健康、性需要等。虽然根据国际标准，现代化的监狱对罪犯的居住、温饱、健康都有基本的保障，但是与监所外的生活相比较，仍可能有较大差距。罪犯要接受这一落差，必须在心理上逐渐调节适应。

罪犯被剥夺人身自由，脱离了普通的生活环境，也就与配偶甚至其他异性隔离开来，因而其性需要的满足受到极大限制。虽然在一些现代化管理的监狱中，根据罪犯在狱中的表现，达到一定等级待遇的罪犯，可以享受定期回家探亲或是与眷属同住的待遇；但是大多数罪犯只可能在封闭的亲人会见场所，隔着玻璃会见异性，而平时所接触到的均为同性的罪犯。性需要得不到满足，可能导致罪犯的心理异常，甚至引发狱内的异常性行为。

② 精神层面的需要。精神需要包括安全、自由自主、交往等需要。监狱中关押了各种各样的罪犯，既有暴力型的，也有非暴力型的，而他们将要长期一起生活。这对于新入监的或是非暴力型的一些罪犯在心理上无疑形成了较大的压力，使其缺乏安全感。

被拘禁的罪犯，失去了人身自由和对自己的自主性。在监所中，罪犯所过的生活就是服从命令、听从指挥，完全按监所安排的环境和模式生活，甚至是衣食住行中的琐事，往往也不能自主。同时为了能够在监所中安然度过刑期，罪犯们的言行往往都围绕着如何附和管教人员的心理，因此罪犯会显得机械，没有独立自主性，缺乏活力和创造性。

罪犯虽然由于其犯罪心理的存在，而使得本身的部分情感扭曲变形，如对他人仇视；也可能由于之前的犯罪行为破坏了自己的社会支持系统，给家人、朋友造成了伤害；但是在监狱接受矫正的阶段，他们仍然需要与他人进行交往，进行情感沟通，尤其是已经认识到自己的罪行而悔恨的罪犯，更需要得到正常的友情、亲情来感化和支持。

（2）动机

动机是为了达到一定的目的而行动的原因。动机在需要的基础上产生，并受到外部诱因的作用。犯罪人实施故意犯罪就是具备一定的犯罪动机；进入监狱后，其犯罪动机并不一定会完全消失，而有可能继续存在和发展。同时，又会有新的动机出现：

① 接受矫正、改过自新的动机。在监所部门得当的管理、矫治措施的作用下,罪犯认识到只有痛改前非,积极学习、劳动,争取早日回归社会,重新开始过正常生活,才能使自己的一些需要以合法的方式真正得到满足,故而产生了接受矫正、改过自新的动机。

② 抗拒接受矫正的动机。形成这一动机的原因可能是:对判决不服,没有真正认识、反思自己的罪行;对监所生活不适应,故为了能够使需要得到满足而不择手段,包括继续犯罪。

(3) 兴趣

兴趣是人希望认识特定对象或从事特定活动的心理倾向。兴趣同样是在需要的基础上发生发展起来的,罪犯在矫正过程中的行为表现也受其兴趣的支配。除非存在变态心理,罪犯并不会对犯罪行为存在长期稳定的兴趣,而只是为了满足某种需要,才对能满足该需要的对象发生兴趣,但其没有或不能通过正常的途径满足,转而采用了犯罪的手段。同样,在矫正过程中,要实现矫正的目的,使罪犯能够适应社会、回归社会,防止其再犯罪,必须重视对罪犯的兴趣的关注和适当引导。

(4) 信念

信念是指对某种观点坚信,并以其支配自己的行动。世界观就是系统的信念。信念具有稳定性,一旦形成,要改变比较困难。

人生观、价值观较为集中地反映了罪犯的一般心理特点。一些罪犯当初之所以走上犯罪道路,正是由于对社会憎恨厌恶,对自己的人生消极悲观;而刑期开始以后,人生前途更是灰暗,特别是犯罪的记录将直接导致社会的排斥,从而使罪犯对人生更加绝望。罪犯中较为普遍的是利己主义的价值观,为了追求自己的利益而缺少对他人、社会的责任和道义,由此导致罪犯的道德观一般也存在问题,甚至具有反社会性。但只有少数罪犯的是非善恶观念颠倒,大多数罪犯的道德观上只是存在一定的偏差,例如盲目崇信哥儿们义气,对他人不信任,对公共道德不屑一顾。在矫正阶段,罪犯的这些信念在短时间内一般不可能被彻底改变。

2. 罪犯性格上的一般特征

性格是指人在其生活过程中形成的,在对现实的稳定态度和习惯化的行为方式中所表现出来的个性心理特征。性格相对稳定,但并非一成不变,罪犯在逐步适应监所生活的过程中也会产生新的性格特征。

在态度特征上,罪犯一般对他人、社会缺乏责任感,尤其对他人表现出不信任、戒备心强,甚至对矫正工作者给予的帮助都持怀疑态度;在意志特征上,罪犯一般在长期工作中缺乏坚韧性,并且对行为的自觉控制水平较低,行为有时带有盲目性；情绪特征方面，罪犯尤其是激情犯罪人的情绪强度大，难以自控，且不稳定；理智特征方面，罪犯容易表现出缺乏洞察力，对事物只看外表，看不到本质，行为欠缺全面考虑。在单调乏味的服刑生活和监所的特定环境中，罪犯可能会变得更为偏执、麻木。

3. 罪犯的心理状态

在服刑的不同阶段，罪犯的心理状态也会发生相应变化，大致可分为三个阶段：

（1）服刑初期

此阶段，罪犯尤其是初犯会产生悲观、疑惧、焦虑、苦闷甚至怨恨的心理状态，对监所的矫正措施和管教人员抵触。这是由于在入监初期，罪犯刚刚经过审判，由一个在社会上的自由人被贴上了犯罪人的标签，对其一生都造成了巨大的消极影响。多数罪犯会因此感到羞耻，尤其是想到今后将一直背负着罪犯的名声，除了悔恨，更多的是对自己前途命运的悲观绝望。而一些没有正确认识自己犯罪行为的罪犯，会因此萌发怨恨，将自己被判刑入狱归因于侦查、公诉、审判机关对自己的追究，或是被害人的控告，因而更加怨恨、仇视社会。同时因为丧失人身自由且不适应监所的生活方式和环境，一些原来很容易满足的需要得不到满足，罪犯往往会感到苦闷和焦虑不安。此外，初入监的罪犯，从一个自由、熟悉的环境进入一个限制严格且陌生的环境，其社会性需要的满足受到限制，不可避免地会产生紧张、孤寂心理；而一些不懂法、对现代监所和国家的矫正政策没有正确认识的罪犯，更会对服刑生活充满恐惧。这些问题都可能导致罪犯在服刑初期对监狱的矫正措施产生一些抵触，需要矫正工作人员耐心帮助其树立正确的服刑观。

（2）服刑中期

此阶段，罪犯的心理状态可能出现忏悔、麻木、怀念过去等特征。经过一段时间的服刑生活，在矫正工作人员的帮助下，多数罪犯对服刑生活已经适应，对矫正政策有了一定认识，其焦虑不安的状态也逐渐消失。故在这一阶段，罪犯可能冷静下来反思自己的犯罪行为，真正地认罪悔罪，认识到只有配合矫正工作，表现良好，才可能早日回归社会、恢复自由，从而产生了积极学习、改造的动力。又由于服刑生活单调乏味，特别是一些被判处长期监禁刑的罪犯，见重获自由漫漫无期，而监狱生活又完全程式化，会变得麻木，过一日算一日。在单调的服刑生活中，罪犯很容易回想往事，怀念在监所外的日子。一些罪犯怀念起正常的社会、家庭生活的美好，希望早日能够回归社会，与家人重聚，故而促使其积极进行自我矫正；也有一些罪犯怀念自己的犯罪生涯和依靠犯罪带来的富贵风光，于是不断幻想重操旧业，甚至在狱内再度犯罪。因此，这也是罪犯的表现易出现反复的阶段。

(3) 服刑后期

在这一时期,罪犯的服刑生活将近结束,即将恢复自由,其心理比较复杂,往往充满了矛盾,主要是将重获自由与家人团聚的喜悦,以及对自己能否被社会和家庭接受的忧虑。通过服刑,矫正较为成功的罪犯,在监狱习得了一技之长,虽然知道出狱后将会面临一些现实问题,但对自己的前途仍然充满希望。而一些恶性较深或矫正失败的罪犯,虽然在服刑期间表面服从矫正措施,应付监所的矫正活动,但其内心则抗拒矫正,为恢复自由以后的再犯罪作准备。

二、罪犯的心理矛盾

罪犯的心理矛盾是推进其心理不断发展的动力,根据服刑阶段的特殊性,罪犯的一般心理特征可以概述为以下几对矛盾:[①]

(一)认罪与不认罪的矛盾

这对矛盾贯穿着罪犯的整个服刑过程,罪犯是否能认罪,是决定矫正工作成功与否的前提。虽然经过刑事诉讼过程的定罪判刑,大部分罪犯在此过程中就有认罪的表示,对自己的犯罪行为进行了供述,但并不意味着罪犯对自己的罪行有了正确的认识,而有的可能仅仅停留在就事实的交代上。因而,即便已经服刑,部分罪犯仍不能认识到自己的犯罪行为的社会危害性,将自己被剥夺自由归咎于司法机关的追究、其他人的控告或是其他客观因素;也有少部分罪犯在服刑期间仍然不服罪,甚至否认犯罪事实。这将直接导致他们在矫正过程中不可能以较好的心理状态接受矫正,甚至直接抗拒矫正。也有罪犯通过刑事司法程序已经对自己的罪行有所认识,或者是在监所部门通过矫正,对自己的罪行有了深刻的认识和反省,真正心服地认罪。这样罪犯才有可能接受矫正,在服刑期间积极进取,争取早日赎罪回归社会。

(二)自由受限制和向往自由的矛盾

自由是人的一项基本的社会需要。监所环境封闭,服刑生活有严格的规定,罪犯的人身自由受到严格限制,不可能像从前一样随心所欲,而罪犯又往往是自我控制力较为薄弱的人,因此有着重获自由的强烈需求。这使得罪犯在服刑期间怀念过去、向往自由,有些罪犯将这种向往转化为配合矫正、积极改造的动力,为了早日重获自由而表现良好,争取减刑、假释;而有些罪犯,特别是长刑期的罪犯,则会在服刑期间以越狱、自残等手段寻求受限制的自由。

---

① 参见曲啸、林秉贤:《犯罪心理学》(上册),群众出版社1998年版,第30—35页。

（三）好逸恶劳和强迫劳动之间的矛盾

大多数罪犯都有好逸恶劳、贪图享受的特点。劳动是罪犯矫正的一项基本措施，在服刑期间，凡具有劳动能力的罪犯都需要进行劳动。于是这种强制性劳动和罪犯的好逸恶劳的个性之间就存在着鲜明的矛盾，这可能使一些罪犯在劳动中消极怠工，甚至以自伤、自残逃避劳动。

（四）常态需要与其所受限制之间的矛盾

罪犯和正常公民一样的需要在服刑期间受到了一定限制，但是个体需要客观存在，这之间的矛盾无法避免，只能随着刑期的结束而消除。监所机关针对这些正常需要，通过设置监所内的服刑奖惩激励机制，一方面利用一些需要，激励罪犯接受矫正；一方面也调和了一部分矛盾。

三、影响罪犯心理的外部因素

除了罪犯自身的心理特征以外，一些外部因素通过对其心理的作用，也会影响到矫正过程。外部因素主要包括监内因素和监外因素。

（一）监内因素

主要是矫正环境对罪犯的影响，包括监所的结构、文化、管理、矫正人员的素质等。

1. 监所结构

监所的基本构成就是管理者与被管理者组成的具有封闭性和强制性的结构。服刑人员被长期与外界隔离，并且对管理者必须绝对服从。在这种环境与气氛下，管理者会变得冷酷、独断专横，被管理者将会呈现出消极、忧郁、缺乏独立性等特点。

2. 监所文化

由于监所的人员构成特殊，均为各类人犯，在其生活、接触中会衍生出特有的文化，出现一些特有的现象：将江湖的规矩、黑话带入监所；形成类似江湖帮派的小团体组织，以犯罪恶性大和江湖经验丰富的罪犯为领导者；因为异性关系的被剥夺而引发的同性恋现象等。故在监狱内不同种类罪犯之间可能会互相传授犯罪技能、反侦查手段等犯罪心得，使普通罪犯成为具备"复合型技能"的罪犯；监所中的团体组织、辈分等级可能导致监所暴力的发生，甚至形成一定气候的"小社会"，独立于社会主流文化之外。在这些因素的作用下，一些罪犯直至刑满释放以后，仍然难以融入主流社会，而只能归属于专门的罪犯小群体内，继续犯罪。

3. 监所管理

监所对罪犯的管理一般主要有三种形式：规范性手段、奖惩激励手段和强制性手段。监所机关通过制定统一的规章制度规范罪犯服刑期间的行为;并且通过给表现良好、积极接受矫正的罪犯一定的明显的奖励肯定其行为表现,而对于违反规章制度、破坏矫正环境秩序、抗拒刑罚的罪犯则以强制力对其执行刑罚。规范制定、实施得是否公正合理,奖惩激励机制运行得是否公平,强制力手段是否存在滥用,这些都决定着罪犯对于矫正机关的认同和信服程度,从而直接影响到矫正的效果。

(二)监外因素

影响到罪犯心理的监外因素可以分为家庭因素和社会因素两方面。这主要是罪犯的社会支持系统的作用的体现。如果家庭和社会对于罪犯都悲观失望,对其持排斥态度,国家对于罪犯矫正和刑满释放人员回归社会不予以政策上的支持,甚至对其进行打击,那么罪犯对自己的前途、命运会更加绝望,易发生自暴自弃、拒绝矫正,甚至仇视政府和社会,加强其反社会心理;相反,如果家庭成员积极配合监所的矫正工作,关心罪犯,鼓励督促其认真改造,国家对于罪犯的矫正工作以及对刑满释放人员的安置问题给予政策上的支持和鼓励,社会环境也能够以包容的态度,不歧视排斥罪犯,给予其改过自新的机会,这将有助于罪犯树立起矫正的信心,对重塑其世界观、人生观都有积极的影响。

第二节 罪犯的心理诊断

从 20 世纪上半叶开始,在一些西方发达国家,医学上对症下药的"医疗模式"被引入到罪犯的处遇中。医疗模式讲求通过对"病患"根据症状诊断出病因,再针对诊断得出的结果选择方法进行矫治。直到 20 世纪 70 年代,这一理念逐渐被"重新回归"的理念所取代,但之后重新回归模式又因为管理不良和社区对罪犯的排斥等原因受到批评。现在,西方国家在实践中倾向于不再单一地采用某种模式,而是将这两种模式加以结合。[①] 对罪犯心理的"医疗"经历了"否定之否定"的发展过程,对罪犯进行心理诊断进而有针对性地进行矫治的方法已得到了普遍的肯定,并在实践中日益成熟。

一、罪犯心理诊断的概念

由于罪犯心理诊断并非我国原有,而完全是从西方国家的实践经验中引入的,因此,在开始介绍罪犯的心理诊断过程之前,有必要先明确一下心理诊断这一概念。

---

① 参见夏宗素:《罪犯矫正与康复》,中国人民公安大学出版社 2005 年版,第 16—17 页。

(一) 罪犯心理诊断的概念

"诊断"一词原为医学上的概念,主要是指医生对病人通过各种检查、检测判断疾病的性质、原因、状况。由于罪犯在生理、心理各方面可能存在着异于正常人的因素,尤其是其心理上一般或多或少都存在一定的缺陷,从某种意义上也可以被认为是患有"疾病"的病人,而服刑阶段就是重要的治疗过程。要做到对症下药,就必须进行科学的诊断。故在对罪犯进行心理矫治的过程中,有必要引入"诊断"的概念。

罪犯心理诊断是指通过使用心理学的方法对罪犯的人格特征、心理状态、行为倾向等方面进行调查研究,以对其心理健康状况、人身危险性等作出判断。根据诊断对象的不同,可以区分为广义和狭义的概念。广义的罪犯心理诊断的对象既包括患有心理障碍或精神障碍的罪犯,也包括正常的罪犯;狭义的罪犯心理诊断仅限于针对可能患有心理障碍或精神障碍的罪犯,为了确定其心理疾患的性质和程度而进行的判别过程,属于医学心理学的范畴。[①] 本书采用广义概念。

(二) 罪犯心理诊断的意义

对罪犯进行心理诊断的意义主要包括以下两方面:

1. 为矫治工作的开展提供依据

在矫治工作正式开展之前,监所机关要对新入监服刑的罪犯进行分类安置,对罪犯进行分类的重要依据之一就是对罪犯进行心理诊断的结果。开展矫治工作的前提是认识矫治对象,矫治前必须先对罪犯的基本心理特征、心理缺陷有所了解;同时,矫治工作的有效开展必须根据各罪犯的具体情况,在矫治措施上有所针对和侧重,从而做到有的放矢。这就要求对罪犯的个人情况、犯罪的具体原因和犯罪心理的发展过程有较为深入的了解。通过心理诊断,还可以发现罪犯存在的心理、精神疾患,便于及时开展相应的治疗工作。

2. 对犯罪预防具有积极意义

在心理诊断过程中,矫治人员能够发现罪犯的行为倾向,从而为监所机构加强科学管理以预防再犯罪提供意见和建议。通过对罪犯的各种心理诊断,可以对罪犯犯罪心理的形成过程有一定的了解,从中总结出的一系列导致犯罪心理形成的因素,可以给犯罪的一般预防工作提供参考。

(三) 罪犯心理诊断的内容

对罪犯进行心理诊断主要是为了了解两方面的内容:一方面是罪犯的心理状况,具体包括罪犯的一系列心理特征、心理健康状况、罪犯对监所中的生活的适应状况以及不同服刑时期的心理变化等;另一方面是罪犯的犯罪原因,主要是

---

① 参见罗大华主编:《犯罪心理学》,中国政法大学出版社 2003 年版,第 372—373 页。

指罪犯的犯罪心理产生和形成的过程以及影响它的因素。

对罪犯进行心理诊断,应不仅着眼于某一个或某一些心理因素,还要对罪犯的心理特征、社会化过程进行整体的把握。因为虽然在罪犯的犯罪心理的形成过程中有某一个或某一些特定因素起到了主导作用,但该因素之所以能够起到主导作用,并非因为其本身,而是因为其处于特定个人的特定心理结构中,离开了具体的心理结构,该因素完全可能起不到那样的作用。故在对罪犯进行矫治的过程中,矫治工作者应当着眼于整体,努力探寻犯罪心理形成过程的全貌,从而有针对性地寻找到切入点进行有效矫治。

(四)罪犯心理诊断的适用范围

1. 适用对象

心理诊断是对罪犯进行心理矫治的前提,因此理论上适用于所有服刑的罪犯。

2. 适用时间

对罪犯适用心理诊断应当贯穿整个服刑矫治过程。罪犯入监时,需要通过心理诊断,确定其心理特征,为矫治分类以及安排适当的矫治措施提供依据;在罪犯服刑中,需要通过定期的心理诊断及时了解和把握罪犯的心理动向,评估一个时期以来的矫治效果,为适时调整矫治措施提供依据,指明方向,其中诊断的次数应当根据刑期长短确定;罪犯出监前,对罪犯的心理诊断的目的在于验证矫治质量,预测罪犯回归社会后能否适应,是否会再犯罪,并总结对罪犯的矫治措施的成败得失。

二、罪犯心理诊断的方法

对罪犯进行心理诊断如同医生对病患所进行的诊断一样,必须是一个完整的逻辑过程:从采用各种方法收集原始资料了解罪犯的心理状况,对资料进行概括整理得出罪犯初步的心理形象,直到运用逻辑推理得出诊断结果。

(一)资料的收集

收集丰富的原始资料,是对罪犯进行心理诊断的基础环节,主要有以下几种收集方法:

1. 面谈和观察

面谈即由矫治工作者与罪犯进行面对面的交谈,从罪犯处直接听取其关于自身的心理状态、生活经历和感受、犯罪事实等的陈述,从中了解其世界观、价值体系、情绪特征等。为使面谈能够取得上述效果,对谈话的质量有较高的要求。谈话者必须具备良好的专业谈话技巧,要能获得罪犯充分的信任,使其在毫无防备的状态下表达真实的想法,并在谈话时流露出内心真实的情绪。谈话一般可以由与犯罪无关的普通的话题开始,逐步引起罪犯的兴趣,令其产生交谈的欲望,同时谈话者要具备驾驭谈话进行的能力,逐步切入正题。由于这是罪犯在服刑时对自己的过去、现状和未来的自我描绘和剖析,从其话语和情绪态度中能够获得与犯罪原因和犯罪心理过程相关的大量生动、直观的信息。

观察具体是指有意识地对罪犯在监所服刑期间的日常行为表现进行观察,这有助于发现一些犯罪人不愿意流露或刻意掩饰的状况。观察的内容具体可以包括:犯罪人个人的情绪变化状况,对自己罪行的认识;在监所内的表现情况、人际关系以及对矫治措施的适应程度。观察既可以在自然的背景条件下进行,观察犯罪人平时日常自然的行为表现,也可以设置特殊情境,观察犯罪人的应激反应。

2. 生活经历调查

这主要是指通过向罪犯及其家人、其过去的生活环境中的人进行调查,向罪犯过去所在的学校、工作单位调阅档案等方法了解罪犯的个人状况。通过面谈和观察能够获得罪犯现阶段的信息,但是要对罪犯进行矫治还应当对其过去的背景有充分认识,以了解其某些心理特点形成的原因和发展过程。因此需要对罪犯的生活经历进行调查。调查的内容主要包括两方面:一方面是罪犯的个人状况,包括其生理和心理的健康状况、家庭遗传因素、性格特征、文化程度、学业职业情况、主要经历等;另一方面是犯罪人过去生活的环境状况,包括家庭状况(家庭关系和家庭经济条件)、居住环境、所接受的教育方式及人际关系等。调查的方式主要是通过查阅罪犯的档案文件等历史资料,走访罪犯过去的生活、学习、工作环境等。通过对罪犯生活经历的了解,有助于在矫治工作中,有针对性地制定矫治措施,对罪犯进行分类矫治。

3. 犯罪事实判断

这是指从犯罪事实中分析判断出罪犯犯罪时的心理活动。犯罪行为是罪犯的犯罪心理的外部表现,其中所蕴含的罪犯的一些真实的心理因素,很难通过面谈等直接方式获得,但却可以通过采用逻辑方法从犯罪事实中得出。需要注意的是,对犯罪事实进行分析判断的素材,除了在刑事诉讼过程中所确定的案情事实以外,还需要补充大量更为细节的信息。这是因为刑事诉讼过程所要解决的主要是确定罪与非罪、罪大罪小的问题,故其主要涉及与犯罪构成的主客观要件密切相关、影响定罪量刑的那部分事实,而将与之关系不大的案情细节忽略,但这部分案情细节对于捕捉罪犯的犯罪心理痕迹往往更具价值。

4. 各种测验

测验主要是通过一些心理量表等工具,对罪犯进行测验。它作为一个标准化的定性定量过程,能够取得较为准确的量化信息,掌握罪犯心理上偏差的性质和程度,使得对罪犯的心理诊断过程更为客观。这里的测验不仅限于测定罪犯心理素质的一系列心理测验,例如智力测验、人格测验等,还包括对其教育水平等进行测试评定。另外,除了一般的心理测验以外,还要有针对性地进行专门的测验,例如神经心理学测验、危险犯罪人和反社会人格犯罪人的专门诊断。

一般的心理测验适用于具备基本的理解、表达等参加测验的能力的所有罪犯。测试的内容主要包括以下几方面:(1)智力测验,通过测验了解罪犯的智力水平,从而为其安排合理的矫正计划;(2)性向测验,通过对罪犯的一些基本技能,例如运动技能、机械技能甚至艺术技能进行测验,判断其灵活性、敏感性、空间想象力、机械操作能力等素质,以了解罪犯的特殊才能倾向,判断其适合什么职业,从而安排合适的矫治措施,有针对性地指导其发展;(3)态度测验,通过被试在测验中的反应推测其对某一事物的态度;(4)人格测验,主要是通过问卷测验判断罪犯的心理活动倾向,从而较为全面地反映出罪犯的人格状况,故其测量的是罪犯的一些较为稳定的心理特征。

除了以上一些典型的心理测验外,教育水平测验也是采用较多的测验,其主要测试罪犯的真实文化水平。由于监狱矫治工作的重要组成部分之一就是对罪犯的文化教育,而通过对罪犯进行教育水平的测定,能够对不同文化水平的罪犯进行区分,有针对性地为不同文化水平的罪犯安排合适的教育和适当的文化活动。

专门的心理测验主要包括:

(1)对可能存在神经方面缺陷的罪犯采用的神经心理学测验。经研究发现,在罪犯中表现出认知缺陷、存在着脑损伤的比率要大大高于正常人群。对于这样的罪犯,用普通的矫治措施不仅无法达到效果,还会影响监狱矫治工作的正常运行。因而必须对其进行区分,根据其神经缺陷的程度有针对性地进行矫治,对于严重的罪犯应当送入专门的治疗机构进行安置、治疗。

(2)对可能具有反社会人格障碍的罪犯进行反社会人格测验。这一类罪犯由于受高度的利己主义倾向的支配,缺少悔恨、羞愧的感情,普通的说理教育对其收效甚微,若不加以区分还可能引起罪犯之间的矛盾,影响监所内的矫治环境,对其的矫正和处遇必须区别于其他罪犯。

(3)对危险犯的诊断。矫治机构的重要职能之一就是确保安全,既要防止罪犯外逃,侵害社会的安全,也要保证在矫治机构内的罪犯有安全的矫治环境。因此,在矫治机构中区分出可能危害安全的罪犯十分重要。对可能做出危险行为的罪犯进行该项诊断的目的在于对具有危险性的罪犯根据危险程度采取不同级别的安全措施,同时也可据此确定其假释的可行性。

(二) 罪犯心理诊断过程

对罪犯进行心理诊断,由于个案状况的复杂性,不同案例的诊断过程也不同。根据日本学者山根清道的研究,整个诊断过程可以大致归结为掌握原始资料、两步推论和犯罪心理诊断三个阶段。[①]

掌握丰富的原始材料是对罪犯进行心理诊断的基础。掌握资料过程可以划分为两个步骤:首先尽可能多地通过各种渠道收集关于罪犯的心理特征的原始材料,以把握罪犯的总体人格形象;之后根据初步获得的材料所反映的内容确定进一步收集资料的重点,收集相关材料补充其中的薄弱环节,其目的是为掌握罪犯具体的人格形象准备充足的素材。

在材料的基础上展开两步推论:第一步推论——抽象概括,对收集到的大量直接、间接的信息进行抽象概括,并经过相互对比印证,初步得出罪犯的心理特征;进一步推论——分析和综合,对罪犯的心理特征逐一进行分析,并在此基础上进行联系,以综合得出罪犯完整清晰的人格形象。

尽管至此已对罪犯的整体心理特征作出判断,但还仅仅是普通的心理诊断,尚不是完整的犯罪心理诊断过程。最终的犯罪心理诊断需要在此基础上,确定罪犯的心理特征与犯罪之间的因果联系。这一步骤需要双向展开:一方面,从犯罪事实出发,根据犯罪事实所包含的罪犯留下的大量心理线索、痕迹,通过推理分析得出其与罪犯的心理特征的联系;另一方面,从罪犯的心理诊断结果出发,探寻罪犯的某种心理特征与某种犯罪行为之间的联系。一旦其中的因果联系经过诊断得到明确,罪犯心理矫治的重点也能够就此确定。所以,这一过程意义重大,直接关系到矫治措施能否对症下药。此外,在进行诊断的过程中可以总结出罪犯的一些特殊心理现象和犯罪行为之间的联系,从而为犯罪心理预防提供研究素材。

第三节 罪犯的心理矫治

罪犯心理矫治是在经过了对罪犯的心理状态的研究和心理诊断以后,根据所得出的结论选择适当方法对罪犯进行"对症下药"式心理治疗的过程。西方国家经过长期的探索和总结,研制出了很多对罪犯进行心理矫治的系统化的方法;我国除了劳动改造以外,在刑罚执行部门的实践中,也采用了一些心理矫治的方法。此外,心理矫治和医学上的治疗一样,都需要不断关注"病患"在接受"治疗"后的效果,在此基础上方能制定进一步的"治疗方案",同时也促进"治疗手段"的

[①] 参见罗大华主编:《犯罪心理学》,中国政法大学出版社 2003 年版,第 373—376 页。

不断进步。本节内容主要选择了一些国内外较为常用的矫治方法和效果评估方法作简单介绍。

一、罪犯心理矫治概述

(一) 罪犯心理矫治的概念

罪犯心理矫治是指系统地运用心理学、精神病学等相关学科的理论知识和技术方法对罪犯的异常心理和不良行为习惯进行矫正和治疗,以完善其人格,帮助其回归社会并适应正常社会生活的活动。罪犯心理矫治分为两部分内容[①]:一方面是罪犯心理矫正,这是指在矫正机构通过常规的矫正措施,促使罪犯的心理产生良性转化,抑制犯罪冲动,不再做出犯罪行为,其适用的对象是所有的罪犯,实施者是一般的矫正机构工作人员;另一方面是对罪犯的心理治疗,即通过专门的心理医生、精神病医生对罪犯的心理障碍、精神疾患经过诊断后适用相应的专业措施和方法,使罪犯恢复心理健康以适应正常生活。心理治疗只适用于部分罪犯,主要是存在心理障碍甚至精神不正常的罪犯,必须由专业的具备心理治疗资格的人员进行。

罪犯心理矫治具有重大意义。第一,对罪犯开展心理矫治,能够从区别于传统的途径了解罪犯,了解犯罪心理形成的过程和原因,从而有助于更具针对性地制定矫治措施,在有效矫治罪犯的同时,也为犯罪预防工作提供重要的科学依据;第二,服刑生活易导致罪犯形成监狱人格,产生心理问题,通过心理矫治能够及时发现并解决这一问题,并且能从根源上消除犯罪心理,从而保证矫治效果;第三,对罪犯开展心理矫治,体现出对服刑罪犯从强调强制管教到重视实际矫治效果的转变,突出了矫治工作的科学性、人道性;第四,重视对罪犯的心理矫治,体现出行刑制度上对人权的保护与尊重,也反映了刑罚观念的转变,是我国刑事司法制度的重大进步。同时,重视罪犯的回归社会对协调社会矛盾具有重要意义。

(二) 罪犯心理矫治的内容

对罪犯进行心理矫治的内容主要包括:

1. 树立正确的认识

罪犯往往对自我、社会、他人存在着错误认识,在错误的道德法律观念的指导下,实施了错误的行为。通过心理矫治,要改变其认识结构,增强其认识能力,促使其能够认识到自己行为的性质和意义,并能够正确地看待自己、他人乃至整

[①] 关于罪犯心理矫治的概念及内涵,参见罗大华主编:《犯罪心理学》,中国政法大学出版社 2003 年版,第 377 页。

个社会,以及所遇到的现象和问题。

2. 增强自控能力

很多犯罪行为是由于犯罪人在犯罪冲动的驱使下,缺乏自控能力而发生的爆发性行为。通过心理矫治,增强罪犯的自我控制能力,使其不易在一定的刺激或是犯罪诱因的作用下,因一时冲动而无视行为的后果。

3. 疏导不良情绪

绝大多数的激情犯罪都是由于罪犯不良情绪的积累超出其耐受限度而发生的。因此需要通过心理矫治,帮助罪犯将紧张、焦虑、抑郁等不良情绪通过一定的宣泄渠道疏导出去,从而恢复冷静,并帮助其掌握有效的自我疏导方法,以保持情绪的稳定。

4. 矫正不良习惯

不良习惯往往是罪犯实施犯罪行为的重要因素,并且长期伴随着罪犯,严重影响矫治工作的进行。故心理矫治的重要内容之一,就是要矫正罪犯的不良行为习惯,帮助其树立起良好的行为模式,从而融入正常社会生活。

5. 改善人际关系

一方面,人际关系上的冲突导致了许多犯罪的发生;另一方面,罪犯回归社会又面临着修复人际关系的问题。因此,在心理矫治过程中,就需要帮助罪犯改善人际关系,帮助其学会建立和维持良好的人际关系,以真正回归社会。

二、罪犯心理矫治的技术与方法

对罪犯进行心理矫治的技术和方法同样分为矫正和治疗两部分:

(一) 罪犯心理矫正的技术和方法

我国监狱机构使用并取得一定成效的矫正方法主要有说理法、感化法、行为训练法、因人施教法以及心理卫生教育等。[1]

1. 说理法

主要由管教人员通过与罪犯谈心,对其以摆事实、讲道理的方法,转变罪犯的错误认识,提高其认识水平,从而清除认知上的障碍,建立健康的认知结构。说理法的实施应当注意以下几方面的内容:第一,必须从罪犯的实际情况出发,因人而异、循序渐进地进行。罪犯的认识水平参差不齐,有很大一部分罪犯文化水平较低,认识水平也低,对这一部分罪犯的说理,就必须从最基本的道理入手,说理方式应当浅显易懂,摆明利害。也有相当一部分罪犯文化水平较高,但其道德水平低下,或是在是非善恶的认识上出现偏差,对于这样的罪犯则应当直接从

---

[1] 参见罗大华主编:《犯罪心理学》,中国政法大学出版社 2003 年版,第 379—383 页。

其人生观、价值观入手进行矫正。由于这类罪犯往往自视甚高,需要矫正人员具备一定的文化素养,才能使其信服。第二,矫正人员必须耐心细致。由于受到原认识水平的限制,以及原有的错误认识的作用,罪犯对正确道理的接受和理解会出现困难,甚至产生误解,导致罪犯对矫正工作的逆反、抵触心理,这就是罪犯的"意义障碍"。这要求矫正人员要有充分的耐心,能够引导罪犯说出最真实的想法并认真听取,在日常矫正管理工作中,能够及时发现障碍并查明原因,根据罪犯的不同情况,制定不同的说理教育方案,循循善诱,真正做到以理服人。第三,重视环境影响。矫正环境强调切断外界对罪犯的不良影响,特别是在封闭的矫正环境中,应用强制力尽可能消除一切外界消极影响,并给罪犯制定新的集体规范。监所集中了各式各样的罪犯,因而从另一个角度看,监所内带来不良影响的消极因素的密度大大高于社会环境。在这样的情况下,重视矫正机构内的环境影响,减少交叉感染,就必须建立起一个具有良好风气的集体环境,为说理教育提供良好的环境。这就要求在重视个别化的说理教育的同时,加强对健康集体意识的培养,克服罪犯原来以个人为中心的价值观,一般采取组织集体活动培养集体荣誉感的方法;同时,发挥集体舆论的作用,提高罪犯辨明是非的能力,对正确的行为进行大力肯定和宣传,对错误行为不断否定。

2. 感化法

这是矫正人员通过与罪犯进行平等沟通以及在日常的矫正工作中起到行为的模范作用,与之建立起良好的心理接触和相容关系,触动罪犯的感情,以削弱罪犯的消极心理。感化法对矫正人员与罪犯的沟通程度要求较高:首先,矫正人员必须充分尊重罪犯的人格权利,在交流时不能以管教者的姿态居高临下,而应当以平等的态度,消除对方沟通上的心理障碍;第二,矫正人员必须在日常工作中保持充分的工作热情,积极面对工作,真诚耐心对待罪犯。感化法的具体内容主要包括:情感交流,即矫正人员真诚地关心罪犯的生活学习,通过谈话的方式,实现情感上的互动交流;情感转移,通过组织有益、健康的各种文体活动,将怀有悲观、焦虑、抵触等消极情绪的罪犯的注意力转移,以避免罪犯的不良行为;启发内省,通过启发罪犯反省自己的不良行为,包括自己的犯罪行为以及在矫正机构的不良表现,认识其危害性,并分析原因,从而使罪犯能够有意识地进行自我矫正。启发罪犯认识自己犯罪行为的危害性的一种有效方式是引导罪犯把自己想象成其犯罪行为的受害者,使其设身处地了解被害人的感受,从感情上使其认识到犯罪行为的危害性。感化法的实施过程中,面对罪犯强烈的抵触情绪,矫正人员必须能够控制好自己的情绪,以防止加剧罪犯的心理矛盾,应实施冷处理的方式,等罪犯情绪平复以后再调查问题原因,解决矛盾。感化法十分强调矫正人员的示范作用以及其对罪犯的影响力,因此,要能够真正实现对罪犯的感化,对矫正人员本身的素质有很高的要求。

3. 行为训练法

这是通过对罪犯错误行为的惩罚和对正确行为的奖励,戒之以规,导之以行,使罪犯的不良行为习惯得以遏制、良好行为习惯得以养成的方法。戒之以规,就是要以严明的矫正规则严格限制和监督罪犯的行为,同时明确奖惩机制,奖励罪犯正确、良好的行为,惩罚其错误的行为,使罪犯将正确行为与奖励所带来的快乐感受相联系,将错误行为与惩罚所带来的痛苦感受相联系,从而强化其选择正确行为而排斥错误行为。为了使奖惩机制很好地实现矫正效果,必须加以适当运用:奖惩必须公开,对受奖励事由调查清楚并公之于众,产生集体心理效应,得到集体支持,使得到奖励的罪犯同时也能得到集体的肯定;奖惩必须做到公正,对于奖惩事项应当听取集体的意见,防止偏听偏信;奖惩必须公平,同样的行为要得到同等的奖励或是惩罚,但矫正应当因人而异,故对于情绪悲观、对改过自新缺乏信心的罪犯,很小的进步也要给予肯定和鼓励,而对于容易骄傲的罪犯,不宜轻易给予表扬,在给予奖励的同时要提醒其存在的不足以及努力的方向;奖惩应当及时,在事实为集体所知晓、认可而没有淡去之时,及时奖励或惩罚,这样有利于罪犯对正确行为和奖励、错误行为和惩罚之间的联系产生较强烈的意识,并认可奖惩机制的公正性、合理性。

除了明确规则和奖惩机制,行为训练法的导之以行意味着要从行为上引导罪犯改过自新。这要结合前面提到的说理法和感化法,以说理和感化转变罪犯的认识和情感,再通过一定的活动进行行为训练,引导罪犯将健康良好的心理状态外化为行为,积极配合矫正措施,参与矫正实践。行为训练要求在良好的情境中进行,有良好的榜样能够模仿,防止不良因素的感染;同时矫正人员应对罪犯进行耐心的启发、引导和监督,适当地运用奖惩机制进行强化。

4. 因人施教法

因人施教也就是矫正措施的个别化,根据罪犯个人的不同特点以及其所犯罪行的不同特点,有针对性地进行教育。因人施教法的展开需要以罪犯入监时的心理诊断结果为基础,对症下药,故而罪犯心理诊断的结果也决定了这一方法的展开是否适当,能否取得应有的效果。因人施教包括分类教育和个别教育。分类的根据是罪犯的档案材料以及心理诊断结果。分类的标准有两种:一是以罪犯所犯罪行的种类为标准进行分类,例如分为暴力性犯罪者、性犯罪者、财产性犯罪者等。这样分类的意义在于同种类型的犯罪背后往往存在着相近的动机或是罪犯的个性中存在类似的特点,对此可以开展集体教育,同时对防止交叉感染起到一定的作用。二是根据罪犯的基本特点如年龄、性别进行分类。由于不同性别和不同年龄的人存在各自的特点,对其进行分别监管和有针对性的教育,效果比较明显。尽管罪犯可以根据上述特征划分种类,但不同的分类标准在罪犯身上交叠存在,并且每一个个体的心理特征都会有所区别,因此必须重视个体差别的存在,有针对性地进行个别教育,才能真正实现对症下药。

5. 心理卫生教育

对罪犯的心理健康教育是近年来不断受到重视的矫正措施。一方面,一些罪犯可能是由于存在着不同程度的心理问题而实施犯罪行为的,要对其进行矫正必须为其提供心理保健知识;另一方面,由于罪犯尤其是长期监禁犯长时间处于与社会隔绝的环境中,容易养成监狱人格,即使其恶性被消除,也可能因为出狱后无法适应社会生活或是抵御不了社会环境中不良因素的影响而重新犯罪,因而有必要增强其心理保健能力和环境适应能力。在我国的矫正实践中,心理卫生教育的方式主要包括:定期利用课堂集中教育宣讲,利用矫正机构内的宣传设施作经常性宣传,在罪犯心理问题高发时期集中力量开展相关活动,培训心理卫生宣传骨干等。此外,矫正机构还设置了专门的心理咨询室、心理咨询热线电话、信箱等设施,随时为有需要的罪犯提供心理健康帮助。

国外所采用的矫治措施中与我国的矫治措施相似的主要是行为矫正和集体治疗。与我国相比,国外的矫正与治疗的界线较为模糊,这是因为国外罪犯心理矫治活动的进行,在犯罪原因的认定和问题的处理上深受医学模式的影响。而医学模式在罪犯矫治领域中的重要地位与犯罪学早期的思想有着很深的渊源,[1]因而对于罪犯矫治的一般过程也像治疗疾病一样经过诊断、制订治疗方案、治疗到康复一系列程序。与我国的传统改造方法相比,其对于没有严重心理障碍的普通罪犯所采取的矫正措施在方式上更接近于专业治疗。

行为矫正的理论依据主要是条件反射理论和学习理论等,在实际运用中一般是综合各种理论。其基本观点是:没有生来本质就是恶的人,人的行为都是学习得来的,一旦做出某种行为能够给行为人带来好处或满足其一定需要时,个人就会选择这样的行为。犯罪行为也是如此学习而来的,并且也是能够被矫正的,只要罪犯不能从犯罪行为中获得好处,罪犯就会放弃选择犯罪行为。行为矫正的基本技术是选择要增加的正确行为,通过奖励恰当进行正强化,对需要减少或消除的错误行为,通过惩罚或其他"厌恶刺激"进行负强化,并以此为理论基础发展出了代币制、累进处遇制、厌恶疗法、现实疗法等。所谓代币制是指使用某种代币物作为正强化物,例如分数或者某种标记,根据罪犯的行为进行记录,当正强化物累计达到一定标准时,给予罪犯相应的奖励。累进处遇制与代币制没有实质上的区别。厌恶疗法是指一旦罪犯产生实施不良行为或是产生实施的欲望

---

[1] 参见吴宗宪编著:《国外罪犯心理矫治》,中国轻工业出版社2004年版,第24页。

时就对其进行其所厌恶的条件刺激,形成条件反射。这些条件刺激给罪犯造成的痛苦体验能够抵消不良行为给罪犯带来的快感,之后每当罪犯产生实施不良行为的欲望时就会回忆起那样的痛苦体验,因而放弃不良行为。以上两种方法是对正负强化的运用,而现实疗法则是通过给罪犯建立起一个现实的环境并帮助其适应现实环境的规范,将罪犯从自己构建的虚幻的环境中拉回到现实中来,使其能够用符合现实规范的方式满足自己的需要而不至于损害到社会和其他公众的利益。

上面的行为矫正主要对罪犯个人产生作用,而集体矫正则利用了集体的力量。罪犯们通过有引导地进行交流,能够增加对生活的正确认识,有利于促进个人行为矫正的效果;同时,对罪犯进行矫正的最终目的是帮助其回归社会,因而需要获得社会生活的技能,必须学习人际交往,体验集体意识,学会对自己、家庭和自己所在的集体负责任。在国外的犯罪矫正措施中,集体矫正是重要的组成部分,通过有目的地设置一定的话题组织讨论、组织集体性的心理矫正训练等引导集体内的互动,净化集体矫正的氛围。

尽管在矫正方式和具体做法上有所差别,但可以看到,我国和国外的矫正技术也有着很多相通的地方,例如,在矫正内容上都从认知、学习入手,注重集体的作用;在矫正方法上主要使用正负强化的行为训练等。国外的罪犯矫正更为专业化,有系统的操作规程,因此更具操作性;而相比之下,我国传统的改造方法目标高、要求高而具体操作又难以用一定的操作程序固定,灵活性大,矫正效果很大程度上依赖于矫正人员的个人修养和素质,因而完全实现效果的难度也大。因此,在近年来的改革中,我国也尝试引入国外科学的矫正方法并注意与我国实际相结合,不断探索新的矫正技术和方法。

(二) 罪犯心理治疗的技术和方法

罪犯心理治疗主要是通过使用心理学的技术和方法,对罪犯的人格进行重塑,以改变其不良行为习惯,恢复其健康人格,以重新适应社会生活的过程。心理治疗的具体方法很多,这里介绍具有代表性的几种:

1. 精神分析法

精神分析法是根据弗洛伊德所创立的经典精神分析理论而发展起来的心理治疗方法。精神分析理论认为,人的意识分为潜意识、前意识和意识三个层次,与此相对应,人的个性心理由本我、自我、超我组成。本我作为人格中最为原始的部分,储存着人的生物性冲动和欲望,它按照"唯乐"的原则活动;自我是在本我的冲动和欲望与现实相抵触而不能得到满足时所产生的,其功能是通过在本我和现实之间进行调节,对本我的要求根据现实进行修饰伪装以后,在一定的条件下得到满足,因而它是在本我的驱动下按照"唯实"的原则活动;超我则是人格中理想的、完美的道德部分。精神分析理论认为,犯罪行为的产生是由于本我本应当在超我和现实的制约之下,通过自我有限制地活动,但由于本我过强,或由于超我过强,本我在长期压抑下爆发,本我突破了制约,不择手段地满足需要、寻求快感。改变这一状况主要有两大方向:一是适当地令其欲望得到满足,使积压的能量得以发泄,从而化解当时的攻击性行为;二是将其本能欲望冲动的能量引向有利于社会的方向。

精神分析的具体方法主要有以下几部分:(1)自由联想。这是让罪犯处于安静舒适的环境中,彻底放松,对思维不加约束,想到什么说什么,把所有想到的内容毫无保留都告诉治疗者,在治疗者的引导下,使其潜意识的内容表面化。(2)分析梦境。对罪犯的梦境进行分析,从而发现其潜意识中的心理现象。根据精神分析理论,梦是人本我的欲望伪装重组后绕过超我的检验到达意识的产物,因而通过对梦的分析能够反映人潜意识的活动。此外,精神分析法需要罪犯能够完全信任治疗者,将自己的各种想法没有保留地告诉治疗者。精神分析法重视被分析者的童年,因而在分析过程中罪犯会将治疗者当作自己童年时期情感发泄的对象,对治疗者产生依赖、爱慕的正移情或是憎恨、厌恶的负移情。在这种情况下,治疗者根据罪犯的情绪表现了解罪犯的心理障碍的根源并加以引导,进行有针对性的治疗。通过上述方法了解罪犯的心理现象以后,运用专业知识进行分析解释,就能够找到罪犯实施犯罪行为的根本心理原因,增加罪犯对自身的了解认识,从而增强其自我控制能力,促使其恢复心理健康。

精神分析法在罪犯矫治中运用的效果备受争议。这是由于:一方面,精神分析法对被治疗者本身有一定要求,即被治疗者能够清晰表达其所想所梦,并且能够接受分析和引导,能够认识、理解并接受自己潜意识中的心理现象,这些要求是患有严重精神疾病或智力低下的罪犯所达不到的,如果对其使用精神分析法可能得不偿失。另一方面,精神分析法是代价昂贵而存在较大风险的治疗方法。精神分析对环境的要求高,一般需要单独进行,并且需要花费大量的时间;精神分析的治疗者需是训练有素的专家,能在罪犯心目中树立权威的形象取得罪犯的信任;此外,毕竟治疗者也是有着童年经历和丰富情感的普通人,一旦在分析中发生治疗者对被治疗者的反移情,不仅治疗失败,还会引发伦理问题。

2. 认知疗法

认知疗法是指通过改变认知来调节罪犯的情绪,从而矫正犯罪行为的治疗方法。认知心理学认为,不同的人对于同一个事件会有不同的认知,从而引起不同的情绪,继而引发不同的行为。犯罪行为的产生正是由于认知偏差使个人不能正确地认识社会生活,引起了适应不良,进而引发消极的情绪,导致了犯罪的发生。因而,犯罪心理实际上就是社会适应不良的表现,对罪犯的治疗应当从提高其认知水平入手,消除适应不良。一系列认知疗法就是根据这一原理发展而来的,现在应用最多的是合理情绪疗法。

合理情绪疗法是通过治疗者向罪犯简明地介绍该疗法的理论,通过与罪犯就不合理的认知进行争论,并作出解释,在无条件地接纳治疗对象的前提下反驳罪犯不合理的认知,从而引导罪犯放弃不合理的认知接受合理的认知,最终在正确认知的支配下,消除消极情绪,达到治疗的目的。

3. 道德推理训练法

道德推理(moral reasoning)是人们在日常生活中经常进行的思维活动。道德推理的结果会使人们对有关事件或对象作出道德评价,并且由此影响人们的行为决策。所以,道德推理的特点和水平与人们的社会成熟度、是否进行犯罪行为等密切相关。但是,人们的道德推理会有不同特点,可能居于不同水平。美国的劳伦斯·科尔伯格提出了"道德判断阶段"学说,将人们的道德推理发展程度划分为三种水平、六个阶段:

(1) 前习俗水平,从出生到9岁,这个水平的特点是,对好或坏的评语敏感,还未形成真正的道德标准,道德价值来自于外界或权威人物。这个水平包括:

第一阶段——惩罚与服从的定向阶段;

第二阶段——工具和相对主义定向阶段。

(2) 习俗水平,从9岁到15岁,这个水平的道德价值来自传统上多数人的是非对错观念,传统的习俗具有道德的约束力,把常规的道德规范作为评价行为的标准。这一水平包括:

第三阶段——人际和谐定向阶段;

第四阶段——维护权威和社会秩序定向阶段。

(3) 后习俗水平,16岁以上,这个水平的道德价值来自于普遍的准则和个人内在的良知。这一水平包括:

第五阶段——社会契约和个人权利定向阶段;

第六阶段——普遍的道德原则定向阶段。

研究发现,犯罪人的道德推理发展水平往往较低,可能停留在第一和第二水平上;一些少年犯罪人的道德推理水平甚至还处于第二阶段。犯罪人的道德推理的低水平是导致其犯罪的重要因素,尤其是那些道德推理水平处于第二阶段的犯罪人,至少要使其道德推理发展到第三阶段,他们才能够设身处地理解别人的思维,并开始形成内在的价值观。因此,要矫治罪犯,就必须对其进行道德推理的训练,提高其道德推理水平。

道德推理训练的具体技术主要有:(1) 认知重建策略,即通过在集体环境中进行认知重建,改变导致犯罪人道德推理水平低下的认知歪曲;(2)社会决策会议,即给犯罪人提供社会观点采择的机会,通过进行社会决策会议培养成熟道德,集体矫正犯罪人的道德发展迟滞。

4. 心理剧

这是由美国精神病学家雅各布·莫雷诺发展起来的心理治疗方法。他通过让罪犯扮演不同的角色,体验不同的情境,了解不同情境中对问题的认识和感受,经历各种角色的情感体验,从而转变其原有的偏差认识和不良行为。心理剧的扮演内容与罪犯本身密切相关,可以是重演过去的情景、现在在矫治过程中遇到的问题或是预演在未来可能遇到的情景。治疗人员起组织、引导和分析的作用。心理剧是集体心理治疗的理想手段:罪犯通过扮演主角、独白、角色互换以及观看他人扮演的自己等形式发泄内心压抑的情绪,体验角色的情感;多角度得到他对别人的影响的反馈;发现自己存在的问题其他人也存在,增强归属感和治疗的信心;并且在这一过程中实现罪犯们在治疗过程中的相互帮助和促进。

5. 心理咨询

心理咨询是由心理咨询师通过倾听、疏导的方式给存在心理困惑的罪犯以帮助,预防和减轻罪犯的心理障碍和疾病,使罪犯能够良好地适应社会生活的矫治方法。咨询的方式有面对面的咨询、书信咨询和电话咨询等。不论以何种方式,治疗应当以罪犯为中心,让罪犯处于舒适和安全的咨询氛围中,能够倾诉所有的感受和情绪,治疗者不作任何干涉,同时对罪犯表现出同情、理解和愿意倾听,让罪犯尽情吐露压抑的痛苦和烦恼,使罪犯能够在这一过程中获得对自己的更多认识,自己体会需要矫正的不良行为模式。只有在罪犯倾诉完毕,治疗者才可适当根据罪犯的困惑提供一些专业性指导意见。心理咨询的内容广泛,可以涉及生活中的方方面面,例如人际关系障碍、情绪障碍、初入矫正机构的适应不良、回归社会心理辅导等。

6. 音乐疗法和宠物疗法

音乐具有调节人的人体生理节奏和心理状态的作用,和谐的音乐能够增进身心健康。音乐可以调节罪犯的情绪,因而在实施其他矫治方法的同时配合适当的音乐,能够明显提升矫治效果。国外有人在研究了一些世界名曲后,指出了这些乐曲对人的情绪的影响,见下表:[①]

---

① 参见罗大华主编:《刑事司法心理学理论与实践》,群众出版社2002年版,第362页。

情绪	作曲者	曲名
希望	巴赫	《意大利协奏曲》(F大调)
明朗	小施特劳斯	圆舞曲《蓝色的多瑙河》
轻快	比才	歌剧《卡门》
希望愉快	巴赫	《勃兰登堡协奏曲第三首》(G大调)
	格里格	组曲《彼尔·金特》中的《潮》
	门德尔松	第三交响曲《苏格兰》(C小调)
增强自信	贝多芬	第五钢琴协奏曲《皇帝》(降E大调)
	瓦格纳	歌剧《汤豪金》序曲
	奥涅格	管弦乐《太平洋231》
催眠	莫扎特	《摇篮曲》
	门德尔松	《仲夏夜之梦》
	德彪西	钢琴鸣奏曲《梦》
增进食欲	泰勒曼	《餐桌音乐》
	莫索尔斯基	《图画展览会》
	莫扎特	《嬉游曲》

由于社会和文化背景的不同,以及个人在音乐修养和欣赏能力上的差异,乐曲对人们情绪的影响并不是绝对的,因而该表仅供参考。

在国外的一些矫治机构,矫治人员通过让罪犯喂养和照料动物向罪犯灌输同情心和责任感。局部的实验证明,通过照料动物辅助治疗后,罪犯对自我和他人有了更为积极的认识,攻击性行为大大减少。

三、罪犯自我心理矫治

除了矫治机构所安排主导的矫治措施以外,由罪犯自己进行的自我心理矫治也是罪犯心理矫治的重要组成部分。不论是何种机构矫治措施,其作用原理都是找出罪犯的心理问题所在,针对问题寻求解决方法。而方法的接受者、落实者最终还需要归结到罪犯本人,只有罪犯能够进行自我心理调适,摆脱不良心理,才可能真正回归正常生活。当然,罪犯的自我心理矫治离不开矫治人员的引导和帮助,需要罪犯在接受机构矫治措施的前提下,掌握心理矫治的一些基本要领后配合使用。自我矫治的具体方法主要有:

1. 内省法

内省法,简言之就是"闭门思过",通过让犯罪人处于相对独立的环境中,反省自己的罪过,思考自己犯罪的原因和矫治的办法。内省法的历史悠久,并且受到宗教思想的影响,至今仍被世界范围内的罪犯矫治机构广泛使用。现代犯罪矫治中使用的内省法主要是让罪犯处于平静的状态中,在治疗者的引导下,回忆曾经有过的美好体验、难忘的人和场景,回忆自己实施犯罪行为时的心理体验、犯罪的场景、对被害人造成的损害,想象被害人遭受损害后的处境等,从而反思自己的罪过,激发起罪犯积极接受矫治的愿望。

2. 宣泄法

根据心理学"挫折—攻击"理论,人在遭受挫折以后产生的紧张、焦虑,如果得不到宣泄,会导致大量心理能量的积压,积压达到一定程度人就会出现攻击性行为。这也是许多暴力性犯罪发生的原因之一。一方面,一些罪犯存在着自控能力差、易冲动等特点;另一方面,监所的特殊环境也会使得罪犯容易产生焦虑、急躁、不安等消极情绪。宣泄法就是让罪犯通过外显的方式释放出内心的紧张和焦虑,以减轻内心的痛苦。宣泄的方式可以是对物品实施一些攻击性行为,向他人倾诉心中的苦闷,大声哭喊等。矫治机构需要设立一定的专门场所,使罪犯能够用攻击性行为或其他方式释放自己的不良情绪而又不致产生危害后果。这在我国的一些监狱已有实践。

3. 森田疗法

这是由日本的森田正马所倡导并以自己名字命名的一种心理矫治方法,这种方法要求罪犯通过自我放松逐步适应环境,渡过心理危机。这一方法的操作原则是要求存在忧虑、恐惧等情绪障碍的罪犯顺其自然,放弃对自己情绪变化或心理障碍的忧虑,对矫治过程中的阻力和回归社会的心理负担采取接受的态度,将注意力转移到平常的矫治活动中,让其他生活内容冲淡对不良境遇的焦虑。

除了以上几种方法以外,矫治人员还可以引导罪犯通过肯定自己的优点和能力进行自我激励,鼓励自己在矫治过程中取得更大的进步;在遇到挫折时,引导罪犯进行自我安慰,调节心理平衡,但要注意不能让罪犯养成事事给自己找借口推卸责任的习惯。自我矫治的方法有很多,尽管只是作为心理矫治的辅助手段,但是罪犯只有能够进行自我矫治,实现自觉、自律,矫治的效果才能较好地实现。

四、罪犯心理矫治的效果评估

(一)效果评估的标准

对罪犯心理矫治的效果进行评估,首先必须确定评估的标准,而标准制定的根据在于矫治的目的是否完全实现,如果没有完全实现则实现到何种程度。根据罪犯心理矫治的概念可以看出,心理矫治的目的在于完善罪犯的人格,帮助其回归社会并适应正常的社会生活。由此,罪犯心理矫治的效果评估标准可以分为两方面:一方面,罪犯是否恢复了常态的健康心理;另一方面,罪犯是否能够适应正常的社会生活。要评定罪犯是否恢复了常态的、健康的心理,又要分两部分进行评估:一是罪犯的犯罪心理是否已经实现了良性转化;二是罪犯的心理障碍、心理疾病是否已经得到有效治疗。

以上只是宏观的评估标准,实际进行评估还需要根据罪犯的具体情况,通过对罪犯进行分类,再根据不同种类罪犯的心理特点细化标准。分类标准应当尽可能地全面,使得最后对罪犯的评估能够尽可能根据其各方面特点有针对性地展开,并能够尽可能做到全面、客观。

(二) 效果评估的方式

开展罪犯心理矫治效果评估的方式有很多,下面介绍主要的几种:

1. 专门考核评定

考核是将考核对象在设定的考验中的表现同确定的标准相对照,从而得出评定结果。考核的形式可以是通过发放问卷要求罪犯书面作答;可以是以面谈的方式进行问答式考核;也可以是设置一定的情景试验,考察罪犯对各种刺激的反应。

2. 日常表现评定

在矫治机构中,对于罪犯的日常表现都有一定的记录,例如劳动考勤、纪律状况、学习考核成绩等,通过这些可以大致了解罪犯日常对矫治的态度。

3. 罪犯的自我评定

可以通过书面或面谈的形式,了解罪犯对自己的心理矫治状况的评定以及自己对自己的矫治要求等。

4. 矫治人员的评定

综合各种矫治人员对于罪犯日常行为的观察、矫治活动中的表现以及矫治过程中所获得的相关信息,得出定性结论。

5. 追踪调查

对于已经回归社会的罪犯进行追踪调查是一项最为直接有效的评估方式。罪犯在矫治机构中受到各方面的约束较多,为了能够早日恢复自由,或是能够获得更多的优待,罪犯们往往会掩饰真正的自我;而回归社会后,这些约束一旦撤销,罪犯就会表现出真实的一面。而矫治的目的在于让罪犯能够适应回归社会,罪犯回归社会后所表现出的适应或不适应就是对矫治成功与否最明确的回答。

第四节 社区矫正中的罪犯心理矫治

社区矫正(community correction)是指不将罪犯从社会隔离出来,而是利用社区资源对罪犯进行矫正的方法,是在社区环境中对罪犯进行矫正的所有方式的总称。社区矫正在西方国家已有相当长的历史,由于非监禁刑的大量适用,社区机构担负了大部分罪犯的矫正工作。而在我国,社区矫正尚属于新生事物,21世纪初方在结合本地实际、借鉴国外经验的基础上开始了实践上的探索。

一、国外社区矫正简介

国外较常见的社区矫正形式包括缓刑、假释、社区服务令、中途之家等。从先驱奥古斯塔开始,国外社区矫正实践已经过了很长的发展历史,其运行机制和相关立法均已发展得较为完善。尽管在具体实践上各有不同,但国外社区矫正的工作内容大致可概括为调查、监督和服务三个方面。在刑罚的执行过程中,社区工作人员一般通过定期与罪犯会面并进行交谈的方式了解其行为和思想,监督考察其是否遵守法律以及相关的规定,并通过运用科技手段随时掌握其去向。除了调查和监督,社区矫正机构的主要工作内容就是为进行社区矫正的罪犯提供心理矫治和服务。心理矫治的形式主要包括心理咨询和治疗,用以帮助罪犯改变其对他人和社会的态度与对一些问题的认识等;服务主要是帮助社区服刑人员解决各种实际问题,如帮助他们寻找合适的职业。

多数国家的社区矫正工作人员由专业人员和志愿者组成。专业人员受聘于各社区矫正机构,接受过专业培训,具备一定的专业素养;志愿人员一般是社区中的居民,包括退休人员、学生、社会团体人员以及宗教人员等。

二、我国社区矫正实践概况

在我国,社区矫正是与监狱矫正相对的行刑方式,是指将符合社区矫正条件的罪犯置于社区内,由专门的国家机构,在社会团体、志愿者的协助下,在判决、裁定或决定确定的期限内,矫正其犯罪心理和行为恶习,并帮助其适应社会生活,顺利回归社会的非监禁刑罚的执行方式。社区矫正直到近几年才被正式引入我国。上海作为首先尝试社区矫正的城市,经过几年的实践,已初步形成了一套结合本地现实的做法。社区矫正的具体实践内容主要包括四大部分:

(1) 对罪犯进行思想教育。思想教育的形式多样,有社工与罪犯以一对一面谈进行个别教育,有定期上课进行集体教育,也有组织参观活动的形式。教育的内容丰富,包括文化教育、思想政治教育、法律常识教育、心理卫生教育等。

(2) 对罪犯进行监督管理。主要是根据相关的法律和社区矫正规定,对罪犯的行为活动进行限制,并对罪犯遵守相关规定的情况进行调查监督。

(3) 组织罪犯进行公益劳动。主要是组织罪犯在社区的一些公共服务机构进行劳动,通过义务劳动教育罪犯,并帮助罪犯补偿其犯罪行为给社会带来的损害。

(4) 帮助罪犯解决社会生活中所遇到的困难,例如家庭矛盾、就业困难等。

我国的社区矫正工作人员也主要由专门的社区工作者和社会志愿者组成。通过考核上岗的专业社区工作者受聘于社区矫正组织(社团性质),由政府社区矫正主管部门购买社团服务,同时面向社会招募志愿者。

三、社区矫正中的罪犯心理矫治内容

社区矫正与监禁矫正同样重视心理矫治对于罪犯矫治的作用,在社区矫正实践中很多内容均涉及心理矫治:

(1) 同监禁矫正一样,社区矫正同样为罪犯安排了心理卫生教育课程,内容主要针对罪犯在社会生活中可能遇到的问题以及对罪犯自我心理调适的指导等;

(2) 社区工作者在对罪犯进行个别教育时,多采用说理和感化等心理矫治手段;

(3) 罪犯进行公益劳动过程的本身,就是让罪犯认识社会现实、逐步适应社会环境的心理和行为矫治过程;

(4) 社区工作者一般都具备一定的心理学知识,他们会在罪犯适应社会的过程中遇到问题和困难时给予指导和帮助;

(5) 参与社区矫正实践的志愿者中,专业的心理工作者占有很高比例,罪犯能够及时获得心理上的辅导和帮助。

四、社区矫正对于罪犯心理矫治的意义

除了上述具体内容以外,社区矫正对于罪犯心理矫治最直接的意义在于通过对罪犯实施社会化的矫治措施,使罪犯适应社会并顺利回归社会。犯罪的一大重要原因就是社会适应不良,但监禁刑将罪犯和社会隔离开,即使罪犯能够在监所内矫治成功,但其长时间与社会环境脱离,在回归社会后,依然需要面对难以适应社会现实的问题。而社区矫正就地利用社区资源、环境的特点,使罪犯不用脱离社会现实环境接受矫治,同时就如何适应社会对罪犯进行帮助和引导。

社区矫正对罪犯心理矫治的作用通过以下途径的双向作用实现:一是从罪犯角度出发,通过与现实社会接触,改变罪犯对社会和现实的认识,从而改变罪犯对社会和他人的态度;二是从社会角度出发,通过让罪犯在社区中接受矫治,逐步修复罪犯和社会的关系,从而使社会环境逐渐接纳罪犯。

这体现的正是"恢复性司法"模式的作用原理,即通过让罪犯在社会环境中接受矫治,使罪犯和社会进行互动,修复罪犯的社会关系,让罪犯重新在社会中找到归属感,以帮助罪犯顺利回归社会。国外尤其是欧美一些国家的社区矫正实践大都引入"恢复性司法"的理念,社区矫正机构往往从修复罪犯与被害人的

关系和与社会的关系两方面出发,运用公惩役、赔偿损失等方式修复罪犯的社会关系,并且强调社区矫正的社会参与性。例如在美国,罪犯社区服务的实施就是由民营机构与政府签约,提供矫治服务,包括运行保证安全的矫治措施,对罪犯进行职业培训、生涯辅导等。美国的公惩役的内容包括,在慈善机构进行义务协助、清扫公园、协助照顾老人、在医院充当义工服务病患等。加拿大是在社区矫正方面走在前列的国家,其在刑事司法各阶段积极推进"恢复性司法",主张在专业调解人员的介入下,被害人和被告人坐在一起讨论犯罪问题;并鼓励整个社区参与表达对犯罪和矫治的想法,寻找有助于罪犯康复的措施。日本重视矫正环境的调整,要求观护人积极地消除阻碍当事人更生的环境因素,使其能有一个可以重新出发、接纳其自新的社区环境。在我国的社区矫正实践中,组织罪犯进行公益劳动和社工对罪犯帮困解难两部分内容就涉及罪犯的社会关系的修复,通过帮助其修复、重建社会支持系统,调整罪犯与社区环境的关系,促进其融入社会。

  由于我国长期以来存在的重刑思想,将罪犯定位在人民的对立面,尽管矫治措施实际上或多或少地运用了"恢复性司法"的理念,但对"恢复性司法"模式的完全引入尚存在着很大争议,尤其在罪犯与被害人的和解问题上。随着"恢复性司法"在世界各国的发展推广,修复矫治对象的社会关系得到了极大的重视,尽管存在着争议,但其在刑罚执行阶段对于罪犯心理矫治的作用,以及帮助罪犯顺利回归社会的积极意义得到了广泛的认可。

参 考 书 目

1. 朱智贤主编:《心理学大辞典》,北京师范大学出版社1989年版。
2. 张春兴:《现代心理学》,上海人民出版社1994年版。
3. 时蓉华编著:《社会心理学》,上海人民出版社1986年版。
4. 罗大华主编:《犯罪心理学》,中国政法大学出版社2003年版。
5. 罗大华、何为民:《犯罪心理学》,浙江教育出版社2002年版。
6. 罗大华、刘邦惠主编:《犯罪心理学新编》,群众出版社2000年版。
7. 罗大华主编:《刑事司法心理学理论与实践》,群众出版社2002年版。
8. 梅传强主编:《犯罪心理学》,法律出版社2003年版。
9. 杨士隆:《犯罪心理学》,五南图书出版公司2001年版。
10. 曲啸、林秉贤:《犯罪心理学》,群众出版社1998年版。
11. 沈政主编:《法律心理学》,北京大学出版社1986年版。
12. 邱国梁主编:《犯罪与司法心理学》,中国检察出版社1998年版。
13. 徐功川:《侦查心理学》,重庆出版社1984年版。
14. 李安等:《侦查心理学——侦查心理的理论与实践》,中国法制出版社2005年版。
15. 金瑞芳编著:《审讯心理学》,杭州大学出版社1990年版。
16. 〔美〕弗雷德·英博等:《审讯与供述》,何家弘等译,群众出版社1992年版。
17. 潘久维:《审判心理学》,四川科学技术出版社1989年版。
18. 乐国安、任克勤、金昌平编著:《证人心理学》,中国人民公安大学出版社1987年版。
19. 吴中林编著:《证人心理学》,四川大学出版社1987年版。
20. 狄小华:《罪犯心理矫治导论》,群众出版社2004年版。
21. 吴宗宪编著:《国外罪犯心理矫治》,中国轻工业出版社2004年版。
22. 蔡墩铭编著:《矫治心理学》,正中书局1988年版。
23. 夏宗素:《罪犯矫正与康复》,中国人民公安大学出版社2005年版。